一张图
读懂法律

A Chart to Read the Law

第三版

田庭峰◎主编

法律出版社
LAW PRESS·CHINA

Contents 目录

联接比拥有更重要

——《一张图读懂法律》第三版(序)

自2013年8月《一张图读懂法律》第一版出版以来,我国通过了大量新的法律法规,还对很多法律进行了修订,出台了很多具有可操作性的司法解释。法律变了,本书内容也必须随之更新。为此,我们于2015年6月依据当时新修订的法律对本书第一版进行了修订,并根据读者的建议对本书体系重新做了调整,以便更有利于读者把握法律之间的关系;使读者在面临法律纠纷时,更容易查找到相应的法律来解决问题。

如今,诸如民法、刑法、税法、公司法、刑事诉讼法等密切关乎人们日常生活及社会经济运转的重要法律又都经过了修订,而如《营业税暂行条例》等法律则因被废止成为历史,这些都意味着我们生活的方方面面都将被深刻地影响,同时,经济领域部分的市场竞争规则和商业模式也将据此更改。因此,本书根据第二版出版至今(2019年2月)相关法律的调整变化适时进行了相应的修订,这要感谢责任编辑慕雪丹等幕后英雄的帮助,更要感谢读者朋友们提出的宝贵建议——据此我们才得以对先前的疏漏之处进行修改、订正。

正月十五闹花灯,正月是个回忆的月份,借为《一张图读懂法律》第三版作序,就总结下我创办上海申浩律师事务所十四年来的心得体会,希望能对正在从事律师事务所管理和服务的同行有所帮助或有所启迪吧!

一、重回梦开始的地方

2005年8月11日,上海申浩律师事务所获准成立。在这之前,为了确保承租,已经给香港恒隆公司以个人名义交付了虹桥路1号恒隆港汇广场一座40层4005室(面积仅86平方米)租金的我,才长舒一口气——申浩这艘船,终于可以起航了。

2018年8月,申浩律师事务所将再次从上海交通大学校园内出发,重新又扩租恒隆港汇广场一座36层一整层(近2000平方米)。2019年春暖花开的季节,申浩正式启用港汇办公室作为律所接待场所,重回梦开始的地方。

弹指一挥间,14载光阴已逝,正如罗大佑的歌《光阴的故事》一样:春天的花开秋天的风以及冬天的落阳,忧郁的青春年少的我曾经无知的这么想,风车在四季轮回的歌里它天天地流转,风花雪月的诗句里我在年年的成长,流水它带走光阴的故事改变了一个人……

作为申浩律师事务所的创始人,14年的律所主任,光阴的故事改变了我。我一直都说,非常感谢申浩:一路走来,在不断试错、不停纠错的过程中,在面对一个又一个挑战时,克服一个又一个困难时,内心不断地强大;在解决问题的过程中,自己的思想、格局也随着申浩的成长,不断成长。

15年前,我作为一名只身一人来到上海、不认识上海一个人、不认识上海一条路、听不懂一句上海话(更不要谈会说了)的青年律师,在创办上海申浩律师事务所时,客观地讲,别说做到如今的规模,想都没有想到,申浩能成长为一家在全国有10家办公室,上海总部有近300名律师,创收近2亿元的律师事务所。

扪心自问:“我们是上海滩最勤奋的一群律师吗？我们是上海滩最聪明的一群律师吗？”答案

都是否定的。但我们一定是最幸运的一群律师,可能无意中走在了时代的趋势里,方才在时代的浪潮中乘风破浪,屹立潮头——任何人都敌不过趋势的。

二、匹配才是第一位的

2005 年申浩律师事务所刚成立时,我们非常天真地认为:“制约律师行业发展的核心问题就是传统的提成制分配问题,只有打破提成制分配,像金杜、君合、方达那样,才能组建真正的团队,才能实现专业化发展。”

2005 年至 2010 年,我们申浩律师事务所就以全员授酬制为主来发展律所。在这短短的 5 年间,申浩经历了两次大的律师人才流失——我粗略统计:从申浩走出来的律所主任(不含副主任)至少有 20 多位。

2010 年时,我就认真反思到底哪儿出了问题。后来我终于意识到:就律所管理问题说起来,全都是一样的,就那几个方面。但每个律所的历史沿革、主要业务领域、客户组成、律师的专业水平、律师的年龄结构等均不同,所以没有放至四海皆准的规则,更多的是要因地制宜、因时制宜,和律所发展相匹配的制度和规则就是好的——匹配才是第一位的。

全员授酬制律所相对更适合需要整个团队相互协作、分工明确,且服务周期相对较长、客户对律所品牌忠诚度很高、知名专业律师在法律服务市场有极强的议价能力和获客能力的律师事务所——律所和专业律师个人之间可以形成乘法效应,而非简单的加法效应,虽然会增加很多的沟通和时间等成本,但品牌溢价足以抵消这一切。因此,这一模式相对来说更适合破产、IPO、并购重组等业务为主的律师事务所。

申浩律师事务所刚刚成立时,主要是由外地来沪的青年律师组成,大多数的业务类型以民商事争议解决为主,客户不稳定,客户对律师个人能力的依赖性比较强,客户对律师专业水平的辨别能力偏弱,但客户基数大,青年律师很快可以形成自己的客户群。这种业务类型和客户结构,决定了申浩律师事务所要在确保最低服务质量保障的前提下,充分调动所有律师的主观能动性,让所有律师充满对胜利的渴望,释放发展的空间,而固定打卡、固定工作内容、固定薪酬空间的全员授酬制管理模式显然无法满足这一需求。大部分律师是追求自由,渴望得到能够证明自己能力的机会,而在全员授酬制管理模式下,显然无法实现律所和律师之间的匹配。律师为了谋求自身发展,离开律所寻求更为广阔的空间也是自然而然的事。所以申浩律师事务所发展之路上的两次“碰壁”也就成为必然。

三、合作共赢,分工交换,彼此成就

“临渊羡鱼,不如退而结网”,2010 年,申浩律师事务所决定整体回迁入上海交通大学(徐汇校区)校园内。我们以青年律师成长机制建设为主,创造性地提出了“合作律师”的概念——全所所有律师组成一个大的“律师池”,律所全面鼓励律师间合作,所有律师均可以自由地组合,合作共赢,分工交换,彼此成就。

律所应专注于两个市场的竞争:一个是客户服务市场,另一个是人才招聘市场。相应地,申浩律师事务所的经营理念也更新为:以先进的理念发展事业,以事业的发展凝聚人心。我们在为客户提供卓越服务的同时,也千方百计地增加律师执业的成就感和满足感:每年的申浩年会永远是律所最重要的头等大事(2018 年度年会就是全体集中在南京钟山高尔夫酒店举办);每年根据业绩情况组织的律所旅行,也永远是律所核心工作之一——2019 年 5 月 3 日就将有 45 位律师(含家属)共赴为期 11 天的澳大利亚之旅,更将有 110 名律师(含家属)分两批去我国台湾地区走走看看。让律师能够“简单工作、快乐生活”一直是我们追求的目标。

如何衡量一家律所对律师的价值?我认为评价体系为六大参数:(1)是否增加律师的获客机会;(2)是否增加律师的获客能力;(3)是否提高律师的服务质量;(4)是否增加律师的专业服务内

容;(5)是否增加律师的议价能力;(6)是否降低律师的法律服务成本。

目标决定行动方案,当方向和路线确定后,律所就不再是重点培养某一个律师或某一个法律服务团队,而应像长跑比赛为运动员提供标准且公平的跑道一样,建设一个透明、规范、优质的平台。申浩律师事务所的目标就是不断地建设申浩这个跑道,让每个申浩律师可以公平、快乐地奔跑;同时不断地提升申浩这个跑道本身的质量和标准,不断提高最低质量门槛,提升服务质量,让"申浩律师"成为每位申浩律师引以为荣的共同名字。

四、律所价值观、文化至上

有很多所内所外律师同行问我:"申浩律所那么多律师,作为主任,不好管吧?"

我的回答是:律师不需要管,律所和律师之间主要是靠心灵契约在维系,一个秘密很多的律所是不可能做大的。律所就是越简单,越有力量;越透明,越有生命力。我们总是尽量用数据去回答所有律师共同关切的问题,随着律所的管理机制逐步建全,我们将更多地公开律所的各项经营数据。

律所的日常管理主要是底线思维,就是规定律所所有同仁必须做到的底线——也就是主要规定什么不可以做,而不会规定什么可以做。比如,2010 年我们就提出:"必须 100% 签合同,100% 开发票,100% 律师费均支付至律所统一银行账号。"这个看似很容易的事情,但当律所律师人数达到 200 多名后,就显得弥足珍贵。

针对律师行业的特点,我们律所主要是塑造所有同仁共同的价值观和文化——律师是个自律行业,主要是靠律师自我管理为主。所有申浩律师共同认可、认同的价值观和文化才是申浩律师事务所最大的财富。我们决定任何重大举措前,都会回顾下我们共同的价值观和文化,看是否相符。

申浩律师事务所不知不觉已走过 14 载春秋,律所的管理架构也将在未来四年发生变化。申浩律师事务所发展初期,速度是决定一切的,所以一切均以快速决策为原则——认准的事,就立即执行,大不了错了再改,也没有什么。

但随着申浩律师事务所的规模(专业律师、法律服务费收入)每年以较上一年度同比 35% 以上的速度增长了近 5 年后,这种律所管理理念已经走到十字路口,我们又将何去何从?

未来有无限的可能性,我们无法预见未来我们该做什么,但我们可以决定并且我们应当明确我们不该做什么。

律师行业作为一个专业服务业,谈业务创收没有什么不对,因为客户交钱就交心了,客户的支付意愿在一定程度上就是对律师专业和品质的认可标志。但从事我们这个行业如果只是一味地过分强调业务创收就不对了——这个世界上最需要守住良心底线的行业,我个人认为就是医生和律师。

法律人有更多需要共同坚守的东西,所以申浩律师事务所现在或将来均坚持以下原则:(1)申浩律师事务所不会采取和其他律所合并、谋求做大的方式,因为我们发现每个律师事务所都有自己的价值观和文化,两种价值观和文化的冲突会导致律所间合并的成功概率锐减;(2)我们绝不允许任何社会资本涉足申浩律师事务所的投资,防止单纯受短期利益驱使的短视行为发生;(3)申浩律师事务所永远只做纯法律业务,绝不嫁接客户的信任从事非法律服务,我们也会要求律师珍惜客户的信任和尊重;(4)任何情况下,申浩律师事务所历经 14 年形成的律所价值观和文化至上,当利益和价值观冲突时,"诚信高于利益"。钱可以再赚,没有全所统一形成的价值观和文化,申浩就没有存在的意义。

五、从"超级入口"到"标准接口"

律师业,大所竞争将从律所发展快、慢的竞技,改为看谁不犯错误,少犯错误。试错成本的有效控制与纠错能力的比拼,将成为律所真正竞争力的综合体现。

比如,我们在 2016 年后,快速发展了 10 家分所,但我们现已决定:未来 3 年除了已经列入计划的宁波、重庆外,不会再新开分所。因为我们认为全行业大干快上,知名大所到处开设分所,但其实对分所的风险控制能力偏弱。某一家分所因为巨额赔偿,或税务处罚,或重大责任事故,受到行政处罚,导致旗下其他律所也受影响的可能性日益加大。我们将把所有分所全部纳入一体化管理,提升律所整体风险识别、控制能力,在有充足的把握可以对分所的运营风险进行控制前,我们会暂停所有新的分所建设。

但随着互联网时代来临,高铁时代来临,所有企业的活动半径越来越广阔,业务内容越来越复杂,法律需求也越来越多。如何能在分散的法律需求中找到共性的服务方式和内容,标准化地完成,提升律师的单位时间含金量就成为所有律所的共同课题。

传统的分所建设模式就是这一时代下的产物,通过分所的联合、联动,实现律师间的跨区域合作、跨专业合作。但受"律师行业必须为合伙制"的制度限制,所有律所合伙人均承担无限连带责任,故随着律所自身规模急剧扩大,风险日益凸显。尤其是税务风险和律师专业能力欠缺造成的巨额赔偿。

客户的需求和律师自身业务发展外溢等客观现实,又注定了律所必须为律师的外地业务开展创造条件,因为制造业已大量外迁至长三角区域,长三角城市群同城化进程越来越呈加速趋势——"一日双城"的工作、生活模式将会成为律师工作的常态。

我们 2019 年又将申浩律师事务所的愿景从"改变律师行业工作、生活、娱乐的方式"修改为"成为一家值得信赖并尊重的律所"。我们认为律所的主要价值未来将更多地体现为"联接能力、联接价值",帮助所有律师更好地提升专业能力,同时让专业律师的能力发挥更大的价值,这将成为律所未来的存在意义。

我们将以"联接比拥有更重要"为理念,放弃追求大量开设分所成为"超级入口"的目标,改为以成为长三角律所合作间的"标准接口"为目标。

六、不断试错,不断前进

说这些的目的,是告诉朋友们,我们也一直在变,一直在找寻适合当下的发展路径和管理模式。如果我们此刻的观念、理念和一年前是一模一样的,那说明这一年没有成长,时间浪费了。到底如何建设申浩,使之成为合作伙伴律所的"标准接口",我也不知道答案。但我相信,只要路是对的,就不怕路远,所有捷径永远是最远的路。我们将继续前行,不断创新,不断尝试,不断试错,不断前进。

因为申浩律师事务所已经成立 14 年了,我个人也已经执业 20 年了,我们已过了追求成功的年纪,更多的是追求做事的价值和意义。相信我们每个法律人孜孜不倦的追求和每家律所的不断创新恰恰是这个行业最大的财富。

选择了律师,就意味着放弃了公务员、企业法务等固定薪资的工作,就意味着放弃了在确定性中等待不确定性的工作、生活方式;选择了律师,就意味着要在从不确定性中去不停地寻找一个确定性的过程中不断前行——不确定性恰恰是这个行业的最大魅力。

来吧,继续前进,相信律师是律师最好的客户,律所是律所最好的合作伙伴。让我们一起各自努力,共同铸就律师行业新的春天!

或许在形式上重又落入了俗套,但感谢却是发自内心的。感谢本书第三版的责任编辑慕雪丹为本书新版的最终呈现形式贡献的智慧和创意,也要感谢为本书的修订工作付出辛勤努力的复旦大学法学院的崔一鹏、何锐强同学。当然仍旧更要感谢的是正在阅读的您,是您的阅读让本书的再版有了意义和价值,希望您能提供宝贵建议(ttf1029@ sunhold. com. cn)以便继续指引我们更好地编辑本书,为您带来持续的价值,为法治中国贡献我们的绵薄之力。

法律人的“幸福感”

——《一张图读懂法律》第二版(序)

《一张图读懂法律》再版主要是因为本书是以图表的形式,将每部法律都以一张图来展现,简明扼要,清晰地表达了法律的主旨,是一本能使读者一目了然地看懂每部法律的整体架构和主要内容的法律工具书。自2013年8月第一版出版以来,近两年我国通过了大量新的法律法规,还对很多的法律进行了修订,出台了很多有可操作性的司法解释。在成文法典的国家,每一部法律法规的出台,都意味着它将深刻地影响着我们生活的方方面面,同时也将在经济领域更改部分的市场竞争规则和商业模式的转换。法律变了,规则变了,本书内容必须更新,否则本书已经没有存在的价值和意义。

同时这本书第一版的良好销量,也使我们有勇气对本书进行系统的梳理,更新法律法规。根据读者的反馈,对本书的法律法规进行增删,修订再版。记得当这本书的创意出来时,我们也是诚惶诚恐、如履薄冰,这样一本看似简单、枯燥的书,能得到读者的认可吗?受众群体又是哪些?事实证明,我们还是赢得了一些读者,包括正在读这本书的您,谢谢您,是您让我们(包括本书的编辑薛晗等幕后英雄)的辛勤努力有了价值,也有了这次本书的修订再版。

原本也想请位法学名家帮我们写个再版的序,但想来想去,还是认为我们自己来写比较合适。因为从严格意义上讲,我们这本书不能算什么著作,其实就是一本法律检索的工具书,只是想改变大众一贯的“法律是冷冰冰的”这一认知,用思维导图这种形式作为呈现的手段,把法律变得有趣些,可读性强些。正如同中国的既往教育有太多的“知”,但缺乏“智”。我们认为,学习、教育的目标是把知识领域引向智慧,把短暂的所得、临时的信息逐步幻化成跟着你一生、融入生命的收获。让“知”变成“智”,让只停留在每天口头上重复的、看起来和生命的实质没有任何逻辑瓜葛的东西,沉淀在心里,让它变成您生命中不离不舍的追随,变成与您息息相关的智慧,进而让这些智慧变成行动的指南。潜心学习与修行能形成我们做人的原则、做事的底线,产生某种敬畏。这种敬畏让我们逐步明白什么是不可以做的,什么是可以做的。这种敬畏会成为养成生命中好习惯的助力,受益终生。所以学习的终极目的显然不是只获得知识,甚至也不是仅仅获得智慧。其实除了获得智慧,人最终的目的就是能在短暂或者漫长的生命中寻找到真正属于自己的幸福。

就借这本书的序,谈谈我作为一个律师——一个执业17年的律师,从2005年开办上海申浩律师事务所至今,现在天天要和所内100多名律师打交道的律师所主任的幸福感悟。那么,我们就聊聊为何中国人缺乏幸福感这个话题。

一、中国人普遍缺乏幸福感的原因:没有相对统一的能达成普遍共识的价值取向

不管黑猫白猫,抓住老鼠就是好猫。在那个刚刚结束一场文化浩劫的中华大地和物质极度贫乏的年代,无疑指明了方向,并且绝大多数人在心目中迅速对什么是“老鼠”达成了共识。于是中国形成了激荡三十年的“野蛮生长”,大家都应当读读吴晓波先生的《激荡三十年》和冯仑先生的《野蛮生长》两本好书。

今天再来看这句话,再思索这句话,似乎多了一些不一样的感悟。因为锁定目标的单一化,会让生活没有了情趣和快乐,生命的意义也就显得单薄。人的一生或长或短,但需求总是不断变化的,到底什么是会为我们带来幸福感的东西,每个个体的感知不尽相同。同理,如果目标单一化,过于强调某一目标达成,甚至于为了达成某个目标而有意无意忽略到民众的多个需求底线时,社会的局部反应就可能出现。在中国经济进行到"新常态"的今天,如何评价和规避一些无法预知的风险?

如何在这纷繁复杂的世界中,寻找属于自己的幸福感?我个人认为,在文化呈现多元化的今天,无论有人说什么、做什么,都可能会有坚定支持的声音和坚决反对的声音。

那么什么是我们缺少幸福感的缘由,仁者见仁,智者见智。但我们想还是可以达成一个基本共识:莫名的焦灼和强烈的不安全感。我们可以减少焦灼、减少不安全感的重要手段是什么?达成对某件事情,或某些事情在发生前对其未来结果(成果)的普遍共同认可的或好或坏的预期是根本。

不是我们不明白,是这个世界变化太快。在互联网时代,要求大家都必须做什么已经是一个不可能完成的任务了。但我们可以通过规定什么事不可以做,并严格执行兑现不可以做的事做了会有什么样后果的方式,重建在互联网时代的全民共识。正如同,我们到了成年以后,可以不明白自己要什么、做什么,但一定要先想明白自己不要什么、不做什么一样。

二、法治中国是促成全民达成共识,增加全民安全感、幸福感的核心,是中国经济可持续发展的核心动力和保障

说到这里,也许很多读者已经明白笔者的目的。对的,就是宣扬并强调法律对中国经济新常态下民众生活和工作的重要性。只有依法治国,国家才有希望;只有重视规则,遵守规则,国人才能得到"地球村"其他"村民"的尊重;只有建立在契约精神基础上的全民诚信体系,国家才真正有未来;只有全民对法律有敬畏之心,而非把法律仅仅当作工具使用,国家才能真正强大起来。

例如,2015 年风起云涌的资本市场。在资本市场接力信贷市场成为社会融资新生主要力量的趋势已经不可阻挡的今天,在一天的股市交易额以万亿作为计量单位的今天,我们的规则是否完备?当年主要设立目标之一是为国有企业解困的中国股市,会不会在今天帮助高负债的企业甚至地方政府以"证券化和股权融资"的方式摆脱信贷压力解套后,小散户全面接盘进入后就变成一地鸡毛的惨状?让全民创业热情、股权市场焕发出的激情瞬间冷冻,形成股灾的多输局面?问题越大,机会越大,没有问题就没有了机会,但必须在机会来临时,同步建立、完善预防问题出现的长效机制和解决问题的规则。我个人认为未来中国股市是否可以长期健康发展,不可能长时间仅仅依靠社会资产配置方向的转移来作用,主要取决于资本市场游戏规则的建立和完善,并且不折不扣地执行到位。但规则的执行仅靠证监会、银监会可以做到吗?答案是否定的,首先要让全民了解规则,懂得规则,明白每一种游戏的风险程度,对预期的后果有明确的预判力,明白如何在规则准许的框架下进行有效的博弈,并且在企业或机构违反游戏规则时,懂得如何维护自己的权益,如何快速、有效地以符合商业逻辑的方式保障自己的权益。这一切都要靠对法律、对规则的了解和把握。对于普通人如何在繁忙的工作之余,可以快速了解、掌握常用的法律法规,帮助大家提升对法律的认知水平,进而帮助大家在做一些事情前能够从法律这个维度再重新评估一下成功的概率和法律后果(成果分享),这就是我们编写这本书的目的和初衷之一了。

还有,我个人认为,现在我国的网民群体中有三类人最活跃:有信仰的博学多才者、没有信仰的博才多学者、充满信仰的愚昧无知者。在一件事情上往往各种声音交杂,甚至很多正能量的声音被淹没。这种情况下,什么最重要?将冷静的思考转化为符合流淌在我们血液中的中国传统文化的同时又符合现代商业逻辑的价值观才是理性思考的关键。比如,今天中国大量的立法、执法应当更多地体现公平,还是平等?这个简单而又严肃的话题。平等像,所有的标准是一致的。

公平是像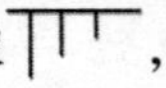，根据每个人的实际情况，进行适当的、不同的对待。

三、律师的幸福感是什么

这个问题，无法直接回答。但我想说，人至中年，最大的感悟：后悔的不是自己做过的事情，无论好与坏；而是曾经想做而没有做过的事情。律师恰恰可以在别人的世界里去感知人间冷暖，人生百态，我们无法延展生命的长度，却可以拓宽生命的宽度。我们用每一个案件、每一个项目来感知、感受着中国的点滴变化

我们这一代律师是幸福的，也是不幸的。因为赶上中国经济的转型时期，我们有更多的机会去探索“中国经济新常态”下新的法律服务类型，去接触各个阶层客户不同的需求定义及法律服务内容需求层出不穷的新变化、新机遇；我们是中国经济改革的重要参与者和见证者，同时与固有管理思维理念和传统既得利益的群体在市场经济行为下的博弈越来越强烈。所有的商业风险最终均折射在法律风险上。商业风险就是法律风险，法律风险防控就是一个商业风险可控化的过程，需要我们所有人一起学习，一起努力。

律师也是一个要终生学习的职业，我很庆幸选择了这个职业。如今我喜欢将2005年开办上海申浩律师事务所解释成一种试探。事过境迁，当上海申浩律师事务所十周年时，我往回看，它揭发了我不愿承认的懦弱，或提醒了我从不自知的坚强，只是当时的我不知道这两者对我都是好的。

学习法律的最大好处是当我们面对一件事或者一个机会时，无论成功与否，都能更明白什么是成功的要素，更明白现实和理想的差距，更明白什么时候我们不得不与内心的最后一点倔强谈和，更明白无论遇到什么事如何坦然面对。

最后，我们再一次落入俗套，还是要感谢本书的责任编辑薛晗，因为第一版时，没有机会告诉读者朋友，我们的书名《一张图读懂法律》就是薛编辑的智慧，好的开始意味着成功了一半，我们第一版能得到大家的认可，和这个好的书名是密不可分的。另外，也要感谢为本书创作付出辛勤努力的上海交通大学凯原法学院的刘晓笑、李亚杰同学。当然，仍然更要感谢的是正在阅读的您，是您的阅读让我们的书有了全新的意义。若这本书能得到大家的认可，我们希望每年根据国家最新的法律法规再版一次，所以您的建议就有了更大的价值，希望您能提供宝贵的建议（sunhold@ sunhold. com. cn）以便指引我们更好地修订本书，为您带来持续的价值，为法治中国贡献我们的绵薄之力。

第一版序

改革开放三十多年来，中国积累了大量的社会财富，也积累了不少的社会矛盾。社会矛盾越来越集聚，如果没有有效的解决路径，仅仅依靠政府“维稳”，延缓矛盾爆发的时间，而不能尽快如同防止洪水泛滥、河道治理一样——改堵为疏，建立良好的社会秩序，那么恶性社会事件很有可能会源源不断地冲击我们的视线，撞击我们心灵深处做人的底线。

作为一个执业十五年的律师，我一直在思索这个问题——为何会出现如此多的社会恶性事件？深层次的原因或许是我们的教育出了问题。目前国内的教育主要以技能教育为主，相对缺乏素质教育，而缺乏素质教育的最重要的体现，我认为就是缺乏传统国学教育和现代法学基础知识的普及。

很多事情的解决往往变得“结果导向”，头痛医头，脚痛医脚，缺乏长期、可持续发展的战略思考，多为短期的、利益诉求至上的从众行为为主。“冰冻三尺，非一日之寒”，若想解决这个问题，需要全社会的共同努力。

那么，律师在这个过程中，可以起到什么作用？我们认为，法律人能解决的最基础的问题就是通过法律知识的普及，让大家都相信规则的力量，尊重规则的力量，进而建立一种契约精神，改变国人普遍缺乏契约精神的现状，进而减少国人的不安全感和焦虑感。

所有的规则最表象的表现就是法律法规，只有让更多的人在最短的时间内了解法律，认识法律，进而尊重法律，全面建立法治中国才能成为可能，这也是我和申浩所同仁编写本书的主要目的。

我们一直坚信“简单就是力量”，在中国日渐全面进入风险社会的今天，所有企业都应当思考如何“聚焦做减法”“可持续发展”这两个命题，我们一直也在提供法律服务中思考，如何用最简单的方式显现法律，让法律不再枯燥。因为如果把一件事情说得太复杂了，那么往往不是自己根本没有弄清楚，就是有别的特殊目的。

在提供法律服务中，我们一直追求并坚持化繁为简，思考如何在复杂的法律关系中寻找解决问题的路径，并在风险和效益之间寻找到平衡点，进而规划出最佳的解决方案，于是运用思维导图来显现我们需要表达、有效沟通的内容成为常用的方式。2012 年 5 月，我突然有个想法，为何不用思维导图的方式来显现法律法规给客户，用“最简单的方式显现法律”，让法律简单起来，这也成为我们编写这本书的宗旨。为此，我们申浩所的同仁们一起用了一年多的时间完成这本书的创作，同时这本书也是我们申浩所法律风险管理系列丛书的第一本（这本书首先解决大家了解法律的目标），以后我们还会沿着这条路接着走下去，以法律风险管理为主要方向，编写系列丛书，讲述申浩同仁对法律风险管理防控，尤其是民营企业风险管理的一系列感悟。大家是否认同，我们无法预知，我们唯一能做到的是用心去感悟，用心去写，写出我们自己的心得。借此序，我也来谈谈对法律风险管理，尤其是对民营企业风险管理的心得。

民营企业的稳定健康发展，事关我国经济安全、政治安全。民营经济已经供养了全国 96% 的劳动力总量的就业，是国民经济的支柱之一。在全球经济动荡的今天，民营企业存在如何适应新形势的问题。民营企业“短命”的一个外部原因是目前的法治环境还有待提升，法律法规的部分规定和市场经济规则要求不符,经济运行中的政策多变等。而民营企业家欠缺法律风险意识则是企业"短命"不可忽视的内在根源。

企业可持续发展的根本,我认为是商业模式的可复制性。商业模式是这几年大家讨论的重点。但相对而言,可复制性才是关键,可复制就是要求自己可以快速复制,别人不容易模仿。一个企业能否可复制地快速发展才是商业模式是否成功的试金石。可复制的发展就是要求企业规范运营,企业规范运营的核心就是在运营中减少对人的依赖,包括公司各个层面的人员,无论是公司的决策层、管理层、核心员工层均一样。减少对人的依赖能靠什么?靠的就是规则的力量,体系的力量,流程的力量。

中国民营企业大致经历过三个阶段。第一个阶段是改革开放之初,那是个"野蛮"生长的时代,也是个勇气比能力更重要的时代。只要有勇气,勇敢地"下海",就可能赚到企业发展的第一桶金,故大家仔细去了解一下,中国改革开放后的第一代企业家往往有坎坷的经历,因为这样的人才更有勇气,属于没有什么是不可以放弃的,也成就了他们的多彩人生。第二个阶段是"细节决定成败",企业在快速发展中得到第一桶金后,开始"走出去,引进来",也就发现了自身粗放性经营的问题,开始推行"5S"管理,开始学习丰田的精细化管理等,务求把每个细节都做好,产品的质量稳定性、企业运营的稳健均得到较大提升。第三个阶段就是现在,属于体系决定成败的时代。有一些江浙的企业家在介绍公司的愿景时告诉我:"田律师,今年我们销售额1亿,明年可以达到3亿。"我从来也不说"行",也不说"不行",因为这样快速发展的企业奇迹在我们身边几乎天天发生着。但我一定会问这些基础的问题:"企业运营的体系是否基本健全?公司的组织架构是否健康,能否支撑企业快速发展?公司的核心岗位的岗位职责说明书是否齐全?公司的采购供应链流程是否严谨?公司的赊销体系是否建立?公司的知识产权包括商业秘密的保护是否已经制度化?综上,就是公司的运营体系是否已经建立并且可以良好运行?"如果回答"没有",我一般都会耐心地劝这个企业家,发展得慢些好,慢慢来,不要急,心急吃不了热豆腐。因为我知道,即使这个企业真的是面临一个好的商业模式和好的商机,结果也有两个:一个是不会成为先进,只会成为先烈,给后续的企业家们指明了道路和前进方向后,就倒下了;另一个可能是整个企业完全靠这个企业家撑着,企业家牺牲了自身的健康,放弃了生活中的快乐,顾不得在老人堂前尽孝心,一般最终的结果也是这个企业家先"挂在墙上",供大家缅怀——我们参加了企业家的追悼会后,然后又在不久的将来,就看到这个企业像断了线的风筝一样快速消失在人们的视野中。

企业运营的体系是什么?其实就是实现企业快速发展的各个要素有序运转的体系。主要包括以下六个方面。

1. 公司内部的组织架构(主要包括股东会、董事会、总经理的责、权、利是否清晰,公司对核心员工层以上的人员的激励是否能让员工有归属感、公平性,如股权激励等)。作为从业十多年的律师,我发现大部分的中国企业的倒下均是祸起萧墙——由内讧造成的。归根结底是公司成立之始就没有重视公司章程、股东协议等法律文件,仅仅把它当作公司设立时的形式要求,甚至于直接完全照搬工商局的示范文本。根本没有建立公司出现权益纷争、经营决策分歧时的解决机制,于是《明朝那些事儿》的作者当年明月总结的中国农民起义的一条规律就天天上演——同舟共济,同室操戈,同床异梦,最后同归于尽。这也完全适用于中国很多失败的中小型企业。

2. 公司人力资源管理。人是企业最宝贵的财产,也是企业最不可靠、最容易出现问题的因素。公司的人力资源管理通常主要包括六大模块:(1)人力资源规划;(2)招聘与配置;(3)培训与开发;(4)绩效管理;(5)薪酬福利管理;(6)劳动关系管理。我认为可复制性的核心就是:(1)劳动合同、规章制度;(2)岗位职责说明书;(3)培训。对于劳动合同来说,我发现很多企业的员工签订的劳动合同是一模一样的,劳动合同的内容一样,甚至期限也一样,上至总经理,下至公司的前台。

不同的岗位的要求当然不一样,但为什么劳动合同是一样的呢?公司的决策层最重要的是忠诚义务,因为能力一般无须太多考察,所以在劳动合同中要加入忠诚勤勉的内容,加大股权、分红奖励的力度和公平性——钱聚人散,钱散人聚。公司核心管理层主要是执行力和稳定性等,所以在劳动合同中要加大劳动成果的考核力度,要加入竞业限制的内容。公司普通员工层主要是绩效管理、规章制度管理等,所以要加强规章制度的约束力。此外,基本上每一家公司 20% 的员工创造 80% 的价值,为何我们企业的员工的劳动合同会一样?这是值得深思的问题。

3. 公司采购、供应链管理。公司在采购流程管理中,对供应商的评审是否制度化,和供应商签订的合同范本是否健全,是否可以保护企业的权益?在签订合同时哪些条款是可变的,由此可能对公司的影响包括什么?我发现很多的采购管理人员专业背景很强,能力也很强,但没有受过专业的法律培训,法律素养不高,无法在面对一个法律问题的选择时,在安全与效率、风险与收益之间作出正确的评估,进而无法进行正确的选择。

4. 赊销体系建设、管理。公司的销售体系中最核心、最重要的模块是信用销售部分(即赊销)。法律风险的防控主要体现在:(1)是否有采购商的分级制度。我们都知道 20% 的优质客户贡献 80% 的利润,那么我们是否相对应地有不同的赊销额度、账期政策、合同文本等。(2)是否有相对应的信用控制的流程和机制。比如每年度进行一次客户级别和相对应的赊销额度的评定,而不是销售人员拿着一份合同来让销售总监对单一合同进行决策,销售总监就只能凭经验和销售人员的汇报进行决策。经验往往是不可靠的,更可怕的是销售人员的信息还可能是失真的,信息失真往往又是决策失误的根源。(3)对销售人员的管控。我在和企业销售主管们交流时,最喜欢问一个问题:"贵公司销售工作联系时的手机号、QQ 号、MSN 邮箱是单位的,还是个人的?"在 2006 年时,回答几乎全是个人的,现在大概有 60% 的企业的上述资源的所有者还是个人。大家想想,一个好的销售人员真正的价值一定不是他有多少个采购商负责人的电话,而是他的手机号被多少个采购主管存入自身的手机中。如果这个手机号是销售个人的,那么他离开公司时,会造成多大的损失。如果销售人员有品德问题,若手机号系公司的号码,并且明确约定公司认为在有必要时,可以检查此号码的通信记录,是否可以为公司避免或挽回很多损失?

5. 知识产权保护。公司最有价值的东西往往是无形的,通常需要以知识产权的方式保护起来,如商标、专利、商业秘密等。知识产权对企业的作用主要有什么?是防止别人快速、低成本地模仿。简单地说,就是在自己已经快速通过或通行的道路上设置路障,提高通行的难度和通行的成本,防止别人在自己辛辛苦苦完成创新后,可以轻易地模仿,目的是提高准入门槛,保护企业自身的合法权益。

6. 财税筹划。依法纳税是每个企业的义务。但在中国,目前针对中小型企业的税赋比较重,企业合理、合法地进行公司税收筹划以及企业高管的个人所得税筹划的意义就显得格外重大。比如,我接触过的大量日资企业,每年的员工奖金分两次发放,一次在 7 月份,一次在来年 1 月份,这样就会使员工要多交不少的个人所得税,甚至于出现整个 7 月份的工资都用来交税还不够的局面。如果奖金分月或在一年终了时一次性发放,均可以分摊到每个月,这样就为员工合理地筹划了税收。员工的满意度不仅仅体现在企业实际为员工付出了多少,更重要的是员工实际得到了多少。对企业而言,员工就是最好的客户,员工满意,客户才可能满意,服务感受往往比服务质量更重要。

我认为,一个成功的企业家一定必须要有的能力中,和法律相关的能力,主要有二:其一是把例外的问题转化为常规问题的能力;其二是处理确属例外问题的能力。这两个能力虽不能决定企业的高度和速度,但可以决定企业发展的长度和深度。如果把企业比作一辆汽车,那么我们讲的法律风险管理就相当于汽车上的安全带,出车祸时才发现它的作用有多大。但随着影响全球经济及中国经济的不确定因素越来越多,出现突发状况的可能性越来越大,企业运营的安全就越来越重要,而且我认为只有企业安全,国家才安全,一个国家强盛的标志应该是有一大批稳健运营、可持续发展的企业存在。

最后,我们落入俗套,还是要感谢本书的责任编辑薛晗,因为没有她的辛勤付出,不可能有这本书的付梓出版。另外,也要感谢为本书创作付出辛勤劳动的申浩同仁,感谢中国石化中原石油工程公司海外工程公司经营条法部部长李亚辉先生对本书的支持。当然,更要感谢现在正在阅读的您,是您的阅读让我们的书有了价值,更希望您能在阅读后给我们提供宝贵的建议(联系邮箱:sunhold@ sunhold. com. cn),以便指引我们更好地创作,不断前行。

本书使用说明

1. 写作对象

本书书名所称的法律，是指广义上的法律，包括全国人民代表大会及其常务委员会制定的法律、行政法规。但在本书的思维导图中，为了论述的充分性，也适当地引用了法律解释、司法解释条文。

2. 全书目录

本书目录基本与第一张思维导图——“法律体系”内容相同，该导图相应的法律名称（简称）后所示的数字为该部法规所对应的页码。

3. 结构顺序

每张思维导图以一级标题为中心，分左右两部分，一般分布在两个连续页码纸张之上。一般应遵循以一级标题为中心，按逆时针方向从左至右的阅读顺序。

4. 一级标题

一般为主要法规的简称，如：《中华人民共和国民法总则》的简称“民法总则（2017 - 10 - 01）”，括号内的时间为该部法律最新修订的生效日期。

5. 法条编号

圆圈内含数字的符号，数字为法条编号，表示该符号后所带的为相应法条编号的内容。如：“宪法”思维导图中的“⑤依据宪法和法律治理国家”，数字“5”为法条编号，符号“⑤”其后所对应的内容为宪法第5条所对应的内容。

6. 关联线

思维导图中带箭头的黑色虚线为关联线，以示相互之间的某种关联关系。如：“民法总则”思维导图中“民事法律行为”及“民法上的行为”因其与“民事行为和民事法律行为”具有内容上的关联性，因此以关联线相连。

7. 批注说明

一般彩色突出的部分为对相应内容的归纳总结或解释说明，不局限于导图所对应的法规范围。

8. 名词简称

因考虑篇幅及排版，本书出现大量的常用简称，如：“全国人大常务委员会”简称为“全国人大常”或“全国人大常委”，等。

9. 名词解释

名词解释集中排版在第二部分，具有独立的目录编号。导图中格式为：“**某某某【3】**”的内容，表示该内容有对应的名词解释，“**【3】**”表示该名词解释的编号。如：“宪法”思维导图中的“**特赦【9】**”表示，“特赦”有宪法中所对应的第9个名词解释。

本书体系

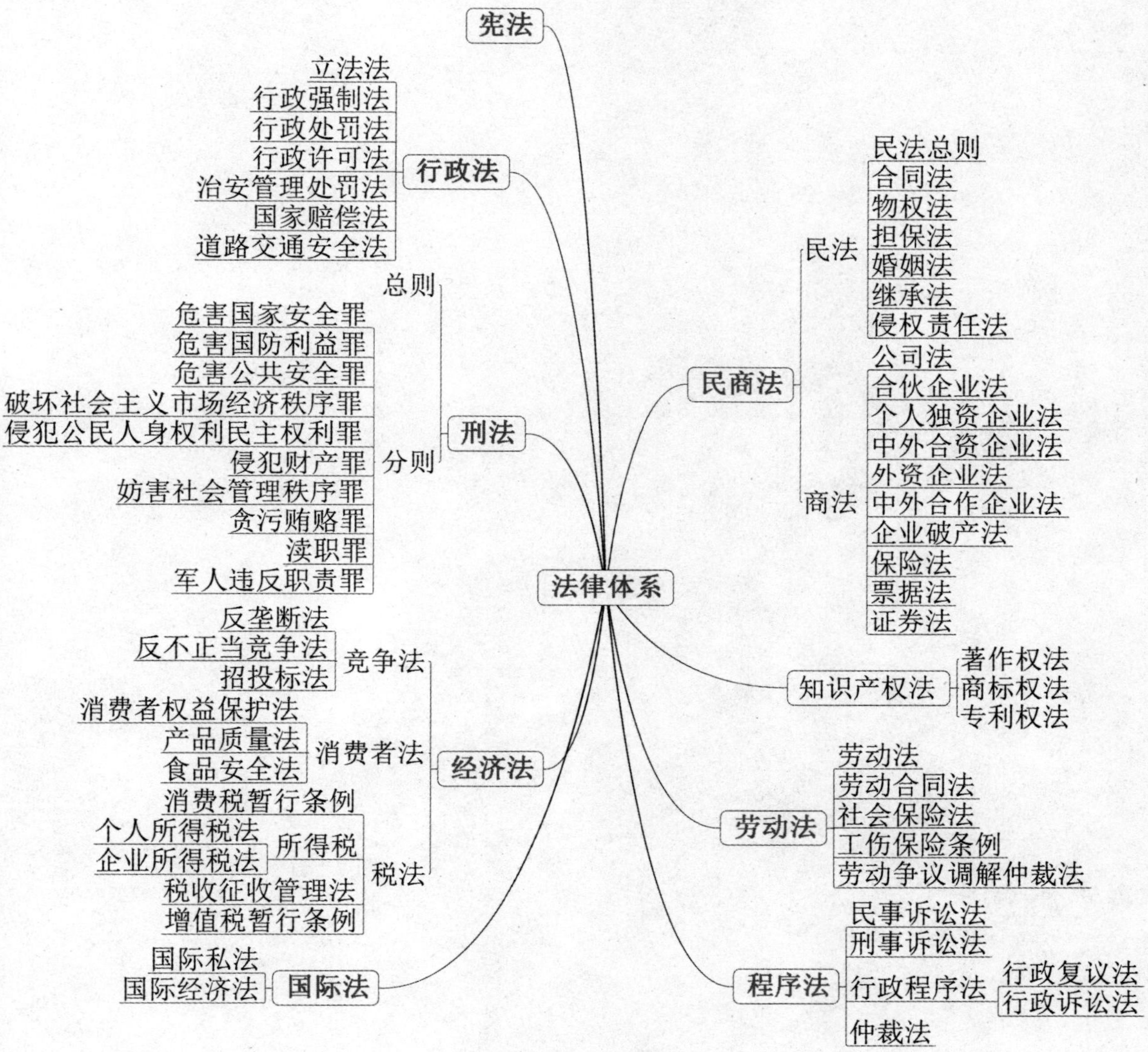
法律体系
宪法
行政法
立法法
行政强制法
行政处罚法
行政许可法
治安管理处罚法
国家赔偿法
道路交通安全法
刑法
总则
分则
危害国家安全罪
危害国防利益罪
危害公共安全罪
破坏社会主义市场经济秩序罪
侵犯公民人身权利民主权利罪
侵犯财产罪
妨害社会管理秩序罪
贪污贿赂罪
渎职罪
军人违反职责罪
经济法
竞争法
反垄断法
反不正当竞争法
招投标法
消费者法
消费者权益保护法
产品质量法
食品安全法
税法
消费税暂行条例
所得税
个人所得税法
企业所得税法
税收征收管理法
增值税暂行条例
国际法
国际私法
国际经济法
民商法
民法
民法总则
合同法
物权法
担保法
婚姻法
继承法
侵权责任法
商法
公司法
合伙企业法
个人独资企业法
中外合资企业法
外资企业法
中外合作企业法
企业破产法
保险法
票据法
证券法
知识产权法
著作权法
商标权法
专利权法
劳动法
劳动法
劳动合同法
社会保险法
工伤保险条例
劳动争议调解仲裁法
程序法
民事诉讼法
刑事诉讼法
行政程序法
行政复议法
行政诉讼法
仲裁法

一、宪　　法

宪　法

宪
(2018-

- **总纲**
  - 民主集中制原则 ③
    - 人民代表大会都由民主选举产生，对人民负责，受人民监督
    - 行政机关、司法机关都由人民代表大会产生，对它负责，受它监督
    - 中央的统一领导，充分发挥地方的主动性、积极性
  - 依法治国原则 ⑤
    - 依据宪法和法律治理国家
- **公民权利** (33-50)
  - ***选举权【1】与被选举权【2】***、基本政治自由、宗教信仰自由、人身自由
  - 监督权及损失赔偿权
    - 对国家机关或国家机关工作人员（以下简称“主体”），有权提出批评和建议
    - 对主体的违法失职行为，有权提出申诉、控告、检举
    - 因主体侵犯公民权利而受到损失的人，有权依法取得赔偿
  - ***劳动权【3】、休息权【4】、社会保障权【5】***
- **公民义务** (51-56)
  - 公民行使自由和权利不得侵害国家、集体或其他人合法权益
  - 公民有维护国家统一和民族团结、维护国家安全、荣誉和利益的义务
  - 依法纳税义务
- **国家机构**
  - 全国人大
    - 性质 (57)
      - 最高国家权力机关
      - 全国人大常委会是人大的常设机构
    - 职权 (62)
      - (1) 修改宪法
      - (2) 监督宪法的实施
      - (3) 制定和修改刑事、民事、国家机构的和其他的基本法律
      - (4) 选举国家主席、副主席
      - (5) 根据国家主席的提名，决定国务院总理的人选；根据国务院总理的提名，决定国务院副总理等人选
      - (6) 选举中央军委主席；根据提名，决定中央军委其他人选
      - (7) 选举国家监察委员会主任
      - (8) 选举最高人民法院院长
      - (9) 选举最高人民检察院检察长
      - (10) 审查和批准国民经济和社会发展计划和计划执行情况的报告
      - (11) 审查和批准国家的预算和预算执行情况的报告
      - (12) 改变或者撤销全国人民代表大会常务委员会不适当的决定
      - (13) 批准省、自治区和直辖市的建置
      - (14) 决定特别行政区的设立及其制度
      - (15) 决定战争和和平的问题
    - 宪法修改及法律通过 (64)
      - ***宪法修改【6】***
        - 提议
          - 全国人民代表大会常务委员会
          - 1/5以上全国人民代表大会代表
        - 通过
          - 全国人大会代表2/3以上多数通过
      - 法律通过
        - 全国人民代表大会代表1/2以上通过
    - 全国人大代表的权利义务 (74-77)
      - ***人大代表司法豁免权【7】***、言论表决豁免权
      - 受原选举单位的监督
  - 全国人大常委
    - 任期 (66)
      - 与全国人大任期相同，委员长、副委员长连续任期不超过两年
    - 职权 (67)
      - (1) ***解释宪法【8】***，监督宪法的实施
      - (2) 制定和修改除应当由全国人大会制定的法律以外的其他法律
      - (3) 全国人大会闭会期间，对它制定法律进行不相抵触的部分补充和修改
      - (4) 解释法律
      - (5) 全国人大会闭会期间，审查和批准国民经济和社会发展计划、国家预算在执行过程中所必须作的部分调整方案
      - (6) 监督国务院、中央军事委员会、最高人民法院和最高人民检察院工作
      - (7) 撤销国务院制定的同宪法、法律相抵触的行政法规、决定和命令
      - (8) 撤销同宪法、法律和行政法规相抵触的地方性法规和决议
      - (9) 在全国人大会闭会期间，根据国务院总理的提名，决定部长等人选
      - (10) 全国人大会闭会期间，根据中央军事委员会主席提名，决定其他人选
      - (11) 全国人大会闭会期间，根据国家监察委员会主任的提请，任免国家监察委员会副主任、委员
      - (12) 根据最高人民法院院长的提请，任免最高人民法院副院长、审判员、审判委员会委员和军事法院院长
      - (13) 根据最高人民检察院检察长的提请，任免最高人民检察院副检察长等人选，并且批准省、自治区、直辖市的人民检察院检察长的任免
      - (14) 决定驻外全权代表的任免
      - (15) 决定同外国缔结的条约和重要协定的批准和废除
      - (16) 规定军人和外交人员的衔级制度和其他专门衔级制度
      - (17) 规定和决定授予国家的勋章和荣誉称号
      - (18) 决定特赦
      - (19) 在全国人民代表大会闭会期间，决定战争状态的宣布
      - (20) 决定全国总动员或者局部动员
      - (21) 决定全国或者个别省、自治区、直辖市进入紧急状态
      - (22) 全国人民代表大会授予的其他职权

法
03-11）

- 国家机构
  - 国家主席
    - 选举与任期（79）
      - 产生方式　由全国人民代表大会选举产生
      - 任期　与同届全国人大会任期相同
    - 职权（80、81）
      - 公布法律
      - 任免国务院总理、副总理等人员
      - 授予国家的勋章和荣誉称号
      - 发布***特赦【9】***令
      - 宣布进入紧急状态，宣布战争状态，发布动员令
      - 主席的外交职权
  - 国务院
    - 性质及地位（85）最高国家权力机关的执行机关、最高国家行政机关
    - 任期（87）
      - 与每届人大任期相同
      - 总理、副总理、国务委员连续任职不超过两届
    - 职权（89）
      - (1)根据宪法和法律，规定行政措施，制定行政法规，发布决定和命令
      - (2)向全国人民代表大会或者全国人民代表大会常务委员会提出议案
      - (3)规定各部和各委员会的任务和职责，统一领导各部和各委员会的工作，并且领导不属于各部和各委员会的全国性的行政工作
      - (4)统一领导全国地方各级国家行政机关的工作，规定中央和省、自治区、直辖市的国家行政机关的职权的具体划分
      - (5)编制和执行国民经济和社会发展计划和国家预算
      - (6)领导和管理经济工作和城乡建设、生态文明建设
      - (7)领导和管理教育、科学、文化、卫生、体育和计划生育工作
      - (8)领导和管理民政、公安、司法行政等工作
      - (9)管理对外事务，同外国缔结条约和协定
      - (10)领导和管理国防建设事业
      - (11)领导和管理民族事务，保障少数民族的平等权利和民族自治地方的自治权利
      - (12)保护华侨的正当的权利和利益，保护归侨和侨眷的合法的权利和利益
      - (13)改变或者撤销各部、各委员会发布的不适当的命令、指示和规章
      - (14)改变或者撤销地方各级国家行政机关的不适当的决定和命令
      - (15)批准相关地区的建置和区域划分
      - (16)依照法律规定决定省、自治区、直辖市的范围内部分地区进入紧急状态
      - (17)审定行政机构的编制，依照法律规定任免、培训、考核和奖惩行政人员
      - (18)全国人民代表大会和全国人民代表大会常务委员会授予的其他职权
- 国家机构
  - 中央军事委员会
  - 地方人民代表大会和地方政府
    - 地方性法规的制定
    - 地方政府与同级人大、上级政府关系（110）
      - 对本级人大负责并报告，人大会闭会期间，对本级人大常委会负责并报告
      - 对上一级政府负责并报告工作
  - 民族自治地方的自治机关
    - ***自治机关【10】***（112）自治区、自治州、自治县的人民代表大会和人民政府
    - ***自治条例【11】、单行条例【12】***（116）
  - 监察委员会
    - 性质（125）监察机关
    - 上下级监察委的关系（126）上级监察委领导下级监察委
    - 监察委与人大的关系（126）监察委对人大负责
    - （127）监察权独立
  - 人民法院和人民检察院
    - 人民法院
      - 性质（128）审判机关
      - 设置（129）最高人民法院、地方各级法院、军事法院等专门法院
      - 审判原则
        - （130）审判公开原则和辩护原则
        - （131）审判权独立
      - 上下级法院的关系（132）上级法院监督下级法院
      - 法院与人大的关系（133）法院对人大负责
    - 人民检察院
      - 性质（134）法律监督机关
      - 设置（135）最高人民检察院、地方各级人民检察院、军事检察院等专门检察院
      - 工作原则（136）独立行使检察权
      - 上下级检察院的关系（137）上级检察院领导下级检察院
      - 检察院与人大的关系（138）检察院对人大负责

二、行 政 法

立 法 法

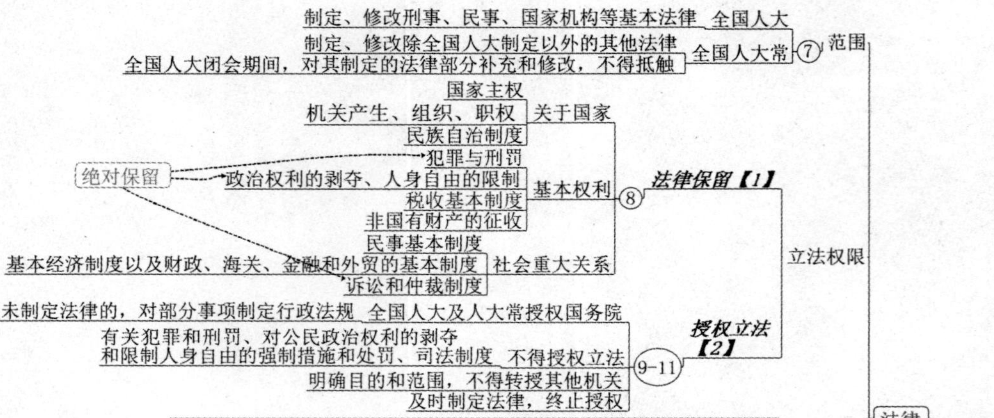

	提案 ——→	审议 ——→	表决 ——→	公布
全国人大	主席团；全国人大常；国务院；中央军委；最高法；最高检；全国人大专委会 一个代表团；30名以上的代表 （由主席团决定是否列入会议议程，或交有关专门委员会审议后再决定）	代表团审议 专委会审议 法律委员会审议 主席团审议	全体代表过半数通过	国家主席签署主席令
全国人大常委会	委员长会议；国务院；中央军委；最高法；最高检；全国人大专委会 常务委员会组成10人以上 （由委员长会议决定是否列入议程）	常委会分组审议 专委会审议 法律委员会审议 常务委员会审议	全体组成人员过半数通过	

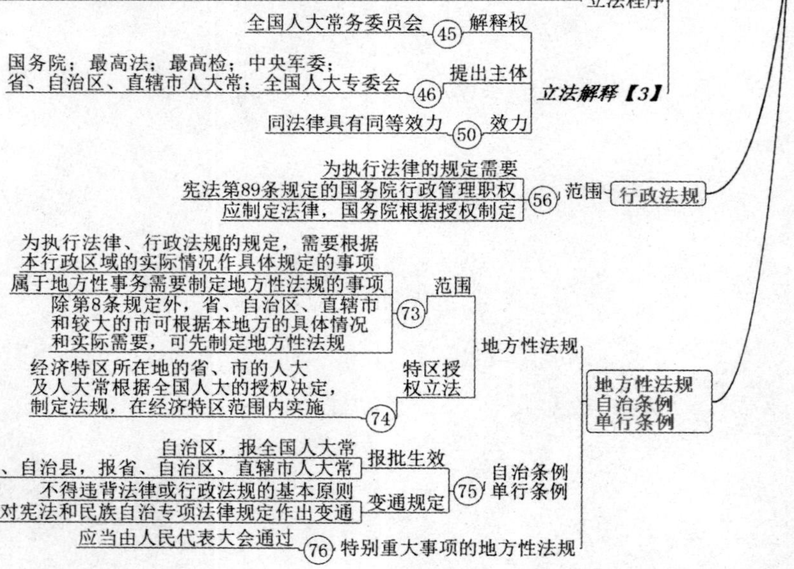

法
03-15）

- 规章
  - 部门规章
    - 范围 ⑻ 属于执行法律或者行政法规、决定、命令的事项
    - 部门首长签署命令 ⑻
  - 地方政府规章
    - 范围 (82)
      - 为执行法律、行政法规、地方性法规的规定需要制定规章的事项
      - 属于本行政区域的具体事项
    - 省长或自治区主席或市长或自治州州长签署命令 (85)
- 适用与备案
  - 冲突解决
    - 变通规定 (90) 自治条例和单行条例在本自治地方优先适用；经授权的经济特区法规在本经济特区优先适用
    - 特别规定与新的规定 (92) 特别法优于一般法；新法优于旧法
    - 新的一般规定与旧的特别规定 (94)
      - 法律之间，由全国人大常裁决
      - 行政法规之间，由国务院裁决
      - 同一机关，新的一般规定与旧的特别规定不一致，制定机关裁决
    - 效力等级一般原则
      - 权力>行政
      - 上位>下位
      - ***法的位阶【4】***
      - 特殊>一般
      - 新法>旧法
    - 地方性法规与规章 (95)
      - 地方性法规与部门规章，对同一事项规定不一致，国务院意见
        - 认为适用地方性法规 应当适用地方性法规
        - 认为适用部门规章 应当提请全国人大常裁决
      - 授权法规与法律不一致，不能确定，由全国人大常裁决
  - ***立法监督【5】***
    - 情形 (96)
      - (1)超越权限的
      - (2)下位法违反上位法规定的
      - (3)规章之间对同一事项的规定不一致，经裁决应当改变或者撤销一方的规定的
      - (4)规章的规定被认为不适当，应当予以改变或者撤销的
      - (5)违背法定程序的

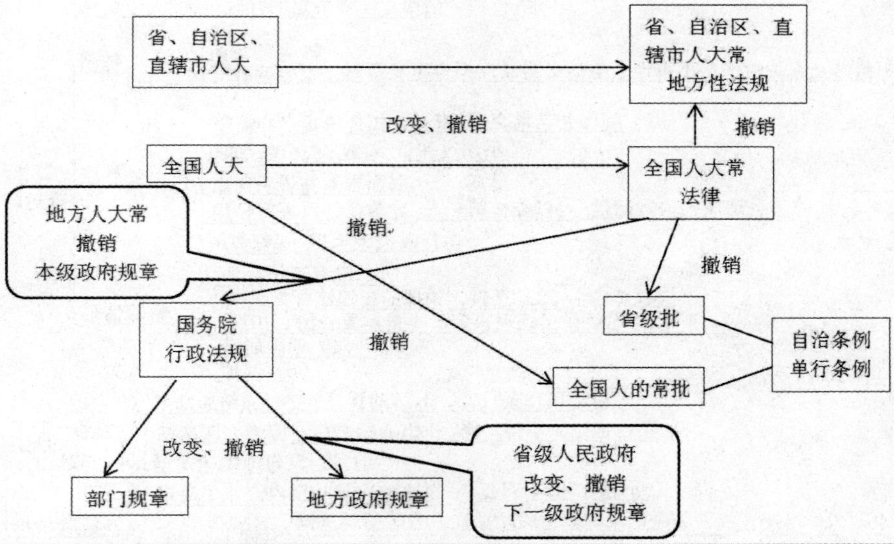

    - 备案 (98)
      - 行政法规 报全国人大常
      - 地方性法规
        - 省、自治区、直辖市的，报全国人大常
        - 设区的市、自治州，由省、自治区人大常报全国人大常
      - 自治州、自治县的自治条例、单行条例 由省、自治区、直辖市人大常报全国人大常
      - 规章
        - 部门规章 国务院
        - 地方政府规章
          - 国务院
          - 本级人大常
          - 设区的市、自治州政府规章
            - 省、自治区人大常
            - 省、自治区人民政府

行政强制法

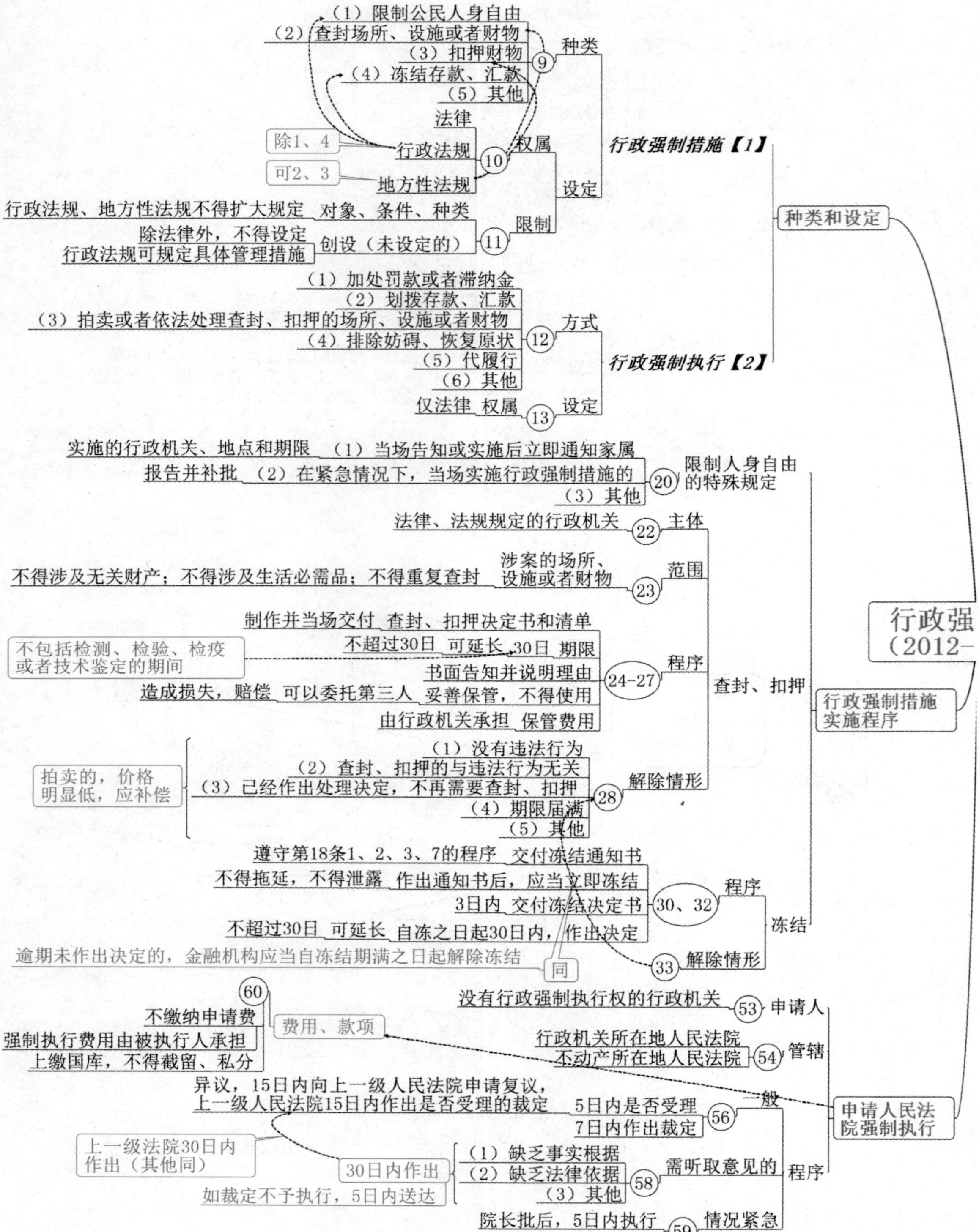
行政强
(2012-
种类和设定
行政强制措施【1】
种类
9
（1）限制公民人身自由
（2）查封场所、设施或者财物
（3）扣押财物
（4）冻结存款、汇款
（5）其他
设定
权属
10
法律
行政法规
除1、4
地方性法规
可2、3
限制
11
行政法规、地方性法规不得扩大规定
对象、条件、种类
除法律外，不得设定
创设（未设定的）
行政法规可规定具体管理措施
行政强制执行【2】
方式
12
（1）加处罚款或者滞纳金
（2）划拨存款、汇款
（3）拍卖或者依法处理查封、扣押的场所、设施或者财物
（4）排除妨碍、恢复原状
（5）代履行
（6）其他
设定
13
仅法律 权属
行政强制措施实施程序
限制人身自由的特殊规定
20
实施的行政机关、地点和期限
（1）当场告知或实施后立即通知家属
报告并补批
（2）在紧急情况下，当场实施行政强制措施的
（3）其他
查封、扣押
主体
22
法律、法规规定的行政机关
范围
23
不得涉及无关财产；不得涉及生活必需品；不得重复查封
涉案的场所、设施或者财物
程序
24-27
制作并当场交付 查封、扣押决定书和清单
不超过30日 可延长30日 期限
不包括检测、检验、检疫或者技术鉴定的期间
书面告知并说明理由
造成损失，赔偿 可以委托第三人 妥善保管，不得使用
由行政机关承担 保管费用
解除情形
28
（1）没有违法行为
（2）查封、扣押的与违法行为无关
（3）已经作出处理决定，不再需要查封、扣押
（4）期限届满
（5）其他
拍卖的，价格明显低，应补偿
冻结
程序
30、32
遵守第18条1、2、3、7的程序 交付冻结通知书
不得拖延，不得泄露 作出通知书后，应当立即冻结
3日内 交付冻结决定书
不超过30日 可延长 自冻之日起30日内，作出决定
逾期未作出决定的，金融机构应当自冻结期满之日起解除冻结
解除情形
33
同
申请人民法院强制执行
申请人
53
没有行政强制执行权的行政机关
管辖
54
行政机关所在地人民法院
不动产所在地人民法院
60
费用、款项
不缴纳申请费
强制执行费用由被执行人承担
上缴国库，不得截留、私分
程序
一般
56
5日内是否受理
7日内作出裁定
异议，15日内向上一级人民法院申请复议，上一级人民法院15日内作出是否受理的裁定
上一级法院30日内作出（其他同）
需听取意见的
58
（1）缺乏事实根据
（2）缺乏法律依据
（3）其他
30日内作出
如裁定不予执行，5日内送达
情况紧急
59
院长批后，5日内执行

制法
01-01）

- 行政机关强制执行程序
  - 一般规定
    - 程序（35、36）
      - 书面催告
      - 当事人陈述和申辩
      - 行政机关记录、复核
      - 证据是否成立
        - 是 采纳
        - 否（37）作出书面强制执行决定
    - 中止执行（39）
      - （1）确有困难或暂无能力
      - （2）第三人异议
      - （3）损失无法弥补 中止，不损害公共利益
      - （4）其他
    - 终结执行（40）
      - （1）死亡 无遗产，无承受人
      - （2）组织终止 无财产，无承受人
      - （3）标的灭失
      - （4）依据被撤销
      - （5）其他
    - 其他（41-44）
      - 执行依据被撤销、变更，或执行错误 给予赔偿
      - 可达成执行协议
      - 禁止夜间或者法定节假日执行 除情况紧急
      - 不得对居民生活采取停止供水、供电、供热、供燃气等方式
      - 强制拆除 公告
        - 自行拆除
        - 不履行、不复议、不诉讼的，强制拆除
  - 金钱给付义务的执行（45、46、49）
    - 逾期不履行 加处罚款或滞纳金
    - 超过30日 催告仍不履行，强制执行
    - 拍卖可抵缴罚款
    - 款项上缴国库 不得截留、私分
  - ***代履行【3】***（当事人承担成本）
    - 适用（50）
      - 履行排除妨碍、恢复原状等义务的
      - 主体 行政机关；没有利害关系的第三人
    - 遵守的规定（51）
      - （1）送达决定书
        - 情况紧急（52）可先代履行，再通知
      - （2）3日前，催告；履行的，停止
      - （3）到场监督
      - （4）完毕，签名或盖章
- 法律责任
  - 行政机关
    - 责令改正，给予处分
      - 实施行政强制时（61）
        - （1）没有法律依据
        - （2）改变对象、条件、方式
        - （3）违反法定程序
        - （4）违反规定，在夜间或者法定节假日实施
        - （5）对居民生活采取不正当方式迫使当事人履行
        - （6）其他
      - 违反本法规定的（62）
        - （1）扩大范围
        - （2）使用或者损毁执行财物的
        - （3）不作为或未依法及时解除的
        - 包括查封、扣押、冻结
      - 谋取利益的（64）
    - 给予记大过、降级、撤职或者开除的处分（63）
      - 所得的款项，截留、私分或者变相私分的
      - 据为己有的
  - 金融机构
    - 一般违法行为（65）（责令改正，给予处分）
      - （1）泄露信息
      - （2）不作为
      - （3）执行过限
      - （4）未及时解除冻结存款、汇款
    - 特殊违法行为（66）将款项划入其他账户的
      - 责令改正，单位并处2倍罚款；个人给予处分
      - 行政机关、人民法院指令该行为的，个人同罚
  - 人民法院（67）有违法行为或者扩大强制执行范围的，个人给予处分

行政处罚法

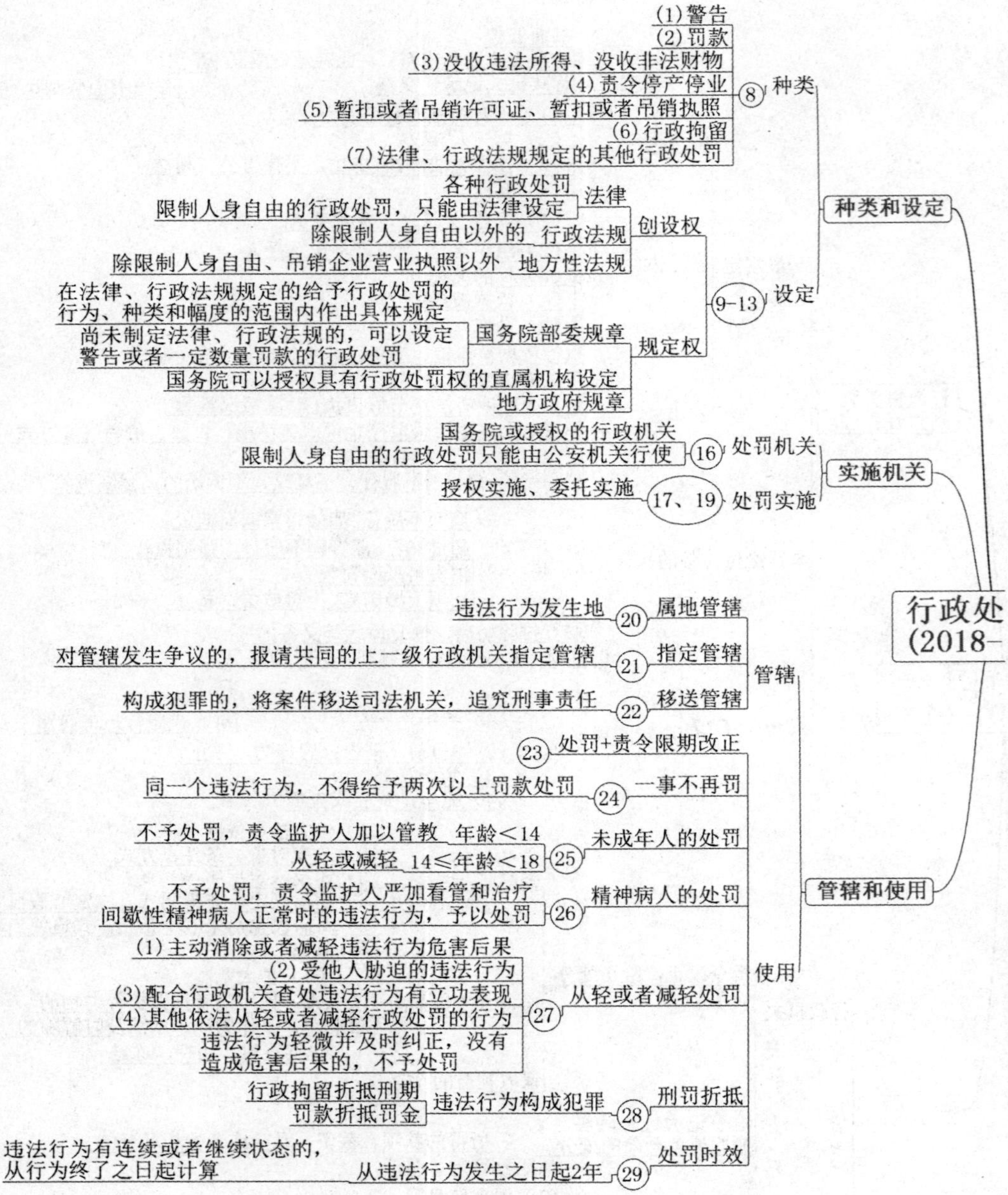
行政处
(2018-
种类和设定
种类
8
(1)警告
(2)罚款
(3)没收违法所得、没收非法财物
(4)责令停产停业
(5)暂扣或者吊销许可证、暂扣或者吊销执照
(6)行政拘留
(7)法律、行政法规规定的其他行政处罚
设定
9-13
创设权
法律
各种行政处罚
限制人身自由的行政处罚，只能由法律设定
行政法规
除限制人身自由以外的
地方性法规
除限制人身自由、吊销企业营业执照以外
规定权
国务院部委规章
在法律、行政法规规定的给予行政处罚的行为、种类和幅度的范围内作出具体规定
尚未制定法律、行政法规的，可以设定警告或者一定数量罚款的行政处罚
国务院可以授权具有行政处罚权的直属机构设定
地方政府规章
实施机关
处罚机关
16
国务院或授权的行政机关
限制人身自由的行政处罚只能由公安机关行使
处罚实施
17、19
授权实施、委托实施
管辖和使用
管辖
属地管辖
20
违法行为发生地
指定管辖
21
对管辖发生争议的，报请共同的上一级行政机关指定管辖
移送管辖
22
构成犯罪的，将案件移送司法机关，追究刑事责任
使用
23
处罚+责令限期改正
一事不再罚
24
同一个违法行为，不得给予两次以上罚款处罚
未成年人的处罚
25
年龄＜14
不予处罚，责令监护人加以管教
14≤年龄＜18
从轻或减轻
精神病人的处罚
26
不予处罚，责令监护人严加看管和治疗
间歇性精神病人正常时的违法行为，予以处罚
从轻或者减轻处罚
27
(1)主动消除或者减轻违法行为危害后果
(2)受他人胁迫的违法行为
(3)配合行政机关查处违法行为有立功表现
(4)其他依法从轻或者减轻行政处罚的行为
违法行为轻微并及时纠正，没有造成危害后果的，不予处罚
刑罚折抵
28
违法行为构成犯罪
行政拘留折抵刑期
罚款折抵罚金
处罚时效
29
从违法行为发生之日起2年
违法行为有连续或者继续状态的，从行为终了之日起计算

罚法 01-01)

- 决定
  - 简易程序
    - 当场处罚的数额 ㉝
      - 公民≤50元
      - 法人≤1000元
    - 当场处罚的程序 ㉞
      - 表明身份
      - 填写处罚决定书
        - 交付当事人
        - 报行政机关备案
    - 救济 ㉟ 复议或起诉
  - 一般程序
    - 处罚的决定 ㊳
      - (1)根据情节轻重及具体情况，作出行政处罚决定
      - (2)违法行为轻微，可以不予行政处罚的，不予行政处罚
      - (3)违法事实不能成立的，不得给予行政处罚
      - (4)违法行为已构成犯罪的，移送司法机关
      - 在行政机关负责人作出决定之前，应当由从事行政处罚决定审核的人员进行审核
      - 行政机关中初次从事行政处罚决定审核的人员，应当通过司法考试
    - 处罚决定书
      - 内容 ㊴
      - 送达 ㊵
        - 当场交付
        - 当事人不在当场的，7日内送达
  - 听证程序 ㊷
    - 适用条件
      - 责令停产停业、吊销许可证或者执照、较大数额罚款等处罚
      - 当事人要求听证
    - 组织程序
      - （1）在行政机关告知听证权利后3日内提出
      - （2）在听证的7日前，通知当事人听证的时间、地点
      - （3）听证一般应当公开举行，涉密涉私除外
      - （4）听证由指定的非本案调查人员主持；当事人有权申请回避
      - （5）当事人可以亲自参加听证，也可以委托1-2人代理
      - （6）调查人员提出违法的事实、证据、处罚建议；当事人进行申辩和质证
      - （7）听证应当制作笔录并交当事人审核后签字或者盖章
- 执行
  - 被处罚者权利 ⑥
    - 陈述权、申辩权
    - 复议、起诉权
    - 赔偿请求权
  - 复议、诉讼不停止处罚执行 ㊺
  - 罚缴分离 ㊻
    - 例外 当场收缴
      - 适用范围 ㊼
        - （1）给予20元以下的罚款
        - （2）不当场收缴事后难以执行
      - 程序 ㊾ 当场处罚，出具罚款收据
      - 罚款缴纳期 ㊿
        - 收缴之日起2日，交至行政机关
        - 水上收缴，自抵岸之日起2日
        - 行政机关在2日内交付指定银行
  - 执行措施 (51)
    - （1）到期不缴纳罚款的，每日按罚款数额的3%加处罚款
    - （2）将查封、扣押的财物拍卖或者将冻结的存款划拨抵缴罚款
    - （3）申请人民法院强制执行
  - 没收的非法财物的处理 (53)

行政许可法

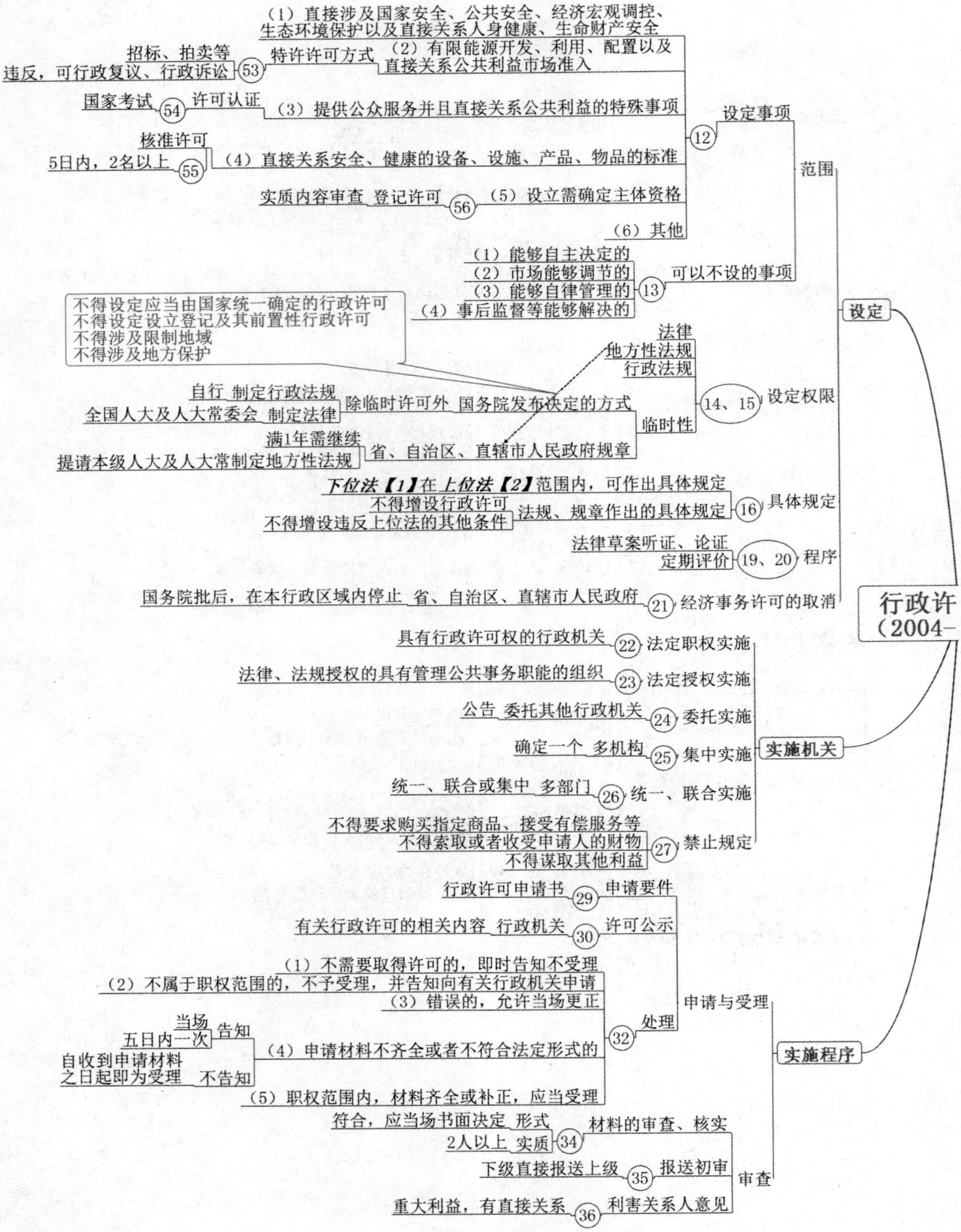
行政许可法（2004-
设定
范围
设定事项
12
（1）直接涉及国家安全、公共安全、经济宏观调控、生态环境保护以及直接关系人身健康、生命财产安全
（2）有限能源开发、利用、配置以及直接关系公共利益市场准入
特许许可方式
53
招标、拍卖等
违反，可行政复议、行政诉讼
（3）提供公众服务并且直接关系公共利益的特殊事项
许可认证
54
国家考试
（4）直接关系安全、健康的设备、设施、产品、物品的标准
核准许可
55
5日内，2名以上
（5）设立需确定主体资格
登记许可
56
实质内容审查
（6）其他
可以不设的事项
13
（1）能够自主决定的
（2）市场能够调节的
（3）能够自律管理的
（4）事后监督等能够解决的
设定权限
14、15
法律
地方性法规
行政法规
不得设定应当由国家统一确定的行政许可
不得设定设立登记及其前置性行政许可
不得涉及限制地域
不得涉及地方保护
临时性
国务院发布决定的方式
除临时许可外
自行 制定行政法规
全国人大及人大常委会 制定法律
省、自治区、直辖市人民政府规章
满1年需继续
提请本级人大及人大常制定地方性法规
具体规定
16
法规、规章作出的具体规定
下位法【1】在上位法【2】范围内，可作出具体规定
不得增设行政许可
不得增设违反上位法的其他条件
程序
19、20
法律草案听证、论证
定期评价
经济事务许可的取消
21
省、自治区、直辖市人民政府
国务院批后，在本行政区域内停止
实施机关
法定职权实施
22
具有行政许可权的行政机关
法定授权实施
23
法律、法规授权的具有管理公共事务职能的组织
委托实施
24
委托其他行政机关
公告
集中实施
25
多机构
确定一个
统一、联合实施
26
多部门
统一、联合或集中
禁止规定
27
不得要求购买指定商品、接受有偿服务等
不得索取或者收受申请人的财物
不得谋取其他利益
实施程序
申请与受理
申请要件
29
行政许可申请书
许可公示
30
行政机关
有关行政许可的相关内容
处理
32
（1）不需要取得许可的，即时告知不受理
（2）不属于职权范围的，不予受理，并告知向有关行政机关申请
（3）错误的，允许当场更正
（4）申请材料不齐全或者不符合法定形式的
告知
当场
五日内一次
不告知
自收到申请材料之日起即为受理
（5）职权范围内，材料齐全或补正，应当受理
审查
材料的审查、核实
34
形式
符合，应当场书面决定
实质
2人以上
报送初审
35
下级直接报送上级
利害关系人意见
36
重大利益，有直接关系

可法
07-01)

- **实施程序（续）**
  - 决定
    - 作出（38-40）
      - 书面 如不予，告知理由和权利
      - 应当加盖印章
        - （1）许可证、执照或者其他许可证书
        - （2）资格证、资质证或者其他合格证书
        - （3）行政机关的批准文件或者证明文件
        - （4）其他
        - 检验、检疫的，可在标贴上加盖
      - 应当公开
    - 效力范围（41）
      - 全国 法律、行政法规设定的
  - 期限
    - 受理期限（37）
      - 当场
      - 法定
    - 作出期限（42）
      - 当场
      - 20日决定 负责人批，延长10日
      - 统一、联合、集中 45日 本级政府负责人批，延长15日
    - 初审期限（43）
      - 20日
    - 颁布、送达期限（44）
      - 10日
    - 排除时限（45）
      - 依法需要听证、招标、拍卖、检验、检测、检疫、鉴定和专家评审的，不计算
  - 听证
    - 适用范围（46）
      - 法规、规章规定应当听证的
      - 行政机关认为需要听证，涉及公共利益的重大事项
    - 告知和费用（47）
      - 告知申请人、利害关系人 要求听证的权利
      - 相对人不承担
      - 期限 5日内提出 20日内组织
    - 程序（48）
      - 7日前公告
      - 指定主持人，适用回避
      - 提供证据，申辩和质证
      - 笔录，签字盖章
      - （以上）公开
  - 变更与延续（49、50）
    - 变更，需申请
    - 延续
      - 届满30日前提出
      - 届满前作出
      - 逾期，视为准予
  - 特别规定
    - 特别程序（51）
      - 优先
    - 按序许可（57）
      - 申请先后
- **费用**
  - 禁止违规收费及经费的财政保障（58）
  - 依法收费并上缴（59）
- **监督检查**
  - 对象
    - 一般（60-62）
      - 对下级 上级
      - 对被许可人
      - 对被许可产品、场所、设备
    - 特别（66-68）
      - 对资源开发利用被许可人
      - 对市场准入被许可人
      - 对重要设备、设施
  - 撤销（69）
    - （1）滥用职权、玩忽职守作出的
    - （2）超越法定职权作出的
    - （3）违反法定程序作出的
    - （4）对无资格或条件的申请人作出的
    - （5）其他
    - （6）以欺骗、贿赂等手段取得的 应当撤销
    - （以上）可能对公共利益造成重大损害的，不予撤销
  - 注销（70）
    - （1）有效期届满
    - （2）赋予公民特定资格的，该公民死亡或者丧失行为能力
    - （3）法人或者其他组织依法终止
    - （4）撤销、撤回，或证件吊销
    - （5）因不可抗力无法实施的
    - （6）其他
- **附则**
  - 期限（82）
    - 工作日

治安管理处罚法

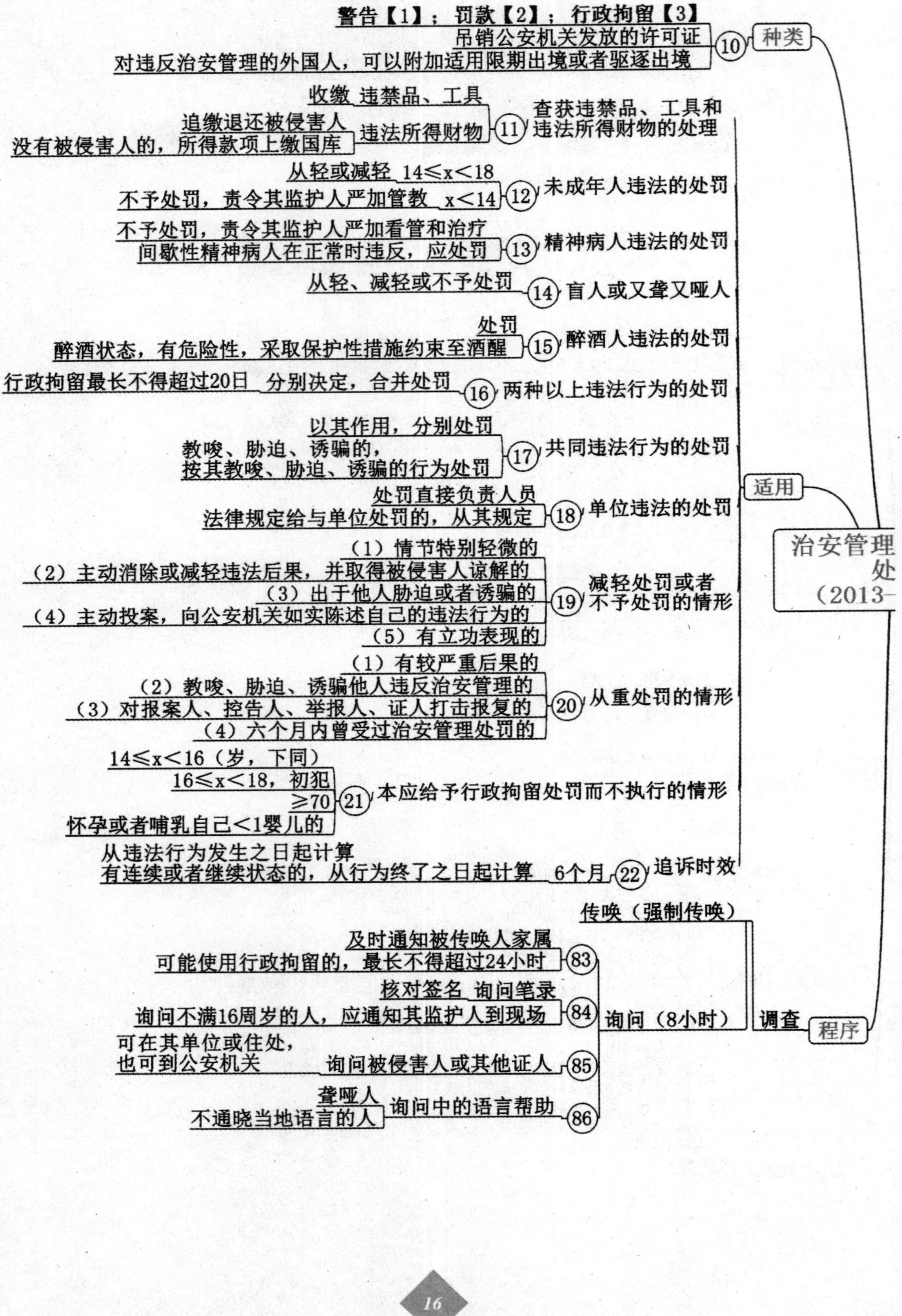
治安管理处罚法（2013-
种类
10
警告【1】；罚款【2】；行政拘留【3】
吊销公安机关发放的许可证
对违反治安管理的外国人，可以附加适用限期出境或者驱逐出境
适用
11
查获违禁品、工具和违法所得财物的处理
收缴 违禁品、工具
违法所得财物
追缴退还被侵害人
没有被侵害人的，所得款项上缴国库
12
未成年人违法的处罚
从轻或减轻 14≤x＜18
不予处罚，责令其监护人严加管教 x＜14
13
精神病人违法的处罚
不予处罚，责令其监护人严加看管和治疗
间歇性精神病人在正常时违反，应处罚
14
盲人或又聋又哑人
从轻、减轻或不予处罚
15
醉酒人违法的处罚
处罚
醉酒状态，有危险性，采取保护性措施约束至酒醒
16
两种以上违法行为的处罚
分别决定，合并处罚
行政拘留最长不得超过20日
17
共同违法行为的处罚
以其作用，分别处罚
教唆、胁迫、诱骗的，
按其教唆、胁迫、诱骗的行为处罚
18
单位违法的处罚
处罚直接负责人员
法律规定给与单位处罚的，从其规定
19
减轻处罚或者不予处罚的情形
（1）情节特别轻微的
（2）主动消除或减轻违法后果，并取得被侵害人谅解的
（3）出于他人胁迫或者诱骗的
（4）主动投案，向公安机关如实陈述自己的违法行为的
（5）有立功表现的
20
从重处罚的情形
（1）有较严重后果的
（2）教唆、胁迫、诱骗他人违反治安管理的
（3）对报案人、控告人、举报人、证人打击报复的
（4）六个月内曾受过治安管理处罚的
21
本应给予行政拘留处罚而不执行的情形
14≤x＜16（岁，下同）
16≤x＜18，初犯
≥70
怀孕或者哺乳自己＜1婴儿的
22
追诉时效
6个月
从违法行为发生之日起计算
有连续或者继续状态的，从行为终了之日起计算
程序
调查
传唤（强制传唤）
询问（8小时）
83
及时通知被传唤人家属
可能使用行政拘留的，最长不得超过24小时
84
核对签名 询问笔录
询问不满16周岁的人，应通知其监护人到现场
85
询问被侵害人或其他证人
可在其单位或住处，
也可到公安机关
86
询问中的语言帮助
聋哑人
不通晓当地语言的人

处罚法之罚01-01）

- 程序（续）
  - 调查（续）
    - 检查
      - 检查的程序 ⑧⑦
        - 民警不得少于两人 出示证件
        - 检查妇女身体应由女性工作人员进行
      - 检查笔录的制作 ⑧⑧
      - 扣押物品的规定 ⑧⑨
    - 鉴定的规定 ⑨⓪
  - 决定
    - 处罚决定机关 ⑨①
      - 县级以上人民政府公安机关决定
      - 公安派出所 警告、五百元以下的罚款
    - 行政拘留的折抵 ⑨②
      - 处罚前已限制人身自由的时间，应当折抵
      - 1日折抵1日
    - 一般程序
      - 陈述与申辩权
      - 治安案件处理情况 ⑨⑤
        - 处罚
          - 治安管理处罚书的内容 ⑨⑥
        - 不予处罚
        - 刑事责任
        - 其他违法行为，同时通知有关行政部门处理
      - 宣告、送达、抄送
      - 听证 吊销许可证；≥2000元罚款
      - 办案期限 ⑨⑨
        - 自受理之日起≤30日
        - 重大、复杂的，可延长30日
    - 简易程序 当场处罚 (100)
      - 事实清楚、证据确凿；警告或≤200元罚款
    - 救济 (102)
      - 复议或诉讼
  - 执行
    - 行政拘留
    - 暂缓执行 (108-111)
      - 担保人条件
        - （1）与本案无牵连
        - （2）享有政治权利，人身自由未受限制
        - （3）在当地有常住户口和固定住所
        - （4）有能力履行担保义务
      - 保证金的退还
        - 行政拘留的处罚决定被撤销
        - 行政拘留处罚开始执行
    - 当场收缴 (104-106)
      - 范围
        - 50元以下，被处罚人无异议
        - 交通不便，被处罚人提出
        - 被处罚人无固定住所
      - 交纳期
        - 二日
      - 罚款收据
        - 政府财政部门统一制发的罚款收据

治安管理
违反治安管理
(2013-

- 妨害社会管理
  - 50 拒不执行紧急状态决定、命令和阻碍执行公务
    - 一般：警告，或200以下罚款
    - 严重：5-10日拘留，可并处500以下罚款
  - 51 招摇撞骗
    - 一般：5-10日拘留，可并处500以下罚款
    - 较轻：5日以下拘留，或500以下罚款
    - 冒充军警人员招摇撞骗的，从重处罚
  - 52 伪造、编造、买卖公文、证件、票据
    - 一般：10-15日拘留，可并处1000以下罚款
    - 较轻：5-10日拘留，可并处500以下罚款
  - 53 船舶擅进禁、限水域或岛屿
    - 一般：500-1000罚款
    - 严重：5日以下拘留，并处500-1000罚款
  - 54 违法行为对社会团体
    - 一般：10-15日拘留，并处500-1000罚款
    - 较轻：处5日以下拘留或500以下罚款
    - 严重：公安机关可以吊销许可证
  - 55 非法集会、游行、示威
    - 10-15日拘留
  - 56 旅馆工作人员违规
    - 不登记或带入危险物质不制止
      - 200-500罚款
    - 明知犯罪嫌疑人不报告
      - 一般：200-500罚款
      - 严重：5日以下拘留，可并处500以下罚款
  - 57 对违法出租房屋
    - 不登记
      - 200-500罚款
    - 明知犯罪不报告
      - 一般：200-500罚款
      - 严重：5日以下拘留，可并处500以下罚款
  - 58 制造噪声干扰他人
    - 警告
    - 警告不改，200-500罚款
  - 59 违法典当、收购
    - 一般：500-1000罚款
    - 严重：5-10日拘留，并处500-1000罚款
  - 60 妨害执法秩序
    - 5-10日拘留，并处200-500罚款
  - 61 协助组织、运输他人偷越国边境
    - 10-15日拘留，并处1000-5000罚款
  - 62 偷越国边境
    - 提供条件：5-10日拘留，并处500-2000罚款
    - 偷越国边境：5日以下拘留或500以下罚款
  - 63 妨害文物管理
    - 一般：警告或200以下罚款
    - 较重：5-10日拘留，并处200-500罚款
  - 64
    - 管制、剥夺政治权利或者在缓刑、暂予监外执行中的罪犯或者被依法采取刑事强制措施的人，违反监管规定的处5日以上10以下拘留，并处200元以上500元以下罚款
  - 66 嫖娼、卖淫
    - 一般：10-15日拘留，可并处5000以下罚款
    - 较轻：5日以下拘留，或500以下罚款
    - 公共场所拉客招嫖的，5日以下拘留，或500以下罚款
  - 67 引诱、容留、介绍他人卖淫
    - 一般：10-15日拘留，可并处5000以下罚款
    - 较轻：5日以下拘留，或500以下罚款
  - 68 传播淫秽信息
    - 一般：10-15日拘留，可并处3000以下罚款
    - 较轻：处5日以下拘留，或500以下罚款
  - 69 组织、参与卖淫
    - 10-15日拘留，并处500-1000罚款
  - 70 赌博
    - 一般：5日以下拘留，或500以下罚款
    - 严重：10-15日拘留，并处500-3000罚款
  - 71 涉及毒品原植物
    - 一般：10-15日拘留，可并处3000以下罚款
    - 较轻：5日以下拘留，或500以下罚款
  - 72 毒品违法
    - 一般：10-15日拘留，可并处2000以下罚款
    - 较轻：5日以下拘留，或500以下罚款
  - 73 教唆、引诱、欺骗他人吸食、注射毒品
    - 10-15日拘留，并处500-2000罚款
  - 74 服务行业人员通风报信
    - 10-15日拘留
  - 75 对饲养动物违法
    - 警告
    - 警告不改：200-500罚款
    - 驱使动物伤害他人：依本法第43条第1款规定处罚
  - 76 关于采取强制性教育措施的规定
    - 有本法第67、68、70条的行为，屡教不改的，可采取强制性教育措施

处罚法之
的行为和处罚
01-01）

- 妨害公共安全
  - 违反危险物质管理 ㉚
    - 一般：10-15日拘留
    - 较轻：5-10日拘留
  - 危险物质被盗、被抢、丢失不报 ㉛
    - 未按规定报告的，5日以下拘留
    - 故意隐瞒不报的，5-10日拘留
  - 非法携带管制器具、枪支 ㉜
    - 一般：5日以下拘留，可并处500以下罚款
    - 较轻：警告，或200以下罚款
  - 盗窃、损害公共设施 ㉝
    - 10-15日拘留
  - 妨害航空器飞行安全 ㉞
    - 盗窃、损坏等：10-15日拘留
    - 可能影响：5日以下拘留，或500以下罚款
  - 妨害铁路运行安全 ㉟
    - 一般：5-10日拘留，可并处500以下罚款
    - 较轻：5日以下拘留，或500以下罚款
  - 妨害列车行车安全 ㊱
    - 警告，或200以下罚款
  - 妨害公共道路安全 ㊲
    - 一般：5日以下拘留，或500以下罚款
    - 严重：5-10日拘留，可并处500以下罚款
  - 违反安全规定举办大型活动 ㊳
    - 一般：5-10日拘留，并处200-500元罚款
    - 较轻：5日以下拘留，或500以下罚款
  - 违反公共场所安全规定 ㊴
    - 拒不改正，5日以下拘留
- 侵犯人身权利财产权利
  - 恐怖表演、强迫劳动、限制人身自由 ㊵
    - 一般：10-15日拘留，并处500-1000罚款
    - 较轻：5-10日拘留，并处200-500罚款
  - 胁迫、利用他人乞讨 ㊶
    - 利用他人乞讨：10-15日拘留，可并处1000以下罚款
    - 以滋扰他人的方式乞讨：5日以下拘留，或警告
  - 侮辱、诽谤、侵犯隐私权 ㊷
    - 一般：5日以下拘留或500以下罚款
    - 较重：5-10日拘留，可并处500以下罚款
  - 殴打或故意伤害他人身体 ㊸
    - 一般：5-10日拘留，并处200-500罚款
    - 较轻：5日以下拘留或500以下罚款
    - 严重：10-15日拘留，并处500-1000罚款
  - 猥亵他人和公共场所裸露身体 ㊹
    - 一般：5-10日拘留
    - 严重：10-15日拘留
  - 虐待遗弃家庭成员 ㊺
    - 5日以下拘留或警告
  - 强迫交易 ㊻
    - 一般：5-10日拘留，并处200-500罚款
    - 较轻：5日以下拘留或500以下罚款
  - 煽动民族仇恨、民族歧视 ㊼
    - 10-15日拘留，可并处1000以下罚款
  - 侵犯通信自由 ㊽
    - 5日以下拘留，或500以下罚款
  - 侵犯公私财产 ㊾
    - 一般：5-10日拘留，可并处500以下罚款
    - 较重：10-15日拘留，可并处1000以下罚款
- 违反治安管理
  - 扰乱单位、公共场所、公共交通和选举秩序 ㉓
    - 一般：警告，或200以下罚款
    - 较重：5-10日拘留，可并处500以下罚款
    - 聚众：首要分子10-15日拘留，可并处1000以下罚款
  - 扰乱文化、体育等大型群众性活动秩序 ㉔
    - 一般：警告，或200以下罚款
    - 严重：5-10日拘留，可并处500以下罚款
    - 拘留的，可同时责令12个月内不得进入体育场馆观看同类比赛
    - 违反规定进入体育场馆的，强行带离现场
  - 扰乱公共秩序 ㉕
    - 一般：5-10日拘留，可并处500以下罚款
    - 较轻：5日以下拘留，或处500以下罚款
  - 寻衅滋事 ㉖
    - 一般：5-10日拘留，可并处500以下罚款
    - 较重：10-15日拘留，可并处1000以下罚款
  - 利用封建迷信进行非法活动 ㉗
    - 一般：10-15日拘留，可并处1000以下罚款
    - 较轻：5-10日拘留，可并处500以下罚款
  - 干扰无线电业务 ㉘
    - 一般：5-10日拘留
    - 严重：10-15日拘留
  - 危害计算机系统安全 ㉙
    - 一般：5日以下拘留
    - 较重：5-10日拘留

国家赔偿法

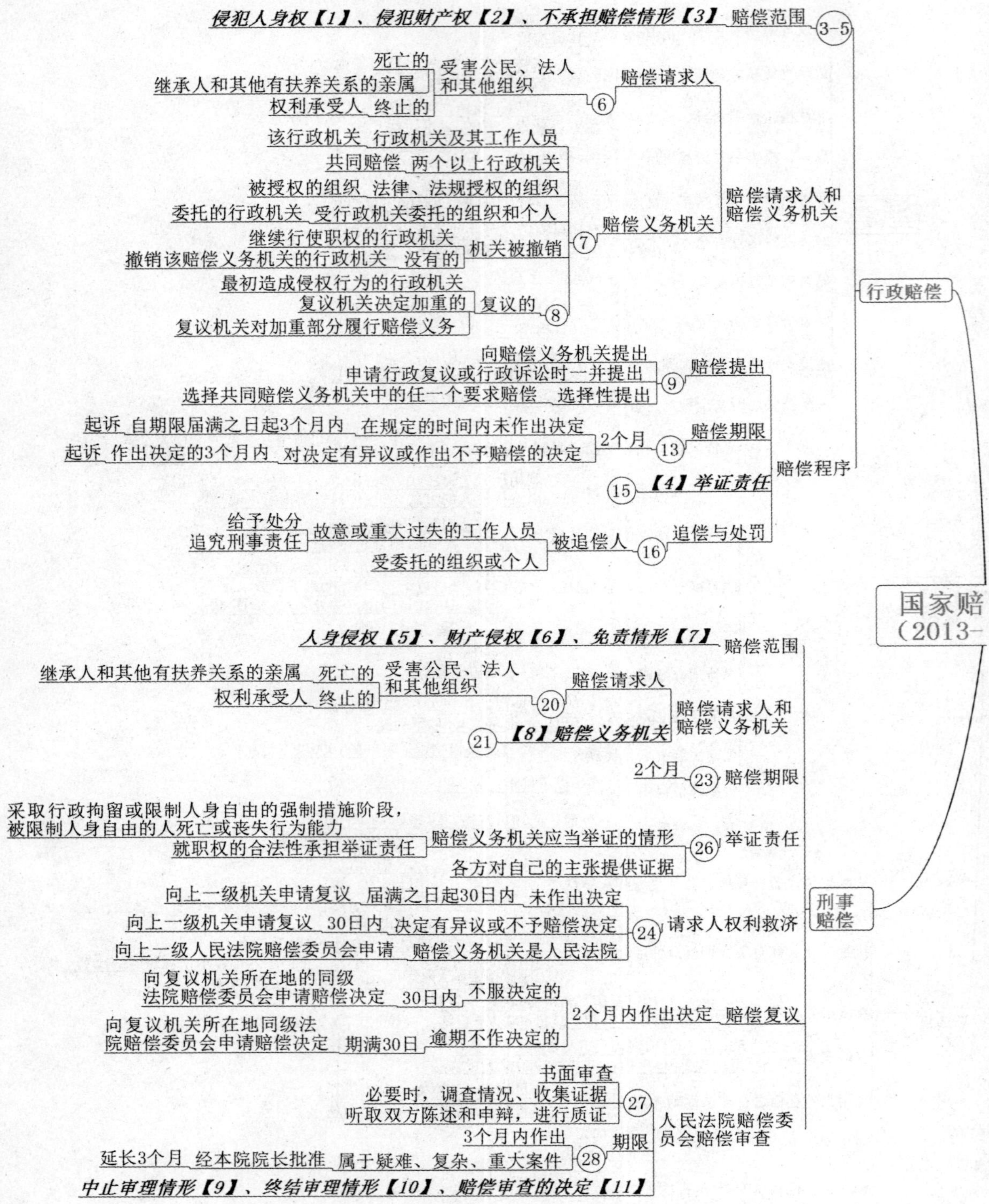
国家赔偿法（2013-
行政赔偿
3-5
赔偿范围
侵犯人身权【1】、侵犯财产权【2】、不承担赔偿情形【3】
赔偿请求人和赔偿义务机关
赔偿请求人
6
受害公民、法人和其他组织
死亡的
继承人和其他有扶养关系的亲属
终止的
权利承受人
赔偿义务机关
7
行政机关及其工作人员
该行政机关
两个以上行政机关
共同赔偿
法律、法规授权的组织
被授权的组织
受行政机关委托的组织和个人
委托的行政机关
机关被撤销
继续行使职权的行政机关
没有的
撤销该赔偿义务机关的行政机关
8
复议的
最初造成侵权行为的行政机关
复议机关决定加重的
复议机关对加重部分履行赔偿义务
赔偿程序
赔偿提出
9
向赔偿义务机关提出
申请行政复议或行政诉讼时一并提出
选择性提出
选择共同赔偿义务机关中的任一个要求赔偿
赔偿期限
13
2个月
在规定的时间内未作出决定
自期限届满之日起3个月内
起诉
对决定有异议或作出不予赔偿的决定
作出决定的3个月内
起诉
15
【4】举证责任
追偿与处罚
16
被追偿人
故意或重大过失的工作人员
给予处分
追究刑事责任
受委托的组织或个人
刑事赔偿
赔偿范围
人身侵权【5】、财产侵权【6】、免责情形【7】
赔偿请求人和赔偿义务机关
赔偿请求人
20
受害公民、法人和其他组织
死亡的
继承人和其他有扶养关系的亲属
终止的
权利承受人
21
【8】赔偿义务机关
赔偿期限
23
2个月
举证责任
26
赔偿义务机关应当举证的情形
采取行政拘留或限制人身自由的强制措施阶段，被限制人身自由的人死亡或丧失行为能力
就职权的合法性承担举证责任
各方对自己的主张提供证据
请求人权利救济
24
未作出决定
届满之日起30日内
向上一级机关申请复议
决定有异议或不予赔偿决定
30日内
向上一级机关申请复议
赔偿义务机关是人民法院
向上一级人民法院赔偿委员会申请
赔偿复议
2个月内作出决定
不服决定的
30日内
向复议机关所在地的同级法院赔偿委员会申请赔偿决定
逾期不作决定的
期满30日
向复议机关所在地同级法院赔偿委员会申请赔偿决定
人民法院赔偿委员会赔偿审查
27
书面审查
必要时，调查情况、收集证据
听取双方陈述和申辩，进行质证
期限
28
3个月内作出
属于疑难、复杂、重大案件
经本院院长批准
延长3个月
中止审理情形【9】、终结审理情形【10】、赔偿审查的决定【11】

偿法
01-01）

- **赔偿标准**
  - 赔偿方式 ㉜
    - 主要方式 支付赔偿金
    - 返还财产或恢复原状
  - 侵犯人身自由赔偿金 ㉝
    - 每日赔偿金 按国家上年度职工日平均工资计算
  - 侵犯生命健康权赔偿金 ㉞
    - 造成身体伤害
      - 医疗费
      - 护理费
      - 误工费
        - 每日赔偿金 国家上年度职工日平均工资
        - 最高额 国家上年度职工年平均工资的5倍
    - 丧失部分或全部劳动能力
      - 医疗费、护理费、生活辅助具费、康复费等及继续治疗费用
      - 残疾赔偿金
        - 根据丧失劳动能力程度，按国家规定确定
        - 最高额 国家上年度职工年平均工资20倍
      - 生活费
        - 全部丧失劳动能力的，所扶养的无劳动能力的人
        - 参照最低生活保障标准
        - 未成年人 给付到18周岁为止
        - 其他无劳动能力的人 给付至死亡时止
    - 造成死亡
      - 死亡赔偿金、丧葬费 国家上年度职工年平均工资的20倍
      - 生活费
        - 死者生前扶养的无劳动能力的人
        - 未成年人 给付到18周岁为止
        - 其他无劳动能力的人 给付至死亡时止
  - 精神损害赔偿 ㉟
    - 适用情形
      - 行政赔偿范围中侵犯人身权的情形
      - 刑事赔偿范围中侵犯人身权的情形
      - （以上）致人精神损害的
    - 赔偿方式
      - 消除影响，恢复名誉，赔礼道歉
      - 造成严重后果的 支付精神损害抚慰金
  - 侵犯财产权赔偿金 ㊱
    - 返还财产 罚款、罚金、追缴、没收或违法征收、征用财产
    - 解除财产查封、扣押、冻结 财产被查封、扣押、冻结的
    - 恢复原状
      - 应当返还财产损坏，能够恢复原状的
      - 财产被查封、扣押、冻结造成损坏，能够恢复原状
    - 支付赔偿金
      - 查封、扣押、冻结财产，造成财产损坏或灭失，不能恢复原状的
      - 应当返还的财产，灭失的
      - 返还财产损坏，不能恢复原状的 按损害程度给付
      - 财产变卖价款明显低于财产价值的
    - 给付拍卖或变卖所得价款 财产已经拍卖或变卖的
    - 支付银行同期存款利息
      - 返还罚款或罚金、追缴或没收的金钱
      - 解除冻结的存款或汇款的
    - 其他损害的 直接损失赔偿
  - 赔偿费用来源与支付 ㊲
    - 费用列入预算
    - 赔偿方式 凭生效的判决书、复议决定书、赔偿决定书或调解书 向赔偿义务机关申请
    - 赔偿期限 赔偿义务机关收到申请之日起7日内财政部门提出 财政部门15日内支付
- **其他规定**
  - 赔偿时效 ㊴
    - 2年
    - 知道或应当知道侵犯其人身权、财产权之日起计算 被羁押等限制人身自由期限不计算在内
    - 申请行政复议法、行政诉讼法一并提出的 按照此两部法规定
    - 时效中止
      - 最后6个月内
      - 因不可抗力或其他障碍不能行使请求权
      - （以上）原因消除之日起，时效期间继续计算

道路交通安全法

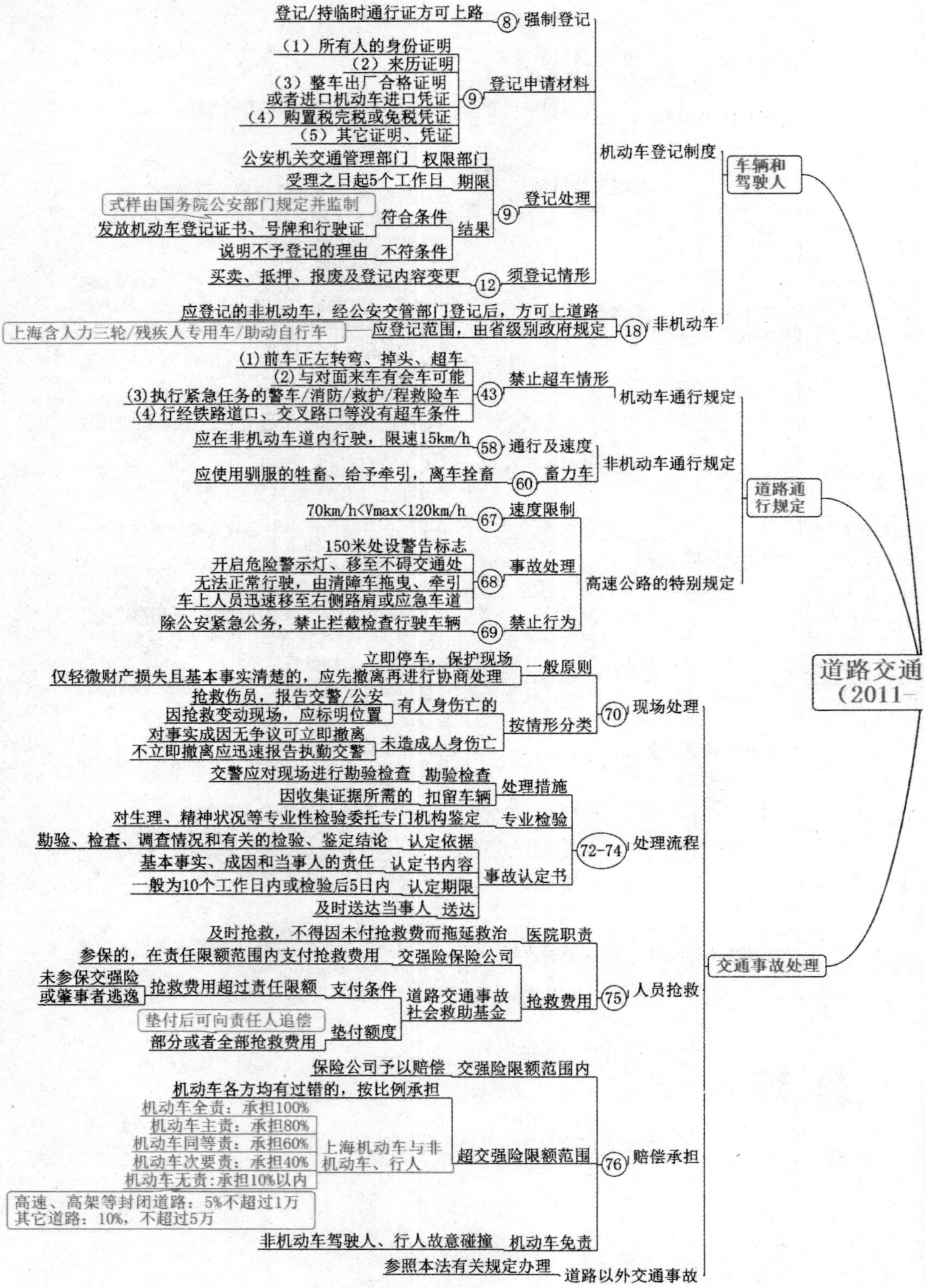
道路交通
(2011-
车辆和驾驶人
机动车登记制度
8 强制登记
登记/持临时通行证方可上路
9 登记申请材料
(1) 所有人的身份证明
(2) 来历证明
(3) 整车出厂合格证明或者进口机动车进口凭证
(4) 购置税完税或免税凭证
(5) 其它证明、凭证
9 登记处理
权限部门
公安机关交通管理部门
期限
受理之日起5个工作日
结果
符合条件
发放机动车登记证书、号牌和行驶证
式样由国务院公安部门规定并监制
不符条件
说明不予登记的理由
12 须登记情形
买卖、抵押、报废及登记内容变更
非机动车
18
应登记的非机动车，经公安交管部门登记后，方可上道路
应登记范围，由省级别政府规定
上海含人力三轮/残疾人专用车/助动自行车
道路通行规定
机动车通行规定
43 禁止超车情形
(1)前车正左转弯、掉头、超车
(2)与对面来车有会车可能
(3)执行紧急任务的警车/消防/救护/程救险车
(4)行经铁路道口、交叉路口等没有超车条件
非机动车通行规定
58 通行及速度
应在非机动车道内行驶，限速15km/h
60 畜力车
应使用驯服的牲畜、给予牵引，离车拴畜
高速公路的特别规定
67 速度限制
70km/h<Vmax<120km/h
68 事故处理
150米处设警告标志
开启危险警示灯、移至不碍交通处
无法正常行驶，由清障车拖曳、牵引
车上人员迅速移至右侧路肩或应急车道
69 禁止行为
除公安紧急公务，禁止拦截检查行驶车辆
交通事故处理
70 现场处理
一般原则
立即停车，保护现场
仅轻微财产损失且基本事实清楚的，应先撤离再进行协商处理
按情形分类
有人身伤亡的
抢救伤员，报告交警/公安
因抢救变动现场，应标明位置
未造成人身伤亡
对事实成因无争议可立即撤离
不立即撤离应迅速报告执勤交警
72-74 处理流程
处理措施
勘验检查
交警应对现场进行勘验检查
扣留车辆
因收集证据所需的
专业检验
对生理、精神状况等专业性检验委托专门机构鉴定
事故认定书
认定依据
勘验、检查、调查情况和有关的检验、鉴定结论
认定书内容
基本事实、成因和当事人的责任
认定期限
一般为10个工作日内或检验后5日内
送达
及时送达当事人
75 人员抢救
医院职责
及时抢救，不得因未付抢救费而拖延救治
抢救费用
交强险保险公司
参保的，在责任限额范围内支付抢救费用
道路交通事故社会救助基金
支付条件
抢救费用超过责任限额
未参保交强险
或肇事者逃逸
垫付额度
部分或者全部抢救费用
垫付后可向责任人追偿
76 赔偿承担
交强险限额范围内
保险公司予以赔偿
超交强险限额范围
机动车各方均有过错的，按比例承担
上海机动车与非机动车、行人
机动车全责：承担100%
机动车主责：承担80%
机动车同等责：承担60%
机动车次要责：承担40%
机动车无责:承担10%以内
高速、高架等封闭道路：5%不超过1万
其它道路：10%，不超过5万
机动车免责
非机动车驾驶人、行人故意碰撞
道路以外交通事故
参照本法有关规定办理

安全法（05-01）

- 法律责任
  - 处罚种类 (88) 警告、罚款、暂扣或者吊销机动车驾驶证、拘留
  - 行人、乘车人、非机动车驾驶人违反通行规定 (89)
    - 警告/罚款（5元≤x≤50元）
    - 拒绝罚款，可扣非机动车
  - 机动车驾驶人违反通行规定 (90) 警告/罚款（20元≤x≤200元）
  - 酒驾 (91)
    - 饮酒驾驶
      - 一次 暂扣驾驶证6个月+罚款（1000元≤x≤2000元）
      - 再次 拘留（x≤10日）+罚款（1000元≤x≤2000元）+吊销驾驶证
    - 醉酒驾驶 公安交管部门约束至酒醒+吊销驾驶证+刑事责任+5年内不得重新取得驾驶证
    - 饮酒营运 拘留（15日）+罚款（5000元）+吊销驾驶证+5年内不得重新取得驾驶证
    - 醉酒营运 公安机关交通管理部门约束至酒醒+吊销驾驶证+刑事责任+10年内不得重新取得机动车驾驶证+重新取得后不得营运
    - 重大交通事故 刑事责任+吊销驾驶证+终生不得重新取得驾驶证
  - 客运车超载 (92)
    - 超员 罚款200-500元
    - 超员20%以上或违规载货 罚款500-2000元
    - 同时扣留机动车至违法情形消除；单位车辆，处主管人2000-5000罚款
  - 违规停车 (93)
    - 口头警告，立即驶离
    - 若拒绝，处20-200元罚款，车拖至指定地点
  - 上路时牌照、证件、标志不全或故意遮挡、污损或不按规定安装机动车号牌 (95) 通知提供，并可处20-200元罚款
  - 伪造、变造或者使用伪造、变造证照、标志
    - 登记证书、号牌、行驶证、驾驶证的 (96)
      - 收缴/扣留机动车/处15日以下拘留
      - 罚款2000-5000元
      - 严重者，追究刑事责任
    - 检验合格标志、保险标志的 (96)
      - 收缴、扣留机动车、处10日以下拘留
      - 罚款1000-3000元
      - 严重者，追究刑事责任
    - 使用他人证照、标志 (96)
      - 收缴、扣留机动车、处15日以下拘留
      - 罚款2000-5000元
  - 非法安装报警器、标志灯具 (97) 强制拆除，予以收缴，并处200元-2000元罚款
- 法律责任
  - 未购交强险 (98) 扣留至购买，并处最低保额2倍罚款
  - 以下行为，处200-2000元罚款 (99)
    - （1）上路未持驾驶证
    - （2）交未持驾照者使用
    - （3）逃逸（尚不构成犯罪）
    - （4）超速50%
    - （5）强迫驾驶员违规驾驶
    - （6）违反交通规则，不停劝阻
    - （7）毁损、移动、涂改交通设施，尚不构罪
    - （8）非法拦截、扣留机动车，不停劝阻
    - （2）（4）可吊销驾照；其余可并处15日拘留
  - 驾驶拼装/报废机动车 (100)
    - 收缴，强制报废
    - 处200-2000元，并吊销驾照
    - 出售报废车的，还需没收违法所得并处销售等额罚款
  - 重大事故 (101)
    - 一 刑事责任、吊销驾照
    - 逃逸 吊销驾照，终生不得重考
  - 6个月内2次特大事故 (102)
    - 对象 专业运输单位
    - 处罚 责令消除隐患
  - 警告/200元以下罚款 (108)
    - 处罚决定 当场作出
    - 执行
      - 15日内自行缴纳罚款——针对所有罚款，逾期加罚3%/日可向法院申请强制执行
      - 无异议可当场收缴
      - 无省级统一罚款收据可拒缴
  - 对可暂扣/吊销驾照者 (110)
    - 执勤交警 可扣驾照于24h内移交公安交管部门
    - 行为人 15日内接受处罚，无正当理由逾期可被吊销驾照
    - 公安交管部门 出具行政处罚决定书
  - 拘留 (111) 由县级以上公安作出裁决
  - 扣留车辆 (112)
    - 应当场出具凭证，告知接受处理期限
    - 公安交管部门不得使用被扣车辆
    - 逾期不接受处理，公告3月后可依法处理

三、刑　　法

总 则

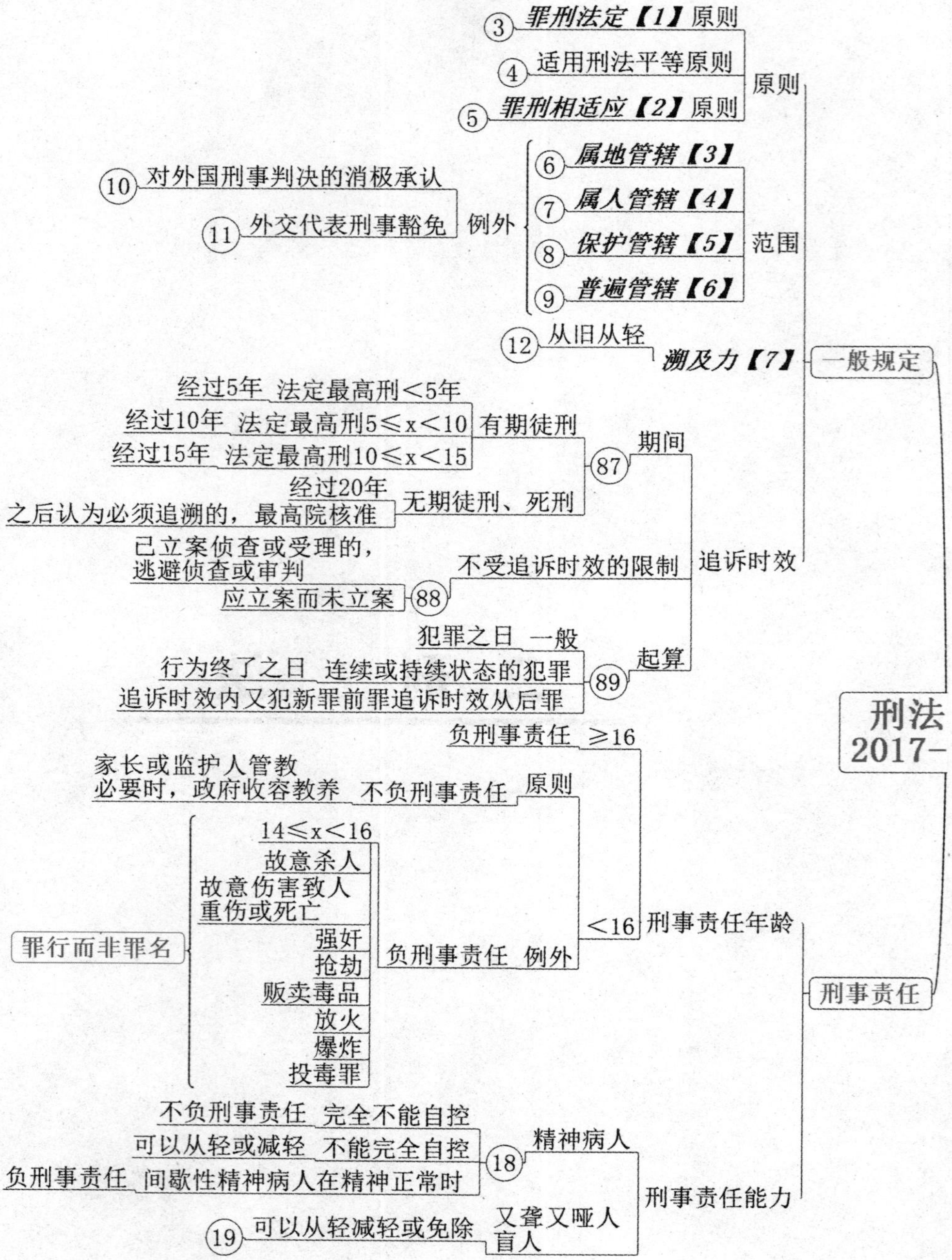
刑法 2017-
一般规定
原则
③ 罪刑法定【1】原则
④ 适用刑法平等原则
⑤ 罪刑相适应【2】原则
范围
⑥ 属地管辖【3】
⑦ 属人管辖【4】
⑧ 保护管辖【5】
⑨ 普遍管辖【6】
例外
⑩ 对外国刑事判决的消极承认
⑪ 外交代表刑事豁免
溯及力【7】
⑫ 从旧从轻
追诉时效
期间
87
有期徒刑
经过5年 法定最高刑＜5年
经过10年 法定最高刑5≤x＜10
经过15年 法定最高刑10≤x＜15
无期徒刑、死刑
经过20年
之后认为必须追溯的，最高院核准
不受追诉时效的限制
88
已立案侦查或受理的，逃避侦查或审判
应立案而未立案
起算
89
一般 犯罪之日
连续或持续状态的犯罪 行为终了之日
追诉时效内又犯新罪前罪追诉时效从后罪
刑事责任
刑事责任年龄
≥16 负刑事责任
＜16
原则 不负刑事责任
家长或监护人管教
必要时，政府收容教养
例外 负刑事责任
14≤x＜16
故意杀人
故意伤害致人重伤或死亡
强奸
抢劫
贩卖毒品
放火
爆炸
投毒罪
罪行而非罪名
刑事责任能力
精神病人
18
完全不能自控 不负刑事责任
不能完全自控 可以从轻或减轻
间歇性精神病人在精神正常时 负刑事责任
又聋又哑人
盲人
19 可以从轻减轻或免除

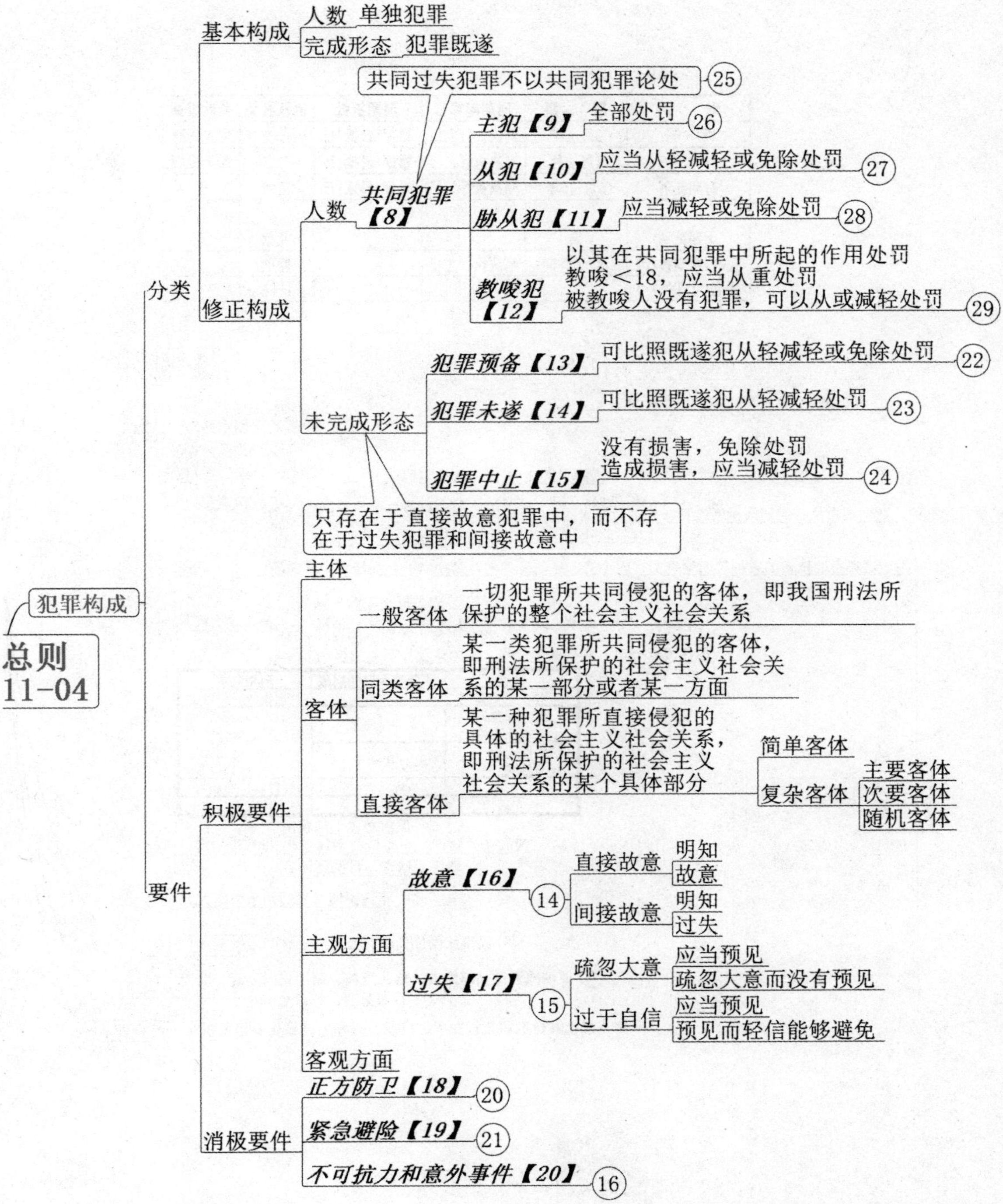
总则
11-04
犯罪构成
分类
基本构成
人数 单独犯罪
完成形态 犯罪既遂
修正构成
人数
共同犯罪【8】
共同过失犯罪不以共同犯罪论处 25
主犯【9】
全部处罚 26
从犯【10】
应当从轻减轻或免除处罚 27
胁从犯【11】
应当减轻或免除处罚 28
教唆犯【12】
以其在共同犯罪中所起的作用处罚
教唆＜18，应当从重处罚
被教唆人没有犯罪，可以从或减轻处罚 29
未完成形态
犯罪预备【13】
可比照既遂犯从轻减轻或免除处罚 22
犯罪未遂【14】
可比照既遂犯从轻减轻处罚 23
犯罪中止【15】
没有损害，免除处罚
造成损害，应当减轻处罚 24
只存在于直接故意犯罪中，而不存在于过失犯罪和间接故意中
要件
积极要件
主体
客体
一般客体
一切犯罪所共同侵犯的客体，即我国刑法所保护的整个社会主义社会关系
同类客体
某一类犯罪所共同侵犯的客体，即刑法所保护的社会主义社会关系的某一部分或者某一方面
直接客体
某一种犯罪所直接侵犯的具体的社会主义社会关系，即刑法所保护的社会主义社会关系的某个具体部分
简单客体
复杂客体
主要客体
次要客体
随机客体
主观方面
故意【16】 14
直接故意
明知
故意
间接故意
明知
过失
过失【17】 15
疏忽大意
应当预见
疏忽大意而没有预见
过于自信
应当预见
预见而轻信能够避免
客观方面
消极要件
正方防卫【18】 20
紧急避险【19】 21
不可抗力和意外事件【20】 16

刑　种	期　限	刑期起算日	刑期折抵	执行机关	劳动报酬
管　制	3月-2年	判决执行之日	羁押1日抵2日	公安	同工同酬
拘　役	1月-6月	判决执行之日	羁押1日抵1日	公安	酌量报酬
有期徒刑	6月-15年	判决执行之日	羁押1日抵1日	监狱	无
无期徒刑	无	/	/	监狱	无
死刑(缓期执行)	2年(考验期)	判决执行之日	/	监狱	/
死刑(立即执行)	/	/	/	法院	/

刑法 2017-

- 33 主刑
  - 管制
  - 拘役
  - 有期徒刑
  - 无期徒刑
  - 死刑
    - 49 不适用死刑
      - 犯罪时＜18周岁
      - 审判时怀孕的妇女
      - “审判”包括羁押、审判到执行全过程，不仅限于法庭审判阶段
      - “怀孕”包括正常怀孕，自然流产和人工流产
    - 50 死缓变更
      - 2年考验期内
        - 没有故意犯罪：减为无期徒刑
        - 故意犯罪：情节恶劣，核准后，死刑立即执行；未执行死刑的，死刑缓期执行的期间重新计算，并报最高人民法院备案。
        - 重大立功表现：减为25年有期徒刑
- 34 附加刑
  - 53 罚金：由于遭遇不能抗拒的灾祸等缴纳确实有困难的，经法院裁定，延期缴纳、酌情减少或免除。
  - 54 剥夺政治权利
    - 选举权和被选举权
    - 言论、出版、结社、集会、游行、示威
    - 担任国家机关职务的权利
    - 担任国有公司、企事业单位和人民团体领导职务的权利

刑种	剥夺政治权利期限	刑期起算
死刑、无期徒刑	终身	主刑执行之日起算
死缓改有期 无期改有期	3年-10年	徒刑、拘役执行完毕之日起算；主刑执行期间也要剥夺政治权利
拘　役 有期徒刑	1年-5年	
管　制	同管制期限	与管制同时执行
独立适用	1年-5年	判决执行之日算起

  - 没收财产
    - 59 没收个人财产，不得没收家属财产；保留必需生活费用
    - 60 债权人请求，可偿还债务
  - 35 驱逐出境（只适用于外国人）
  - 附加刑也可独立使用
- 民事赔偿责任：36 民事赔偿优先于罚金和没收财产
- 非刑罚性处罚措施：37 训诫或责令具结悔过、赔礼道歉、赔偿损失；行政处罚、行政处分
- 禁业规定：37-1 禁止其自刑罚执行完毕之日或者假释之日起从事相关职业

总则 11-04

- **减刑假释**
  - 减刑
    - 范围：管制、拘役、有期徒刑、无期徒刑
      - 认真遵守监规，接受教育改造，确有悔改表现立功　可以减刑
      - 重大立功　应当减刑
    - 计算
      - 管制、拘役、有期徒刑　≥原判刑期的1/2
      - 无期徒刑　≥10年　从裁定减刑之日起算
    - 程序：由执行机关向中级以上人民法院提出，合议庭审理裁定 (79)
  - 假释
    - 范围 (81)
      - 有期徒刑　执行≥原判刑期的1/2
      - 无期徒刑　执行≥10年
      - 累犯
暴力性犯罪≥10年有期徒刑、无期徒刑　不得假释
    - 考验期（假释之日起计算 (83)）
      - 有期徒刑　未执行完毕的刑期
      - 无期徒刑　10年
    - 程序
- **量刑具体运用**
  - 量刑
    - 从重与从轻 (62)　并不是在法定刑的中间线以上以下
    - 加重与减轻 (63)
  - 累犯
    - *一般累犯【21】*　有期徒刑以上罪
      - 刑罚执行完毕或赦免后 / 假释的，假释期满之日起　5年　有期徒刑以上之罪 (65)
    - *特别累犯【22】*　危害国家安全罪　刑罚执行完毕或赦免后　任何时候　危害国家安全罪 (66)
  - *自首【23】* (67)　可以从轻减轻处罚，犯罪较轻的，可以免除处罚
    - 一般自首　构成要件
      - 供述犯罪事实
      - 如实
      - 自己的犯罪事实
      - 主动
    - 特别自首：已被采取强制措施的犯罪分子、被告人和正在服刑的罪犯，如实供述司法机关尚未掌握的本人其他罪行
    - 自首后又有重大立功的，应当减轻或者免除处罚
  - *立功【24】* (68)
    - 一般立功
      - 种类
        - （1）检举、揭发他人犯罪行为且查证属实的
        - （2）提供重要线索，使司法机关得以侦破其他案件的
        - （3）协助司法机关抓捕其他犯罪嫌疑人
        - （4）在押期间制止他人犯罪活动的
        - （5）其他
      - 法律责任　可以从轻或减轻
    - 重大立功
      - 种类
        - （1）检举、揭发他人重大犯罪行为，且查证属实
        - （2）提供重要线索，使司法机关得以侦破其他重大案件
        - （3）阻止他人重大犯罪活动
        - （4）协助司法机关抓捕其他重大犯罪嫌疑人
        - （5）其他
      - 法律责任　可以减轻或免除
  - 数罪并罚
    - 判决前数罪并罚
      - 数刑中最高刑≤x≤总和刑
        - 管制≤3年
        - 拘役≤1年
        - 有期徒刑≤20年
        - 有期、拘役执行有期，遇有管制在有期、拘役执行后执行管制 (69)
    - 判决后发现漏罪　先并后减 (70)
    - 判决后发现新罪　先减后并 (71)
  - 缓刑
    - 范围
      - 拘役
≤3年有期徒刑
适用缓刑不致危害社会　附加刑仍需执行 (72)
      - 累犯不适用缓刑 (74)
    - 考验期（判决确定之日起算 (73)）
      - 拘役　原判刑期2个月≤x≤1年
      - 有期徒刑　原判刑期&1年≤x＜5年

危害国家安全罪

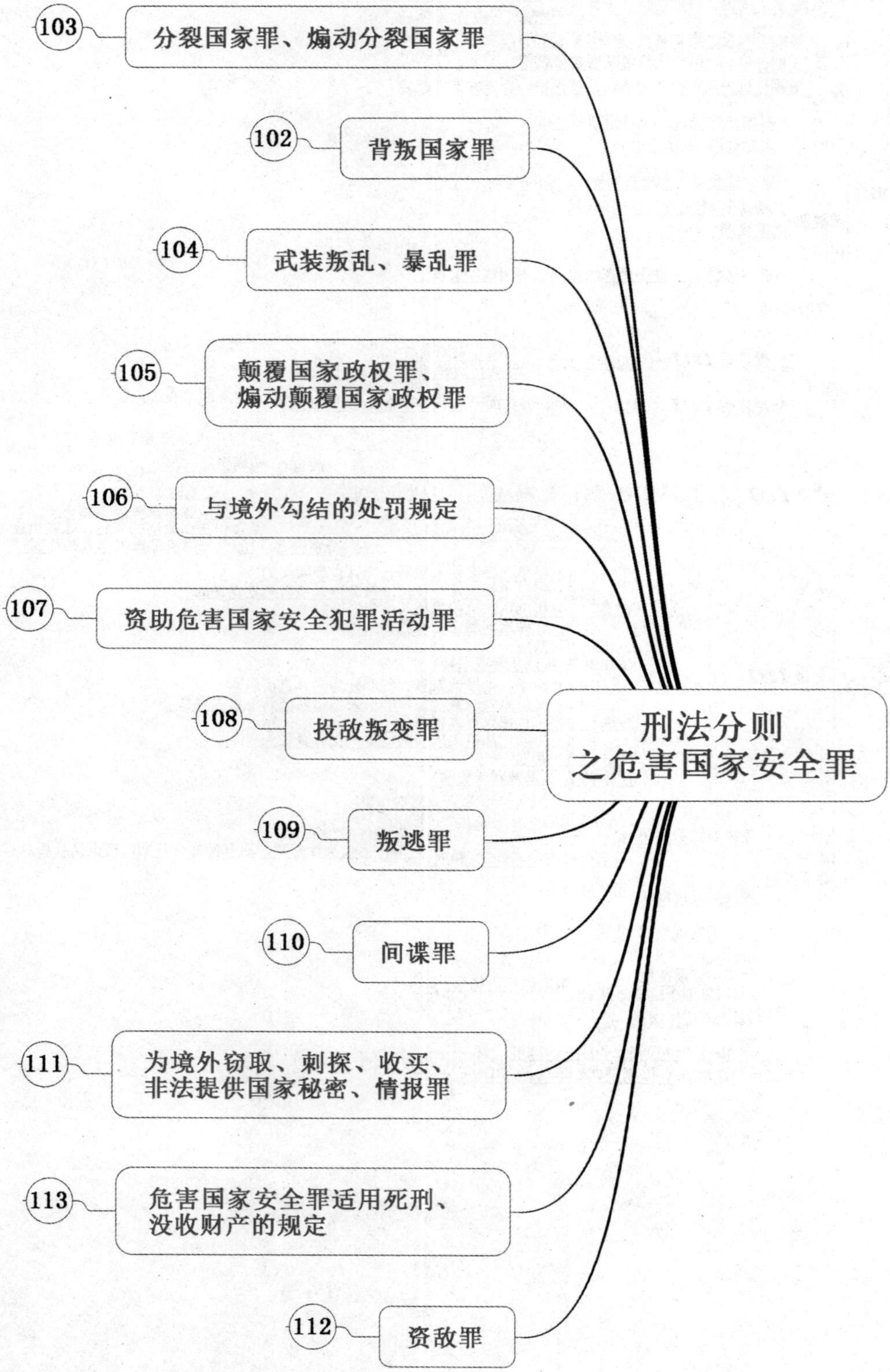
刑法分则
之危害国家安全罪
103 分裂国家罪、煽动分裂国家罪
102 背叛国家罪
104 武装叛乱、暴乱罪
105 颠覆国家政权罪、
煽动颠覆国家政权罪
106 与境外勾结的处罚规定
107 资助危害国家安全犯罪活动罪
108 投敌叛变罪
109 叛逃罪
110 间谍罪
111 为境外窃取、刺探、收买、
非法提供国家秘密、情报罪
113 危害国家安全罪适用死刑、
没收财产的规定
112 资敌罪

危害国防利益罪

- 刑法分则之危害国防利益罪
  - 阻碍军人执行职务罪;阻碍军事行动罪 (368)
  - 破坏武器装备、军事设施、军事通信罪;过失损坏武器装备、军事设施、军事通信罪 (369)
  - 故意提供不合格武器装备、军事设施罪;过失提供不合格武器装备、军事设施罪 (370)
  - 接送不合格兵员罪 (374)
  - 伪造、变造、买卖武装部队公文、证件、印章罪;盗窃、抢夺武装部队公文、证件、印章罪;非法生产、买卖武装部队制式服装罪;伪造、盗窃、买卖、非法提供、非法使用武装部队专用标志罪 (375)
  - 战时拒绝、逃避征召、军事训练罪;战时拒绝、逃避服役罪 (376)
  - 战时故意提供虚假敌情罪 (377)
  - 战时造谣扰乱军心罪 (378)
  - 战时窝藏逃离部队军人罪 (379)
  - 战时拒绝、故意延误军事订货罪 (380)
  - 战时拒绝军事征用罪 (381)
  - 聚众冲击军事禁区罪;聚众扰乱军事管理区秩序罪 (371)
  - 冒充军人招摇撞骗罪 (372)
  - 煽动军人逃离部队罪;雇用逃离部队军人罪 (373)

危害公共安全罪

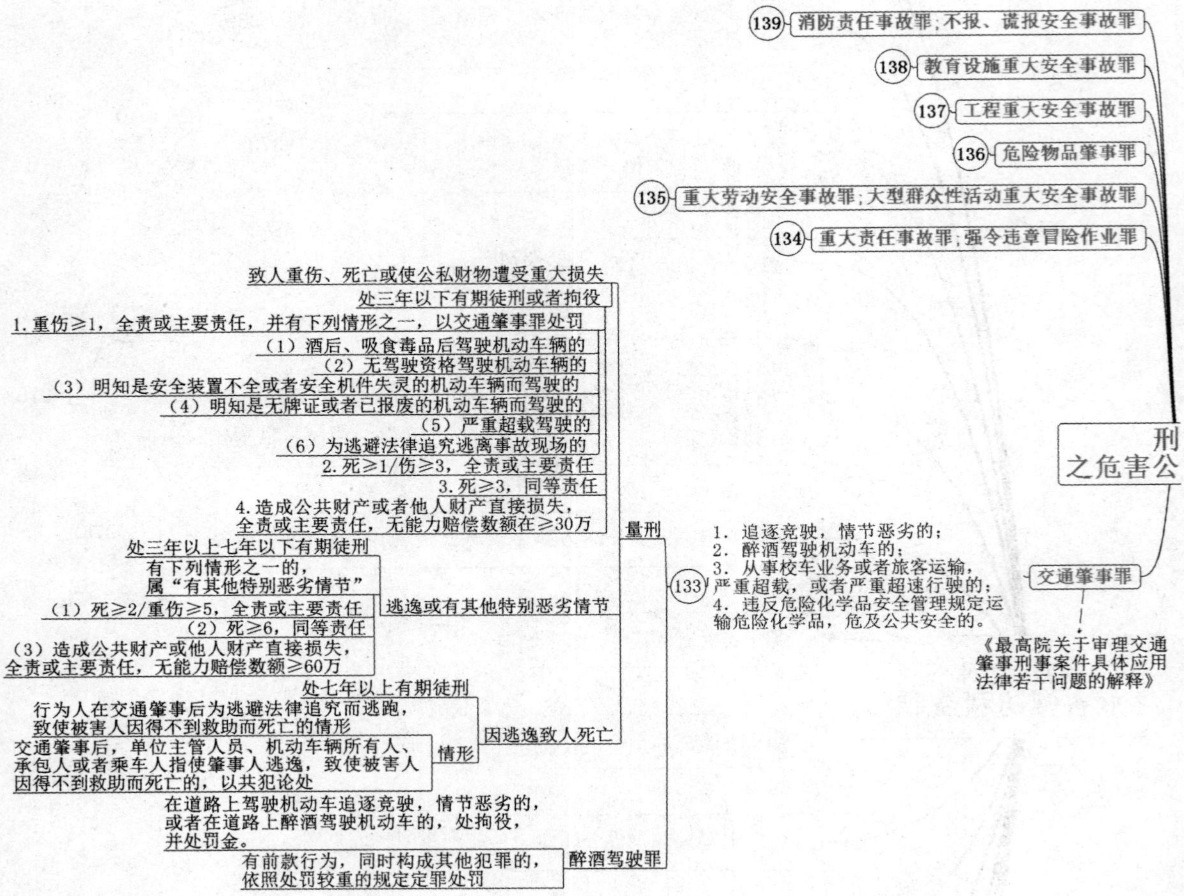
刑
之危害公
139 消防责任事故罪;不报、谎报安全事故罪
138 教育设施重大安全事故罪
137 工程重大安全事故罪
136 危险物品肇事罪
135 重大劳动安全事故罪;大型群众性活动重大安全事故罪
134 重大责任事故罪;强令违章冒险作业罪
交通肇事罪
《最高院关于审理交通肇事刑事案件具体应用法律若干问题的解释》
133
1. 追逐竞驶，情节恶劣的；
2. 醉酒驾驶机动车的；
3. 从事校车业务或者旅客运输，严重超载，或者严重超速行驶的；
4. 违反危险化学品安全管理规定运输危险化学品，危及公共安全的。
量刑
致人重伤、死亡或使公私财物遭受重大损失
处三年以下有期徒刑或者拘役
1. 重伤≥1，全责或主要责任，并有下列情形之一，以交通肇事罪处罚
（1）酒后、吸食毒品后驾驶机动车辆的
（2）无驾驶资格驾驶机动车辆的
（3）明知是安全装置不全或者安全机件失灵的机动车辆而驾驶的
（4）明知是无牌证或者已报废的机动车辆而驾驶的
（5）严重超载驾驶的
（6）为逃避法律追究逃离事故现场的
2. 死≥1/伤≥3，全责或主要责任
3. 死≥3，同等责任
4. 造成公共财产或者他人财产直接损失，全责或主要责任，无能力赔偿数额在≥30万
逃逸或有其他特别恶劣情节
处三年以上七年以下有期徒刑
有下列情形之一的，属“有其他特别恶劣情节”
（1）死≥2/重伤≥5，全责或主要责任
（2）死≥6，同等责任
（3）造成公共财产或他人财产直接损失，全责或主要责任，无能力赔偿数额≥60万
因逃逸致人死亡
处七年以上有期徒刑
情形
行为人在交通肇事后为逃避法律追究而逃跑，致使被害人因得不到救助而死亡的情形
交通肇事后，单位主管人员、机动车辆所有人、承包人或者乘车人指使肇事人逃逸，致使被害人因得不到救助而死亡的，以共犯论处
醉酒驾驶罪
在道路上驾驶机动车追逐竞驶，情节恶劣的，或者在道路上醉酒驾驶机动车的，处拘役，并处罚金。
有前款行为，同时构成其他犯罪的，依照处罚较重的规定定罪处罚

法分则
共安全罪

- 放火罪、决水罪、爆炸罪、投放危险物质罪、以危险方法危害公共安全罪（二）；失火罪、过失决水罪、过失爆炸罪、过失投放危险物质罪、过失以危险方法危害公共安全罪 — 114-115
- 破坏交通工具罪 — 116
- 破坏交通设施罪 — 117
- 破坏电力设备罪、破坏易燃易爆设备罪 — 118
- 破坏交通工具罪、破坏交通设施罪、破坏电力设备罪、破坏易燃易爆设备罪 — 119
- 组织、领导、参加恐怖组织罪、资助恐怖活动罪 — 120
- 劫持航空器罪 — 121
- 劫持船只、汽车罪 — 122
- 暴力危及飞行安全罪 — 123
- 破坏广播电视设施、公用电信设施罪 — 124
- 非法制造、买卖、运输、邮寄、储存枪支、弹药、爆炸物罪；非法制造、买卖、运输、储存危险物质罪 — 125
- 违规制造、销售枪支罪 — 126
- 盗窃、抢夺枪支、弹药、爆炸物等危险物质罪；抢劫枪支、弹药、爆炸物等危险物质罪 — 127
- 非法持有、私藏枪支、弹药罪；非法出租、出借枪支罪 — 128
- 丢失枪支不报罪 — 129
- 非法携带枪支、弹药、管制刀具、危险物品危及公共安全罪 — 130
- 重大飞行事故罪 — 131
- 铁路运营安全事故罪 — 132

生产、销售伪劣商品罪

刑法之破坏社市场经罪之生产、销售

- 140 生产、销售伪劣产品罪
  - 定罪
    - 掺杂、掺假，以假充真，以次充好或者以不合格产品冒充合格产品
  - 量刑
    - 销售金额5万-20万
      - 2年以下有期徒刑或拘役
      - 并处或单处销售金额50%-2倍罚款
    - 销售金额20万-50万
      - 2-7年有期徒刑
      - 并处销售金额50%-2倍罚款
    - 销售金额50万-200万
      - 7年以上有期徒刑
      - 并处销售金额50%-2倍罚款
    - 销售金额200万以上
      - 15年有期徒刑或无期徒刑
      - 并处销售金额50%-2倍罚款或没收财产
  - 立案标准
    - （1）伪劣产品销售金额5万元以上
    - （2）伪劣产品尚未销售，货值金额15万元以上
    - （3）销售金额不满5万元，将销售金额*3+尚未销售的货值合计15万元以上
- 141 生产、销售假药罪
  - 定罪
    - 生产、销售假药
  - 量刑
    - 3年以下有期徒刑或拘役
    - 并处罚金
    - 健康造成严重危害或严重情节
      - 3-10年有期徒刑
      - 并处罚金
    - 致人死亡或特别严重危害
      - 10年以上有期徒刑、无期徒刑或死刑
      - 并处罚金或没收财产
- 142 生产、销售劣药罪
  - 定罪
    - 生产、销售劣药
  - 量刑
    - 造成严重危害
      - 3-10年有期徒刑
      - 并处销售金额50%-2倍罚金
    - 后果特别严重
      - 10年以上有期徒刑或无期徒刑
      - 并处销售金额50%-2倍罚款或没收财产
  - 立案标准
    - （1）造成人员轻伤、重伤或者死亡
    - （2）其他对人体健康造成严重危害的情形
- 143 生产、销售不符合卫生标准的食品罪
  - 定罪
    - 生产、销售不符合卫生标准的食品，足以造成严重中毒事故或其他疾患
  - 量刑
    - 3年以下有期徒刑或拘役
    - 并处罚金
    - 造成严重危害或严重情节
      - 3-7年有期徒刑
      - 并处罚金
    - 后果特别严重
      - 7年以上有期徒刑或无期徒刑
      - 并处罚金或没收财产
  - 立案标准
    - （1）含有超标准的有害细菌
    - （2）含有超标准的其他污染物
- 144 生产、销售有毒、有害食品罪
  - 定罪
    - 在生产、销售的食品中掺入有毒、有害的非食品原料的，或者销售明知掺有有毒、有害的非食品原料的食品
  - 量刑
    - 5年以下有期徒刑或拘役
    - 并处罚金
    - 严重危害或严重情节
      - 5-10年有期徒刑
      - 并处罚金
    - 致人死亡或特别严重危害
      - 10年以上有期徒刑、无期徒刑或死刑
      - 并处罚金或没收财产
  - 立案标准
    - 掺入有毒、有害的非食品原料的，或明知销售
    - 使用盐酸克仑特罗等禁止掺入的药品或饲料养殖，或明知销售
    - 明知有使用盐酸克仑特罗，而提供加工服务或销售制品

分则
会主义
济秩序
伪劣商品罪

- 生产、销售不符合标准的卫生器材罪（145）
  - 定罪：生产不符合标准的医疗器械、医用卫生材料，或明知销售，对人体健康造成严重危害
  - 量刑
    - 5年以下有期徒刑
    - 并处销售金额50%-2倍罚款
    - 后果特别严重
      - 5-10年有期徒刑
      - 并处销售金额50%-2倍罚款
    - 情节特别恶劣
      - 10以上有期徒刑或无期徒刑
      - 并处销售金额50%-2倍罚款或没收财产
  - 立案标准
    - （1）含有超标的有毒有害物质
    - （2）有效性指标不符合标准，导致部分或全部功能丧失，可能造成贻误诊治或者人体严重损伤
    - （3）用于诊断、监护、治疗的有源医疗器械的安全指标不合符强制性标准要求，可能对人体构成伤害或者潜在危害
    - （4）用于诊断、监护、治疗的有源医疗器械的主要性能指标不合格，可能造成贻误诊治或者人体严重损伤
    - （5）未经批准，擅自增加功能或者适用范围，可能造成贻误诊治或者人体严重损伤
    - （6）其他
- 生产、销售不符合安全标准的产品罪（146）
  - 定罪：生产不符合标准产品或者明知销售，造成严重后果
  - 量刑
    - 5年以下有期徒刑
    - 并处销售金额50%-2倍罚款
    - 后果特别严重
      - 5年以上有期徒刑
      - 并处销售金额50%-2倍罚款
  - 立案标准
    - （1）造成人员重伤或者死亡
    - （2）造成直接经济损失10万元以上
    - （3）其他严重后果情形
- 生产、销售伪劣农药、兽药、化肥、种子罪（147）
  - 定罪：生产假的或销售明知是假的，或冒充合格产品，使生产遭到较大损失
  - 量刑
    - 3年以下有期徒刑或拘役
    - 并处或单处销售金额50%-2倍罚款
    - 生产遭受重大损失
      - 3-7年有期徒刑
      - 并处销售金额50%-2倍罚款
    - 特别重大损失
      - 7年以上有期徒刑或无期徒刑
      - 并处销售金额50%-2倍罚款或没收财产
  - 立案标准
    - （1）使生产遭受损失2万元以上
    - （2）其他使生产遭受较大损失的情形
- 生产、销售不符合卫生标准的化妆品罪（148）
  - 定罪：生产不符合卫生标准的化妆品或明知销售，造成严重后果
  - 量刑
    - 3年以下有期徒刑或拘役
    - 并处或单处销售金额50%-2倍罚款
  - 立案标准
    - （1）容貌毁损或皮肤严重损伤
    - （2）器官组织损伤导致严重功能障碍
    - （3）精神失常或自杀、自残造成重伤、死亡
    - （4）其他造成严重后果的情形
- 对生产、销售伪劣商品行为的法条适用原则（149）
  - 不构成141-148罪，但销售金额在5万元以上：按140定罪
  - 构成141-148罪，又构成140罪：处罚较重的定罪
- 单位犯罪处罚规定（150）
  - 单位犯140-148规定的罪
    - 单位判处罚金
    - 直接责任人员：依各条规定处罚

走 私 罪

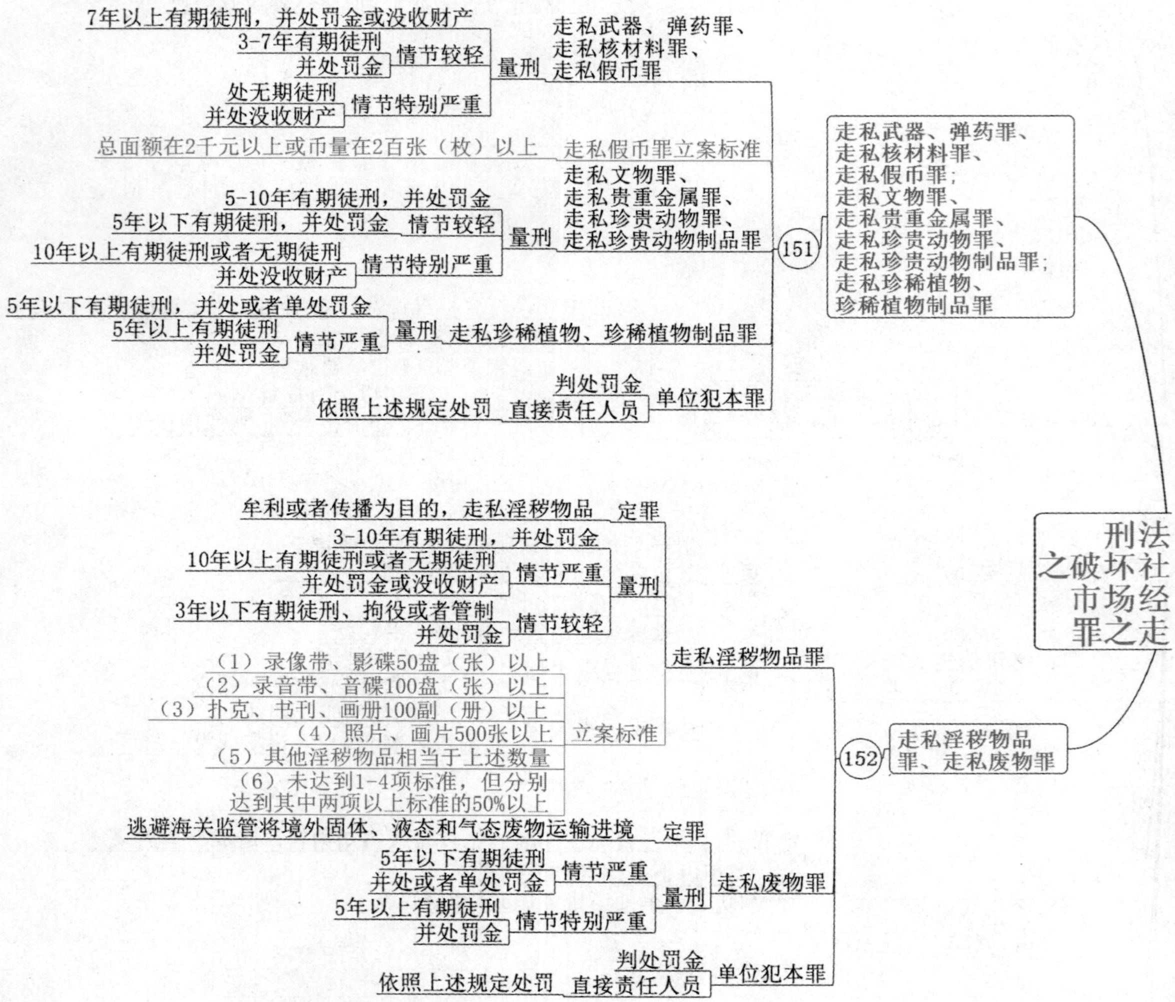
刑法
之破坏社
市场经
罪之走
151
走私武器、弹药罪、
走私核材料罪、
走私假币罪;
走私文物罪、
走私贵重金属罪、
走私珍贵动物罪、
走私珍贵动物制品罪;
走私珍稀植物、
珍稀植物制品罪
走私武器、弹药罪、
走私核材料罪、
走私假币罪
量刑
7年以上有期徒刑，并处罚金或没收财产
情节较轻
3-7年有期徒刑
并处罚金
情节特别严重
处无期徒刑
并处没收财产
走私假币罪立案标准
总面额在2千元以上或币量在2百张（枚）以上
走私文物罪、
走私贵重金属罪、
走私珍贵动物罪、
走私珍贵动物制品罪
量刑
5-10年有期徒刑，并处罚金
情节较轻
5年以下有期徒刑，并处罚金
情节特别严重
10年以上有期徒刑或者无期徒刑
并处没收财产
走私珍稀植物、珍稀植物制品罪
量刑
5年以下有期徒刑，并处或者单处罚金
情节严重
5年以上有期徒刑
并处罚金
单位犯本罪
判处罚金
直接责任人员
依照上述规定处罚
152
走私淫秽物品罪、走私废物罪
走私淫秽物品罪
定罪
牟利或者传播为目的，走私淫秽物品
量刑
3-10年有期徒刑，并处罚金
情节严重
10年以上有期徒刑或者无期徒刑
并处罚金或没收财产
情节较轻
3年以下有期徒刑、拘役或者管制
并处罚金
立案标准
（1）录像带、影碟50盘（张）以上
（2）录音带、音碟100盘（张）以上
（3）扑克、书刊、画册100副（册）以上
（4）照片、画片500张以上
（5）其他淫秽物品相当于上述数量
（6）未达到1-4项标准，但分别
达到其中两项以上标准的50%以上
走私废物罪
定罪
逃避海关监管将境外固体、液态和气态废物运输进境
量刑
情节严重
5年以下有期徒刑
并处或者单处罚金
情节特别严重
5年以上有期徒刑
并处罚金
单位犯本罪
判处罚金
直接责任人员
依照上述规定处罚

分则
会主义
济秩序
私罪

- 走私普通货物、物品罪（153）
  - 定罪：走私151条、152条和毒品以外的货物、物品
  - 量刑
    - 偷逃应缴税额较大或一年内曾因走私被给予二次行政处罚后又走私
      - 3年以下有期徒刑或者拘役
      - 并处应缴税额1-5倍罚金
    - 偷逃应缴税额巨大或者有其他严重情节
      - 3-10年有期徒刑
      - 并处应缴税额1-5倍罚金
    - 偷逃应缴税额特别巨大或者有其他特别严重情节
      - 10年以上有期徒刑或无期徒刑
      - 并处偷逃应缴税额1-5倍罚金或没收财产
  - 单位犯本罪
    - 判处罚金
    - 直接责任人员
      - 3年以下有期徒刑或者拘役
      - 情节严重：3-10年有期徒刑
      - 情节特别严重：10年以上有期徒刑
  - 多次走私未经处理：累计应缴税额处罚
- 特殊形式的走私普通货物、物品罪（154）
  - （1）未经许可且未补缴应缴税额，擅自将保税货物，在境内销售牟利
  - （2）未经许可且未补缴应缴税额，擅自将特定减免税进口的货物、物品，在境内销售牟利
  - 构成犯罪的：以153条规定处罚
- 间接走私行为以相应走私犯罪论处的规定（155）
  - （1）直接向走私人非法收购国家禁止进口物品的，或者直接向走私人非法收购走私进口的其他货物、物品，数额较大
  - （2）在内海、领海、界河、界湖运输、收购、贩卖国家禁止进出口物品的，或者运输、收购、贩卖国家限制进出口货物、物品，数额较大，没有合法证明
- 走私共犯（156）
  - 与走私罪犯通谋，为其提供贷款、资金、帐号、发票、证明，或提供运输、保管、邮寄或其他方便
- 武装掩护走私、抗拒缉私的处罚规定（157）
  - 武装掩护走私
    - 量刑（从重处罚）
      - 7年以上有期徒刑，并处罚金或没收财产
      - 情节较轻
        - 3-7年有期徒刑
        - 并处罚金
      - 情节特别严重
        - 处无期徒刑或者死刑
        - 并处没收财产
  - 暴力、威胁方法抗拒缉私：以走私罪和妨害公务罪数罪并罚

妨害对公司、企业的管理秩序罪

- 刑法之破坏社会主义之妨害对公司、企
  - 158 虚报注册资本罪
    - 定罪
      - 使用虚假文件或其他虚假手段虚报注册资本
    - 量刑
      - 3年以下有期徒刑或拘役并处或单处金额1%-5%罚金
    - 单位犯罪
      - 判处罚金
      - 直接责任人员：3年以下有期徒刑或拘役
    - 立案标准
      - （1）超过期限实缴不足，有限公司虚报30万元以上并占其应缴数额60%以上，股份公司虚报300万元以上并占其应缴数额30%以上
      - （2）超过期限，达到限额仍虚报，有限公司虚报100万元以上并占其应缴数额60%以上，股份公司虚报1千万元以上并占其应缴数额30%以上
      - （3）投资者或其他债权人直接经济损失累计10万元以上
      - （4）未达到
        - 1.2年内虚报受过行政处罚2次以上又虚报
        - 2.向公司登记主管人员行贿
        - 3.为进行违法活动而注册
      - （5）其他后果严重或者有其他严重情节的情形
  - 159 虚假出资、抽逃出资罪
    - 定罪
      - 虚假出资或抽逃出资
    - 量刑
      - 5年以下有期徒刑或拘役并处或者单处金额2%-5%罚金
    - 单位犯罪
      - 判处罚金
      - 直接责任人员：5年以下有期徒刑或拘役
    - 立案标准
      - (1)超过法定出资期限，虚假出资
        - 有限公司30万元以上并占其应缴出资数额60%以上
        - 股份公司300万元以上并占其应缴出资数额30%以上
      - （2）抽逃出资
        - 有限公司30万元以上并占其实缴出资数额60%以上
        - 股份公司300万元以上并占其实缴出资数额30%以上
      - (3)直接经济损失累计数额在10万元以上
      - (4)未达到标准，但有情形
        - 1.致使公司资不抵债或无法正常经营
        - 2.发起人、股东合谋虚假出资、抽逃出资
        - 3.2年内因虚假、抽逃出资受过行政处罚2次以上，又虚假、抽逃出资
        - 4.利用虚假出资、抽逃出资所得资金进行违法活动
      - (5)其他后果严重或者有其他严重情节的情形
  - 160 欺诈发行股票、债券罪
    - 定罪
      - 隐瞒重要事实或编造重大虚假内容，发行股票或债券
      - 数额巨大、后果严重或有严重情节
    - 量刑
      - 5年以下有期徒刑或拘役并处或单处金额1%-5%罚金
    - 单位犯罪
      - 判处罚金
      - 直接责任人员：5年以下有期徒刑或拘役
    - 立案标准
      - (1)发行数额在500万元以上
      - (2)伪造、变造国家机关公文、有效证明文件或者相关凭证、单据
      - (3)利用募集的资金进行违法活动
      - (4)转移或者隐瞒所募集资金
      - (5)其他后果严重或者有其他严重情节的情形

- 分则
  市场经济秩序罪
  业的管理秩序罪
  - 违规披露、不披露重要信息罪（161）
    - 定罪
      - 依法披露义务的公司、企业提供虚假或隐瞒财务报告，或应当披露不披露
      - 严重损害股东或其他人利益，或其他严重情节
    - 量刑
      - 直接责任人员
        - 3年以下有期徒刑或拘役
        - 并处或单处2万-20万以下罚金
    - 立案标准
      - (1直接经济损失累计50万元以上
      - (2)虚增或虚减资产达到当期披露的资产总额30%以上
      - (3)虚增或虚减利润达到当期披露的利润总额30%以上的；
      - (4)未按照规定披露的重大事项所涉及的数额或连续12个月的累计数额占净资产50%以上
      - (5)被终止上市交易或多次被暂停上市交易
      - (6)骗取发行核准并上市交易
      - (7)亏损披露为盈利，或将盈利披露为亏损
      - (8)多次提供虚假的或隐瞒重要事实的财务会计报告，或多次不按照规定披露
      - (9)其他
  - 妨害清算罪（162）
    - 定罪
      - 清算时隐匿财产、虚伪记载或者未清偿前分配财产，严重损害
    - 量刑
      - 直接责任人员
        - 5年以下有期徒刑或拘役
        - 并处或单处2万元-20万元罚款
    - 立案标准
      - （1）隐匿财产价值50万元以上
      - （2）资产负债表或财产清单虚伪记载金额50万元以上
      - （3）未清偿债务前分配财产价值50万元以上
      - （4）债权人或其他人直接经济损失累计10万元以上
      - （5）未达到上述标准，但未及时清偿职工的工资、社会保险费用和法定补偿金，造成恶劣社会影响
      - （6）其他
  - 隐匿、故意销毁会计凭证、会计账簿、财务会计报告罪（162.1）
    - 定罪
      - 隐匿或故意销毁会计财务材料，情节严重
    - 量刑
      - 5年以下有期徒刑或拘役
      - 并处或单处2万元-20万元罚款
    - 单位犯罪
      - 单位处罚金
      - 责任人员按上述规定处理
    - 立案标准
      - （1）涉及金额在50万元以上
      - （2）依法应当提供而隐匿、故意销毁或拒不交出
      - （3）其他
  - 虚假破产罪（162.2）
    - 定罪
      - 虚假破产，严重损害债权人或者其他人利益
    - 量刑
      - 直接责任人员
        - 5年以下有期徒刑或拘役
        - 并处或单处2万元-20万元罚款
    - 立案标准
      - （1）隐匿财产价值50万元以上
      - （2）承担虚构的债务涉及金额50万元以上
      - （3）以其他方法转移、处分财产价值50万元以上
      - （4）造成债权人或其他人直接经济损失累计10万元以上
      - （5）未达到上述标准，但应清偿的职工的工资、社会保险费用和法定补偿金得不到及时清偿，造成恶劣社会影响
      - （6）其他
  - 非国家工作人员受贿罪（163）
    - 定罪
      - 1
        - 公司、企业或者其他单位的工作人员
        - 利用职务上的便利，索取财物或者非法收受财物
        - 为他人谋取利益，数额较大
      - 2
        - 公司、企业或者其他单位的工作人员
        - 经济来往中利用职务便利
        - 违反国家规定，收受回扣、归个人所有
    - 量刑
      - 5年以下有期徒刑或者拘役
      - 数额巨大
        - 5年以上有期徒刑
        - 可以并处没收财产
    - 立案标准
      - 数额5000元以上

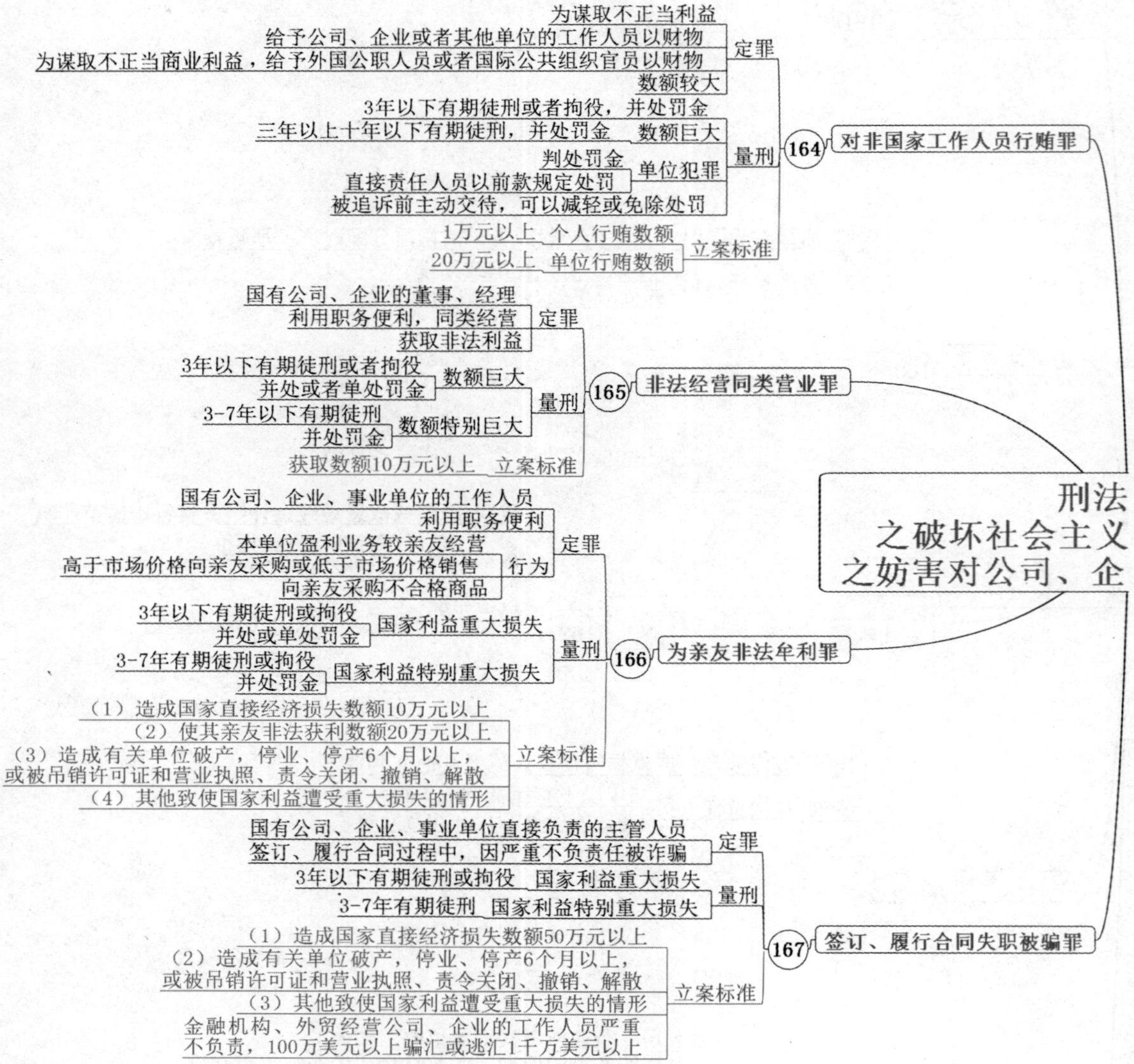
刑法
之破坏社会主义
之妨害对公司、企
164
对非国家工作人员行贿罪
定罪
为谋取不正当利益
给予公司、企业或者其他单位的工作人员以财物
为谋取不正当商业利益，给予外国公职人员或者国际公共组织官员以财物
数额较大
量刑
3年以下有期徒刑或者拘役，并处罚金
三年以上十年以下有期徒刑，并处罚金
数额巨大
判处罚金
直接责任人员以前款规定处罚
单位犯罪
被追诉前主动交待，可以减轻或免除处罚
立案标准
1万元以上
个人行贿数额
20万元以上
单位行贿数额
165
非法经营同类营业罪
定罪
国有公司、企业的董事、经理
利用职务便利，同类经营
获取非法利益
量刑
3年以下有期徒刑或者拘役
并处或者单处罚金
数额巨大
3-7年以下有期徒刑
并处罚金
数额特别巨大
获取数额10万元以上
立案标准
166
为亲友非法牟利罪
定罪
国有公司、企业、事业单位的工作人员
利用职务便利
本单位盈利业务较亲友经营
高于市场价格向亲友采购或低于市场价格销售
向亲友采购不合格商品
行为
量刑
3年以下有期徒刑或拘役
并处或单处罚金
国家利益重大损失
3-7年有期徒刑或拘役
并处罚金
国家利益特别重大损失
立案标准
（1）造成国家直接经济损失数额10万元以上
（2）使其亲友非法获利数额20万元以上
（3）造成有关单位破产，停业、停产6个月以上，
或被吊销许可证和营业执照、责令关闭、撤销、解散
（4）其他致使国家利益遭受重大损失的情形
167
签订、履行合同失职被骗罪
定罪
国有公司、企业、事业单位直接负责的主管人员
签订、履行合同过程中，因严重不负责任被诈骗
量刑
3年以下有期徒刑或拘役
国家利益重大损失
3-7年有期徒刑
国家利益特别重大损失
立案标准
（1）造成国家直接经济损失数额50万元以上
（2）造成有关单位破产，停业、停产6个月以上，
或被吊销许可证和营业执照、责令关闭、撤销、解散
（3）其他致使国家利益遭受重大损失的情形
金融机构、外贸经营公司、企业的工作人员严重
不负责，100万美元以上骗汇或逃汇1千万美元以上

分则
市场经济秩序罪
业的管理秩序罪

- **徇私舞弊造成破产、亏损罪**（168）
  - 定罪
    - 第1款
      - 国有公司、企业的工作人员
      - 严重不负责或者滥用职权
      - 造成国有公司、企业破产或严重损失
    - 第2款
      - 国有事业单位工作人员有前款的
      - 国家利益遭受重大损失
    - 第3款
      - 国有公司、企业、事业单位的工作人员
      - 徇私舞弊，犯前两款罪
  - 量刑
    - 国家利益重大损失　3年以下有期徒刑或拘役
    - 国家利益特别重大损失　3-7年有期徒刑
  - 失职案立案标准
    - （1）造成国家直接经济损失数额50万元以上
    - （2）造成有关单位破产，停业、停产1年以上，或被吊销许可证和营业执照、责令关闭、撤销、解散
    - （3）其他致使国家利益遭受重大损失的情形
  - 滥用职权案立案标准
    - （1）造成国家直接经济损失数额30万元以上
    - （2）造成有关单位破产，停业、停产6个月以上，或被吊销许可证和营业执照、责令关闭、撤销、解散
    - （3）其他致使国家利益遭受重大损失的情形
- **徇私舞弊低价折股、出售国有资产罪**（169）
  - 定罪
    - 国有公司、企业或者其上级主管部门直接负责的主管人员
    - 徇私舞弊，将国有资产低价折股或者低价出售
  - 量刑
    - 国家利益重大损失　3年以下有期徒刑或拘役
    - 国家利益特别重大损失　3-7年有期徒刑
  - 立案标准
    - （1）造成国家直接经济损失数额在30万元以上
    - （2）造成有关单位破产，停业、停产6个月以上，或被吊销许可证和营业执照、责令关闭、撤销、解散
    - （3）其他致使国家利益遭受重大损失的情形
- **背信损害上市公司利益罪**（169.1）
  - 定罪
    - 上市公司的董事、监事、高级管理人员违背对公司的忠实义务
    - 利用职务便利，操纵上市公司
    - 行为
      - （1）无偿提供资金、商品、服务或者其他资产
      - （2）明显不公平提供或接受资金、商品、服务或者其他资产
      - （3）向明显不具有清偿能力的单位或者个人提供资金、商品、服务或者其他资产
      - （4）为明显不具有清偿能力的单位或者个人提供担保，或者无正当理由为其他单位或者个人提供担保
      - （5）无正当理由放弃债权、承担债务
      - （6）其他方式
  - 量刑
    - 上市公司重大损失
      - 3年以下有期徒刑或拘役
      - 并处或单处罚金
    - 上市公司特别重大损失
      - 3-7年有期徒刑或拘役
      - 并处罚金
  - 立案标准
    - （1）无偿向其他单位或个人提供资金、商品、服务或者其他资产，公司直接损失150万元以上
    - （2）明显不公平的条件，提供或接受资金、商品、服务或其他资产，公司直接损失150万元以上
    - （3）向明显不具有清偿能力的单位或个人提供资金、商品、服务或者其他资产，公司直接损失150万元以上
    - （4）为明显不具有清偿能力的单位或个人提供担保，或者无正当理由为其他单位或者个人提供担保，公司直接损失150万元以上
    - （5）无正当理由放弃债权、承担债务，公司直接损失150万元以上
    - （6）致使公司发行的股票、公司债券或国务院依法认定的其他证券被终止上市交易或多次被暂停上市交易
    - （7）其他致使上市公司利益遭受重大损失的情形

破坏金融管理秩序罪

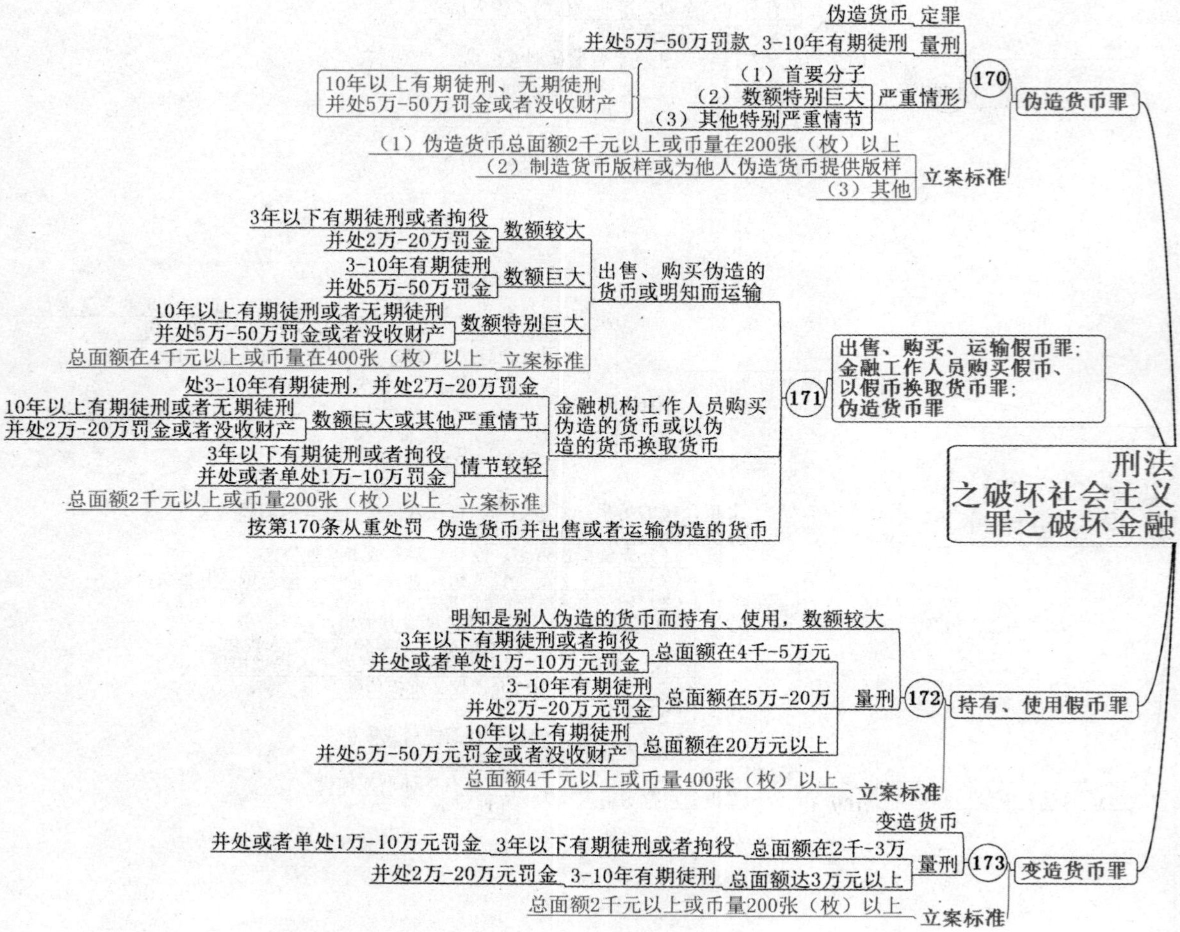
刑法之破坏社会主义罪之破坏金融
伪造货币罪
170
定罪
伪造货币
量刑
并处5万-50万罚款 3-10年有期徒刑
严重情形
（1）首要分子
（2）数额特别巨大
（3）其他特别严重情节
10年以上有期徒刑、无期徒刑
并处5万-50万罚金或者没收财产
立案标准
（1）伪造货币总面额2千元以上或币量在200张（枚）以上
（2）制造货币版样或为他人伪造货币提供版样
（3）其他
出售、购买、运输假币罪；
金融工作人员购买假币、
以假币换取货币罪；
伪造货币罪
171
出售、购买伪造的
货币或明知而运输
数额较大
3年以下有期徒刑或者拘役
并处2万-20万罚金
数额巨大
3-10年有期徒刑
并处5万-50万罚金
数额特别巨大
10年以上有期徒刑或者无期徒刑
并处5万-50万罚金或者没收财产
立案标准
总面额在4千元以上或币量在400张（枚）以上
金融机构工作人员购买
伪造的货币或以伪
造的货币换取货币
处3-10年有期徒刑，并处2万-20万罚金
数额巨大或其他严重情节
10年以上有期徒刑或者无期徒刑
并处2万-20万罚金或者没收财产
情节较轻
3年以下有期徒刑或者拘役
并处或者单处1万-10万罚金
立案标准
总面额2千元以上或币量200张（枚）以上
伪造货币并出售或者运输伪造的货币
按第170条从重处罚
持有、使用假币罪
172
明知是别人伪造的货币而持有、使用，数额较大
量刑
总面额在4千-5万元
3年以下有期徒刑或者拘役
并处或者单处1万-10万元罚金
总面额在5万-20万
3-10年有期徒刑
并处2万-20万元罚金
总面额在20万元以上
10年以上有期徒刑
并处5万-50万元罚金或者没收财产
立案标准
总面额4千元以上或币量400张（枚）以上
变造货币罪
173
变造货币
量刑
总面额在2千-3万
3年以下有期徒刑或者拘役
并处或者单处1万-10万元罚金
总面额达3万元以上
3-10年有期徒刑
并处2万-20万元罚金
立案标准
总面额2千元以上或币量200张（枚）以上

分则 市场经济秩序管理秩序罪

- 非法吸收公众存款罪
  - 176
    - 非法吸收公众存款，扰乱金融秩序
    - 量刑
      - 3年以下有期徒刑或者拘役
      - 并处或者单处2万-20万元罚金
      - 数额巨大或其他严重情节
        - 3-10年有期徒刑
        - 并处5万-50万元罚金
    - 单位犯罪
      - 判处罚金
      - 直接责任人员　上述规定处罚
  - 立案标准
    - （1）个人数额在20万元以上的，单位100万元以上
    - （2）个人30户以上，单位150户以上
    - （3）个人造成直接经济损失10万元以上，单位造成直接经济损失50万元以上
    - （4）造成恶劣社会影响
    - （5）其他扰乱金融秩序情节严重的情形
- 骗取贷款、票据承兑、金融票证罪
  - 175.1
    - 欺骗手段取得银行或者其他金融机构贷款、票据承兑、信用证、保函等
    - 量刑
      - 重大损失或严重情节
        - 3年以下有期徒刑或者拘役
        - 并处或者单处罚金
      - 特别重大损失或特别严重
        - 3-7年有期徒刑
        - 并处罚金
    - 单位犯罪
      - 判处罚金
      - 直接责任人员　上述规定处罚
  - 立案标准
    - （1）欺骗数额在100万元以上
    - （2）金融机构直接经济损失20万元以上
    - （3）虽未达到上述数额标准，但多次欺骗
    - （4）其他造成重大损失或其他严重情节的情形
- 高利转贷罪
  - 175
    - 以转贷牟利的目的，套取金融机构信贷资金高利转贷，违法所得较大
    - 量刑
      - 3年以下有期徒刑或者拘役
      - 并处违法所得1-5倍罚金
      - 数额巨大
        - 3-7年有期徒刑
        - 并处违法所得1-5倍罚金
    - “数额较大”标准
      - 个人　违法所得数额5万元以上
      - 单位　违法所得数额10万元以上
      - 因高利转贷受过行政处罚2次以上，又高利转贷
  - 立案标准
    - （1）高利转贷，违法所得数额10万元以上
    - （2）未达到上述标准，但2年内因高利转贷受过行政处罚2次以上，又高利转贷
- 擅自设立金融机构罪;伪造、变造、转让金融机构经营许可证、批准文件罪
  - 174
    - 定罪
      - 未经批准，擅自设立金融机构
      - 伪造、变造、转让金融机构经营许可证、批准文件
    - 量刑
      - 3年以下有期徒刑或者拘役
      - 并处或者单处2万-20万元罚金
      - 情节严重
        - 3-10年以下有期徒刑
        - 并处5万-50万元罚金
    - 单位犯罪
      - 判处罚金
      - 直接责任人员　上述规定处罚
  - 擅自设立金融机构罪立案标准
    - （1）擅自设立金融机构
    - （2）擅自设立金融机构筹备组织
  - 伪造、变造、转让金融机构经营许可证、批准文件罪立案标准
    - 伪造、变造、转让经营许可证或批准文件

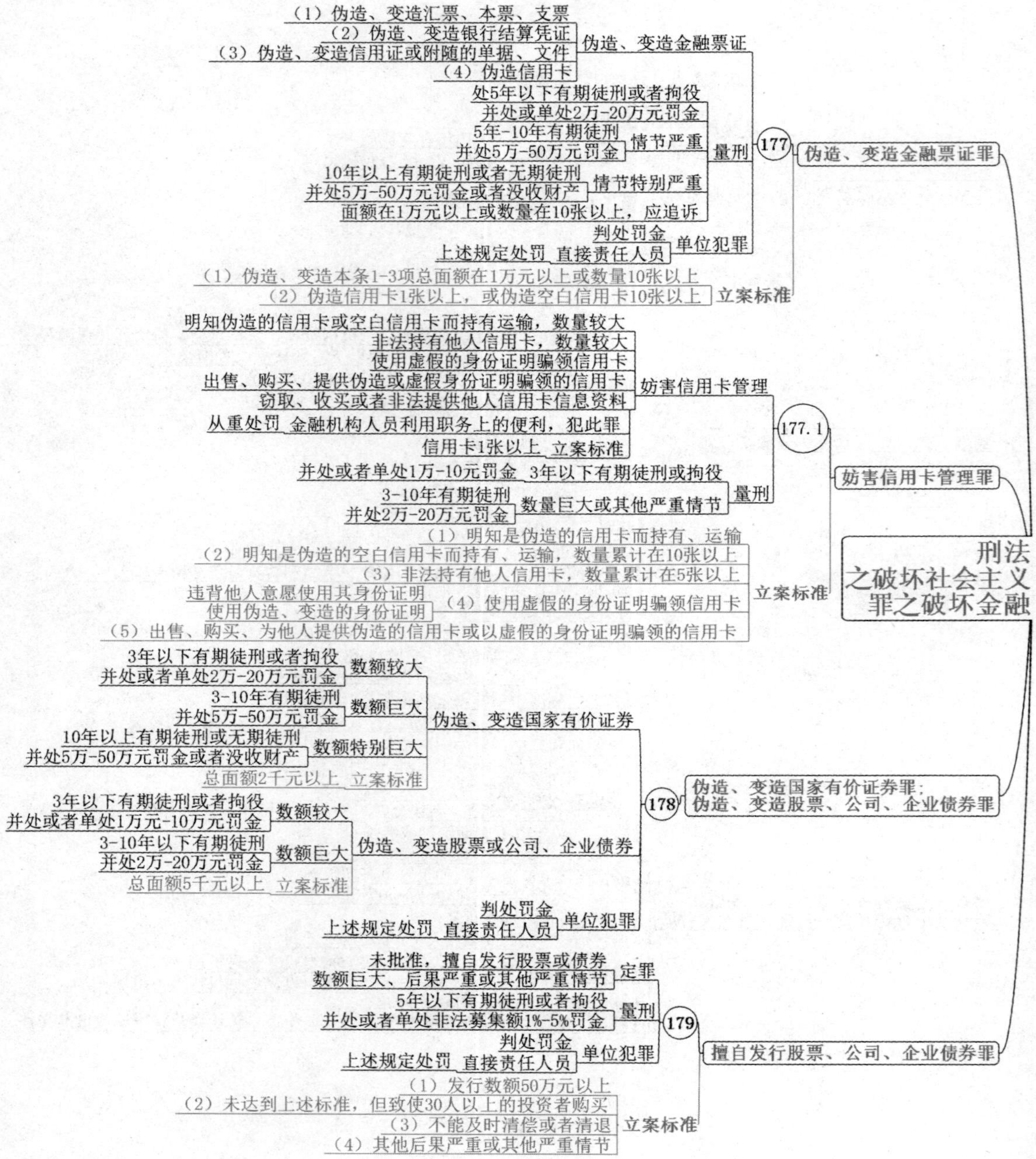
刑法之破坏社会主义罪之破坏金融
177
伪造、变造金融票证罪
伪造、变造金融票证
（1）伪造、变造汇票、本票、支票
（2）伪造、变造银行结算凭证
（3）伪造、变造信用证或附随的单据、文件
（4）伪造信用卡
量刑
处5年以下有期徒刑或者拘役
并处或单处2万-20万元罚金
情节严重
5年-10年有期徒刑
并处5万-50万元罚金
情节特别严重
10年以上有期徒刑或者无期徒刑
并处5万-50万元罚金或者没收财产
面额在1万元以上或数量在10张以上，应追诉
单位犯罪
判处罚金
直接责任人员
上述规定处罚
立案标准
（1）伪造、变造本条1-3项总面额在1万元以上或数量10张以上
（2）伪造信用卡1张以上，或伪造空白信用卡10张以上
177.1
妨害信用卡管理罪
妨害信用卡管理
明知伪造的信用卡或空白信用卡而持有运输，数量较大
非法持有他人信用卡，数量较大
使用虚假的身份证明骗领信用卡
出售、购买、提供伪造或虚假身份证明骗领的信用卡
窃取、收买或者非法提供他人信用卡信息资料
从重处罚
金融机构人员利用职务上的便利，犯此罪
信用卡1张以上
立案标准
量刑
3年以下有期徒刑或拘役
并处或者单处1万-10元罚金
数量巨大或其他严重情节
3-10年有期徒刑
并处2万-20万元罚金
立案标准
（1）明知是伪造的信用卡而持有、运输
（2）明知是伪造的空白信用卡而持有、运输，数量累计在10张以上
（3）非法持有他人信用卡，数量累计在5张以上
（4）使用虚假的身份证明骗领信用卡
违背他人意愿使用其身份证明
使用伪造、变造的身份证明
（5）出售、购买、为他人提供伪造的信用卡或以虚假的身份证明骗领的信用卡
178
伪造、变造国家有价证券罪；
伪造、变造股票、公司、企业债券罪
伪造、变造国家有价证券
数额较大
3年以下有期徒刑或者拘役
并处或者单处2万-20万元罚金
数额巨大
3-10年有期徒刑
并处5万-50万元罚金
数额特别巨大
10年以上有期徒刑或无期徒刑
并处5万-50万元罚金或者没收财产
总面额2千元以上
立案标准
伪造、变造股票或公司、企业债券
数额较大
3年以下有期徒刑或者拘役
并处或者单处1万元-10万元罚金
数额巨大
3-10年以下有期徒刑
并处2万-20万元罚金
总面额5千元以上
立案标准
单位犯罪
判处罚金
直接责任人员
上述规定处罚
179
擅自发行股票、公司、企业债券罪
定罪
未批准，擅自发行股票或债券
数额巨大、后果严重或其他严重情节
量刑
5年以下有期徒刑或者拘役
并处或者单处非法募集额1%-5%罚金
单位犯罪
判处罚金
直接责任人员
上述规定处罚
立案标准
（1）发行数额50万元以上
（2）未达到上述标准，但致使30人以上的投资者购买
（3）不能及时清偿或者清退
（4）其他后果严重或其他严重情节

分则 市场经济秩序管理秩序罪

- **操纵证券、期货市场罪**
  - 182
    - 操纵证券、期货市场
      - （1）单独或合谋，集中优势联合或连续买卖，操纵价格或交易量
      - （2）与他人串通事先约定，进行交易，影响价格或交易量
      - （3）自己实际控制的帐户之间交易，或自买自卖期货合约，影响价格或交易量
      - （4）其他
    - 量刑
      - 情节严重
        - 5年以下有期徒刑或者拘役
        - 并处或者单处罚金
      - 情节特别严重
        - 5-10年有期徒刑
        - 并处罚金
    - 单位犯罪
      - 判处罚金
      - 直接责任人员 5年以下有期徒刑或拘役
  - 立案标准
    - (1)单独或合谋，持有或实际控制达到30%以上，且连续20个交易日内联合或连续买卖达到30%以上
    - (2)单独或合谋，持有或实际控制期货合约的数量超过限定持仓量50%以上，且连续20个交易日内联合或连续买卖达到30%以上
    - (3)与他人串通，以事先约定的时间、价格和方式相互交易，且连续20个交易日内成交量累计达到同期总成交量20%以上
    - (4)在自己实际控制的账户之间交易，或自我交易且连续20个交易日内成交量累计达到同期总成交量20%以上
    - (5)单独或者合谋，当日连续申报买入或卖出并在成交前撤回申报，撤回申报量占总申报量50%以上
    - (6)上市公司及其董事、监事、高级管理人员、实际控制人、控股股东或者其他关联人单独或者合谋，利用信息优势，操纵该公司证券交易价格或者证券交易量的;
    - (7)证券公司、证券投资咨询机构、专业中介机构或从业人员，违背有关从业禁止的规定，买卖或持有相关证券，通过公开评价、预测或投资建议，在交易中谋取利益，情节严重
    - (8)其他情节严重的情形
- **编造并传播证券、期货交易虚假信息罪；诱骗投资者买卖证券、期货合约罪**
  - 181
    - 编造传播虚假信息
      - 5年以下有期徒刑或者拘役
      - 并处或者单处1万-10万罚金
      - 立案标准
        - (1)获利或避免损失数额累计5万元以上
        - (2)造成投资者直接经济损失数额5万元以上
        - (3)致使交易价格和交易量异常波动
        - (4)虽未达到上述标准，但多次编造传播
        - (5)其他造成严重后果的情形
    - 提供虚假信息或伪造、变造、销毁交易记录，诱骗投资者买卖证券、期货合约
      - 严重后果
        - 5年以下有期徒刑或者拘役
        - 并处或者单处1万-10万罚金
      - 情节特别恶劣
        - 五年以上十年以下有期徒刑
        - 并处二万元以上二十万元以下罚金
      - 立案标准
        - (1)获利或避免损失数额累计五万元以上
        - (2)造成投资者直接经济损失数额5万元以上
        - (3)致使交易价格和交易量异常波动
        - (4)其他造成严重后果的情形
    - 单位犯罪
      - 判处罚金
      - 直接责任人员 5年以下有期徒刑或拘役
- **内幕交易、泄露内幕信息罪；利用未公开信息交易罪**
  - 180
    - 定罪
      - 内幕交易、泄露内幕信息
        - 构成
          - 知情人员或非法获取人员
          - 重大信息未公开前
          - 交易或泄漏该信息或明示、暗示他人交易
          - 情节严重
        - 立案标准
          - （1）证券交易成交额累计50万元以上
          - （2）期货交易占用保证金数额累计30万元以上
          - （3）获利或避免损失数额累计15万元以上
          - （4）多次进行
          - （5）其他情节严重情形
      - 利用未公开信息交易
        - 金融机构人员或监管部门、行业协会人员
        - 未公开信息交易或明示、暗示他人交易
        - 情节严重
        - 立案标准
          - （1）证券交易成交额累计50万元以上
          - （2）期货交易占用保证金数额累计30万元以上
          - （3）获利或避免损失数额累计15万元以上
          - （4）多次进行
          - （5）其他情节严重情形
    - 量刑
      - 5年以下有期徒刑或者拘役
      - 并处或单处违法所得1倍-5倍罚金
      - 情节特别严重
        - 5-10年有期徒刑
        - 并处违法所得1-5倍罚金
    - 单位犯罪
      - 判处罚金
      - 直接责任人员 5年以下有期徒刑或拘役

刑法之破坏社会主义罪之破坏金融

- 183 职务侵占罪；贪污罪
  - 骗保
    - 保险公司工作人员利用职务便利虚假理赔，骗取保险金归自己所有 —— 职务侵占罪定罪处罚
  - 贪污罪　国有保险公司工作人员和国有委派到非国有从事公务人员
- 184 公司、企业人员受贿罪
  - 公司、企业人员受贿罪　金融机构工作人员索贿或收贿，谋利益或收回扣手续费归个人
  - 贪污罪　国有金融机构工作人员和国有委派到非国有从事公务人员
- 185 挪用资金罪、挪用公款罪；背信运用受托财产罪；违法运用资金罪
  - 挪用资金罪　金融机构工作人员挪用资金
  - 挪用公款罪　国有金融机构工作人员和国有委派到非国有从事公务人员
  - 背信运用受托财产罪
    - 金融机构背信运用受托财产
    - 情节严重
      - 单位判处罚金
      - 直接责任人员
        - 3年以下有期徒刑或者拘役
        - 并处3万-30万罚金
    - 情节特别严重
      - 3-10年有期徒刑
      - 5万-50万元罚金
    - 立案标准
      - (1)数额30万元以上
      - (2)虽未达到，但多次擅自运用
      - (3)其他情节严重的情形
  - 违法运用资金罪
    - 公众资金管理机构违规使用资金
    - 直接责任人员依前款规定处罚
    - 立案标准
      - (1)数额30万元以上
      - (2)虽未达到，但多次违反运用
      - (3)其他情节严重的情形
- 191 洗钱罪
  - 上游犯罪
    - 毒品犯罪
    - 黑社会性质组织犯罪
    - 恐怖活动犯罪
    - 走私犯罪
    - 贪污贿赂犯罪
    - 破坏金融管理秩序犯罪
    - 金融诈骗犯罪
  - 定罪
    - 有下列行为之一
      - （1）提供资金帐户
      - （2）协助将财产转换为现金、金融票据、有价证券
      - （3）通过转帐或者其他结算方式协助资金转移
      - （4）协助将资金汇往境外
      - （5）其他方法
    - 掩饰、隐瞒来源和性质
  - 量刑
    - 没收犯罪所得及收益
    - 5年以下有期徒刑或者拘役
    - 并处或者单处洗钱数额5%-20%罚金
    - 情节严重
      - 5-10年有期徒刑
      - 并处洗钱数额5%-20%罚金
    - 单位犯罪
      - 判处罚金
      - 直接责任人员
        - 5年以下有期徒刑或者拘役
        - 情节严重　5-10年有期徒刑
  - 立案标准
    - (1)提供资金账户
    - (2)协助将财产转换为现金、金融票据、有价证券
    - (3)通过转账或者其他结算方式协助资金转移
    - (4)协助将资金汇往境外
    - (5)其他方法

分则 市场经济秩序管理秩序罪

- 违法发放贷款罪 (186)
  - 定罪
    - 金融机构工作人员违规发放贷款
    - 向关系人发放贷款 从重处罚
  - 量刑
    - 数额巨大或重大损失
      - 5年以下有期徒刑或者拘役
      - 并处1万-10万元罚金
    - 数额特别巨大或特别重大损失
      - 5年以上有期徒刑
      - 并处2万-20万罚金
  - 单位犯罪
    - 判处罚金
    - 直接责任人员 以上述规定处罚
  - 立案标准
    - (1)违法发放贷款100元以上
    - (2)直接经济损失数额20万元以上
- 吸收客户资金不入账罪 (187)
  - 定罪 金融机构工作人员吸收资金不入账
  - 量刑
    - 数额巨大或重大损失
      - 5年以下有期徒刑或者拘役
      - 并处2万-20万元罚金
    - 数额特别巨大或特别重大损失
      - 5年以上有期徒刑
      - 并处5万-50万罚金
  - 立案标准
    - (1)数额100万元以上
    - (2)直接经济损失数额20万元以上
- 违规出具金融票证罪 (188)
  - 定罪 金融机构工作人员违规出具金融票证
  - 量刑
    - 情节严重 5年以下有期徒刑或者拘役
    - 情节特别严重 5年以上有期徒刑
  - 单位犯罪
    - 判处罚金
    - 直接责任人员 以上述规定处罚
  - 立案标准
    - (1)数额在100万元以上
    - (2)造成直接经济损失数额20万元以上
    - (3)多次违规出具
    - (4)接受贿赂违规出具
    - (5)其他情节严重的情形
- 对违法票据承兑、付款、保证罪 (189)
  - 定罪 金融机构工作人员违规承兑、付款、保证票据
  - 处罚
    - 重大损失 5年以下有期徒刑或者拘役
    - 特别重大损失 5年以上有期徒刑
  - 单位犯罪
    - 判处罚金
    - 直接责任人员 以上述规定处罚
  - 立案标准 直接经济损失数额20万元以上
- 逃汇罪、骗购外汇罪 (190)
  - 单位违反规定将外汇存放境外，或非法转移外汇
  - 量刑
    - 数额较大
      - 单位判处外汇数额5%-30%罚金
      - 直接责任人员
        - 5年以下有期徒刑或者拘役
    - 数额巨大或其他严重情节
      - 单位判处外汇数额5%-30%罚金
      - 直接责任人员 5年以上有期徒刑
  - 立案标准 单笔在200万美元以上或累计数额500万美元以上
  - **骗购外汇案立案标准** 数额50万美元以上

金融诈骗罪

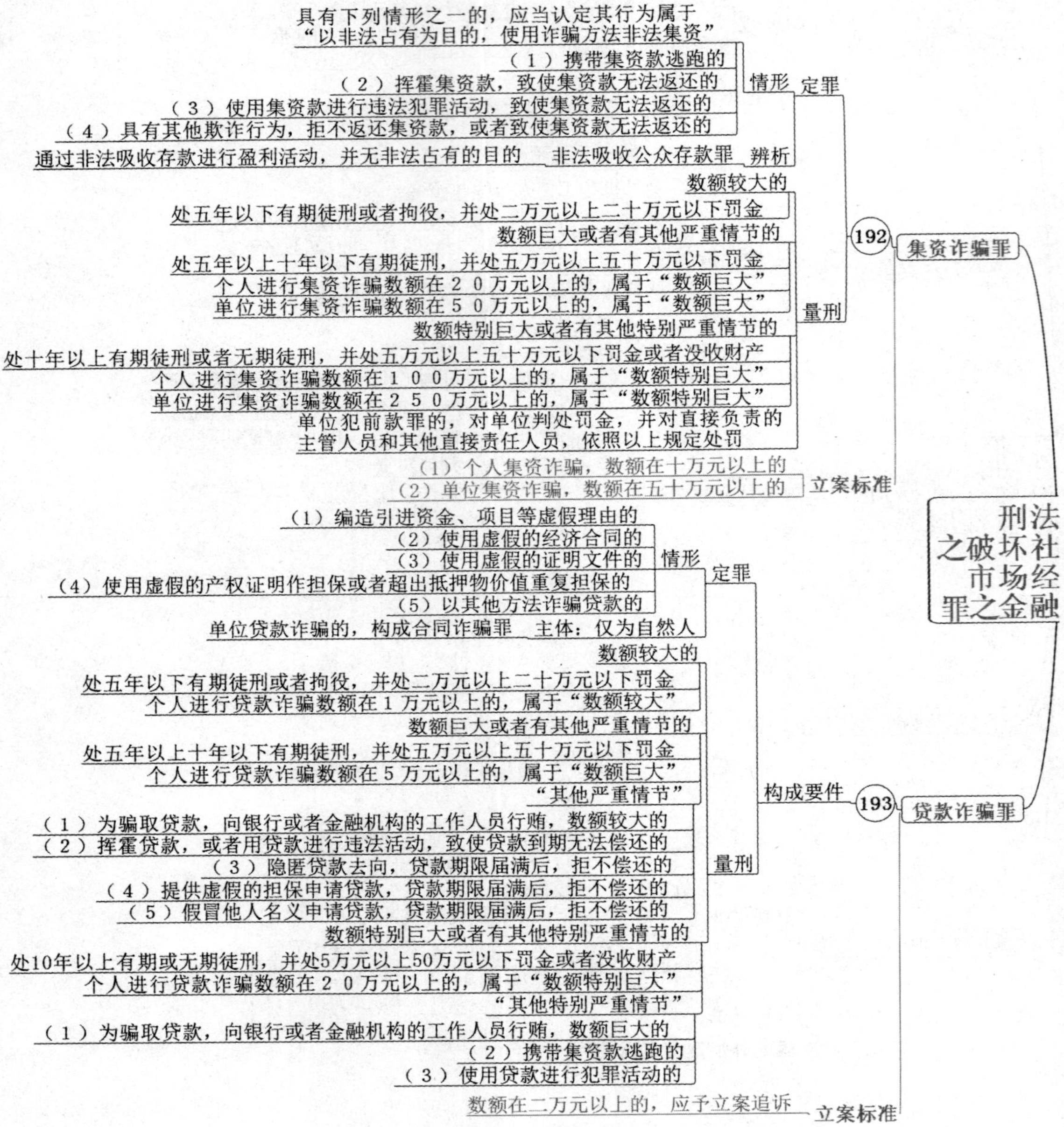
刑法
之破坏社
市场经
罪之金融
192
集资诈骗罪
定罪
情形
具有下列情形之一的，应当认定其行为属于“以非法占有为目的，使用诈骗方法非法集资”
（1）携带集资款逃跑的
（2）挥霍集资款，致使集资款无法返还的
（3）使用集资款进行违法犯罪活动，致使集资款无法返还的
（4）具有其他欺诈行为，拒不返还集资款，或者致使集资款无法返还的
辨析
非法吸收公众存款罪
通过非法吸收存款进行盈利活动，并无非法占有的目的
量刑
数额较大的
处五年以下有期徒刑或者拘役，并处二万元以上二十万元以下罚金
数额巨大或者有其他严重情节的
处五年以上十年以下有期徒刑，并处五万元以上五十万元以下罚金
个人进行集资诈骗数额在２０万元以上的，属于“数额巨大”
单位进行集资诈骗数额在５０万元以上的，属于“数额巨大”
数额特别巨大或者有其他特别严重情节的
处十年以上有期徒刑或者无期徒刑，并处五万元以上五十万元以下罚金或者没收财产
个人进行集资诈骗数额在１００万元以上的，属于“数额特别巨大”
单位进行集资诈骗数额在２５０万元以上的，属于“数额特别巨大”
单位犯前款罪的，对单位判处罚金，并对直接负责的主管人员和其他直接责任人员，依照以上规定处罚
立案标准
(1) 个人集资诈骗，数额在十万元以上的
(2) 单位集资诈骗，数额在五十万元以上的
193
贷款诈骗罪
构成要件
定罪
情形
(1) 编造引进资金、项目等虚假理由的
(2) 使用虚假的经济合同的
(3) 使用虚假的证明文件的
(4) 使用虚假的产权证明作担保或者超出抵押物价值重复担保的
(5) 以其他方法诈骗贷款的
主体：仅为自然人
单位贷款诈骗的，构成合同诈骗罪
量刑
数额较大的
处五年以下有期徒刑或者拘役，并处二万元以上二十万元以下罚金
个人进行贷款诈骗数额在１万元以上的，属于“数额较大”
数额巨大或者有其他严重情节的
处五年以上十年以下有期徒刑，并处五万元以上五十万元以下罚金
个人进行贷款诈骗数额在５万元以上的，属于“数额巨大”
“其他严重情节”
（1）为骗取贷款，向银行或者金融机构的工作人员行贿，数额较大的
（2）挥霍贷款，或者用贷款进行违法活动，致使贷款到期无法偿还的
（3）隐匿贷款去向，贷款期限届满后，拒不偿还的
（4）提供虚假的担保申请贷款，贷款期限届满后，拒不偿还的
（5）假冒他人名义申请贷款，贷款期限届满后，拒不偿还的
数额特别巨大或者有其他特别严重情节的
处10年以上有期或无期徒刑，并处5万元以上50万元以下罚金或者没收财产
个人进行贷款诈骗数额在２０万元以上的，属于“数额特别巨大”
“其他特别严重情节”
（1）为骗取贷款，向银行或者金融机构的工作人员行贿，数额巨大的
（2）携带集资款逃跑的
（3）使用贷款进行犯罪活动的
立案标准
数额在二万元以上的，应予立案追诉

分则
会主义
济秩序
诈骗罪

- 信用证诈骗罪 195
  - 定罪
    - 情形
      立案标准
      - （1）使用伪造、变造的信用证或者附随的单据、文件的
      - （2）使用作废的信用证的
      - （3）骗取信用证的
      - （4）以其他方法进行信用证诈骗活动的
  - 量刑
    - 数额较大的
      - 处五年以下有期徒刑或者拘役，并处二万元以上二十万元以下罚金
    - 数额巨大或者有其他严重情节的
      - 处五年以上十年以下有期徒刑，并处五万元以上五十万元以下罚金
      - 个人进行信用证诈骗数额在１０万元以上的，属于“数额巨大”
      - 单位进行信用证诈骗数额在５０万元以上的，属于“数额巨大”
    - 数额特别巨大或者有其他特别严重情节的
      - 处十年以上有期徒刑或者无期徒刑，并处五万元以上五十万元以下罚金或者没收财产
      - 个人进行信用证诈骗数额在５０万元以上的，属于“数额特别巨大”
      - 单位进行信用证诈骗数额在２５０万元以上的，属于“数额特别巨大”
- 票据诈骗罪 金融凭证诈骗罪 194
  - 票据诈骗罪
    - 定罪
      - 情形
        - （1）明知是伪造、变造的汇票、本票、支票而使用的
        - （2）明知是作废的汇票、本票、支票而使用的
        - （3）冒用他人的汇票、本票、支票的
        - （4）签发空头支票或者与其预留印鉴不符的支票，骗取财物的
        - （5）汇票、本票的出票人签发无资金保证的汇票、本票或者在出票时作虚假记载，骗取财物的
    - 量刑
      - 数额较大的
        - 处5年以下有期徒刑或者拘役，并处2万元以上20万元以下罚金
        - 个人进行票据诈骗数额在５千元以上的，属于“数额较大”
        - 单位进行票据诈骗数额在１０万元以上的，属于“数额较大”
      - 数额巨大或者有其他严重情节的
        - 处5年以上10年以下有期徒刑，并处5万元以上50万元以下罚金
        - 个人进行票据诈骗数额在５万元以上的，属于：数额巨大”
        - 单位进行票据诈骗数额在３０万元以上的，属于“数额巨大”
      - 数额特别巨大或者有其他特别严重情节的
        - 处10年以上有期徒刑或者无期徒刑，并处5万元以上50万元以下罚金或者没收财产
        - 个人进行票据诈骗数额在１０万元以上的，属于“数额特别巨大”
        - 单位进行票据诈骗数额在１００万元以上的，属于“数额特别巨大”
      - 单位犯前两款罪的，对单位判处罚金，并对直接负责的主管人员和其他直接责任人员，依照以上规定处罚
  - 金融凭证诈骗罪
    - 使用伪造、变造的委托收款凭证、汇款凭证、银行存单等其他银行结算凭证的，立案标准和量刑依照以上的规定处罚
  - 立案标准
    - （1）个人进行金融票据诈骗，数额在一万元以上的
    - （2）单位进行金融票据诈骗，数额在十万元以上的

刑法之破坏社 市场经济秩序

- 信用卡诈骗罪
  - 196
    - 定罪
      - 情形
        - （1）使用伪造的信用卡，或者使用以虚假的身份证明骗领的信用卡的
        - （2）使用作废的信用卡的
        - （3）冒用他人信用卡的
          - 如：使用拾得的信用卡，使用代他人保管的信用卡，骗取他人信用卡并予以使用等
          - 冒用他人信用卡只限于对自然人使用，在机器上使用他人信用卡取款的，成立盗窃罪
        - （4）恶意透支的
          - 是指持卡人以非法占有为目的，超过规定限额或者规定期限透支，并且经发卡银行催收后仍不归还的行为
    - 量刑
      - 数额较大的
        - 处五年以下有期徒刑或者拘役，并处二万元以上二十万元以下罚金
        - 数额在５千元以上的，属于“数额较大”
      - 数额巨大或者有其他严重情节的
        - 处五年以上十年以下有期徒刑，并处五万元以上五十万元以下罚金
        - 诈骗数额在５万元以上的，属于“数额巨大”
      - 数额特别巨大或者有其他特别严重情节的
        - 处十年以上有期徒刑或者无期徒刑，并处五万元以上五十万元以下罚金或者没收财产
        - 诈骗数额在２０万元以上的，属于“数额特别巨大”
      - 持卡人在银行交纳保证金的，其恶意透支数额以超出保证金的数额计算
  - 立案标准
    - （1）使用伪造的信用卡，或者使用以虚假的身份证明骗领的信用卡，或者使用作废的信用卡，或者冒用他人信用卡，进行诈骗活动，数额在5千元以上的
    - （2）恶意透支，数额在1万元以上的
      - “恶意透支”，是指持卡人以非法占有为目的，或者明知无力偿还，透支数额超过信用卡准许透支的数额较大，逃避追查，或者自收到发卡银行催收通知之日起３个月内仍不归还的行为
- 有价证券诈骗罪
  - 197
    - 定罪
      - 情形
        - 使用伪造、变造的国库券或者国家发行的其他有价证券，进行诈骗活动，数额较大的
    - 量刑
      - 数额较大的
        - 处五年以下有期徒刑或者拘役，并处二万元以上二十万元以下罚金
      - 数额巨大或者有其他严重情节的
        - 处五年以上十年以下有期徒刑，并处五万元以上五十万元以下罚金
      - 数额特别巨大或者有其他特别严重情节的
        - 处十年以上有期徒刑或者无期徒刑，并处五万元以上五十万元以下罚金或者没收财产
  - 立案标准
    - 数额在一万元以上

分则
会主义
罪之金融诈骗罪

- 单位犯金融诈骗罪的处罚规定（200）
  - 单位犯本节第一百九十二条、第一百九十四条、第一百九十五条规定之罪的
    - 对单位判处罚金
    - 并对其直接负责的主管人员和其他直接责任人员
      - 数额较大的
        - 处五年以下有期徒刑或者拘役
      - 数额巨大或者有其他严重情节的
        - 处五年以上十年以下有期徒刑
      - 数额特别巨大或者有其他特别严重情节的
        - 处十年以上有期徒刑或者无期徒刑
- 部分金融诈骗罪的死刑规定（199）
  - （根据《中华人民共和国刑法修正案（九）》删去本条内容）
- 保险诈骗罪（198）
  - 定罪
    - 情形
      - （1）投保人故意虚构保险标的，骗取保险金的
      - （2）投保人、被保险人或者受益人对发生的保险事故编造虚假的原因或者夸大损失的程度，骗取保险金的
      - （3）投保人、被保险人或者受益人编造未曾发生的保险事故，骗取保险金的
      - （4）投保人、被保险人故意造成财产损失的保险事故，骗取保险金的
      - （5）投保人、受益人故意造成被保险人死亡、伤残或者疾病，骗取保险金的
        - （4）（5）：同时构成其他犯罪的，依照数罪并罚的规定处罚
    - 共犯
      - 保险事故的鉴定人、证明人、财产评估人故意提供虚假的证明文件，为他人诈骗保险金提供条件的，以保险诈骗的共犯论处
  - 量刑
    - 数额较大的
      - 处五年以下有期徒刑或者拘役，并处一万元以上十万元以下罚金
      - 个人进行保险诈骗数额在1万元以上的，属于“数额较大”；
      - 单位进行保险诈骗数额在5万元以上的，属于“数额较大”
    - 数额巨大或者有其他严重情节的
      - 处五年以上十年以下有期徒刑，并处二万元以上二十万元以下罚金
      - 个人进行保险诈骗数额在5万元以上的，属于“数额巨大”
      - 单位进行保险诈骗数额在25万元以上的，属于“数额巨大”
    - 数额特别巨大或者有其他特别严重情节的
      - 处十年以上有期徒刑，并处二万元以上二十万元以下罚金或者没收财产
      - 个人进行保险诈骗数额在20万元以上的，属于“数额特别巨大”
      - 单位进行保险诈骗数额在100万元以上的，属于“数额特别巨大”
    - 单位犯罪的，对单位判处罚金，并对直接负责的主管人员和其他直接责任人员，依照以上规定处罚
  - 立案标准
    - （1）个人进行保险诈骗，数额在一万元以上的
    - （2）单位进行保险诈骗，数额在五万元以上的

危害税收征管罪

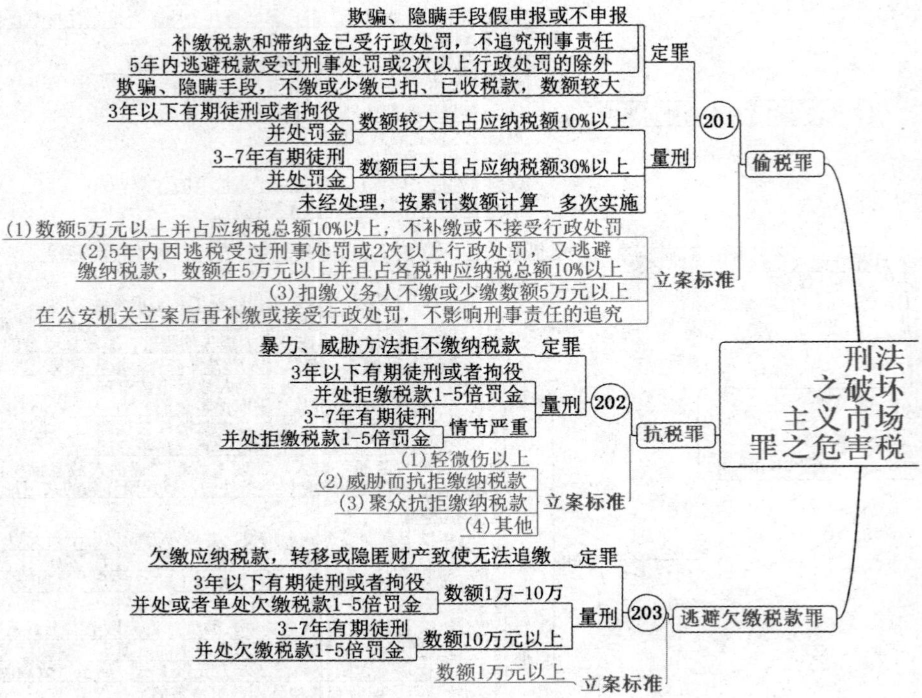
刑法之破坏主义市场罪之危害税
偷税罪
201
定罪
欺骗、隐瞒手段假申报或不申报
补缴税款和滞纳金已受行政处罚，不追究刑事责任
5年内逃避税款受过刑事处罚或2次以上行政处罚的除外
欺骗、隐瞒手段，不缴或少缴已扣、已收税款，数额较大
量刑
数额较大且占应纳税额10%以上
3年以下有期徒刑或者拘役
并处罚金
数额巨大且占应纳税额30%以上
3-7年有期徒刑
并处罚金
多次实施
未经处理，按累计数额计算
立案标准
(1)数额5万元以上并占应纳税总额10%以上，不补缴或不接受行政处罚
(2)5年内因逃税受过刑事处罚或2次以上行政处罚，又逃避缴纳税款，数额在5万元以上并且占各税种应纳税总额10%以上
(3)扣缴义务人不缴或少缴数额5万元以上
在公安机关立案后再补缴或接受行政处罚，不影响刑事责任的追究
抗税罪
202
定罪
暴力、威胁方法拒不缴纳税款
量刑
3年以下有期徒刑或者拘役
并处拒缴税款1-5倍罚金
情节严重
3-7年有期徒刑
并处拒缴税款1-5倍罚金
立案标准
(1)轻微伤以上
(2)威胁而抗拒缴纳税款
(3)聚众抗拒缴纳税款
(4)其他
逃避欠缴税款罪
203
定罪
欠缴应纳税款，转移或隐匿财产致使无法追缴
量刑
数额1万-10万
3年以下有期徒刑或者拘役
并处或者单处欠缴税款1-5倍罚金
数额10万元以上
3-7年有期徒刑
并处欠缴税款1-5倍罚金
立案标准
数额1万元以上

分则 社会 经济秩序 收征管罪

- **虚开增值税专用发票、用于骗取出口退税、抵扣税款发票罪** — 205
  - 定罪
    - 虚开增值税专用发票或虚开用于骗取出口退税、抵扣税款的其他发票
      - 四种行为之一
        - 为他人虚开
        - 为自己虚开
        - 让他人为自己虚开
        - 介绍他人虚开
  - 量刑
    - 3年以下有期徒刑或者拘役
    - 并处2万-20万元罚金
    - 数额较大或其他严重情节
      - 3-10年有期徒刑
      - 并处5万-50万元罚金
    - 数额巨大或其他特别严重情节
      - 10年以上有期徒刑或者无期徒刑
      - 并处5万-50万元罚金或者没收财产
  - 单位犯罪
    - 判处罚金
    - 直接责任人员
      - 3年以下有期徒刑或者拘役
      - 数额较大或其他严重情节：3-10年有期徒刑
      - 数额巨大或其他特别严重情节：10年以上有期徒刑或者无期徒刑
  - 205.1
    - 虚开第205条规定之外其他发票，情节严重
    - 量刑
      - 2年以下有期徒刑、拘役或者管制
      - 并处罚金
      - 情节特别严重
        - 2-7年有期徒刑
        - 并处罚金
    - 单位犯罪
      - 判处罚金
      - 直接责任人员：本条规定处罚
  - 立案标准：虚开税款数额1万元以上或致使国家税款被骗数额5000元以上

- **骗取出口退税罪** — 204
  - 定罪：假报出口或其他欺骗手段，骗取国家出口退税款
  - 认定
    - 缴纳税款后，采取假报出口等欺骗方法，骗取所缴纳的税款：偷税罪
    - 骗取税款超过所缴纳的税款部分：骗取出口退税罪
  - 量刑
    - 数额较大
      - 5年以下有期徒刑或者拘役
      - 并处骗取税款1-5倍罚金
    - 数额巨大或其他严重情节
      - 5-10年有期徒刑
      - 并处骗取税款1-5倍罚金
    - 数额特别巨大或其他特别严重情节
      - 10年以上有期徒刑或者无期徒刑
      - 并处骗取税款1-5倍罚金或没收财产
  - 立案标准：数额在5万元以上

刑法之破坏主义市场罪之危害税

- **206 伪造、出售伪造的增值税专用发票罪**
  - 定罪：伪造或者出售伪造的增值税专用发票
  - 量刑
    - 三年以下有期徒刑、拘役或者管制，并处二万元以上二十万元以下罚金
    - 数量较大或者有其他严重情节：三年以上十年以下有期徒刑，并处五万元以上五十万元以下罚金
    - 数量巨大或者有其他特别严重情节：十年以上有期徒刑或者无期徒刑，并处五万元以上五十万元以下罚金或者没收财产
  - 单位犯罪
    - 判处罚金
    - 直接责任人员
      - 3年以下有期徒刑或者拘役
      - 数额较大或其他严重情节：3-10年有期徒刑
      - 数额巨大或其他特别严重情节：10年以上有期徒刑或者无期徒刑
  - 立案标准：发票25份以上或票面额累计10万元以上

- **207 非法出售增值税专用发票罪**
  - 定罪：非法出售增值税专用发票
  - 量刑
    - 3年以下有期徒刑、拘役或者管制，并处2万-20万元罚金
    - 数量较大：3-10年有期徒刑，并处5万-50万元罚金
    - 数量巨大：10年以上有期徒刑或者无期徒刑，并处5万-50万元罚金或者没收财产
  - 立案标准：发票25份以上或票面额累计10万元以上

- **208 非法购买增值税专用发票、购买伪造的增值税专用发票罪**
  - 定罪：非法购买增值税专用发票或者购买伪造的增值税专用发票
  - 量刑：5年以下有期徒刑或者拘役，并处或者单处2万-20万元罚金
  - 非法购买增值税专用发票或者购买伪造的增值税专用发票又虚开或者出售的：按205、206、207定罪处罚
  - 立案标准：发票25份以上或票面额累计10万元以上

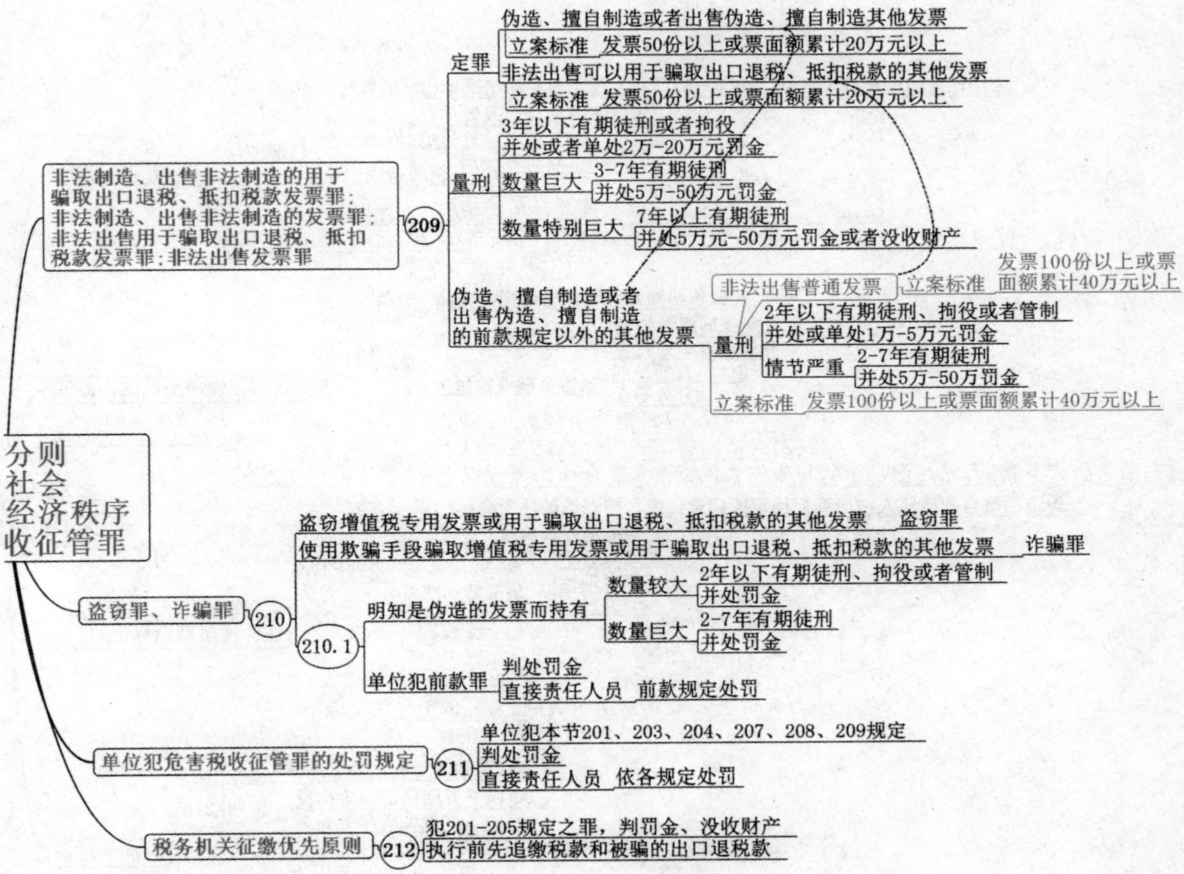

分则
社会
经济秩序
收征管罪
非法制造、出售非法制造的用于骗取出口退税、抵扣税款发票罪；非法制造、出售非法制造的发票罪；非法出售用于骗取出口退税、抵扣税款发票罪；非法出售发票罪
209
定罪
伪造、擅自制造或者出售伪造、擅自制造其他发票
立案标准
发票50份以上或票面额累计20万元以上
非法出售可以用于骗取出口退税、抵扣税款的其他发票
立案标准
发票50份以上或票面额累计20万元以上
量刑
3年以下有期徒刑或者拘役
并处或者单处2万-20万元罚金
数量巨大
3-7年有期徒刑
并处5万-50万元罚金
数量特别巨大
7年以上有期徒刑
并处5万元-50万元罚金或者没收财产
伪造、擅自制造或者出售伪造、擅自制造的前款规定以外的其他发票
非法出售普通发票
立案标准
发票100份以上或票面额累计40万元以上
量刑
2年以下有期徒刑、拘役或者管制
并处或单处1万-5万元罚金
情节严重
2-7年有期徒刑
并处5万-50万罚金
立案标准
发票100份以上或票面额累计40万元以上
盗窃罪、诈骗罪
210
盗窃增值税专用发票或用于骗取出口退税、抵扣税款的其他发票
盗窃罪
使用欺骗手段骗取增值税专用发票或用于骗取出口退税、抵扣税款的其他发票
诈骗罪
210.1
明知是伪造的发票而持有
数量较大
2年以下有期徒刑、拘役或者管制
并处罚金
数量巨大
2-7年有期徒刑
并处罚金
单位犯前款罪
判处罚金
直接责任人员
前款规定处罚
单位犯危害税收征管罪的处罚规定
211
单位犯本节201、203、204、207、208、209规定
判处罚金
直接责任人员
依各规定处罚
税务机关征缴优先原则
212
犯201-205规定之罪，判罚金、没收财产
执行前先追缴税款和被骗的出口退税款

侵犯知识产权罪

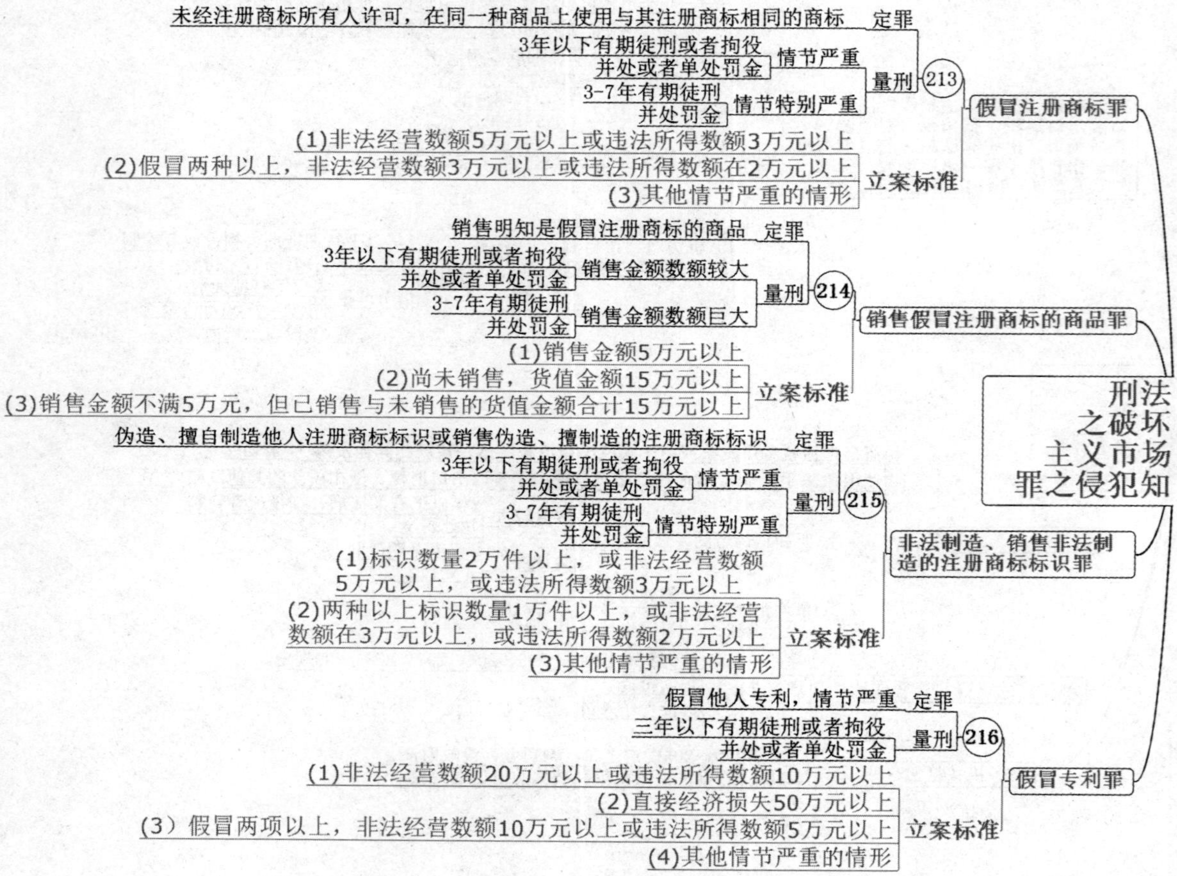
刑法
之破坏
主义市场
罪之侵犯知
假冒注册商标罪
213
定罪
未经注册商标所有人许可，在同一种商品上使用与其注册商标相同的商标
量刑
情节严重
3年以下有期徒刑或者拘役
并处或者单处罚金
情节特别严重
3-7年有期徒刑
并处罚金
立案标准
(1)非法经营数额5万元以上或违法所得数额3万元以上
(2)假冒两种以上，非法经营数额3万元以上或违法所得数额在2万元以上
(3)其他情节严重的情形
销售假冒注册商标的商品罪
214
定罪
销售明知是假冒注册商标的商品
量刑
销售金额数额较大
3年以下有期徒刑或者拘役
并处或者单处罚金
销售金额数额巨大
3-7年有期徒刑
并处罚金
立案标准
(1)销售金额5万元以上
(2)尚未销售，货值金额15万元以上
(3)销售金额不满5万元，但已销售与未销售的货值金额合计15万元以上
非法制造、销售非法制造的注册商标标识罪
215
定罪
伪造、擅自制造他人注册商标标识或销售伪造、擅制造的注册商标标识
量刑
情节严重
3年以下有期徒刑或者拘役
并处或者单处罚金
情节特别严重
3-7年有期徒刑
并处罚金
立案标准
(1)标识数量2万件以上，或非法经营数额5万元以上，或违法所得数额3万元以上
(2)两种以上标识数量1万件以上，或非法经营数额在3万元以上，或违法所得数额2万元以上
(3)其他情节严重的情形
假冒专利罪
216
定罪
假冒他人专利，情节严重
量刑
三年以下有期徒刑或者拘役
并处或者单处罚金
立案标准
(1)非法经营数额20万元以上或违法所得数额10万元以上
(2)直接经济损失50万元以上
(3）假冒两项以上，非法经营数额10万元以上或违法所得数额5万元以上
(4)其他情节严重的情形

- 分则 社会 经济秩序 识产权罪
  - 侵犯著作权罪
    - 217
      - 定罪
        - 营利为目的，行为之一
          - （1）未经著作权人许可，复制发行作品
          - （2）出版他人享有专有出版权的图书
          - （3）未经许可，复制发行制作的录音录像
          - （4）制作、出售假冒他人署名的美术作品
      - 量刑
        - 违法所得数额较大或者有其他严重情节
          - 三年以下有期徒刑或者拘役
          - 并处或者单处罚金
        - 违法所得数额巨大或者有其他特别严重情节
          - 三年以上七年以下有期徒刑
          - 并处罚金
    - 立案标准
      - （1）违法所得数额3万元以上
      - 非法经营数额
        - 标准 侵权产品价值
        - 已销售 按实际销售几个计算
        - 未销售 按标价或实际销售平均价格计算
        - 没有标价或无法查清 按市场中间价计算
      - （2）非法经营数额5万元以上
      - （3）复制品数量合计500张（份）以上
      - （4）录音录像制品复制品数量合计500张（份）以上
      - （5）其他情节严重的情形
  - 销售侵权复制品罪
    - 218
      - 定罪 营利为目的，销售明知是本法第217条规定的侵权复制品
      - 量刑 违法所得数额巨大
        - 三年以下有期徒刑或者拘役
        - 并处或者单处罚金
    - 立案标准
      - （1）违法所得数额10万元以上
      - （2）尚未销售侵权复制品货值金额达到30万元以上
  - 侵犯商业秘密罪
    - 219
      - 定罪
        - 侵犯他人商业秘密，造成重大损失
          - （1）以盗窃、利诱、胁迫或者其他不正当手段获取权利人的商业秘密
          - （2）披露、使用或者允许他人使用以前项手段获取的权利人的商业秘密
          - （3）违反约定或要求，披露、使用或允许他人使用其所掌握的商业秘密
        - 明知或应知上述3项所列行为，获取、使用或者披露他人的商业秘密 侵犯商业秘密定罪
      - 量刑
        - 造成重大损失
          - 三年以下有期徒刑或者拘役
          - 并处或者单处罚金
        - 造成特别严重后果
          - 三年以上七年以下有期徒刑
          - 并处罚金
    - 立案标准
      - (1)造成损失数额50万元以上
      - (2)违法所得数额50万元以上
      - (3)致使商业秘密权利人破产
      - (4)其他造成重大损失的情形
  - 单位犯侵犯知识产权罪的处罚规定
    - 220
      - 单位犯本节213-219条规定
      - 量刑
        - 判处罚金
        - 直接责任人员 依各条规定处罚

扰乱市场秩序罪

刑法分则
主义市
罪之扰乱

- 损害商业信誉、商品声誉罪
  - 221
    - 定罪：捏造并散布虚伪事实，损害他人的商业信誉、商品声誉
    - 量刑：重大损失或其他严重情节——2年以下有期徒刑或者拘役并处或者单处罚金
  - 立案标准
    - 1. 直接经济损失50万元以上
    - 2. 未达到标准
      - （1）利用互联网或媒体公开损害商业信誉、声誉
      - （2）造成停业、停产6个月以上，或破产
    - 3. 其他重大损失或严重情节
- 虚假广告罪
  - 222
    - 定罪：广告主、广告经营者、广告发布者违反国家规定，虚假宣传
    - 量刑：情节严重——2年以下有期徒刑或者拘役并处或者单处罚金
  - 立案标准
    - (1)违法所得数额10万元以上
    - (2)单个消费者直接经济损失5万元以上，或多个消费者直接经济损失累计20万元以上
    - (3)假借预防、控制突发事件的名义，利用广告作虚假宣传，致使多人上当受骗，违法所得数额3万元以上
    - (4)2年内行政处罚2次以上，又虚假广告宣传的
    - (5)造成人身伤残
    - (6)其他情节严重的情形
- 串通投标罪
  - 223
    - 定罪
      - 投标人相互串通投标报价，损害招标人或者其他投标人利益
      - 投标人与招标人串通投标，损害国家、集体、公民的合法利益
    - 量刑：情节严重——3年以下有期徒刑或者拘役并处或者单处罚金
  - 立案标准
    - (1)直接经济损失数额50万元以上
    - (2)违法所得数额10万元以上
    - (3)中标项目金额200万元以上
    - (4)采取威胁、欺骗或贿赂等非法手段
    - (5)2年内行政处罚2次以上，又串通投标
    - (6)其他情节严重的情形
- 组织、领导传销活动罪
  - 224.1
    - 构成要件
      - 组织、领导以推销商品、提供服务等经营活动为名
      - 要求参加者以缴纳费用或购买商品、服务等方式获得加入资格
      - 并按照一定顺序组成层级
      - 直接或间接以发展人员的数量作为计酬或返利依据
      - 引诱、胁迫参加者继续发展他人参加
      - 骗取财物，扰乱经济社会秩序的传销活动
    - 量刑
      - 5年以下有期徒刑或者拘役并处罚金
      - 情节严重——5年以上有期徒刑并处罚金
  - 立案标准：涉嫌组织、领导的传销活动人员30人以上且层级3级以上
- 合同诈骗罪
  - 224
    - 定罪
      - 在签订、履行合同过程中骗取对方当事人财物
      - （1）以虚构的单位或冒用他人名义签订合同
      - （2）伪造、变造、作废的票据或其他虚假产权证明作担保
      - （3）无实际履行能力，先小额或部分履行，诱骗继续签订和履行
      - （4）收受给付的货物、货款、预付款或担保财产后逃匿
      - （5）其他
    - 量刑
      - 数额较大——3年以下有期徒刑或者拘役并处或者单处罚金
      - 数额巨大或者有其他严重情节——3-10年有期徒刑并处罚金
      - 数额特别巨大或者有其他特别严重情节——10年以上有期徒刑或无期徒刑并处罚金或者没收财产
  - 立案标准：数额2万元以上

之破坏社会场经济秩序市场秩序罪

- 非法经营罪
  - 225
    - 定罪
      - 违反国家规定，非法经营，扰乱市场秩序
        - （1）未经许可经营专营、专卖物品或其他限制买卖的物品
        - （2）买卖进出口许可证、进出口原产地证明以及其他经营许可证或批准文件
        - （3）未经主管部门批准非法经营证券、期货、保险业务，或非法从事资金支付结算业务
        - （4）其他
    - 量刑
      - 情节严重
        - 5年以下有期徒刑或者拘役
        - 并处或者单处违法所得1-5倍罚金
      - 情节特别严重
        - 5年以上有期徒刑
        - 并处违法所得1-5倍罚金或者没收财产
  - 立案标准
    - 1. 非法经营食盐，扰乱市场秩序
      - （1）数量20吨以上
      - （2）受过2次以上行政处罚又非法经营，数量10吨以上
    - 2. 非法经营烟草专卖品
      - （1）非法经营数额5万元以上，或违法所得数额2万元以上
      - （2）非法经营卷烟20万支以上
      - （3）3年内2次以上行政处罚，又非法经营且3万元以上
    - 3. 非法经营证券、期货、保险业务，或资金支付结算业务
      - （1）非法经营证券、期货、保险业务，30万元以上
      - （2）非法从事资金支付结算业务，200万元以上
      - （3）虚假直接支付信用卡持卡人现金100万元以上，或造成资金20万元以上逾期未还，或经济损失10万元以上
      - （4）违法所得数额5万元以上
    - 4. 非法经营外汇
      - （1）指定机构之外的买卖外汇20万美元以上，或违法所得5万元以上
      - （2）违反外代规定骗购外汇500万美元以上或违法所得50万元以上
      - （3）居间介绍骗汇，数额100万美元以上或违法所得10万元以上
    - 5. 非法出版物
      - （1）个人非法经营数额5万元以上，单位非法经营数额15万元以上
      - （2）个人违法所得数额2万元以上，单位违法所得数额5万元以上
      - （3）个人报纸或期刊5千本或图书2千册或音像制品、电子出版物500张(盒)以上，单位报纸或期刊1.5万本或图书5千册或音像制品、电子出版物1500张(盒)以上
      - （4）未达到，有情形
        - 2年内行政处罚2次以上，又出版、印刷、复制、发行
        - 恶劣社会影响或严重后果
    - 6. 非法从事出版物的出版、印刷、复制、发行
      - （1）个人非法经营15万元以上的，单位非法经营50万元以上
      - （2）个人违法所得5万元以上，单位违法所得15万元以上
      - （3）个人报纸或期刊1.5千万本或图书5千册或音像制品、电子出版物1500张(盒)以上，单位报纸或期刊5万本或图书1.5万册或音像制品、电子出版物5000张(盒)以上
      - （4）未达到，2年内行政处罚2次以上，又非法从事
    - 7. 擅自经营国际电信业务或涉港澳台电信业务进行营利活动
      - （1）去话业务数额100万元以上
      - （2）来话业务造成电信资费损失数额100万元以上
      - （3）未达到
        - 2年内行政处罚2次以上，又非法经营
        - 造成其他严重后果
    - 8. 其他非法经营活动
      - （1）个人非法经营数额5万元以上，或违法所得数额在1万元以上
      - （2）单位非法经营数额50万元以上，或违法所得数额10万元以上
      - （3）未达到，但2年内2次以上行政处罚，又进行
      - （4）其他情节严重的情形

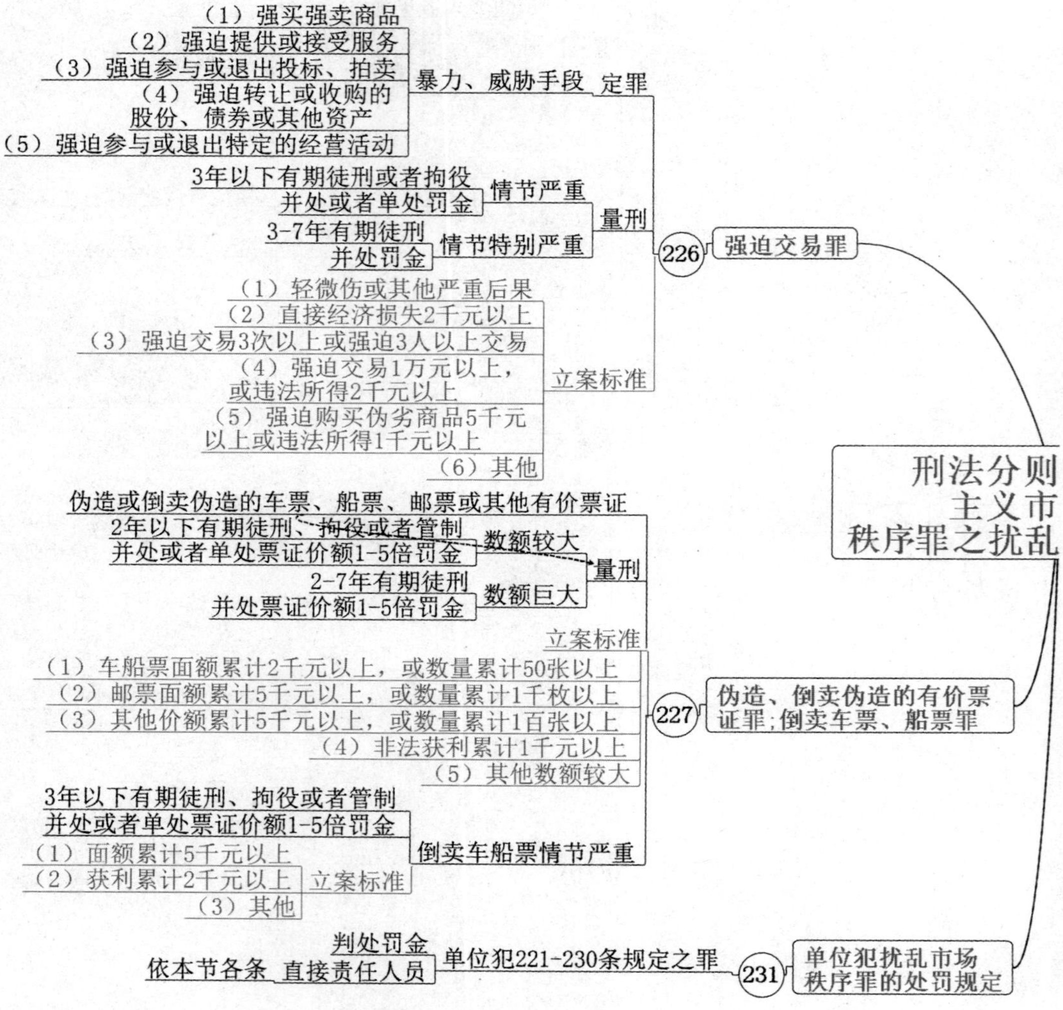
刑法分则
主义市
秩序罪之扰乱
226
强迫交易罪
定罪
暴力、威胁手段
（1）强买强卖商品
（2）强迫提供或接受服务
（3）强迫参与或退出投标、拍卖
（4）强迫转让或收购的
股份、债券或其他资产
（5）强迫参与或退出特定的经营活动
量刑
情节严重
3年以下有期徒刑或者拘役
并处或者单处罚金
情节特别严重
3-7年有期徒刑
并处罚金
立案标准
（1）轻微伤或其他严重后果
（2）直接经济损失2千元以上
（3）强迫交易3次以上或强迫3人以上交易
（4）强迫交易1万元以上，
或违法所得2千元以上
（5）强迫购买伪劣商品5千元
以上或违法所得1千元以上
（6）其他
227
伪造、倒卖伪造的有价票
证罪;倒卖车票、船票罪
伪造或倒卖伪造的车票、船票、邮票或其他有价票证
量刑
数额较大
2年以下有期徒刑、拘役或者管制
并处或者单处票证价额1-5倍罚金
数额巨大
2-7年有期徒刑
并处票证价额1-5倍罚金
立案标准
（1）车船票面额累计2千元以上，或数量累计50张以上
（2）邮票面额累计5千元以上，或数量累计1千枚以上
（3）其他价额累计5千元以上，或数量累计1百张以上
（4）非法获利累计1千元以上
（5）其他数额较大
倒卖车船票情节严重
3年以下有期徒刑、拘役或者管制
并处或者单处票证价额1-5倍罚金
立案标准
（1）面额累计5千元以上
（2）获利累计2千元以上
（3）其他
231
单位犯扰乱市场
秩序罪的处罚规定
单位犯221-230条规定之罪
判处罚金
直接责任人员
依本节各条

之破坏社会场经济市场秩序罪

- 非法转让、倒卖土地使用权罪
  - 228
    - 以牟利为目的，非法转让、倒卖土地使用权
    - 量刑
      - 情节严重
        - 3年以下有期徒刑或拘役
        - 并处或单处非法价额5%-20%罚金
      - 情节特别严重
        - 3-7年有期徒刑
        - 并处非法价额5%-20%罚金
  - 立案标准
    - (1)基本农田5亩以上
    - (2)基本农田以外的耕地10亩以上
    - (3)其他土地20亩以上
    - (4)违法所得数额50万元以上
    - (5) 受过行政处罚，又非法
    - (6)其他情节严重的情形
- 提供虚假证明文件罪;出具证明文件重大失实罪
  - 229
    - 承担资产评估、验资、验证、会计、审计、法律服务等职责中介组织的人员故意提供虚假证明文件，情节严重
      - 5年以下有期徒刑或者拘役
      - 并处罚金
      - 立案标准
        - (1)直接经济损失数额50万元以上
        - (2)违法所得数额10万元以上
        - (3)虚构数额100万元且占实际数额30%以上
        - (4)未达到标准
          - 1.索取或者非法接受他人财物
          - 2.2年内行政处罚2次以上
        - (5)其他
    - 上述人员索取他人财物或非法收受他人财物，犯此罪
      - 5-10年有期徒刑
      - 并处罚金
    - 上述人员严重不负责任，文件重大失实，造成严重后果
      - 3年以下有期徒刑或者拘役
      - 并处或者单处罚金
      - 立案标准
        - (1)直接经济损失数额100万元以上
        - (2)其他造成严重后果的情形
- 逃避商检罪
  - 230
    - 违反进出口商检规定，逃避商检
      - 必须商检的进口商品未检而销售、使用
      - 必须商检的出口商品未检合格而出口
    - 量刑
      - 情节严重
        - 3年以下有期徒刑或者拘役
        - 并处或者单处罚金
  - 立案标准
    - (1)直接经济损失50万元以上
    - (2)逃避货值300百万元以上
    - (3)导致病疫流行、灾害事故
    - (4)多次逃避商检
    - (5)引起国际经济贸易纠纷，严重影响国家对外贸易关系，或者严重损害国家声誉
    - (6)其他情节严重的情形

侵犯公民人身权利、民主权利罪

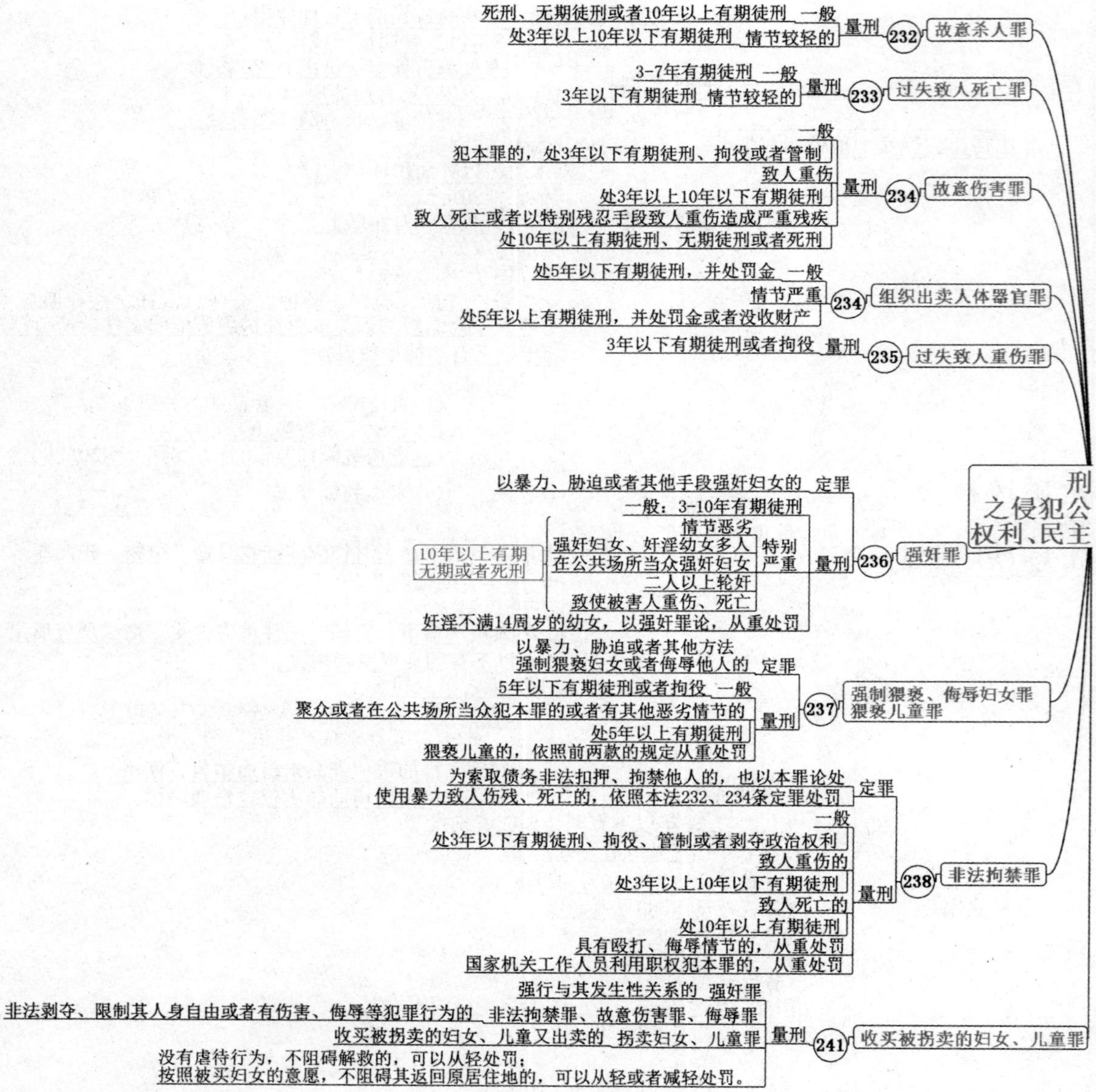

法分则民人身权利罪

- 私自开拆、隐匿、毁弃邮件、电报罪 253
  - 定罪 邮政工作人员私自开拆或者隐匿、毁弃邮件、电报
  - 量刑 两年以下有期徒刑、拘役
- 侵犯个人信息罪 253
  - 定罪
    - 违反国家有关规定，向他人出售或者提供公民个人信息，情节严重的；
    - 窃取或者以其他方法非法获取公民个人信息的。
  - 量刑
    - 三年以下有期徒刑或者拘役，并处或者单处罚金；
    - 情节特别严重的，处三年以上七年以下有期徒刑，并处罚金。
  - 从重情节 将在履行职责或者提供服务过程中获得的公民个人信息，出售或者提供给他人的
  - 单位犯罪 对单位判处罚金，并对其直接负责的主管人员和其他直接责任人员，依照各该款的规定处罚。
- 强迫职工劳动罪 244
  - 立案标准
    - （1）强迫他人劳动，造成人员伤亡或者患职业病的
    - （2）采用殴打、胁迫、扣发工资、扣留身份证件等手段限制人身自由，强迫他人劳动的
    - （3）强迫妇女从事井下劳动、国家规定的第四级体力劳动强度的劳动或者其他禁忌从事的劳动，或者强迫处于经期、孕期和哺乳期妇女从事国家规定的第三级体力劳动强度以上的劳动或者其他禁忌从事的劳动的
    - （4）强迫已满十六周岁未满十八周岁的未成年人从事国家规定的第四级体力劳动强度的劳动，或者从事高空、井下劳动，或者在爆炸性、易燃性、放射性、毒害性等危险环境下从事劳动的
    - （5）其他情节严重的情形
  - 量刑 直接责任人，3年以下有期徒刑或者拘役，并处或单处罚金
- 遗弃罪 261
  - 定罪 对于年老、年幼、患病或者其他没有独立生活能力的人，负有扶养义务而拒绝扶养，情节恶劣的
  - 量刑 五年以下有期徒刑、拘役或者管制
- 虐待罪 260
  - 定罪
    - 虐待家庭成员，情节恶劣的；
    - 对未成年人、老年人、患病的人、残疾人等负有监护、看护职责的人虐待的；
  - 量刑
    - 一般
      - 2年以下有期徒刑、拘役或者管制
    - 监护人、看护人 3年以下有期徒刑或拘役
    - 致使被害人重伤、死亡的
      - 2-7年有期徒刑
    - 单位犯罪 对单位判处罚金，并对其直接负责的主管人员和其他直接责任人员，依照前款的规定处罚。
  - 公诉转化 被害人没有能力告诉，或者因受到强制、威吓无法告诉的
- 重婚罪 258
  - 定罪 有配偶而重婚的，或明知他人有配偶而与之结婚的
  - 量刑 2年以下有期徒刑或者拘役
- 暴力干涉婚姻自由罪 257
  - 量刑
    - 一般 2年以下有期徒刑或者拘役
    - 致使被害人死亡的 2-7年有期徒刑
- 雇佣童工从事危重劳动罪 244
  - 立案标准
    - （1）造成未满十六周岁的未成年人伤亡或者对其身体健康造成严重危害的
    - （2）雇用未满十六周岁的未成年人三人以上的
    - （3）以强迫、欺骗等手段雇用未满十六周岁的未成年人从事危重劳动的
    - （4）其他情节严重的情形
  - 量刑
    - 一般 三年以下有期徒刑或者拘役，并处罚金
    - 情节严重的 处3-10年有期徒刑，并处罚金
  - 单位犯罪
    - 对单位处罚金
    - 对直接负责人员依前款处罚
- 绑架罪 239
  - 定罪 以勒索财物为目的绑架他人的，或者绑架他人作为人质的
  - 量刑
    - 一般 10年以上有期徒刑或无期徒刑，并处罚金或没收财产
    - 情节较轻 处五年以上十年以下有期徒刑，并处罚金
    - 致被绑架人死亡或杀害被绑架人的 处无期徒刑或死刑，并处没收财产
    - 以勒索财物为目的偷盗婴幼儿的，依照前款的规定处罚
- 侮辱罪 诽谤罪 246
  - 定罪 以暴力或其他方法公然侮辱他人或捏造事实诽谤他人，情节严重的
  - 量刑 三年以下有期徒刑、拘役、管制或者剥夺政治权利
  - 网络犯罪 被害人提供证据困难的，法院可以要求公安机关提供协助。

侵犯财产罪

刑之侵犯

- 276 拖欠劳动报酬罪
  - 定罪
    - 以转移财产、逃匿等方法逃避支付劳动者的劳动报酬或者有能力支付而不支付劳动者的劳动报酬，数额较大，经政府有关部门责令支付仍不支付的
  - 量刑
    - 数额较大，经政府有关部门责令支付仍不支付的
      - 3年以下有期徒刑或者拘役，并处或者单处罚金
    - 造成严重后果的
      - 3-7年有期徒刑，并处罚金
- 275 故意毁坏财物罪
  - 立案标准
    - （1）造成公私财物损失五千元以上的
    - （2）毁坏公私财物三次以上的
    - （3）纠集三人以上公然毁坏公私财物的
    - （4）其他情节严重的情形
  - 量刑
    - 数额较大或者有其他严重情节的
      - 3年以下有期徒刑、拘役或者罚金
    - 数额巨大或者有其他特别严重情节的
      - 3-7年有期徒刑
- 274 敲诈勒索罪
  - 量刑
    - 数额较大:1千-3千
      - 3年以下有期徒刑、拘役或者管制
    - 数额巨大或者有其他严重情节的，1万-3万
      - 3-10年有期徒刑
- 272 挪用资金罪
  - 定罪
    - 银行或者其他金融机构的工作人员利用职务上的便利，挪用本单位或者客户资金的
      - 挪用后三个月未还
      - 数额较大、进行营利活动
      - 进行非法活动
  - 量刑
    - 3年以下有期徒刑或者拘役 数额较大
    - 3-10年有期徒刑 数额巨大或数额较大不退还的
- 271 职务侵占罪
  - 定罪
    - 公司、企业或者其他单位的人员，利用职务上的便利，将本单位财物非法占为己有
    - 5000-10000元 立案标准
  - 量刑
    - 处5年以下有期徒刑或者拘役 数额较大的
    - 处5年以上有期徒刑，可以并处没收财产 数额巨大的
- 270 侵占罪
  - 定罪
    - 代为保管的他人财物非法占为己有
    - 将他人的遗忘物或者埋藏物非法占为己有
  - 量刑
    - 处2年以下有期徒刑、拘役或者罚金 数额较大
    - 处2-5年有期徒刑，并处罚金 数额巨大或者有其他严重情节的

法分则财产罪

- 抢劫罪（263）
  - 定罪
    - 以暴力、胁迫或者其他方法抢劫财物的
    - 犯盗窃、诈骗、抢夺罪，为窝藏赃物、抗拒抓捕或毁灭罪证而当场使用暴力或以暴力相威胁的
    - 携带凶器抢夺的
  - 量刑
    - 一般：3-10年有期徒刑，并处罚金
    - 加重：处10年以上有期、无期或死刑，并处罚金或没收财产
      - （1）入户抢劫的
      - （2）在公共交通工具上抢劫的
      - （3）抢劫银行或者其他金融机构的
      - （4）多次抢劫或者抢劫数额巨大的
      - （5）抢劫致人重伤、死亡的
      - （6）冒充军警人员抢劫的
      - （7）持枪抢劫的
      - （8）抢劫军用物资或者抢险、救灾、救济物资的
- 盗窃罪（264）
  - 定罪
    - 盗窃公私财物
    - 以牟利为目的，盗接他人通信线路、复制他人电信码号或者明知是盗接、复制的电信设备、设施而使用的
    - 盗窃增值税专用发票或可以用于骗取出口退税、抵扣税款的其他发票的
  - 量刑
    - 数额较大或者多次盗窃的：5百-2千
      - 处3年以下有期徒刑、拘役或者管制，并处或单处罚金
    - 数额巨大或者有其他严重情节的：5千-2万
      - 3-10年有期徒刑，并处罚金
    - 数额特别巨大或者有其他特别严重情节的：3万-10万
      - 处10年以上有期徒刑或无期徒刑，并处罚金或没收财产
    - 加重：处无期徒刑或死刑，并处没收财产
      - 盗窃金融机构，数额特别巨大
      - 盗窃珍贵文物，情节严重的
- 抢夺罪（267）
  - 定罪
    - 携带凶器抢夺的，依照本法第263条的规定定罪处罚：抢劫罪
  - 量刑
    - 数额较大的或多次抢夺的：处三年以下有期徒刑、拘役或管制，并处或单处罚金
    - 数额巨大或有其他严重情节的：处3-10年有期徒刑，并处罚金
    - 数额特别巨大或者有其他特别严重情节的
      - 处十年以上有期徒刑或者无期徒刑，并处罚金或者没收财产
- 挪用特定款物罪（273）
  - 定罪
    - 挪用用于救灾、抢险、防汛、优抚、扶贫、移民、救济款物
  - 量刑
    - 情节严重：对直接责任人员，处3年以下有期徒刑或者拘役
    - 情节特别严重：对直接责任人员，3-7年有期徒刑
- 诈骗罪（266）
  - 定罪
    - 诈骗公私财物
    - 使用欺骗手段骗取增值税专用发票或者可以用于骗取出口退税、抵扣税款的其他发票的
  - 量刑
    - 数额较大的
      - 处3年以下有期徒刑、拘役或者管制，并处或单处罚金
    - 数额巨大或者有其他严重情节的
      - 处3-10年有期徒刑，并处罚金
    - 数额特别巨大或者有其他特别严重情节的
      - 处10年以上有期徒刑或无期徒刑，并处罚金或没收财产

妨害社会管理秩序罪

刑
之妨害社会

- 303 开设赌场罪
  - 定罪：在计算机网络上建立赌博网站，或者为赌博网站担任代理，接受投注的，属于本条规定的"开设赌场"
  - 量刑
    - 一般：处三年以下有期徒刑、拘役或者管制，并处罚金
    - 情节严重的：处三年以上十年以下有期徒刑，并处罚金
- 303 赌博罪
  - 定罪
    - 以营利为目的，聚众赌博或者以赌博为业的
    - 立案标准
      - 以营利为目的，聚众赌博，涉嫌下列情形之一的，应予立案追诉：
        - （1）组织三人以上赌博，抽头渔利数额累计五千元以上的
        - （2）组织三人以上赌博，赌资数额累计五万元以上
        - （3）组织三人以上赌博，参赌人数累计二十人以上的
        - （4）组织中华人民共和国公民十人以上赴境外赌博，从中收取回扣、介绍费的
        - （5）其他聚众赌博应予追究刑事责任的情形
      - 以营利为目的，以赌博为业的，应予立案追诉
  - 量刑：处三年以下有期徒刑、拘役或者管制，并处罚金
- 302 盗窃、侮辱尸体罪
- 301 聚众淫乱罪；引诱未成年人聚众淫乱罪
- 300 组织、利用会道门、邪教组织、利用迷信破坏法律实施罪；组织、利用会道门、邪教组织、利用迷信致人死亡罪
- 299 侮辱国旗、国徽罪
- 298 破坏集会、游行、示威罪
  - 量刑：处三年以下有期徒刑、拘役、管制或者剥夺政治权利
- 297 非法携带武器、管制刀具、爆炸物参加集会、游行、示威罪
  - 量刑：处三年以下有期徒刑、拘役、管制或者剥夺政治权利
- 296 非法集会、游行示威罪
  - 定性：举行集会、游行、示威，未依照法律规定申请或者申请未获许可，或者未按照主管机关许可的起止时间、地点、路线进行，又拒不服从解散命令，严重破坏社会秩序的
  - 量刑：负责人和直接责任人，处五年以下有期徒刑、拘役、管制或剥夺政治权利
- 295 传授犯罪方法罪
- 294 包庇、纵容黑社会性质组织罪
- 294 入境发展黑社会组织罪
- 294 组织、领导、参加黑社会性质组织罪
  - 量刑
    - 组织、领导：处七年以上有期徒刑，并处没收财产
    - 积极参加：处三年以上七年以下有期徒刑，可以并处罚金或者没收财产
    - 其他参加：处三年以下有期徒刑、拘役、管制或剥夺政治权利，可以并处罚金
    - 犯前罪又有其他犯罪行为的，依照数罪并罚的规定处罚
- 293 寻衅滋事罪
  - 量刑
    - 有下列寻衅滋事行为之一，破坏社会秩序的，处五年以下有期徒刑、拘役或者管制
      - （1）随意殴打他人，情节恶劣的
      - （2）追逐、拦截、辱骂、恐吓他人，情节恶劣的
      - （3）强拿硬要或者任意损毁、占用公私财物，情节严重的
      - （4）在公共场所起哄闹事，造成公共场所秩序严重混乱的
    - 纠集他人多次实施前款行为，严重破坏社会秩序的：处五年以上十年以下有期徒刑，可以并处罚金
- 292 聚众斗殴罪
  - 定罪：以轻伤为限。如果聚众斗殴致人重伤、死亡的，根据刑法292条第2款，应分别根据情况以故意伤害罪、故意杀人罪论处
  - 量刑
    - 一般：对首要分子和其他积极参加的，处三年以下有期徒刑、拘役或者管制
    - 有下列情形之一的，对首要分子和其他积极参加的，处三年以上十年以下有期徒刑
      - （1）多次聚众斗殴的
      - （2）聚众斗殴人数多，规模大，社会影响恶劣的
      - （3）在公共场所或者交通要道聚众斗殴，造成社会秩序严重混乱的
      - （4）持械聚众斗殴的

法分则 管理秩序罪

- 故意延误投递邮件罪 (304)
- 妨害公务罪 (277)
  - 构成要件
    - 客体：国家机关工作人员的公务活动和红十字会人员履行职责的活动
      - “公务”包括国家机关工作人员依法执行职务的活动、全国人代会和地方各级人代会代表依法执行代表职务的活动以及国家安全机关、公安机关依法执行国家安全工作任务的活动
      - 红十字会人员“职责”主要指在自然灾害和突发事件中，履行对伤病人员和其他受害者进行救助的职责
      - 对象是国家机关工作人员（立法、行政、司法机关）、人大代表和红十字会的工作人员
    - 客观方面：
      - 以暴力、威胁方法阻碍国家机关工作人员依法执行职务
      - 以暴力、威胁方法阻碍人大代表依法执行代表职务
      - 在自然灾害和突发事件中，以暴力、威胁方法阻碍红十字会工作人员依法履行职责
      - 故意阻碍国安、公安机关依法执行国家安全任务，虽未使用暴力、威胁方法，但造成严重后果
      - 暴力袭击正在依法执行职务的人民警察的，依照第一款的规定从重处罚
    - 主体：一般主体，凡年满16周岁，具有刑事责任能力的人均可成为本罪主体
    - 主观方面：故意，明知侵犯对象的公务身份和正在依法执行的职务或职责行为，仍然加以阻碍
  - 量刑
    - 犯本罪的，处3年以下有期徒刑、拘役、管制或者罚金
- 煽动暴力抗拒法律实施罪 (278)
  - 量刑
    - 一般
      - 处三年以下有期徒刑、拘役、管制或者剥夺政治权利
    - 造成严重后果的
      - 处三年以上七年以下有期徒刑
- 招摇撞骗罪 (279)
  - 构成要件
    - 客体：国家机关的正常活动和信誉（区别于诈骗罪）
    - 客观方面：冒充国家机关工作人员的身份和职务招摇撞骗的行为
    - 主体：一般主体，包括国家机关工作人员
    - 主观方面：直接故意，而且通常具有骗取非法利益的目的
  - 量刑
    - 一般
      - 处三年以下有期徒刑、拘役、管制或者剥夺政治权利
    - 情节严重的
      - 处三年以上十年以下有期徒刑
    - 冒充警察招摇撞骗的，依前款从重处罚
- 伪造、变造、买卖国家机关公文、证件、印章罪；盗窃、抢夺、毁灭国家机关公文、证件、印章罪；伪造公司、企业、事业单位、人民团体印章罪；伪造、变造、买卖身份证件罪；买卖身份证件罪；使用虚假身份证件、盗用身份证件罪 (280)
- 非法生产、买卖警用装备罪 (281)
- 非法获取国家秘密罪；非法持有国家绝密、机密文件、资料、物品罪 (282)
- 非法生产、销售专用间谍器材、窃听、窃照专用器材罪 (283)
- 非法使用窃听、窃照专用器材罪 (284)
- 非法侵入计算机信息系统罪；非法获取计算机信息系统数据、非法控制计算机信息系统罪；提供侵入、非法控制计算机信息系统程序、工具罪 (285)
- 破坏计算机信息系统罪 (286)
- 利用计算机实施犯罪的提示性规定 (287)
  - 非法利用信息网络罪；帮助信息网络犯罪活动罪
- 扰乱无线电通讯管理秩序罪 (288)
- 对聚众“打砸抢”行为的处理规定 (289)
- 聚众扰乱社会秩序罪；聚众冲击国家机关罪；扰乱国家机关工作秩序罪；组织、资助非法聚集罪；聚众扰乱公共场所秩序、交通秩序罪；投放虚假危险物质罪；编造、故意传播虚假恐怖信息罪；编造、故意传播虚假信息罪 (290)

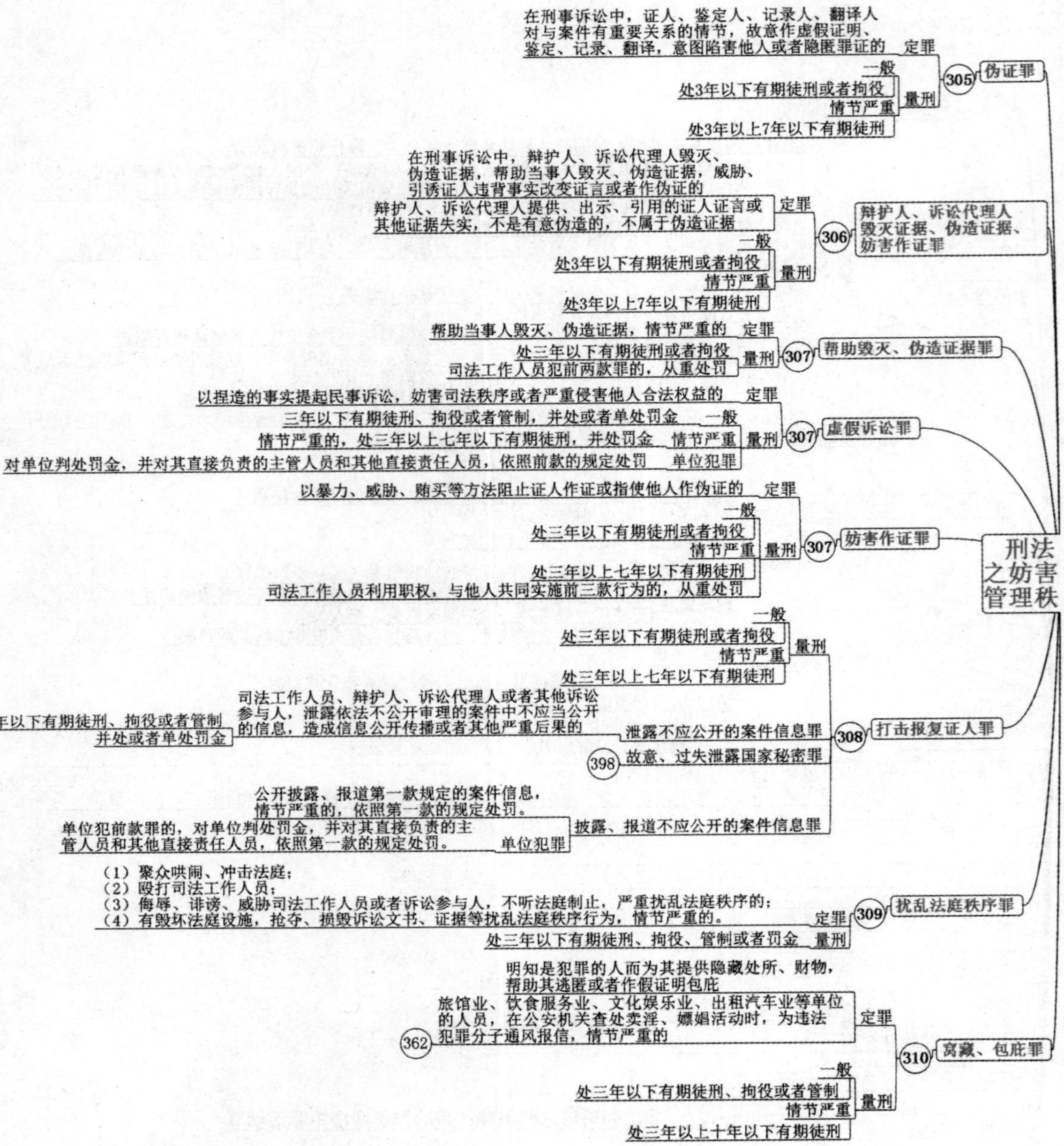
刑法之妨害管理秩
305
伪证罪
在刑事诉讼中，证人、鉴定人、记录人、翻译人对与案件有重要关系的情节，故意作虚假证明、鉴定、记录、翻译，意图陷害他人或者隐匿罪证的
定罪
量刑
一般
处3年以下有期徒刑或者拘役
情节严重
处3年以上7年以下有期徒刑
306
辩护人、诉讼代理人毁灭证据、伪造证据、妨害作证罪
在刑事诉讼中，辩护人、诉讼代理人毁灭、伪造证据，帮助当事人毁灭、伪造证据，威胁、引诱证人违背事实改变证言或者作伪证的
辩护人、诉讼代理人提供、出示、引用的证人证言或其他证据失实，不是有意伪造的，不属于伪造证据
定罪
量刑
一般
处3年以下有期徒刑或者拘役
情节严重
处3年以上7年以下有期徒刑
307
帮助毁灭、伪造证据罪
帮助当事人毁灭、伪造证据，情节严重的
定罪
量刑
处三年以下有期徒刑或者拘役
司法工作人员犯前两款罪的，从重处罚
307
虚假诉讼罪
以捏造的事实提起民事诉讼，妨害司法秩序或者严重侵害他人合法权益的
定罪
量刑
一般
三年以下有期徒刑、拘役或者管制，并处或者单处罚金
情节严重
情节严重的，处三年以上七年以下有期徒刑，并处罚金
单位犯罪
对单位判处罚金，并对其直接负责的主管人员和其他直接责任人员，依照前款的规定处罚
307
妨害作证罪
以暴力、威胁、贿买等方法阻止证人作证或者指使他人作伪证的
定罪
量刑
一般
处三年以下有期徒刑或者拘役
情节严重
处三年以上七年以下有期徒刑
司法工作人员利用职权，与他人共同实施前三款行为的，从重处罚
308
打击报复证人罪
量刑
一般
处三年以下有期徒刑或者拘役
情节严重
处三年以上七年以下有期徒刑
泄露不应公开的案件信息罪
司法工作人员、辩护人、诉讼代理人或者其他诉讼参与人，泄露依法不公开审理的案件中不应当公开的信息，造成信息公开传播或者其他严重后果的
三年以下有期徒刑、拘役或者管制
并处或者单处罚金
398
故意、过失泄露国家秘密罪
披露、报道不应公开的案件信息罪
公开披露、报道第一款规定的案件信息，情节严重的，依照第一款的规定处罚。
单位犯罪
单位犯前款罪的，对单位判处罚金，并对其直接负责的主管人员和其他直接责任人员，依照第一款的规定处罚。
309
扰乱法庭秩序罪
定罪
(1) 聚众哄闹、冲击法庭；
(2) 殴打司法工作人员；
(3) 侮辱、诽谤、威胁司法工作人员或者诉讼参与人，不听法庭制止，严重扰乱法庭秩序的；
(4) 有毁坏法庭设施，抢夺、损毁诉讼文书、证据等扰乱法庭秩序行为，情节严重的。
量刑
处三年以下有期徒刑、拘役、管制或者罚金
310
窝藏、包庇罪
定罪
明知是犯罪的人而为其提供隐藏处所、财物，帮助其逃匿或者作假证明包庇
362
旅馆业、饮食服务业、文化娱乐业、出租汽车业等单位的人员，在公安机关查处卖淫、嫖娼活动时，为违法犯罪分子通风报信，情节严重的
量刑
一般
处三年以下有期徒刑、拘役或者管制
情节严重
处三年以上十年以下有期徒刑

分则社会序罪

- 拒绝提供间谍犯罪、恐怖主义犯罪、极端主义犯罪证据罪 — 311
- 掩饰、隐瞒犯罪所得、犯罪所得收益罪 — 312
  - 定罪：明知是犯罪所得及其产生的收益而予以窝藏、转移、收购、代为销售或以其他方法掩饰、隐瞒
  - 量刑
    - 一般：处三年以下有期徒刑、拘役或管制，并处或单处罚金
    - 情节严重：处三年以上七年以下有期徒刑，并处罚金
- 拒不执行判决、裁定罪 — 313
  - 定罪
    - 对人民法院的判决、裁定有能力执行而拒不执行，情节严重的
    - “人民法院的判决、裁定”，是指人民法院依法作出的具有执行内容并已发生法律效力的判决、裁定
    - 人民法院为依法执行支付令、生效的调解书、仲裁裁决、公证债权文书等所作的裁定属于该条规定的裁定
    - “有能力执行而拒不执行，情节严重”的情形：
      - （1）被执行人隐藏、转移、故意毁损财产或者无偿转让财产、以明显不合理的低价转让财产，致使判决、裁定无法执行的；
      - （2）担保人或者被执行人隐藏、转移、故意毁损或者转让已向人民法院提供担保的财产，致使判决、裁定无法执行的；
      - （3）协助执行义务人接到人民法院协助执行通知书后，拒不协助执行，致使判决、裁定无法执行的；
      - （4）被执行人、担保人、协助执行义务人与国家机关工作人员通谋，利用国家机关工作人员的职权妨害执行，致使判决、裁定无法执行的；
      - （5）其他有能力执行而拒不执行，情节严重的情形
    - 国家机关工作人员有上述第四项行为的，以拒不执行判决、裁定罪的共犯追究刑事责任。
    - 国家机关工作人员收受贿赂或者滥用职权，有上述第四项行为的，同时又构成刑法第385条、第397条规定之罪的，依照处罚较重的规定定罪处罚
  - 量刑
    - 一般：处三年以下有期徒刑、拘役或者罚金
    - 情节严重：处三年以上七年以下有期徒刑，并处罚金
  - 单位犯罪：单位犯前款罪的，对单位判处罚金，并对其直接负责的主管人员和其他直接责任人员，依照第一款的规定处罚。
- 非法处置查封、扣押、冻结的财产罪 — 314
- 破坏监管秩序罪 — 315
- 脱逃罪；劫夺被押解人员罪 — 316
- 组织越狱罪；暴动越狱罪；聚众持械劫狱罪 — 317

刑
之妨害社会

- 妨害国（边）境管理罪
  - 318 组织他人偷越国(边)境罪
  - 319 骗取出境证件罪
  - 320 提供伪造、变造的出入境证件罪;出售出入境证件罪
  - 321 运送他人偷越国(边)境罪
  - 322 偷越国(边)境罪
  - 323 破坏界碑、界桩罪;破坏永久性测量标志罪
- 妨害文物管理罪
  - 324 故意损毁文物罪;故意损毁名胜古迹罪;过失损毁文物罪
  - 325 非法向外国人出售、赠送珍贵文物罪
  - 326 倒卖文物罪
  - 327 非法出售、私赠文物藏品罪
  - 328 盗掘古文化遗址、古墓葬罪;盗掘古人类化石、古脊椎动物化石罪
  - 329 盗窃、抢夺国有档案罪;擅自出卖、转让国有档案罪
- 危害公共卫生罪
  - 330 妨害传染病防治罪
  - 331 传染病菌种、毒种扩散罪
  - 332 妨害国境卫生检疫罪
  - 333 非法组织卖血罪;强迫卖血罪;故意伤害罪
  - 334 非法采集、供应血液、制作、供应血液制品罪;采集、供应血液、制作、供应血液制品事故罪
  - 335 医疗事故罪
  - 336 非法行医罪;非法进行节育手术罪
  - 337 妨害动植物防疫、检疫罪
- 制作、贩卖、传播淫秽物品罪
  - 363 制作、复制、出版、贩卖、传播淫秽物品牟利罪;为他人提供书号出版淫秽书刊罪
  - 364 传播淫秽物品罪;组织播放淫秽音像制品罪
  - 365 组织淫秽表演罪
  - 366 单位犯本节规定之罪的处罚
  - 367 淫秽物品的范围

法分则 管理秩序罪

- 破坏环境资源保护罪
  - 重大环境污染事故罪 338
  - 非法处置进口的固体废物罪;擅自进口固体废物罪;走私固体废物罪 339
  - 非法捕捞水产品罪 340
  - 非法猎捕、杀害珍贵、濒危野生动物罪;非法收购、运输、出售珍贵濒危野生动物、珍贵、濒危野生动物制品罪 341
  - 非法占用农用地罪 342
  - 非法采矿罪;破坏性采矿罪 343
  - 非法采伐、毁坏国家重点保护植物罪;非法收购、运输、加工、出售国家重点保护植物、国家重点保护植物制品罪 344
  - 盗伐林木罪;滥伐林木罪;非法收购、运输盗伐、滥伐的林木罪 345
  - 单位犯破坏环境资源保护罪的处罚规定 346
- 走私、贩卖、运输、制造毒品罪
  - 走私、贩卖、运输、制造毒品罪 347
  - 非法持有毒品罪 348
  - 包庇毒品犯罪分子罪;窝藏、转移、隐瞒毒品、毒赃罪 349
  - 走私制毒物品罪;非法买卖制毒物品罪 350
  - 非法种植毒品原植物罪 351
  - 非法买卖、运输、携带、持有毒品原植物种子、幼苗罪 352
  - 引诱、教唆、欺骗他人吸毒罪;强迫他人吸毒罪 353
  - 容留他人吸毒罪 354
  - 非法提供麻醉药品、精神药品罪 355
  - 毒品犯罪的再犯 356
  - 毒品的范围及毒品数量的计算原则 357
- 组织、强迫、引诱、容留、介绍卖淫罪
  - 特定单位的人员组织、强迫、引诱、容留、介绍卖淫的处理规定 361
  - 包庇罪 362
  - 传播性病罪;嫖宿幼女罪 360
  - 引诱、容留、介绍卖淫罪;引诱幼女卖淫罪 359
  - 组织卖淫罪;强迫卖淫罪;协助组织卖淫罪 358

贪污贿赂罪

- 刑 之贪污
  - 396 私分国有资产罪；私分罚没财物罪
    - 定罪
      - 情形
        - 国家机关、国有公司、企业、事业单位、人民团体，违反国家规定，以单位名义将国有资产集体私分给个人
        - 司法机关、行政执法机关违反国家规定，将应当上缴国家的罚没财物，以单位名义集体私分给个人的
      - 立案标准：累计数额在10万元以上
    - 量刑
      - 数额较大的：处3年以下有期徒刑或者拘役，并处或者单处罚金
      - 数额巨大的：处3-7年有期徒刑，并处罚金
  - 395 巨额财产来源不明罪
    - 定性
      - 情形：国家工作人员的财产或者支出明显超过合法收入，差额巨大的，可以责令说明来源。本人不能说明其来源是合法的，差额部分以非法所得论
      - 立案标准：涉嫌巨额财产来源不明，数额在30万元以上的
    - 量刑
      - 差额巨大：处5年以下有期徒刑或拘役，财产的差额部分予以追缴
      - 差额特别巨大的：处5-10年有期徒刑。财产的差额部分予以追缴
  - 395 隐瞒境外存款罪
    - 定性
      - 情形：国家工作人员在境外的存款，应当依照国家规定申报。数额较大、隐瞒不报的
      - 立案标准：涉嫌隐瞒境外存款，折合人民币数额在30万元以上的
    - 量刑
      - 数额较大：处2年以下有期徒刑或者拘役
      - 情节较轻的：由其所在单位或者上级主管机关酌情给予行政处分
  - 393 单位行贿罪
    - 定罪
      - 情形
        - 单位为谋取不正当利益而行贿，或违反国家规定，给予国家工作人员回扣、手续费，情节严重
        - 行贿的违法所得归个人所有的，依照本法第389、390条的规定定罪处罚
      - 立案标准
        - 单位行贿数额在２０万元以上
        - 单位为谋取不正当利益而行贿，数额在10-20万元，但具有下列情形之一
          - （1）为谋取非法利益而行贿
          - （2）向３人以上行贿
          - （3）向党政领导、司法工作人员、行政执法人员行贿
          - （4）致使国家或者社会利益遭受重大损失
    - 量刑：对单位判处罚金，并对其直接负责的主管人员和其他直接责任人员，处5年以下有期徒刑或拘役，并处罚金
  - 392 介绍贿赂罪
    - 定罪
      - 情形：向国家工作人员介绍贿赂
      - 立案标准
        - 介绍个人向国家工作人员行贿，数额在２万元以上的；介绍单位向国家工作人员行贿，数额在20万元以上
        - 介绍贿赂数额不满上述标准，但具有下列情形之一
          - （1）为使行贿人获取非法利益而介绍贿赂
          - （2）３次以上或者为３人以上介绍贿赂
          - （3）向党政领导、司法工作人员、行政执法人员介绍贿赂
          - （4）致使国家或者社会利益遭受重大损失
    - 量刑
      - 情节严重的：处3年以下有期徒刑或者拘役，并处罚金
      - 介绍贿赂人在被追诉前主动交待介绍贿赂行为的：可以减轻处罚或者免除处罚
  - 391 对单位行贿罪
    - 定罪
      - 为谋取不正当利益，给予国家机关、国有公司、企业、事业单位、人民团体以财物的，或者在经济往来中，违反国家规定，给予各种名义的回扣、手续费的
      - 立案标准
        - 个人行贿数额在10万元以上、单位行贿数额在20万元以上的
        - 个人行贿数额不满10万元、单位行贿数额在10-20万元，但有下列情形之一的
          - （1）为谋取非法利益而行贿的
          - （2）向３个以上单位行贿的
          - （3）向党政机关、司法机关、行政执法机关行贿的
          - （4）致使国家或者社会利益遭受重大损失的
    - 量刑
      - 3年以下有期徒刑或者拘役，并处罚金
      - 单位犯前款罪的，对单位判处罚金，并对其直接负责的主管人员和其他直接责任人员，依照前款的规定处罚
  - 389-390 行贿罪
    - 定罪
      - 为谋取不正当利益，给予国家工作人员以财物的
      - 在经济往来中，违反国家规定，给予国家工作人员以财物，数额较大的，或者违反国家规定，给予国家工作人员以各种名义的回扣、手续费的
      - 因被勒索给予国家工作人员以财物，没有获得不正当利益的，不是行贿
      - 立案标准
        - 行贿数额在１万元以上的
        - 行贿数额不满１万元，但具有下列情形之一的
          - （1）为谋取非法利益而行贿的
          - （2）向３人以上行贿的
          - （3）向党政领导、司法工作人员、行政执法人员行贿的
          - （4）致使国家或者社会利益遭受重大损失的

法分则 贿赂罪

- 行贿罪（续）
  - 量刑
    - 一般 处5年以下有期徒刑或者拘役，并处罚金
    - 情节严重的，或者使国家利益遭受重大损失的 处5-10年有期徒刑，并处罚金
    - 情节特别严重的 处10年以上有期徒刑或者无期徒刑，可以并处罚金或没收财产
    - 行贿人在被追诉前主动交待行贿行为的，可以从轻或者减轻处罚
    - 犯罪较轻的，对侦破重大案件起关键作用的，或者有重大立功表现的，可以减轻或者免除处罚
    - 多次行贿未经处理的，按照累计行贿数额处罚 法释〔2012〕22号第5条
- 对有影响力人员行贿罪
  - 定罪
    - 为谋取不正当利益，向国家工作人员的近亲属或者其他与该国家工作人员关系密切的人，或者向离职的国家工作人员或者其近亲属以及其他与其关系密切的人行贿的
  - 量刑
    - 一般
      - 处三年以下有期徒刑或者拘役，并处罚金
    - 情节严重的，或者使国家利益遭受重大损失的
      - 处三年以上七年以下有期徒刑，并处罚金或者没收财产
    - 情节特别严重的，或者使国家利益遭受特别重大损失的
      - 处七年以上十年以下有期徒刑，并处罚金
  - 单位犯罪
    - 单位犯前款罪的，对单位判处罚金，并对其直接负责的主管人员和其他直接责任人员，处三年以下有期徒刑或者拘役，并处罚金。
- 贪污罪 382
  - 定罪
    - 情形
      - 国家工作人员利用职务上的便利，侵吞、窃取、骗取或者以其他手段非法占有公共财物的
      - 受国家机关、国有公司、企业、事业单位、人民团体委托管理、经营国有财产的人员，利用职务上的便利，侵吞、窃取、骗取或者以其他手段非法占有国有财物的
      - 国家工作人员在国内公务活动或者对外交往中接受礼物，依照国家规定应当交公而不交公，数额较大的 394
    - 立案标准
      - 1.个人贪污数额在5千元以上的；
      - 2.个人贪污数额不满5千元，但具有贪污救灾、抢险、防汛、防疫、优抚、扶贫、移民、救济款物及募捐款物、赃款赃物、罚没款物、暂扣款物，以及贪污手段恶劣、毁灭证据、转移赃物等情节的。
  - 量刑
    - 贪污数额较大或者有其他较重情节的
      - 处三年以下有期徒刑或者拘役，并处罚金
    - 贪污数额巨大或者有其他严重情节的
      - 处三年以上十年以下有期徒刑，并处罚金或者没收财产
    - 贪污数额特别巨大或者有其他较重情节的
      - 一般 处十年以上有期徒刑或者无期徒刑，并处罚金或者没收财产
      - 使国家和人民利益遭受特别重大损失的
        - 处无期徒刑或者死刑，并处没收财产
        - 被判处死缓的，法院可以根据情况同时决定在其死缓二年期满依法减为无期后，终身监禁，不得减刑、假释。
  - 金额认定 对多次贪污未经处理的，按照累计贪污数额处罚
  - 从轻情形
    - 提起公诉前如实供述自己罪行、真诚悔罪、积极退赃，避免、减少损害结果的发生，有第一项规定情形的，可以从轻、减轻或者免除处罚；有第二项、第三项规定情形的，可以从轻处罚。
- 挪用公款罪 384
  - 定罪
    - 国家工作人员利用职务上的便利，挪用公款归个人使用
      - 挪用后三个月未还
      - 数额较大、进行营利活动
      - 进行非法活动
    - "个人使用"：
      - （1）将公款供本人、亲友或者其他自然人使用
      - （2）以个人名义将公款供其他单位使用
      - （3）个人决定以单位名义将公款供其他单位使用，谋取个人利益
  - 量刑
    - 一般
      - 处5年以下有期徒刑或者拘役
    - 情节严重的 处5年以上有期徒刑
    - 数额巨大不退还的 处10年以上有期徒刑或者无期徒刑
    - 挪用用于救灾、抢险、防汛、优抚、扶贫、移民、救济款物归个人使用的，从重处罚
- 单位受贿罪 387
  - 定罪
    - 情形
      - 国家机关、国有公司、企业、事业单位、人民团体，索取、非法收受他人财物，为他人谋取利益，情节严重的
      - 前款所列单位，在经济往来中，在帐外暗中收受各种名义的回扣、手续费的，以受贿论
    - 立案标准
      - 1.单位受贿数额在10万元以上的；
      - 2.单位受贿数额不满10万元，但具有下列情形之一的：
        - （1）故意刁难、要挟有关单位、个人，造成恶劣影响的；
        - （2）强行索取财物的；
        - （3）致使国家或者社会利益遭受重大损失的。
  - 量刑 对单位判处罚金，并对其直接负责的主管人员和其他直接责任人员，处5年以下有期徒刑或拘役
- 受贿罪；利用影响力受贿罪 385、388
  - 定罪
    - 情形
      - 国家工作人员利用职务便利，索取他人财物或非法收受他人财物，为他人谋取利益
      - 国家工作人员在经济往来中，违反国家规定，收受回扣、手续费，归个人所有
      - 国家工作人员利用本人职权或者地位形成的便利条件，通过其他国家工作人员职务上的行为，为请托人谋取不正当利益，索取请托人财物或者收受请托人财物的
      - 国有金融机构工作人员和国有金融机构委派到非国有金融机构从事公务的人员有前款行为
    - 立案标准
      - 个人受贿数额在5千元以上的；
      - 个人受贿数额不满5千元，但具有下列情形之一的：
        - （1）因受贿行为而使国家或者社会利益遭受重大损失的
        - （2）故意刁难、要挟有关单位、个人，造成恶劣影响的
        - （3）强行索取财物的
  - 量刑
    - 根据受贿所得数额及情节，依照本法第383条的规定处罚
    - 索贿的从重处罚

渎 职 罪

刑之渎

- 397 滥用职权罪
  - 构成要件
    - 客体是国家机关对社会公务的正常管理活动
    - 客观方面表现为滥用职权，致使公共财产、国家和人民利益遭受重大损失的行为
    - 主体为特殊主体，即只能是国家机关工作人员
    - 主观方面是故意
  - 量刑
    - 一般：处3年以下有期徒刑或者拘役
    - 情节特别严重：处3年以上7年以下有期徒刑
    - 徇私舞弊，犯本罪
      - 一般：处5年以下有期徒刑或者拘役
      - 情节特别严重：处5年以上10年以下有期徒刑
- 397 玩忽职守罪
  - 构成要件
    - 客体是国家机关对社会公务的正常管理活动
    - 客观方面表现为行为人实施了玩忽职守的行为，并对公共财产、国家和人民的利益造成重大损失。所谓玩忽职守，是指国家工作人员严重不负责任，不履行或者不正当履行职责的行为
    - 主体只能是国家机关工作人员
    - 主观方面表现为过失
  - 量刑
    - 比照滥用职权罪处罚
- 398 故意泄露国家秘密罪；过失泄露国家秘密罪
- 399 徇私枉法罪；民事、行政枉法裁判罪；执行判决、裁定失职罪；执行判决、裁定滥用职权罪；枉法仲裁罪
- 400 私放在押人员罪；失职致使在押人员脱逃罪
- 401 徇私舞弊减刑、假释、暂予监外执行罪
- 402 徇私舞弊不移交刑事案件罪
- 403 滥用管理公司、证券职权罪
- 404 徇私舞弊不征、少征税款罪

法分则职罪

- 失职造成珍贵文物损毁、流失罪 419
- 招收公务员、学生徇私舞弊罪 418
- 帮助犯罪分子逃避处罚罪 417
- 不解救被拐卖、绑架妇女、儿童罪;阻碍解救被拐卖、绑架妇女儿童罪 416
- 办理偷越国(边)境人员出入境证件罪;放行偷越国(边)境人员罪 415
- 放纵制售伪劣商品犯罪行为罪 414
- 动植物检疫徇私舞弊罪;动植物检疫失职罪 413
- 商检徇私舞弊罪;商检失职罪 412
- 放纵走私罪 411
- 非法批准征用、占用土地罪;非法低价出让国有土地使用权罪 410
- 传染病防治失职罪 410
- 传染病防治失职罪 409
- 食品监管失职罪 408之一
- 环境监管失职罪 408
- 违法发放林木采代许可证罪 407
- 国家机关工作人员签订、履行合同失职被骗罪 406
- 徇私舞弊发售发票、抵扣税款、出口退税罪;违法提供出口退税证罪 405

军人违反职责罪

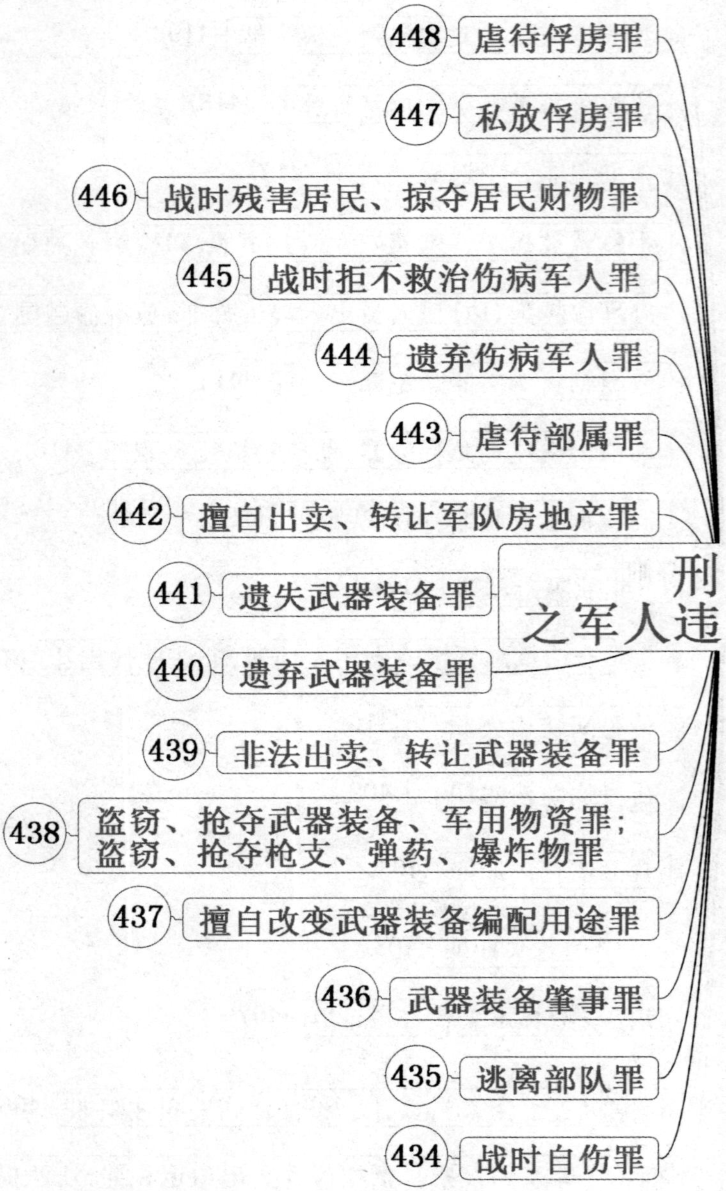
448 虐待俘虏罪
447 私放俘虏罪
446 战时残害居民、掠夺居民财物罪
445 战时拒不救治伤病军人罪
444 遗弃伤病军人罪
443 虐待部属罪
442 擅自出卖、转让军队房地产罪
441 遗失武器装备罪
440 遗弃武器装备罪
439 非法出卖、转让武器装备罪
438 盗窃、抢夺武器装备、军用物资罪；盗窃、抢夺枪支、弹药、爆炸物罪
437 擅自改变武器装备编配用途罪
436 武器装备肇事罪
435 逃离部队罪
434 战时自伤罪
刑
之军人违

法分则
反职责罪

- 军人违反职责罪 420
- 战时违抗命令罪 421
- 隐瞒、谎报军情罪;拒传、假传军令罪 422
- 投降罪 423
- 战时临阵脱逃罪 424
- 擅离、玩忽军事职守罪 425
- 阻碍执行军事职务罪 426
- 指使部属违反职责罪 427
- 违令作战消极罪 428
- 拒不救援友邻部队罪 429
- 军人叛逃罪;驾驶航空器、舰船叛逃罪 430
- 非法获取军事秘密罪;为境外窃取、刺探、收买、非法提供军事秘密罪 431
- 故意泄露军事秘密罪;过失泄露军事秘密罪 432
- 战时造谣惑众罪 433

四、民商法

民法总则

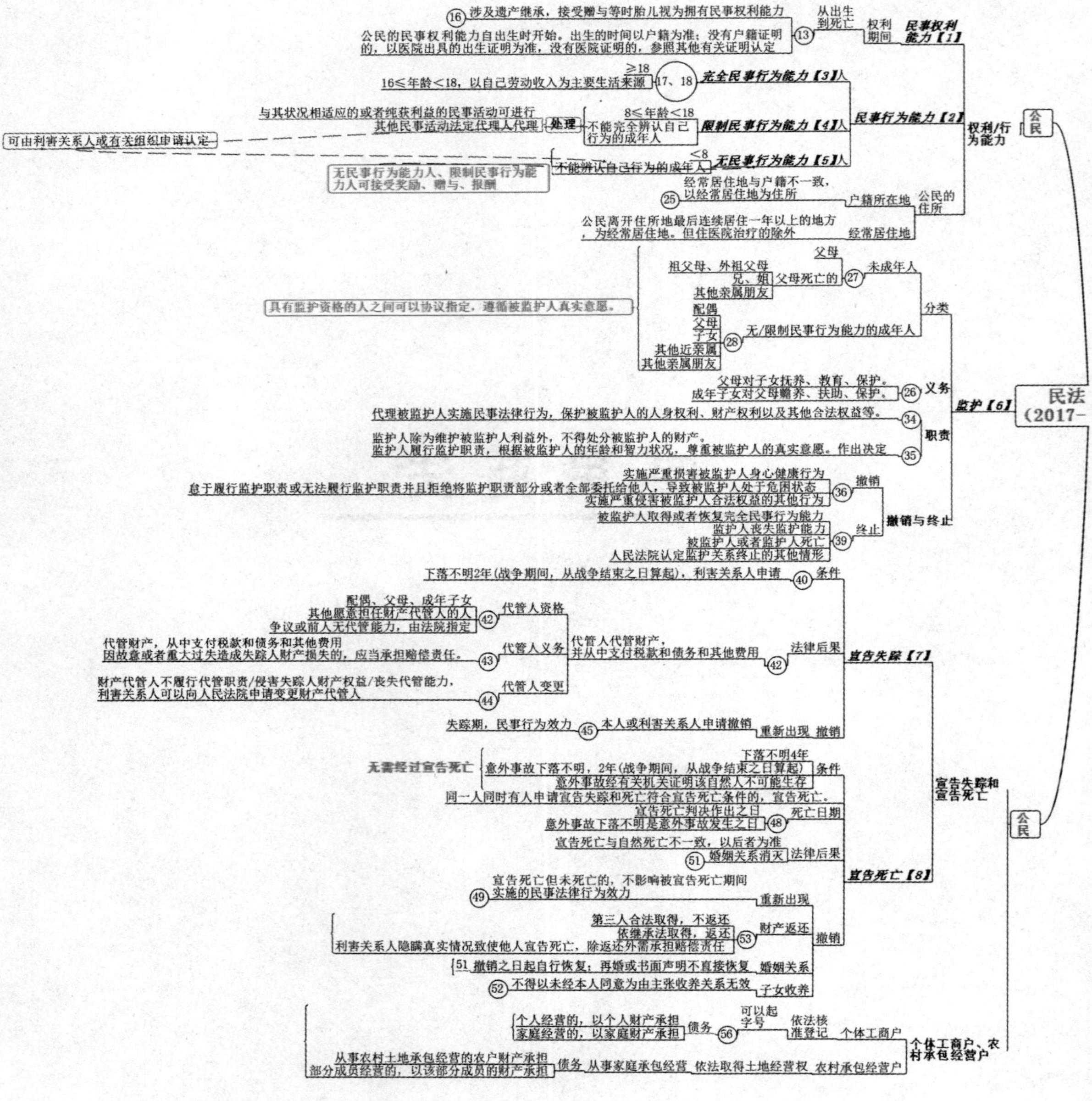
民法（2017-
公民
权利/行为能力
民事权利能力【1】
权利期间
从出生到死亡
13
公民的民事权利能力自出生时开始。出生的时间以户籍为准；没有户籍证明的，以医院出具的出生证明为准，没有医院证明的，参照其他有关证明认定
16
涉及遗产继承，接受赠与等时胎儿视为拥有民事权利能力
民事行为能力【2】
完全民事行为能力【3】人
≥18
17、18
16≤年龄＜18，以自己劳动收入为主要生活来源
限制民事行为能力【4】人
8≤年龄＜18
不能完全辨认自己行为的成年人
处理
与其状况相适应的或者纯获利益的民事活动可进行
其他民事活动法定代理人代理
可由利害关系人或有关组织申请认定
无民事行为能力【5】人
＜8
不能辨认自己行为的成年人
无民事行为能力人、限制民事行为能力人可接受奖励、赠与、报酬
公民的住所
户籍所在地
25
经常居住地与户籍不一致，以经常居住地为住所
经常居住地
公民离开住所地最后连续居住一年以上的地方，为经常居住地。但住医院治疗的除外
监护【6】
分类
未成年人
27
父母
父母死亡的
祖父母、外祖父母
兄、姐
其他亲属朋友
无/限制民事行为能力的成年人
28
配偶
父母
子女
其他近亲属
其他亲属朋友
具有监护资格的人之间可以协议指定，遵循被监护人真实意愿。
义务
26
父母对子女抚养、教育、保护。
成年子女对父母赡养、扶助、保护。
职责
34
代理被监护人实施民事法律行为，保护被监护人的人身权利、财产权利以及其他合法权益等。
35
监护人除为维护被监护人利益外，不得处分被监护人的财产。
监护人履行监护职责，根据被监护人的年龄和智力状况，尊重被监护人的真实意愿。作出决定
撤销与终止
撤销
36
实施严重损害被监护人身心健康行为
怠于履行监护职责或无法履行监护职责并且拒绝将监护职责部分或者全部委托给他人，导致被监护人处于危困状态
实施严重侵害被监护人合法权益的其他行为
终止
39
被监护人取得或者恢复完全民事行为能力
监护人丧失监护能力
被监护人或者监护人死亡
人民法院认定监护关系终止的其他情形
宣告失踪和宣告死亡
宣告失踪【7】
条件
40
下落不明2年(战争期间，从战争结束之日算起)，利害关系人申请
法律后果
42
代管人代管财产，并从中支付税款和债务和其他费用
代管人资格
42
配偶、父母、成年子女
其他愿意担任财产代管人的人
争议或前人无代管能力，由法院指定
代管人义务
43
代管财产，从中支付税款和债务和其他费用
因故意或者重大过失造成失踪人财产损失的，应当承担赔偿责任。
代管人变更
44
财产代管人不履行代管职责/侵害失踪人财产权益/丧失代管能力，利害关系人可以向人民法院申请变更财产代管人
重新出现 撤销
45
本人或利害关系人申请撤销
失踪期，民事行为效力
宣告死亡【8】
条件
下落不明4年
意外事故下落不明，2年(战争期间，从战争结束之日算起)
意外事故经有关机关证明该自然人不可能生存
无需经过宣告死亡
同一人同时有人申请宣告失踪和死亡符合宣告死亡条件的，宣告死亡。
死亡日期
48
宣告死亡判决作出之日
意外事故下落不明是意外事故发生之日
法律后果
宣告死亡与自然死亡不一致，以后者为准
51
婚姻关系消灭
重新出现
49
宣告死亡但未死亡的，不影响被宣告死亡期间实施的民事法律行为效力
撤销
财产返还
53
第三人合法取得，不返还
依继承法取得，返还
利害关系人隐瞒真实情况致使他人宣告死亡，除返还外需承担赔偿责任
婚姻关系
51
撤销之日起自行恢复；再婚或书面声明不直接恢复
子女收养
52
不得以未经本人同意为由主张收养关系无效
公民
个体工商户、农村承包经营户
个体工商户
依法核准登记
可以起字号
56
债务
个人经营的，以个人财产承担
家庭经营的，以家庭财产承担
农村承包经营户
依法取得土地经营权
从事家庭承包经营
债务
从事农村土地承包经营的农户财产承担
部分成员经营的，以该部分成员的财产承担

总则（10-01）

- 法人
  - 一般规定
    - (57) 具有民事权利能力和民事行为能力，独立享有民事权利和承担民事义务的组织。
      - 成立时产生，终止时消灭 (59)
    - 条件 (58)
      - 依法成立、有必要的财产或经费、能独立承担民事责任
        - 以其全部财产独立承担民事责任
      - 有自己的名称、组织机构和场所
    - 法定代表人 (61)
      - 以法人名义从事民事活动，法律后果法人承受
      - 因执行职务造成他人损害的，由法人承担民事责任
    - 住所
      - 主要办事机构所在地 (63)
    - 登记和变更【20】 (64)
      - 机关应依法及时公示法人登记的有关信息
        - 存续期间登记事项发生变化的，应向登记机关申请变更登记
        - 实际情况与登记的事项不一致的，不得对抗善意相对人
    - 合并、分立和终止
      - 合并和分立 (67)
        - 合并后其权利和义务由合并后的法人享有和承担。
        - 分立后其权利和义务由分立后的法人享有连带债权，承担连带债务，另有约定除外。
      - 终止【21】 (68)
        - 解散 (69) 解散情形
          - 章程规定的存续期间届满或其他解散事由
          - 权力机构决议解散
          - 法人合并或者分立需要
          - 依法被吊销营业执照、登记证书，被责令关闭或者被撤销
        - 破产 (73)
          - 依法进行破产清算并完成法人注销登记时，法人终止
        - 其他原因
    - 清算【22】 (70) (71) (72)
      - 法人解散除合并或分立的情形外，清算义务人应当及时组成清算组进行清算。
      - 清算义务人为法人的董事、理事等执行机构或者决策机构的成员
      - 清算期间法人存续，但是不得从事与清算无关的活动
    - 分支 (74)
      - 分支机构以自己的名义从事民事活动，产生的民事责任由法人承担。
      - 可先以该分支机构管理的财产承担，不足以承担的，由法人承担。
    - 设立人 (75)
      - 设立人为设立法人从事的民事活动，其法律后果由法人承受（未设立则由设立人承担）
      - 设立人为二人以上的，享有连带债权，承担连带债务。
  - 营利法人
    - 以取得利润并分配给股东等出资人为目的成立的法人
      - 依法登记成立、依法制定法人章程 (77、79)
      - 营业执照签发日期为营利法人的成立日期。(78)
      - 遵守商业道德，维护交易安全，接受政府和社会的监督，承担社会责任。(86)
      - 结构
        - 权力机构 (80)
        - 执行机构 (81)
        - 监督机构 (82)
      - 出资人
        - 不得滥用出资人权利损害法人或者其他出资人的利益 (83)
        - 不得滥用法人独立地位和出资人有限责任损害法人的债权人利益
        - 不得利用其关联关系损害法人的利益 (84)
        - 可请求人民法院撤销违反法律、行政法规、法人章程的决议 (85)
  - 非营利法人
    - 为公益目的或者其他非营利目的成立，不向出资人、设立人或者会员分配所取得利润的法人
      - 事业单位法人
        - 具备法人条件，为适应经济社会发展需要，提供公益服务设立的事业单位 (88)
        - 理事会为其决策机构，法定代表人依照法律、行政法规或者法人章程的规定产生 (89)
      - 社会团体法人
        - 具备法人条件，基于会员共同意愿，为公益目的或者会员共同利益等非营利目的设立的社会团体 (90)
        - 应当依法制定法人章程
        - 应当设会员大会等权力机构
        - 应当设理事会等执行机构，理事长或者会长担任法定代表人。(91)
      - 捐助法人
        - 具备法人条件，为公益目的以捐助财产设立的基金会、社会服务机构等，经依法登记成立 (92)
        - 具备法人条件，依法设立的宗教活动场所，可以取得捐助法人资格
        - 应当依法制定法人章程、设理事会等决策机构，并设执行机构以及监督机构。理事长等担任法定代表人。(93)
        - 捐助人有权向捐助法人查询捐助财产的使用、管理情况，并提出意见和建议，捐助法人应当及时、如实答复。(94)
      - 为公益目的成立的非营利法人终止时，不得向出资人、设立人或者会员分配剩余财产。剩余财产应当按照法人章程的规定或者权力机构的决议用于公益目的；无法按照法人章程的规定或者权力机构的决议处理的，由主管机关主持转给宗旨相同或者相近的法人，并向社会公告。(95)
  - 特别法人
    - 机关法人
      - 有独立经费的机关和承担行政职能的法定机构从成立之日起，具有机关法人资格 (97)
      - 机关法人被撤销，其民事权利和义务由继任的机关法人享有和承担；无继任则是作出撤销决定的机关法人 (98)
    - 农村集体经济组织法人 (99)
    - 城镇农村的合作经济组织法人 (100)
    - 基层群众自治性组织
      - 未设立村集体经济组织的，村民委员会可以依法代行村集体经济组织的职能 (101)
- 非法人组织
  - 不具有法人资格，但是能够依法以自己的名义从事民事活动的组织
    - 包括个人独资企业、合伙企业、不具有法人资格的专业服务机构等 (102)
  - 非法人组织的财产不足以清偿债务的，其出资人或者设立人承担无限责任 (104)
  - (106) 解散
    - 章程规定的存续期间届满或者章程规定的其他解散事由
    - 出资人或者设立人决定解散
    - 其他情形
    - 解散应当依法进行清算 (107)

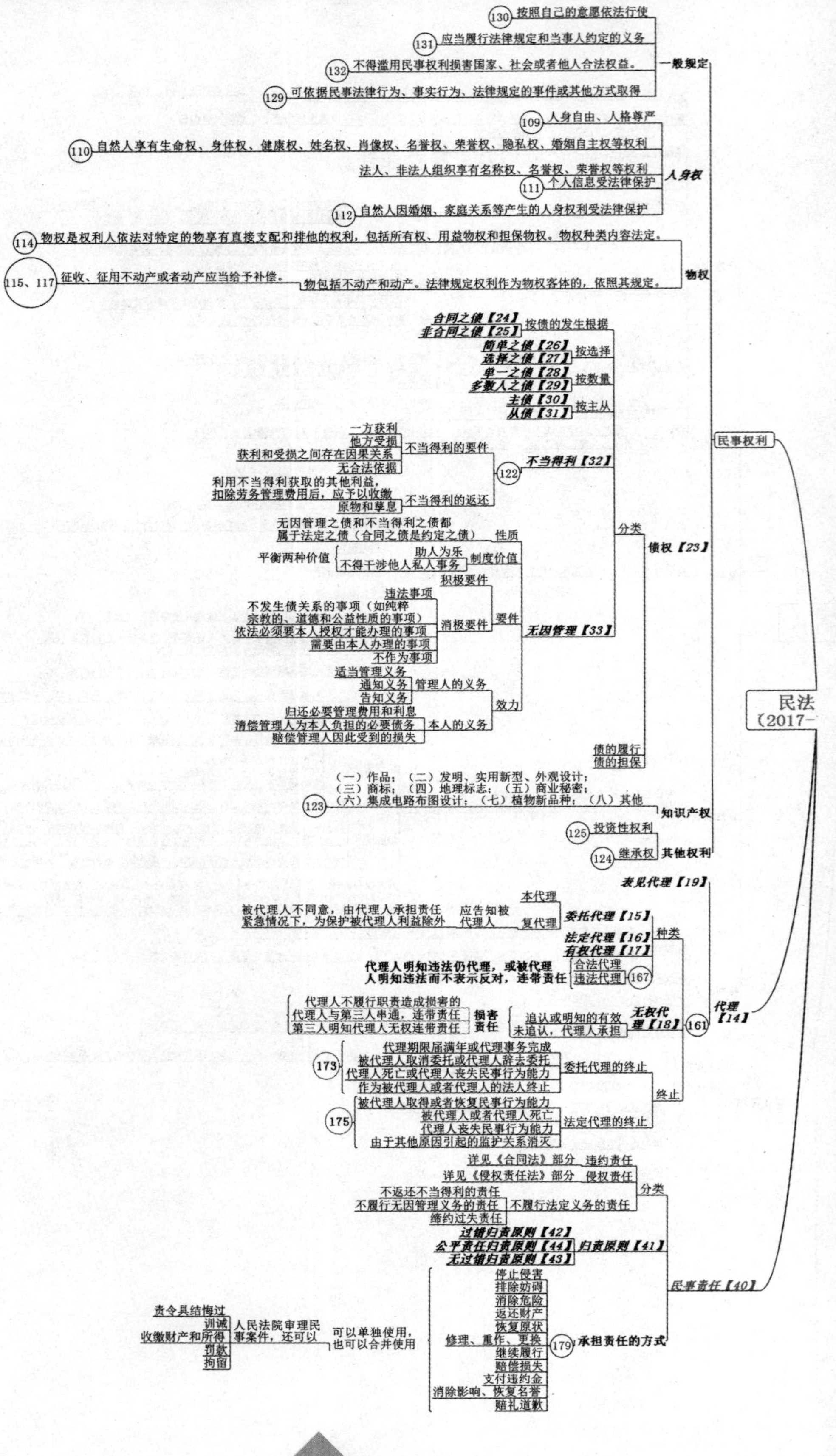

民法
〔2017—
民事权利
一般规定
130 按照自己的意愿依法行使
131 应当履行法律规定和当事人约定的义务
132 不得滥用民事权利损害国家、社会或者他人合法权益。
129 可依据民事法律行为、事实行为、法律规定的事件或其他方式取得
人身权
109 人身自由、人格尊严
110 自然人享有生命权、身体权、健康权、姓名权、肖像权、名誉权、荣誉权、隐私权、婚姻自主权等权利
法人、非法人组织享有名称权、名誉权、荣誉权等权利
111 个人信息受法律保护
112 自然人因婚姻、家庭关系等产生的人身权利受法律保护
物权
114 物权是权利人依法对特定的物享有直接支配和排他的权利，包括所有权、用益物权和担保物权。物权种类内容法定。
115、117 征收、征用不动产或者动产应当给予补偿。
物包括不动产和动产。法律规定权利作为物权客体的，依照其规定。
债权【23】
分类
按债的发生根据
合同之债【24】
非合同之债【25】
按选择
简单之债【26】
选择之债【27】
按数量
单一之债【28】
多数人之债【29】
按主从
主债【30】
从债【31】
不当得利【32】
122
不当得利的要件
一方获利
他方受损
获利和受损之间存在因果关系
无合法依据
不当得利的返还
利用不当得利获取的其他利益，扣除劳务管理费用后，应予以收缴
原物和孳息
无因管理【33】
性质
无因管理之债和不当得利之债都属于法定之债（合同之债是约定之债）
制度价值
平衡两种价值
助人为乐
不得干涉他人私人事务
要件
积极要件
消极要件
违法事项
不发生债关系的事项（如纯粹宗教的、道德和公益性质的事项）
依法必须要本人授权才能办理的事项
需要由本人办理的事项
不作为事项
效力
管理人的义务
适当管理义务
通知义务
告知义务
本人的义务
归还必要管理费用和利息
清偿管理人为本人负担的必要债务
赔偿管理人因此受到的损失
债的履行
债的担保
知识产权
123 （一）作品；（二）发明、实用新型、外观设计；（三）商标；（四）地理标志；（五）商业秘密；（六）集成电路布图设计；（七）植物新品种；（八）其他
其他权利
125 投资性权利
124 继承权
代理【14】
表见代理【19】
种类
委托代理【15】
本代理
复代理
应告知被代理人
被代理人不同意，由代理人承担责任
紧急情况下，为保护被代理人利益除外
法定代理【16】
有权代理【17】
合法代理
违法代理
167 代理人明知违法仍代理，或被代理人明知违法而不表示反对，连带责任
161
无权代理【18】
追认或明知的有效
未追认，代理人承担
损害责任
代理人不履行职责造成损害的
代理人与第三人串通，连带责任
第三人明知代理人无权连带责任
终止
委托代理的终止
173
代理期限届满或代理事务完成
被代理人取消委托或代理人辞去委托
代理人死亡或代理人丧失民事行为能力
作为被代理人或者代理人的法人终止
法定代理的终止
175
被代理人取得或者恢复民事行为能力
被代理人或者代理人死亡
代理人丧失民事行为能力
由于其他原因引起的监护关系消灭
民事责任【40】
分类
违约责任 详见《合同法》部分
侵权责任 详见《侵权责任法》部分
不履行法定义务的责任
不返还不当得利的责任
不履行无因管理义务的责任
缔约过失责任
归责原则【41】
过错归责原则【42】
公平责任归责原则【44】
无过错归责原则【43】
承担责任的方式
179
停止侵害
排除妨碍
消除危险
返还财产
恢复原状
修理、重作、更换
继续履行
赔偿损失
支付违约金
消除影响、恢复名誉
赔礼道歉
可以单独使用，也可以合并使用
人民法院审理民事案件，还可以
责令具结悔过
训诫
收缴财产和所得
罚款
拘留

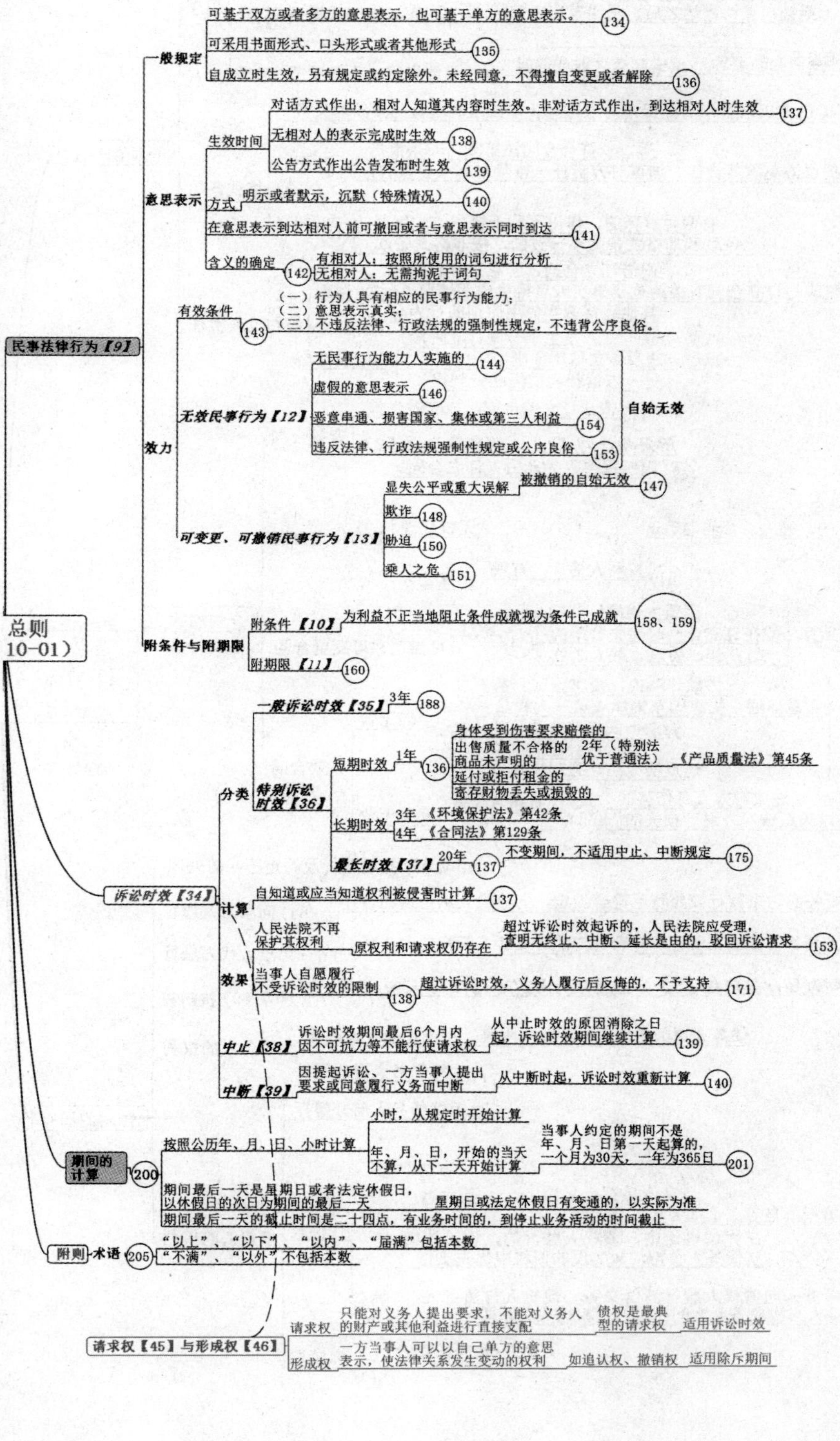
总则
10-01）
民事法律行为【9】
一般规定
可基于双方或者多方的意思表示，也可基于单方的意思表示。
134
可采用书面形式、口头形式或者其他形式
135
自成立时生效，另有规定或约定除外。未经同意，不得擅自变更或者解除
136
意思表示
生效时间
对话方式作出，相对人知道其内容时生效。非对话方式作出，到达相对人时生效
137
无相对人的表示完成时生效
138
公告方式作出公告发布时生效
139
方式
明示或者默示，沉默（特殊情况）
140
在意思表示到达相对人前可撤回或者与意思表示同时到达
141
含义的确定
142
有相对人：按照所使用的词句进行分析
无相对人：无需拘泥于词句
效力
有效条件
143
（一）行为人具有相应的民事行为能力；
（二）意思表示真实；
（三）不违反法律、行政法规的强制性规定，不违背公序良俗。
无效民事行为【12】
无民事行为能力人实施的
144
虚假的意思表示
146
恶意串通、损害国家、集体或第三人利益
154
违反法律、行政法规强制性规定或公序良俗
153
自始无效
可变更、可撤销民事行为【13】
显失公平或重大误解
被撤销的自始无效
147
欺诈
148
胁迫
150
乘人之危
151
附条件与附期限
附条件【10】
为利益不正当地阻止条件成就视为条件已成就
158、159
附期限【11】
160
诉讼时效【34】
分类
一般诉讼时效【35】
3年
188
特别诉讼时效【36】
短期时效
1年
136
身体受到伤害要求赔偿的
出售质量不合格的商品未声明的
延付或拒付租金的
寄存财物丢失或损毁的
2年（特别法优于普通法）
《产品质量法》第45条
长期时效
3年《环境保护法》第42条
4年《合同法》第129条
最长时效【37】
20年
137
不变期间，不适用中止、中断规定
175
计算
自知道或应当知道权利被侵害时计算
137
效果
人民法院不再保护其权利
原权利和请求权仍存在
超过诉讼时效起诉的，人民法院应受理，查明无终止、中断、延长是由的，驳回诉讼请求
153
当事人自愿履行不受诉讼时效的限制
138
超过诉讼时效，义务人履行后反悔的，不予支持
171
中止【38】
诉讼时效期间最后6个月内因不可抗力等不能行使请求权
从中止时效的原因消除之日起，诉讼时效期间继续计算
139
中断【39】
因提起诉讼、一方当事人提出要求或同意履行义务而中断
从中断时起，诉讼时效重新计算
140
期间的计算
200
按照公历年、月、日、小时计算
小时，从规定时开始计算
年、月、日，开始的当天不算，从下一天开始计算
当事人约定的期间不是年、月、日第一天起算的，一个月为30天，一年为365日
201
期间最后一天是星期日或者法定休假日，以休假日的次日为期间的最后一天
星期日或法定休假日有变通的，以实际为准
期间最后一天的截止时间是二十四点，有业务时间的，到停止业务活动的时间截止
附则
术语
205
“以上”、“以下”、“以内”、“届满”包括本数
“不满”、“以外”不包括本数
请求权【45】与形成权【46】
请求权
只能对义务人提出要求，不能对义务人的财产或其他利益进行直接支配
债权是最典型的请求权
适用诉讼时效
形成权
一方当事人可以以自己单方的意思表示，使法律关系发生变动的权利
如追认权、撤销权
适用除斥期间

总　则

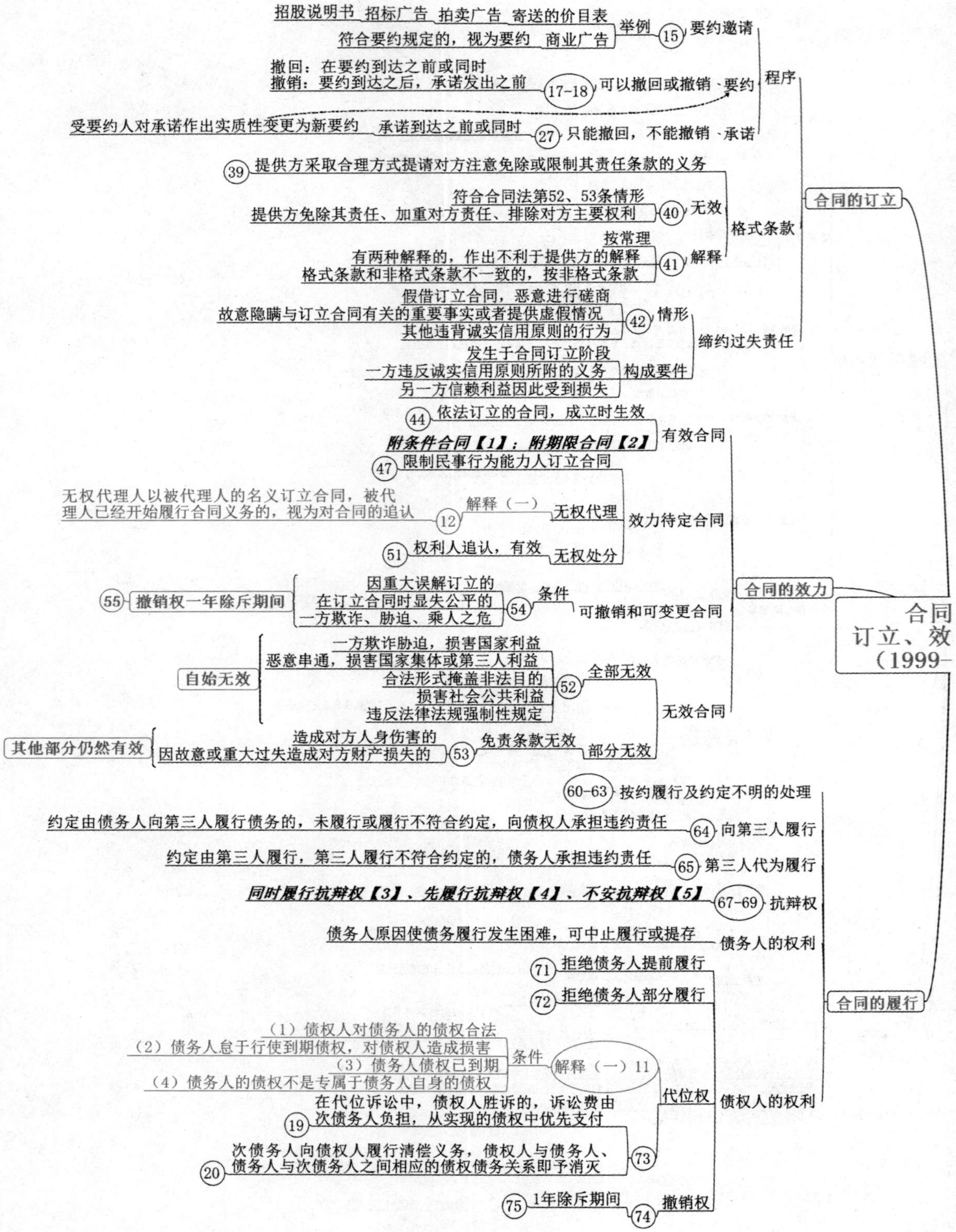
合同
订立、效
(1999-
合同的订立
程序
要约邀请
15
举例
招股说明书 招标广告 拍卖广告 寄送的价目表
符合要约规定的，视为要约 商业广告
要约
17-18
可以撤回或撤销
撤回：在要约到达之前或同时
撤销：要约到达之后，承诺发出之前
承诺
27
只能撤回，不能撤销
受要约人对承诺作出实质性变更为新要约 承诺到达之前或同时
格式条款
39
提供方采取合理方式提请对方注意免除或限制其责任条款的义务
40
无效
符合合同法第52、53条情形
提供方免除其责任、加重对方责任、排除对方主要权利
41
解释
按常理
有两种解释的，作出不利于提供方的解释
格式条款和非格式条款不一致的，按非格式条款
缔约过失责任
42
情形
假借订立合同，恶意进行磋商
故意隐瞒与订立合同有关的重要事实或者提供虚假情况
其他违背诚实信用原则的行为
构成要件
发生于合同订立阶段
一方违反诚实信用原则所附的义务
另一方信赖利益因此受到损失
合同的效力
有效合同
44
依法订立的合同，成立时生效
附条件合同【1】；附期限合同【2】
效力待定合同
47
限制民事行为能力人订立合同
无权代理
解释（一）
12
无权代理人以被代理人的名义订立合同，被代理人已经开始履行合同义务的，视为对合同的追认
无权处分
51
权利人追认，有效
可撤销和可变更合同
条件
54
因重大误解订立的
在订立合同时显失公平的
一方欺诈、胁迫、乘人之危
55
撤销权一年除斥期间
无效合同
全部无效
52
一方欺诈胁迫，损害国家利益
恶意串通，损害国家集体或第三人利益
合法形式掩盖非法目的
损害社会公共利益
违反法律法规强制性规定
自始无效
部分无效
免责条款无效
53
造成对方人身伤害的
因故意或重大过失造成对方财产损失的
其他部分仍然有效
合同的履行
60-63
按约履行及约定不明的处理
64
向第三人履行
约定由债务人向第三人履行债务的，未履行或履行不符合约定，向债权人承担违约责任
65
第三人代为履行
约定由第三人履行，第三人履行不符合约定的，债务人承担违约责任
67-69
抗辩权
同时履行抗辩权【3】、先履行抗辩权【4】、不安抗辩权【5】
债务人的权利
债务人原因使债务履行发生困难，可中止履行或提存
债权人的权利
71
拒绝债务人提前履行
72
拒绝债务人部分履行
代位权
解释（一）11
条件
（1）债权人对债务人的债权合法
（2）债务人怠于行使到期债权，对债权人造成损害
（3）债务人债权已到期
（4）债务人的债权不是专属于债务人自身的债权
73
19
在代位诉讼中，债权人胜诉的，诉讼费由次债务人负担，从实现的债权中优先支付
20
次债务人向债权人履行清偿义务，债权人与债务人、债务人与次债务人之间相应的债权债务关系即予消灭
撤销权
74
75
1年除斥期间

法——
力、履行
10-01）

- 合同的变更和转让
  - 变更
    - 协商一致，可转让。法律法规规定应办理批准登记手续的，依规定 (77)
    - 对变更内容不明确的，推定为未变更 (78)
  - 转让
    - 债权人转让权利
      - 可以全部或部分转让权利，下列情形除外 (79)
        - 据合同性质不得转让
        - 按当事人约定不得转让
        - 依法律规定不得转让
      - 应通知债务人，未通知无效 (80)
      - 受让人取得的与主债权有关的从权力中，专属债权人的除外 (81)
      - 债务人可向受让人主张抗辩 (82)
      - 债务人的抵消权 (83)
    - 债务人转移义务
      - 应经债权人同意 (84)
      - 新债务人可以主张抗辩权 (85)
      - 新债务人承担与主债务有关的从债务，专属原债务人自身的除外 (86)
    - 权利义务合并转让 (89)
- 合同权利义务的终止
  - 解除
    - 分类
      - 约定解除 (93)
      - 法定解除 (94)
        - 不可抗力
        - 一方明示不履行主要债务
        - 一方迟延履行，经催告后合理期限内仍未履行
        - 一方迟延履行或其他违约行为
      - 解除权行使期限 (95)
    - 处理 尚未履行的，终止履行；已经履行的，恢复原状，赔偿损失
  - 债务抵销 (99-100)
    - 法定抵销 债务的标的物种类、品质相同的
    - 约定抵销 标的物种类、品质不相同的
  - 提存
    - 情形 (101)
      - 债权人无正当理由拒绝受领
      - 债权人下落不明
      - 债权人死亡未确定继承人或丧失民事行为能力未确定监护人
      - 不适提存或提存费用过高可拍卖或变卖
    - 毁损灭失风险由债权人承担 (103)
    - 五年除斥期间 (104) 债权人领取提存物的权利，自提存之日起五年内不行使而消灭
- 违约责任
  - 一般形式
    - 实际违约 (107)
      - 不履行
      - 迟延履行
      - 不适当履行
      - 承担继续履行、采取补救措施或者赔偿损失等违约责任
    - 预期违约 (108) 当事人一方明确表示或者以自己的行为表明不履行合同义务 履行期限届满之前要求其承担违约责任
  - 具体形式 (109-111)
    - 不履行金钱给付义务 要求履行
    - 不履行非金钱义务或履行不符合约定 要求履行 除外
      - 1. 法律上或者事实上不能履行
      - 2. 标的不适于强制履行或者履行费用过高
      - 3. 债权人在合理期限内未要求履行
    - 质量不符合约定 有约定按约定 无约定按第61条 仍无法确定，合理选择要求对方承担修理、更换、重作、退货、减少价款或者报酬等违约责任
  - 责任形式
    - 违约金 (114) 解释（二）29 约定的违约金超过造成损失的30%的，一般可以认定为“过分高于造成的损失”
    - 定金 (115)
    - 违约金、定金选择适用
  - 免责事由
    - 不可抗力 (117) 指不能预见、不能避免并不能克服的客观情况
    - 免责条款
  - 责任承担方
    - 防止损失扩大，违约方承担 (119)
    - 双方违约，各自承担 (120)
    - 第三人原因违约，当事人承担 (121)

买卖合同

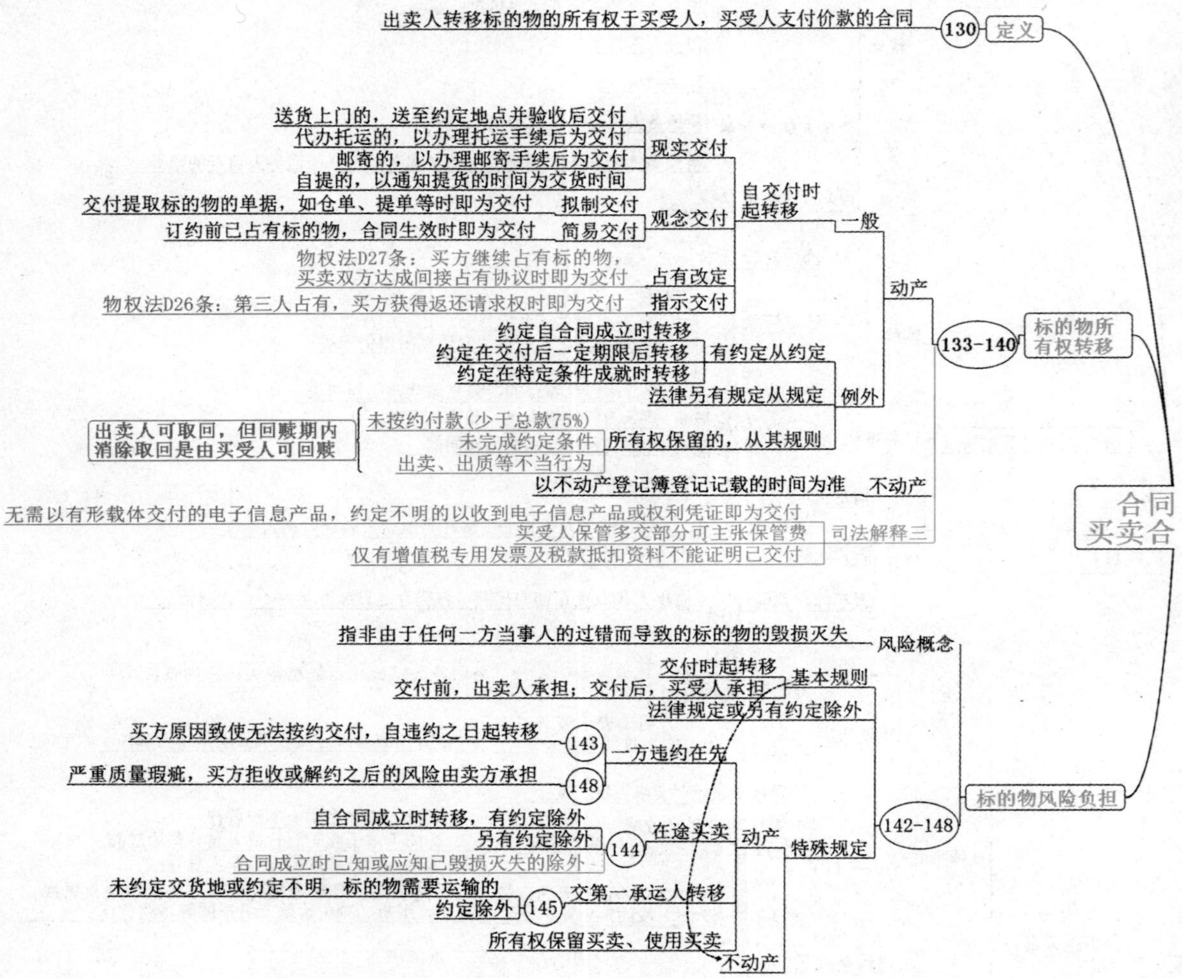
买卖合同
定义
130
出卖人转移标的物的所有权于买受人，买受人支付价款的合同
标的物所有权转移
133-140
动产
一般
自交付时起转移
现实交付
送货上门的，送至约定地点并验收后交付
代办托运的，以办理托运手续后为交付
邮寄的，以办理邮寄手续后为交付
自提的，以通知提货的时间为交货时间
观念交付
拟制交付
交付提取标的物的单据，如仓单、提单等时即为交付
简易交付
订约前已占有标的物，合同生效时即为交付
占有改定
物权法D27条：买方继续占有标的物，买卖双方达成间接占有协议时即为交付
指示交付
物权法D26条：第三人占有，买方获得返还请求权时即为交付
例外
有约定从约定
约定自合同成立时转移
约定在交付后一定期限后转移
约定在特定条件成就时转移
法律另有规定从规定
所有权保留的，从其规则
未按约付款(少于总款75%)
未完成约定条件
出卖、出质等不当行为
出卖人可取回，但回赎期内消除取回是由买受人可回赎
不动产
以不动产登记簿登记记载的时间为准
司法解释三
无需以有形载体交付的电子信息产品，约定不明的以收到电子信息产品或权利凭证即为交付
买受人保管多交部分可主张保管费
仅有增值税专用发票及税款抵扣资料不能证明已交付
标的物风险负担
风险概念
指非由于任何一方当事人的过错而导致的标的物的毁损灭失
142-148
基本规则
交付时起转移
交付前，出卖人承担；交付后，买受人承担
法律规定或另有约定除外
特殊规定
动产
一方违约在先
143
买方原因致使无法按约交付，自违约之日起转移
148
严重质量瑕疵，买方拒收或解约之后的风险由卖方承担
在途买卖
144
自合同成立时转移，有约定除外
另有约定除外
合同成立时已知或应知已毁损灭失的除外
交第一承运人转移
145
未约定交货地或约定不明，标的物需要运输的
约定除外
所有权保留买卖、使用买卖
不动产

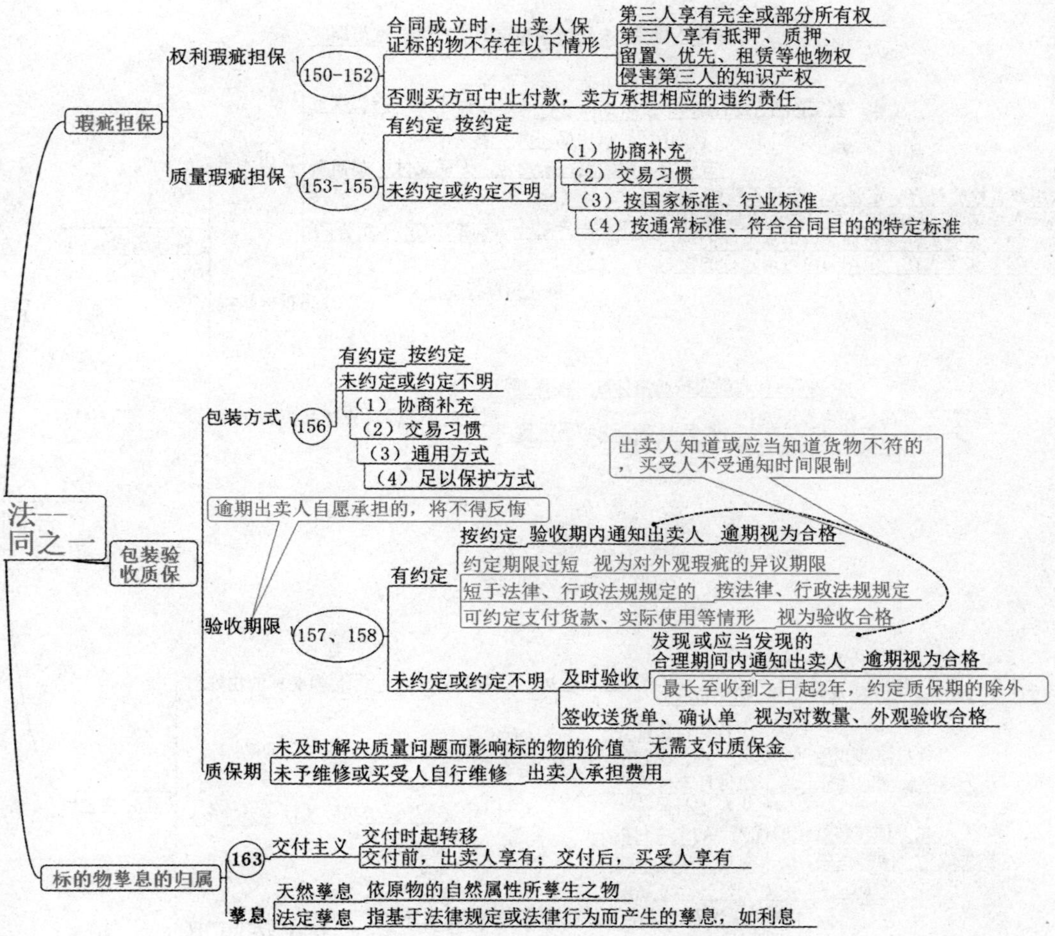
法——
同之一
瑕疵担保
权利瑕疵担保
150-152
合同成立时，出卖人保证标的物不存在以下情形
第三人享有完全或部分所有权
第三人享有抵押、质押、留置、优先、租赁等他物权
侵害第三人的知识产权
否则买方可中止付款，卖方承担相应的违约责任
质量瑕疵担保
153-155
有约定 按约定
未约定或约定不明
（1）协商补充
（2）交易习惯
（3）按国家标准、行业标准
（4）按通常标准、符合合同目的的特定标准
包装验收质保
包装方式
156
有约定 按约定
未约定或约定不明
（1）协商补充
（2）交易习惯
（3）通用方式
（4）足以保护方式
出卖人知道或应当知道货物不符的，买受人不受通知时间限制
逾期出卖人自愿承担的，将不得反悔
验收期限
157、158
有约定
按约定 验收期内通知出卖人 逾期视为合格
约定期限过短 视为对外观瑕疵的异议期限
短于法律、行政法规规定的 按法律、行政法规规定
可约定支付货款、实际使用等情形 视为验收合格
未约定或约定不明
及时验收
发现或应当发现的合理期间内通知出卖人 逾期视为合格
最长至收到之日起2年，约定质保期的除外
签收送货单、确认单 视为对数量、外观验收合格
质保期
未及时解决质量问题而影响标的物的价值 无需支付质保金
未予维修或买受人自行维修 出卖人承担费用
标的物孳息的归属
163
交付主义
交付时起转移
交付前，出卖人享有；交付后，买受人享有
孳息
天然孳息 依原物的自然属性所孳生之物
法定孳息 指基于法律规定或法律行为而产生的孳息，如利息

- 买卖合同
  - 特殊买卖合同
    - 试用买卖
      - 试用期限（170）
        - 未约定或约定不明 — 出卖人确定
      - 购买规定（171）
        - 试用期内明确表示是否购买
        - 试用期内支付部分款项 — 视为购买 — 约定除外
        - 试用期届满未表态 — 视为购买
      - 使用费
        - 有约定，按约定；未约定，无需支付
      - 不属于试用买卖合同
        - 有下列约定之一
          - (1)经试用或者检验符合一定要求，买受人应购买
          - （2）第三人经试验对标的物认可，买受人应购买
          - （3）买受人在一定期间内可调换标的物
          - （4）买受人在一定期间内可退还标的物
    - 招投标买卖（172）
      - 按《招标投标法》等
    - 拍卖（173）
      - 按《拍卖法》等
    - 凭样品买卖合同（168）
      - 封存样品
        - 按样品
          - 样品有瑕疵的按通常标准
        - 样品与文字说明不一致
          - 样品外观内在无变化 — 按样品
          - 有变化或无法查明 — 按文字
  - 其它规定
    - 多交标的物处理（162）
      - 有约定按约定，否则多交付的
        - 接收 — 按合同价款支付
        - 拒绝接收 — 应及时通知 — 代为保管的可主张保管费
    - 一物多卖
      - 均有效，均要求实际履行
        - 普通动产
          - 先行交付的优先
          - 均未交付的 — 先行付款的相应部分优先
          - 均未交付且未付款的 — 按先成立合同的优先
        - 特殊动产
          - 先行交付的优先
          - 均未交付的 — 先办理转移登记的优先
          - 均未交付且未登记的 — 按先成立合同的优先
          - 一方交付、一方登记 — 交付的优先
    - 标的物知识产权（137）
      - 不属于买受人，法律另有规定或另有约定除外

- 法——同之二
  - 约定不明的处理
    - 履行期限 138
      - 有约定 — 债务人应在约定期间内任一时间履行
      - 未约定或约定不明 — （1）协商补充 — （2）交易习惯 — （3）随时要求履行，但提供必要的准备时间
    - 履行地点 141
      - 未约定或约定不明 — （1）协商补充 — （2）交易习惯
        - （3）需运输 — 出卖人交第一承运人以交买受人
          - 指出卖人负责办理托运，承运人为第三人
        - （3）不需运输
          - 双方知道标的物在某地 — 该地交付
          - 不知道的 — 订立时出卖人营业地交付
    - 价款数额 159
      - 未约定或约定不明 — （1）协商补充 — （2）交易习惯
        - （3）订立时履行地市场价
        - （3）法律强制规定的政府定价、指导价
    - 支付地点 160
      - 未约定或约定不明 — （1）协商补充 — （2）交易习惯
        - （3）未约定先交付后付款的 — 出卖人营业地
        - （3）约定先交付后付款的 — 交付地
    - 支付时间 161
      - 未约定或约定不明 — （1）协商补充 — （2）交易习惯 — （3）收到标的或提货单同时支付
  - 合同解除
    - 质量原因 148
      - 不符合要求致使合同目的无法实现 — 买受人可解约、拒收
    - 主物从物 164
      - 因主物解除，效力及于从物
      - 因从物解除，效力不及主物
    - 数物并存 165
      - 一物不符合，就一物解除 — 一物解除影响标的物受损，可就数物解除
    - 分批交货 166
      - 其中一批交付违约
        - 致该批无法实现合同目的 — 就该批解除
        - 致今后标的无法实现合同目的 — 就该批及今后的解除
        - 该批与各批相互依存 — 可全部解除
    - 分期付款 167（至少三次付款）
      - 未付到期款项达总款1/5的 — 出卖人可解除，并要求按约定或当地的租金支付使用费
  - 违约责任
    - 出卖人承担 155
      - 标的物不符合质量标准
    - 无约定或约定不明
      - 买受人承担 — 逾期付款违约金 — 按中国人民银行同期贷款利率，参照逾期罚息利率计算
      - 损失补足 — 定金不足以弥补违约损失 — 可要求补足
      - 过错相抵 — 双方对损失都有过错 — 可相应扣减
      - 获利返还 — 违约中获利 — 从损失赔偿额中扣除获利

交付成果的合同及技术合同

- 合同 交付成 同及技
  - 承揽合同
    - 定义（251）
      - 承揽人按定作人要求完成工作，交付工作成果，定作人支付报酬的合同
      - 承揽：加工、定作、修理、复制、测试、检验等
    - 承揽人履约规定（252）
      - 亲自完成主要工作
        - 应以自己的设备、技术和劳力，完成主要工作
        - 另有约定除外
      - 若将主要工作交给第三人
        - 承揽人应对第三人完成的工作负责
        - 未经定作人同意的，定作人可以解除合同
    - 承揽人权利义务（254-257）
      - 权利
        - 将辅助工作交由第三人完成：但应对第三人工作工作成果负责
        - 留置权（264）
          - 有约定：按约定
          - 无约定：承揽人于定作人未付款时行使
      - 义务
        - 保管定作人提供的材料，不得擅自变更，但可提出更换等意见
        - 将所提供材料交由定作人检验
        - 发现图纸或技术不合理，及时通知定作人
    - 定作人的权利义务
      - （258）承担中途变更承揽要求所造成损失的赔偿责任
      - （259）协助完成承揽工作
      - （263）支付报酬
        - 有约定：按约定
        - 未约定或约定不明：（1）协商补充 →（2）交易习惯 →（3）交付时支付；交多少，付多少
      - （260）监督检查
        - 可进行必要的监督检查
        - 不得妨碍承揽人正常工作
      - （10）保密义务：未经定作人同意，不得留存
    - 其他规定
      - （262）质量不符：工作成果不符合质量标准，定作人可要求修理、重做、减少报酬、赔偿损失等
      - （265）保管义务：定作人应妥善保管工作成果及定作人提供的材料，否则应承担赔偿责任
      - （267）共同承揽：共同承揽人承担连带责任，约定除外
      - （268）任意解除：定作人可随时解除，造成承揽人损失的应赔偿
  - 技术合同
    - 技术转让合同
      - 类型（342）
        - 专利权转让合同
        - 专利申请权转让合同
        - 技术秘密转让
        - 专利实施许可合同
          - （1）独占实施许可
          - （2）排他实施许可
          - （3）普通实施许可
      - 转让范围（343）：当事人约定，不得限制技术竞争和技术发展
    - 技术咨询合同和技术服务合同
      - 类型（356）
        - 可行性论证
        - 技术预测
        - 专题技术调查
        - 分析评价报告

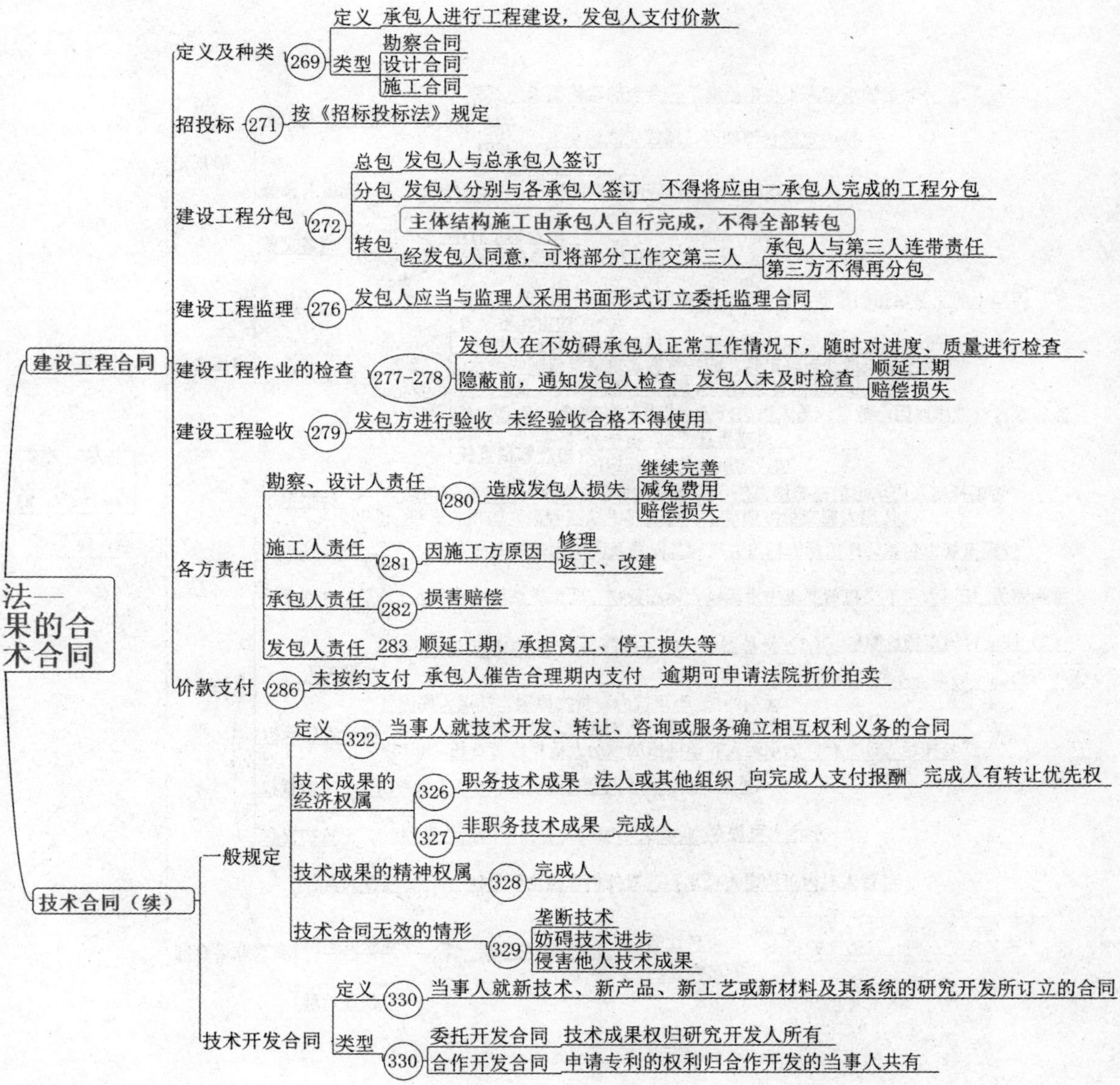
法——
果的合
术合同
建设工程合同
定义及种类
269
定义 承包人进行工程建设，发包人支付价款
类型
勘察合同
设计合同
施工合同
招投标
271
按《招标投标法》规定
建设工程分包
272
总包 发包人与总承包人签订
分包 发包人分别与各承包人签订 不得将应由一承包人完成的工程分包
主体结构施工由承包人自行完成，不得全部转包
转包
经发包人同意，可将部分工作交第三人
承包人与第三人连带责任
第三方不得再分包
建设工程监理
276
发包人应当与监理人采用书面形式订立委托监理合同
建设工程作业的检查
277-278
发包人在不妨碍承包人正常工作情况下，随时对进度、质量进行检查
隐蔽前，通知发包人检查 发包人未及时检查
顺延工期
赔偿损失
建设工程验收
279
发包方进行验收 未经验收合格不得使用
各方责任
勘察、设计人责任
280
造成发包人损失
继续完善
减免费用
赔偿损失
施工人责任
281
因施工方原因
修理
返工、改建
承包人责任
282
损害赔偿
发包人责任
283
顺延工期，承担窝工、停工损失等
价款支付
286
未按约支付 承包人催告合理期内支付 逾期可申请法院折价拍卖
技术合同（续）
一般规定
定义
322
当事人就技术开发、转让、咨询或服务确立相互权利义务的合同
技术成果的
经济权属
326
职务技术成果 法人或其他组织 向完成人支付报酬 完成人有转让优先权
327
非职务技术成果 完成人
技术成果的精神权属
328
完成人
技术合同无效的情形
329
垄断技术
妨碍技术进步
侵害他人技术成果
技术开发合同
定义
330
当事人就新技术、新产品、新工艺或新材料及其系统的研究开发所订立的合同
类型
330
委托开发合同 技术成果权归研究开发人所有
合作开发合同 申请专利的权利归合作开发的当事人共有

提供劳务的合同

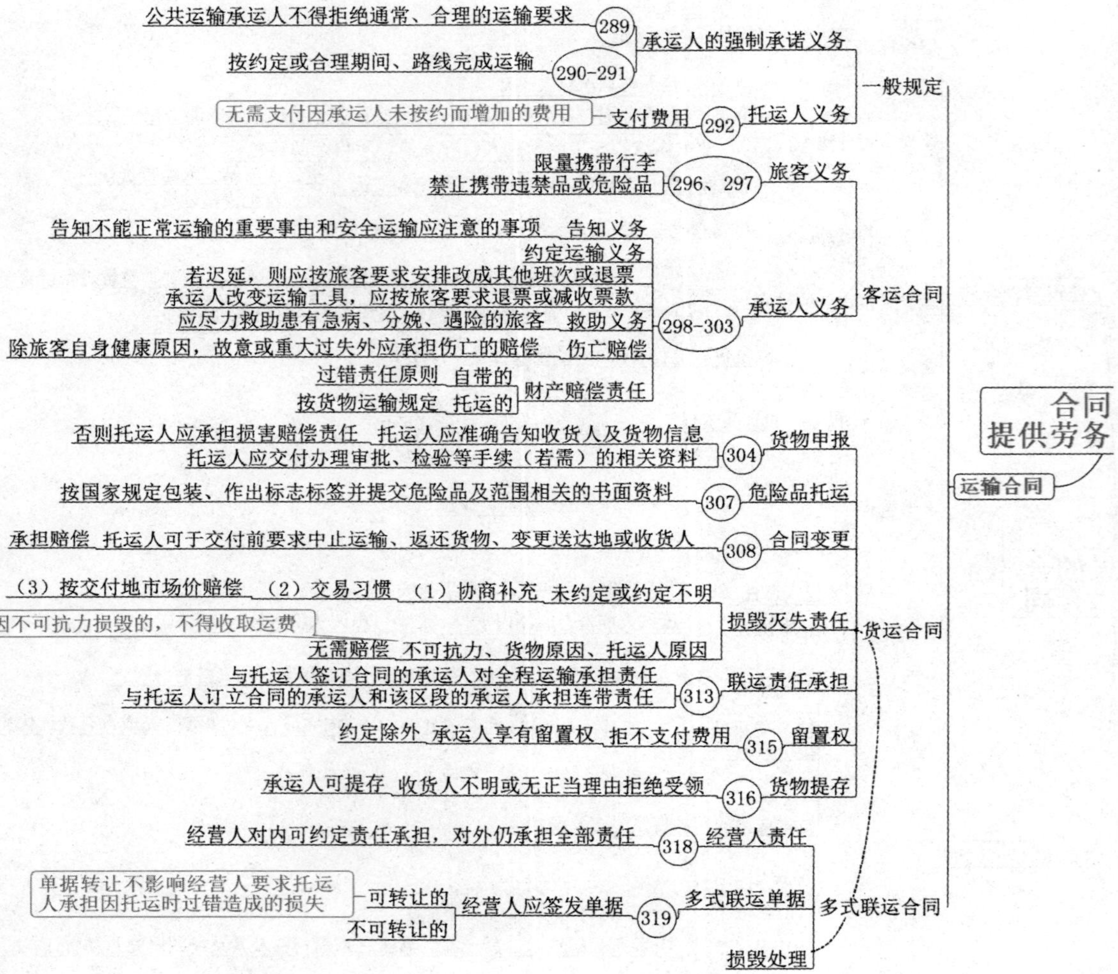

提供劳务合同
运输合同
一般规定
承运人的强制承诺义务
289
公共运输承运人不得拒绝通常、合理的运输要求
290-291
按约定或合理期间、路线完成运输
托运人义务
292
支付费用
无需支付因承运人未按约而增加的费用
客运合同
旅客义务
296、297
限量携带行李
禁止携带违禁品或危险品
承运人义务
298-303
告知义务
告知不能正常运输的重要事由和安全运输应注意的事项
约定运输义务
若迟延，则应按旅客要求安排改成其他班次或退票
承运人改变运输工具，应按旅客要求退票或减收票款
救助义务
应尽力救助患有急病、分娩、遇险的旅客
伤亡赔偿
除旅客自身健康原因，故意或重大过失外应承担伤亡的赔偿
财产赔偿责任
自带的
过错责任原则
托运的
按货物运输规定
货运合同
货物申报
304
托运人应准确告知收货人及货物信息
否则托运人应承担损害赔偿责任
托运人应交付办理审批、检验等手续（若需）的相关资料
危险品托运
307
按国家规定包装、作出标志标签并提交危险品及范围相关的书面资料
合同变更
308
托运人可于交付前要求中止运输、返还货物、变更送达地或收货人
承担赔偿
损毁灭失责任
未约定或约定不明
（1）协商补充
（2）交易习惯
（3）按交付地市场价赔偿
不可抗力、货物原因、托运人原因
无需赔偿
因不可抗力损毁的，不得收取运费
联运责任承担
313
与托运人签订合同的承运人对全程运输承担责任
与托运人订立合同的承运人和该区段的承运人承担连带责任
留置权
315
拒不支付费用
承运人享有留置权
约定除外
货物提存
316
收货人不明或无正当理由拒绝受领
承运人可提存
多式联运合同
经营人责任
318
经营人对内可约定责任承担，对外仍承担全部责任
多式联运单据
319
经营人应签发单据
可转让的
单据转让不影响经营人要求托运人承担因托运时过错造成的损失
不可转让的
损毁处理

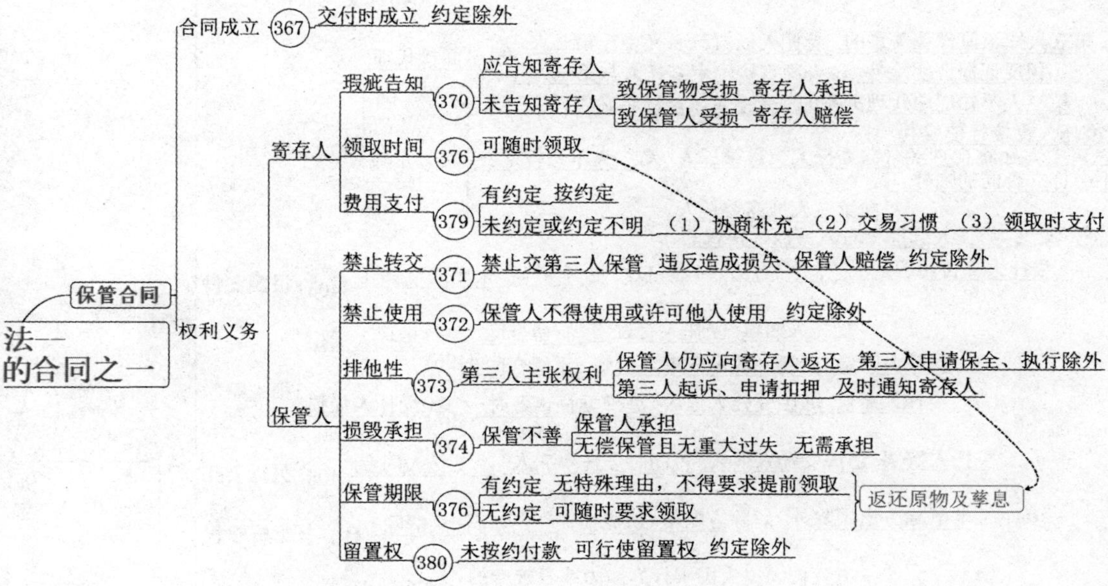
法——
的合同之一
保管合同
合同成立
367
交付时成立 约定除外
权利义务
寄存人
瑕疵告知
370
应告知寄存人
未告知寄存人
致保管物受损 寄存人承担
致保管人受损 寄存人赔偿
领取时间
376
可随时领取
费用支付
379
有约定 按约定
未约定或约定不明 （1）协商补充 （2）交易习惯 （3）领取时支付
保管人
禁止转交
371
禁止交第三人保管 违反造成损失 保管人赔偿 约定除外
禁止使用
372
保管人不得使用或许可他人使用 约定除外
排他性
373
第三人主张权利
保管人仍应向寄存人返还 第三人申请保全、执行除外
第三人起诉、申请扣押 及时通知寄存人
损毁承担
374
保管不善 保管人承担
无偿保管且无重大过失 无需承担
保管期限
376
有约定 无特殊理由，不得要求提前领取
无约定 可随时要求领取
返还原物及孳息
留置权
380
未按约付款 可行使留置权 约定除外

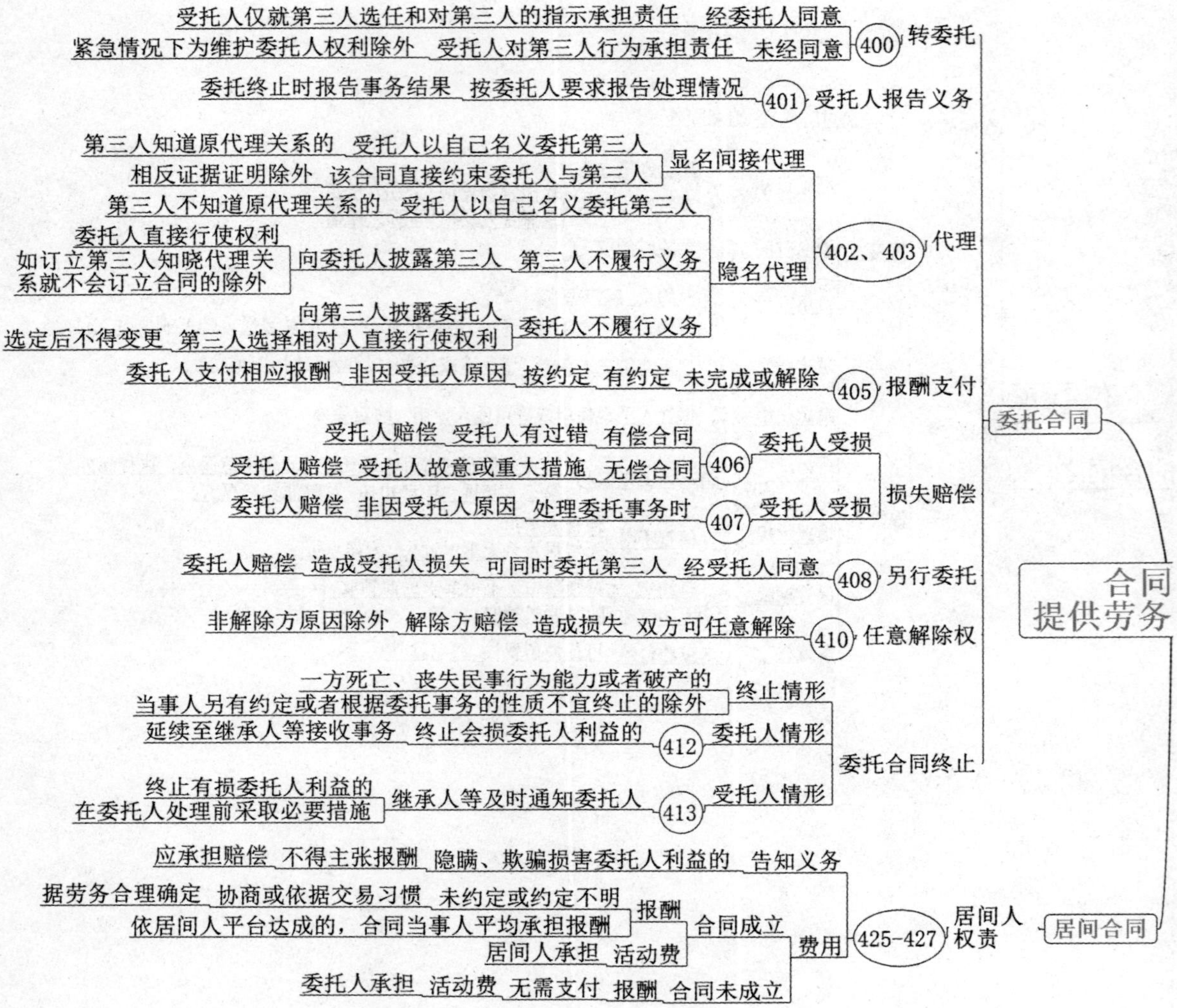
合同
提供劳务
委托合同
转委托
400
经委托人同意
受托人仅就第三人选任和对第三人的指示承担责任
未经同意
受托人对第三人行为承担责任
紧急情况下为维护委托人权利除外
401
受托人报告义务
按委托人要求报告处理情况
委托终止时报告事务结果
代理
402、403
显名间接代理
受托人以自己名义委托第三人
第三人知道原代理关系的
该合同直接约束委托人与第三人
相反证据证明除外
隐名代理
受托人以自己名义委托第三人
第三人不知道原代理关系的
第三人不履行义务
向委托人披露第三人
委托人直接行使权利
如订立第三人知晓代理关
系就不会订立合同的除外
委托人不履行义务
向第三人披露委托人
第三人选择相对人直接行使权利
选定后不得变更
报酬支付
405
未完成或解除
有约定
按约定
非因受托人原因
委托人支付相应报酬
损失赔偿
委托人受损
406
有偿合同
受托人有过错
受托人赔偿
无偿合同
受托人故意或重大措施
受托人赔偿
受托人受损
407
处理委托事务时
非因受托人原因
委托人赔偿
另行委托
408
经受托人同意
可同时委托第三人
造成受托人损失
委托人赔偿
任意解除权
410
双方可任意解除
造成损失
解除方赔偿
非解除方原因除外
委托合同终止
终止情形
一方死亡、丧失民事行为能力或者破产的
当事人另有约定或者根据委托事务的性质不宜终止的除外
委托人情形
412
终止会损委托人利益的
延续至继承人等接收事务
受托人情形
413
继承人等及时通知委托人
终止有损委托人利益的
在委托人处理前采取必要措施
居间合同
居间人
权责
425-427
告知义务
隐瞒、欺骗损害委托人利益的
不得主张报酬
应承担赔偿
费用
合同成立
报酬
未约定或约定不明
协商或依据交易习惯
据劳务合理确定
依居间人平台达成的，合同当事人平均承担报酬
活动费
居间人承担
合同未成立
报酬
无需支付
活动费
委托人承担

法--的合同之二

- 仓储合同
  - 验收入库（384）
    - 验收时发现不符　及时通知存货人
    - 验收后发生不符　保管人承担赔偿
  - 仓单（387-389）
    - 提货凭证　可背书转让
    - 持单人可入库检查、提货
    - 保管人发现仓储物变质或其它损坏时应通知存货人或持单人
  - 损毁处理
    - 发现后　及时通知存货人或仓单持有人
      - 情况紧急，可先适当处理后通知
    - 保管不善造成　保管人承担
    - 仓储物不符合约定或超过储存期　保管人不承担
- 行纪合同
  - 费用承担（415）　行纪人承担　约定除外
  - 瑕疵处理（417）　交付时有瑕疵或易腐烂变质
    - 经委托人同意　行纪人可处分
    - 无法及时联系委托人　行纪人可合理处分
  - 差额处理（418）
    - 亏损　应事先经委托人同意　否则买卖有效但行纪人需补齐差价
    - 获利
      - 按约定增加报酬
      - 未约定或约定不明　（1）协商　（2）交易习惯　（3）属委托人
  - 行纪人介入权（419）　具有市场定价的商品　行纪人可做买受人或出卖人　委托人相反意思表示除外
  - 委托物的提存（420）　委托人经催告无正当理由不受领　行纪人可提存
  - 合同主体（421）　行纪人与第三人　第三人不履行义务致委托人受损害的　行纪人承担赔偿　约定除外
  - 留置权（422）　未按约付款　可行使留置权　约定除外

转移财产权的合同

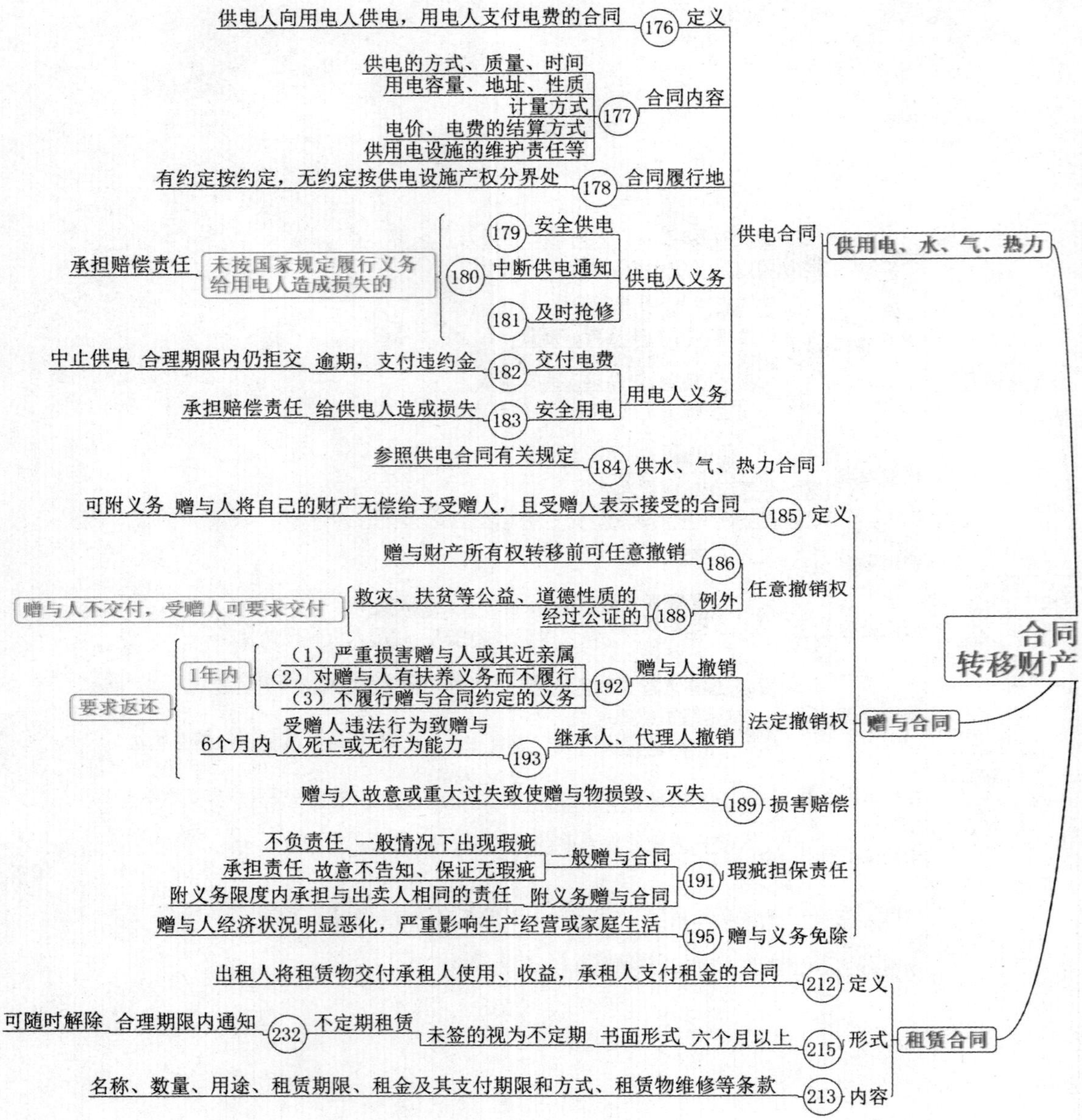
合同
转移财产
供用电、水、气、热力
供电合同
定义
176
供电人向用电人供电，用电人支付电费的合同
合同内容
177
供电的方式、质量、时间
用电容量、地址、性质
计量方式
电价、电费的结算方式
供用电设施的维护责任等
合同履行地
178
有约定按约定，无约定按供电设施产权分界处
供电人义务
179
安全供电
180
中断供电通知
181
及时抢修
未按国家规定履行义务给用电人造成损失的
承担赔偿责任
用电人义务
182
交付电费
逾期，支付违约金
合理期限内仍拒交
中止供电
183
安全用电
给供电人造成损失
承担赔偿责任
供水、气、热力合同
184
参照供电合同有关规定
赠与合同
定义
185
赠与人将自己的财产无偿给予受赠人，且受赠人表示接受的合同
可附义务
任意撤销权
186
赠与财产所有权转移前可任意撤销
例外
188
救灾、扶贫等公益、道德性质的
经过公证的
赠与人不交付，受赠人可要求交付
法定撤销权
赠与人撤销
192
（1）严重损害赠与人或其近亲属
（2）对赠与人有扶养义务而不履行
（3）不履行赠与合同约定的义务
1年内
要求返还
继承人、代理人撤销
193
受赠人违法行为致赠与人死亡或无行为能力
6个月内
损害赔偿
189
赠与人故意或重大过失致使赠与物损毁、灭失
瑕疵担保责任
191
一般赠与合同
一般情况下出现瑕疵
不负责任
故意不告知、保证无瑕疵
承担责任
附义务赠与合同
附义务限度内承担与出卖人相同的责任
赠与义务免除
195
赠与人经济状况明显恶化，严重影响生产经营或家庭生活
租赁合同
定义
212
出租人将租赁物交付承租人使用、收益，承租人支付租金的合同
形式
215
六个月以上
书面形式
未签的视为不定期
不定期租赁
232
合理期限内通知
可随时解除
内容
213
名称、数量、用途、租赁期限、租金及其支付期限和方式、租赁物维修等条款

法--
权的合同之一

租赁合同（续）

- 主要内容 (213)
  - 租期 (232)
    - 有约定按约定 不得超过20年 (214)
      - 超过部分无效
      - 届满续约 自续订之日起不得超过20年
    - 无约定或约定不明 协商补充 交易习惯 视为不定期
    - 期满 (236) 承租人继续使用，出租人未提异议 继续有效 视为不定期
  - 租金
    - 支付期限 (226) 无约定或约定不明 协商补充 交易习惯
      - 不满1年 租赁期间届满时支付
      - 1年以上
        - 每届满1年支付
        - 剩余不满1年，届满时支付
    - 未按约支付 (227) 要求合理期内支付 逾期出租人可解除
  - 维修
    - 责任承担 (220) 出租人承担 约定除外
    - 维修流程 (221) 承租人要求合理期内维修
      - 逾期可自行维修 费用由出租人承担
      - 影响使用 减少租金或延长租期
  - 收益 (225) 承租人所有，约定除外
- 交付与使用
  - 交付 (216) 按约交付，并保证符合约定用途
  - 使用 (217)
    - 有约定
      - (218) 按约定使用 造成租赁物损耗 无需赔偿
      - (219) 未按约使用 造成租赁物损耗 出租人可解约并要求赔偿
    - 无约定 按租赁物性质使用
  - 保管 (222)
    - 应当妥善保管租赁物
    - 因保管不善造成租赁物毁损、灭失的，应当承担损害赔偿责任
- 转租 (224)
  - 经同意 原合同仍有效，第三人造成租赁物损失的 承租人赔偿
  - 未经同意 出租人6个月内可解除租赁合同
- 其他规定
  - 改善、增设 (223) 未经同意 不得实施否则可恢复原状或承担赔偿
  - 第三人主张权利 (228)
    - 承租人应当及时通知出租人
    - 致使不能对租赁物使用、收益的 可以要求减免租金
  - 买卖不破租赁 (229) 租赁物所有权变动不影响租赁合同效力
  - 优先购买权 (230) 出租人出卖租赁房屋的，合理期限内通知承租人 承租人同等条件优先购买
  - 损毁灭失 (231) 非因承租人的事由
    - 部分或全部 减、免租金
    - 无法实现合同目的 承租人可解除
  - 瑕疵担保 (233)
    - 租赁物危害承租人安全健康
    - 可随时解除，即使承租人订立合同时明知该租赁物质量不合格
  - 共住人权利 (234) 承租人在房屋租赁期死亡 生前共住人可继续按原租赁合同

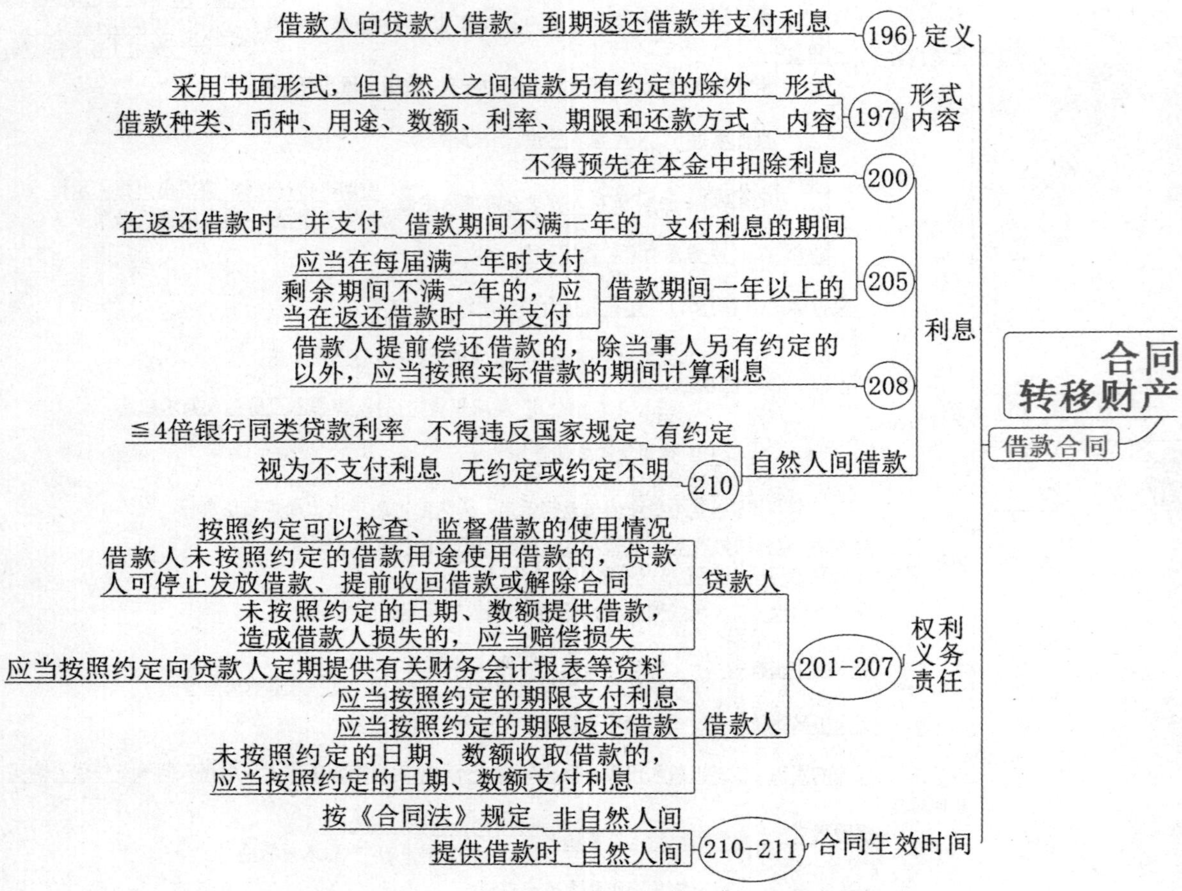
合同
转移财产
借款合同
定义
196
借款人向贷款人借款，到期返还借款并支付利息
形式
内容
197
形式
采用书面形式，但自然人之间借款另有约定的除外
内容
借款种类、币种、用途、数额、利率、期限和还款方式
利息
200
不得预先在本金中扣除利息
205
支付利息的期间
借款期间不满一年的
在返还借款时一并支付
借款期间一年以上的
应当在每届满一年时支付
剩余期间不满一年的，应当在返还借款时一并支付
208
借款人提前偿还借款的，除当事人另有约定的以外，应当按照实际借款的期间计算利息
自然人间借款
210
有约定
不得违反国家规定
≦4倍银行同类贷款利率
无约定或约定不明
视为不支付利息
权利义务责任
201-207
贷款人
按照约定可以检查、监督借款的使用情况
借款人未按照约定的借款用途使用借款的，贷款人可停止发放借款、提前收回借款或解除合同
未按照约定的日期、数额提供借款，造成借款人损失的，应当赔偿损失
借款人
应当按照约定向贷款人定期提供有关财务会计报表等资料
应当按照约定的期限支付利息
应当按照约定的期限返还借款
未按照约定的日期、数额收取借款的，应当按照约定的日期、数额支付利息
合同生效时间
210-211
非自然人间
按《合同法》规定
自然人间
提供借款时

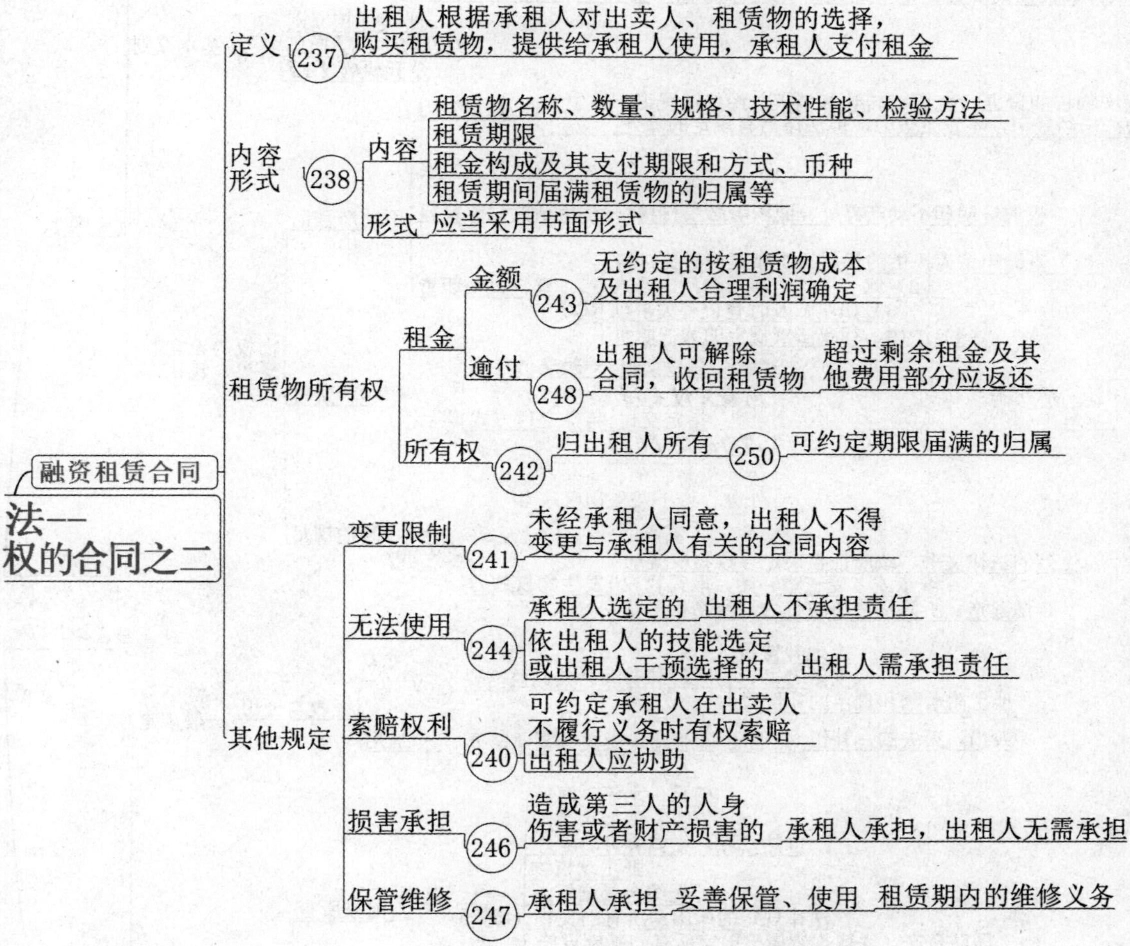
法——
权的合同之二
融资租赁合同
定义
237
出租人根据承租人对出卖人、租赁物的选择，购买租赁物，提供给承租人使用，承租人支付租金
内容形式
238
内容
租赁物名称、数量、规格、技术性能、检验方法
租赁期限
租金构成及其支付期限和方式、币种
租赁期间届满租赁物的归属等
形式
应当采用书面形式
租赁物所有权
租金
金额
243
无约定的按租赁物成本及出租人合理利润确定
逾付
248
出租人可解除合同，收回租赁物
超过剩余租金及其他费用部分应返还
所有权
242
归出租人所有
250
可约定期限届满的归属
其他规定
变更限制
241
未经承租人同意，出租人不得变更与承租人有关的合同内容
无法使用
244
承租人选定的
出租人不承担责任
依出租人的技能选定或出租人干预选择的
出租人需承担责任
索赔权利
240
可约定承租人在出卖人不履行义务时有权索赔
出租人应协助
损害承担
246
造成第三人的人身伤害或者财产损害的
承租人承担，出租人无需承担
保管维修
247
承租人承担
妥善保管、使用
租赁期内的维修义务

物　权　法

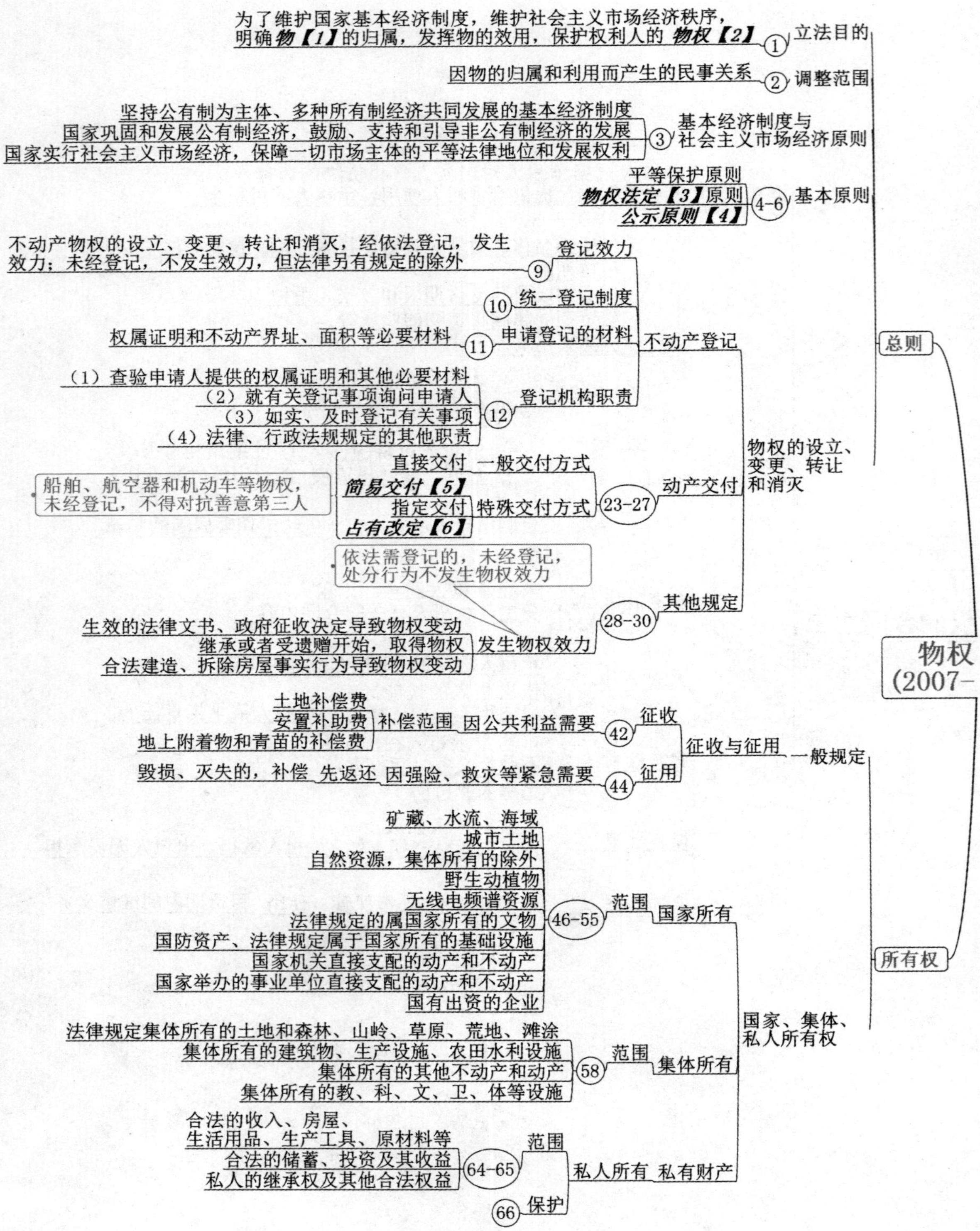
物权
(2007-
总则
立法目的
① 为了维护国家基本经济制度，维护社会主义市场经济秩序，明确物【1】的归属，发挥物的效用，保护权利人的物权【2】
调整范围
② 因物的归属和利用而产生的民事关系
基本经济制度与社会主义市场经济原则
③ 坚持公有制为主体、多种所有制经济共同发展的基本经济制度
国家巩固和发展公有制经济，鼓励、支持和引导非公有制经济的发展
国家实行社会主义市场经济，保障一切市场主体的平等法律地位和发展权利
基本原则
4-6 平等保护原则
物权法定【3】原则
公示原则【4】
物权的设立、变更、转让和消灭
不动产登记
登记效力
⑨ 不动产物权的设立、变更、转让和消灭，经依法登记，发生效力；未经登记，不发生效力，但法律另有规定的除外
⑩ 统一登记制度
申请登记的材料
⑪ 权属证明和不动产界址、面积等必要材料
登记机构职责
⑫ （1）查验申请人提供的权属证明和其他必要材料
（2）就有关登记事项询问申请人
（3）如实、及时登记有关事项
（4）法律、行政法规规定的其他职责
动产交付
23-27
一般交付方式
直接交付
简易交付【5】
特殊交付方式
指定交付
占有改定【6】
船舶、航空器和机动车等物权，未经登记，不得对抗善意第三人
其他规定
28-30
发生物权效力
生效的法律文书、政府征收决定导致物权变动
继承或者受遗赠开始，取得物权
合法建造、拆除房屋事实行为导致物权变动
依法需登记的，未经登记，处分行为不发生物权效力
所有权
一般规定
征收与征用
征收
42 因公共利益需要
补偿范围
土地补偿费
安置补助费
地上附着物和青苗的补偿费
征用
44 因强险、救灾等紧急需要
先返还
毁损、灭失的，补偿
国家、集体、私人所有权
国家所有
46-55 范围
矿藏、水流、海域
城市土地
自然资源，集体所有的除外
野生动植物
无线电频谱资源
法律规定的属国家所有的文物
国防资产、法律规定属于国家所有的基础设施
国家机关直接支配的动产和不动产
国家举办的事业单位直接支配的动产和不动产
国有出资的企业
集体所有
58 范围
法律规定集体所有的土地和森林、山岭、草原、荒地、滩涂
集体所有的建筑物、生产设施、农田水利设施
集体所有的其他不动产和动产
集体所有的教、科、文、卫、体等设施
私有财产
私人所有
64-65 范围
合法的收入、房屋、生活用品、生产工具、原材料等
合法的储蓄、投资及其收益
私人的继承权及其他合法权益
66 保护

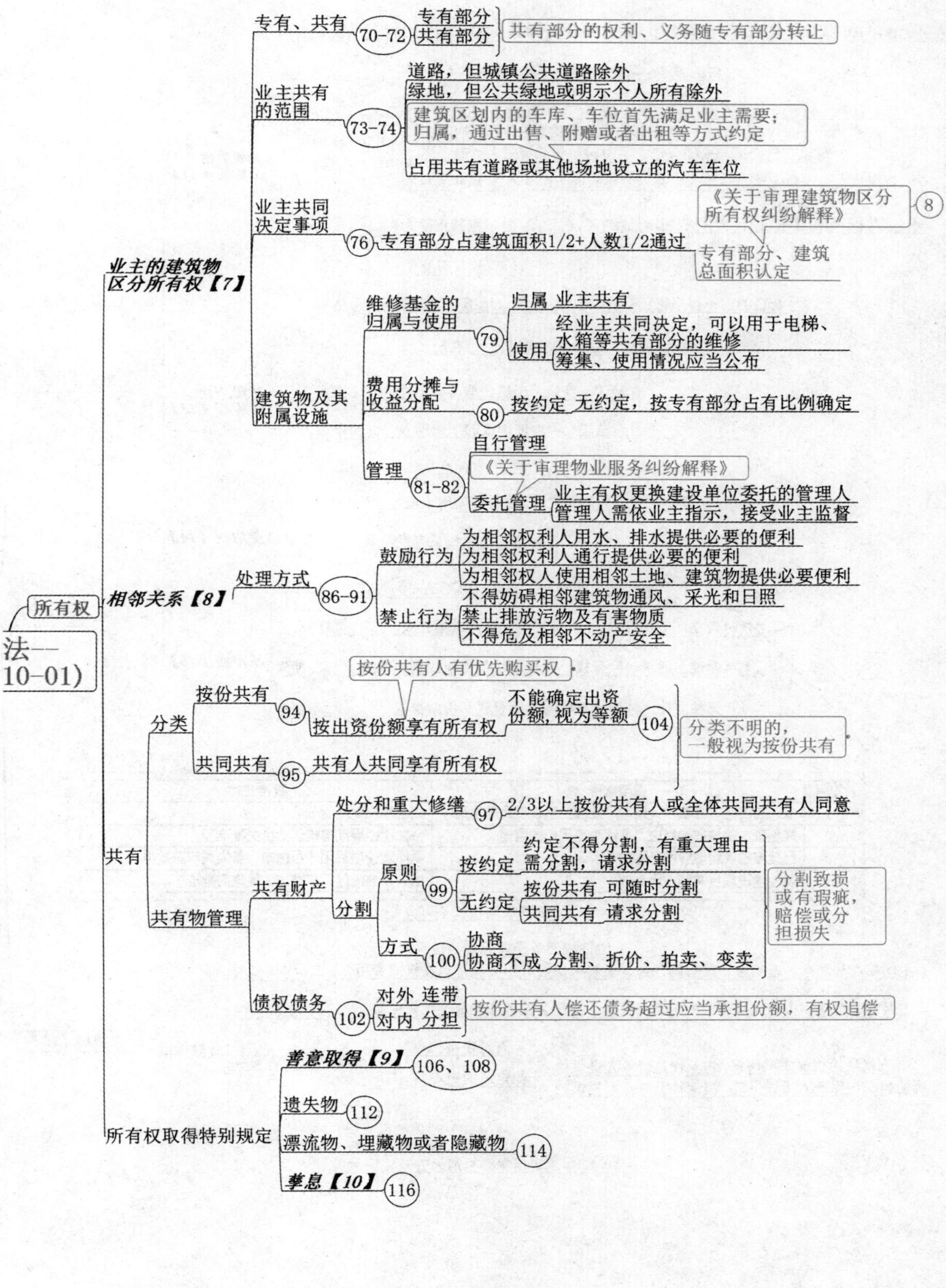
所有权
法——
10-01)
业主的建筑物区分所有权【7】
专有、共有
70-72
专有部分
共有部分
共有部分的权利、义务随专有部分转让
业主共有的范围
73-74
道路，但城镇公共道路除外
绿地，但公共绿地或明示个人所有除外
建筑区划内的车库、车位首先满足业主需要；归属，通过出售、附赠或者出租等方式约定
占用共有道路或其他场地设立的汽车车位
业主共同决定事项
76
专有部分占建筑面积1/2+人数1/2通过
《关于审理建筑物区分所有权纠纷解释》
8
专有部分、建筑总面积认定
建筑物及其附属设施
维修基金的归属与使用
79
归属 业主共有
使用
经业主共同决定，可以用于电梯、水箱等共有部分的维修
筹集、使用情况应当公布
费用分摊与收益分配
80
按约定 无约定，按专有部分占有比例确定
管理
81-82
自行管理
《关于审理物业服务纠纷解释》
委托管理
业主有权更换建设单位委托的管理人
管理人需依业主指示，接受业主监督
相邻关系【8】
处理方式
86-91
鼓励行为
为相邻权利人用水、排水提供必要的便利
为相邻权利人通行提供必要的便利
为相邻权人使用相邻土地、建筑物提供必要便利
禁止行为
不得妨碍相邻建筑物通风、采光和日照
禁止排放污物及有害物质
不得危及相邻不动产安全
共有
分类
按份共有
94
按出资份额享有所有权
按份共有人有优先购买权
不能确定出资份额，视为等额
104
分类不明的，一般视为按份共有
共同共有
95
共有人共同享有所有权
共有物管理
共有财产
处分和重大修缮
97
2/3以上按份共有人或全体共同共有人同意
分割
原则
99
按约定
约定不得分割，有重大理由需分割，请求分割
无约定
按份共有 可随时分割
共同共有 请求分割
方式
100
协商
协商不成 分割、折价、拍卖、变卖
分割致损或有瑕疵，赔偿或分担损失
债权债务
102
对外 连带
对内 分担
按份共有人偿还债务超过应当承担份额，有权追偿
所有权取得特别规定
善意取得【9】
106、108
遗失物
112
漂流物、埋藏物或者隐藏物
114
孳息【10】
116

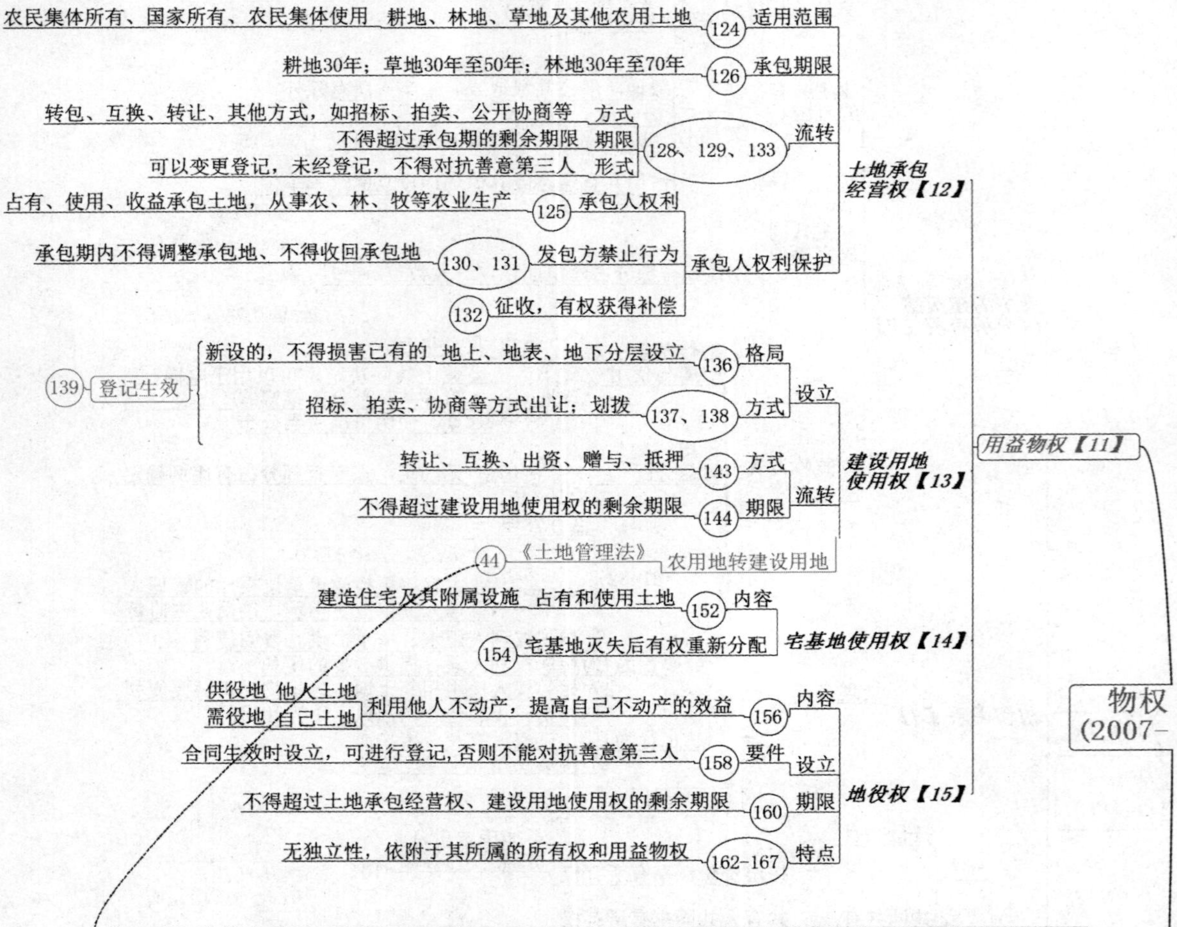

编号	适用情形	批准主体
1	省、自治区、直辖市人民政府批准的建设项目需用地	由国务院批准
2	规划确定的城市和村庄、集镇建设用地需用地	分批次由原批准规划的机关批准
3	已批准的农用地转用范围内需用地	具体建设项目用地可由市、县人民政府批准
4	其他建设项目需要占用土地	由省、自治区、直辖市人民政府批准

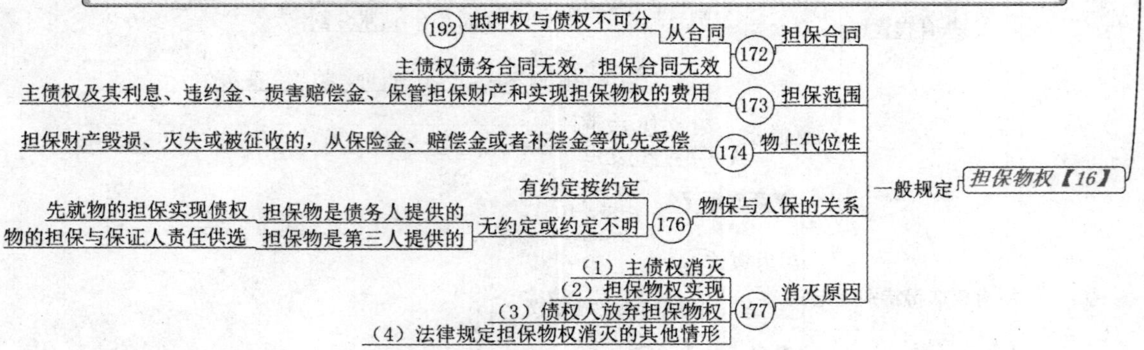

法
10-01)

- 担保物权
  - 抵押财产
    - 允许抵押 (180)
      - （1）建筑物和其他土地附着物
      - （2）建设用地使用权 —— 房、地一并抵押 (182)
      - （3）以招标、拍卖、公开协商等方式取得的荒地等土地承包经营权
      - （4）生产设备、原材料、半成品、产品
      - （5）正在建造的建筑物、船舶、航空器
      - （6）交通运输工具
    - 禁止抵押 (184)
      - （1）土地所有权
      - （2）耕地、宅基地、自留地等集体所有的土地使用权，但法律规定可以抵押的除外
      - （3）以公益为目的的事业单位、社会团体的教育设施等其他社会公益设施
      - （4）所有权、使用权不明或者有争议的财产
      - （5）依法被查封、扣押、监管的财产
      - （6）法律法规规定不得抵押的其他财产
  - *浮动抵押【17】*
    - 确定抵押财产的时间 (196)
  - 特殊事项
    - 抵押权和租赁权关系 (190)
      - 先出租后抵押：抵押关系不受影响
      - 先抵押后出租：租赁关系不得对抗已登记的抵押权
    - 抵押期间转让抵押财产 (191)
      - 需经抵押权人同意：受让人代为清偿，消灭抵押权的除外
      - 转让所得价款提前清偿债务或提存：多退少补
    - 抵押权人放弃抵押权、抵押权的顺位及变更 (194)
      - 变更的，未经其他抵押权人书面同意，不得对其他人产生不利影响
      - 债务人以自己的财产设定抵押：其他担保人相应范围内免除责任
  - 抵押权实现
    - 实现方式 (195)
      - 协议：协议折价或者以拍卖、变卖该抵押财产；无协议的，法院拍卖、变卖抵押财产
      - 其他债权人1年内可申请法院撤销
    - 清偿顺序 (199)
      - （1）按照登记的先后顺序清偿；顺序相同的，按照债权比例清偿
      - （2）抵押权已登记的先于未登记的受偿
      - （3）抵押权未登记的，按照债权比例清偿
  - *最高额抵押权【18】*
    - 债权确定的时间 (206)
      - （1）约定的债权确定期间届满
      - （2）没有约定或约定不明，自设立之日起满2年后请求确定债权
      - （3）新的债权不可能发生
      - （4）抵押财产被查封、扣押
      - （5）债务人、抵押人被宣告破产或者被撤销
      - （6）法律规定债权确定的其他情形
  - *动产质权【19】*
    - 质权人
      - 权利
        - 收取孳息 (213)
        - 质物保全 (216)
          - 不能归责于质权人的事由可能使质押财产毁损或者价值明显减少
          - 补充担保，或拍卖、变卖质押财产，提前清偿或提存
      - 义务 (214-217)
        - 不得擅自使用、处分质押财产；妥善保管质押财产；不得擅自转质
  - *权利质权【20】*
    - 可以出质的权利范围 (223)
      - （1）汇票、支票、本票
      - （2）债券、存款单
      - （3）仓单、提单
        - （1）～（3）：自交付权利凭证时设立，无权利凭证自登记时设立 (224)
      - （4）可以转让的基金份额、股权
      - （5）可转让的注册商标权、专利权、著作权等知识产权中的财产权
        - （4）（5）：自登记时设立 (226)
      - （6）应收账款
    - 财产权出质后，不得随意转让：协商转让 —— 转让款提前清偿债务或者提存
  - *留置权【21】*
    - 留置财产 (231)
      - 应当与债权属于同一法律关系，但企业之间留置的除外
      - 留置财产为可分物的，留置财产的价值应当相当于债务的金额 (233)
    - 留置权实现 (236)
      - 无约定的
        - 应给债务人2个月以上履行期间，但鲜活易腐等不易保管的动产除外
        - 逾期未履行的，折价、拍卖、变卖
- *占有【22】*
  - 种类
    - 按占有权力的来源不同 (243)：***有权占有【23】***、无权占有
    - 按占有人的主观意图不同 (242、243)：***善意占有【24】***、恶意占有
  - 占有人 (243-245)
    - 权利：返还请求权；排除妨害或者消除危险请求权；损害赔偿请求权
    - 责任：被占有物毁损、灭失时赔偿责任

担 保 法

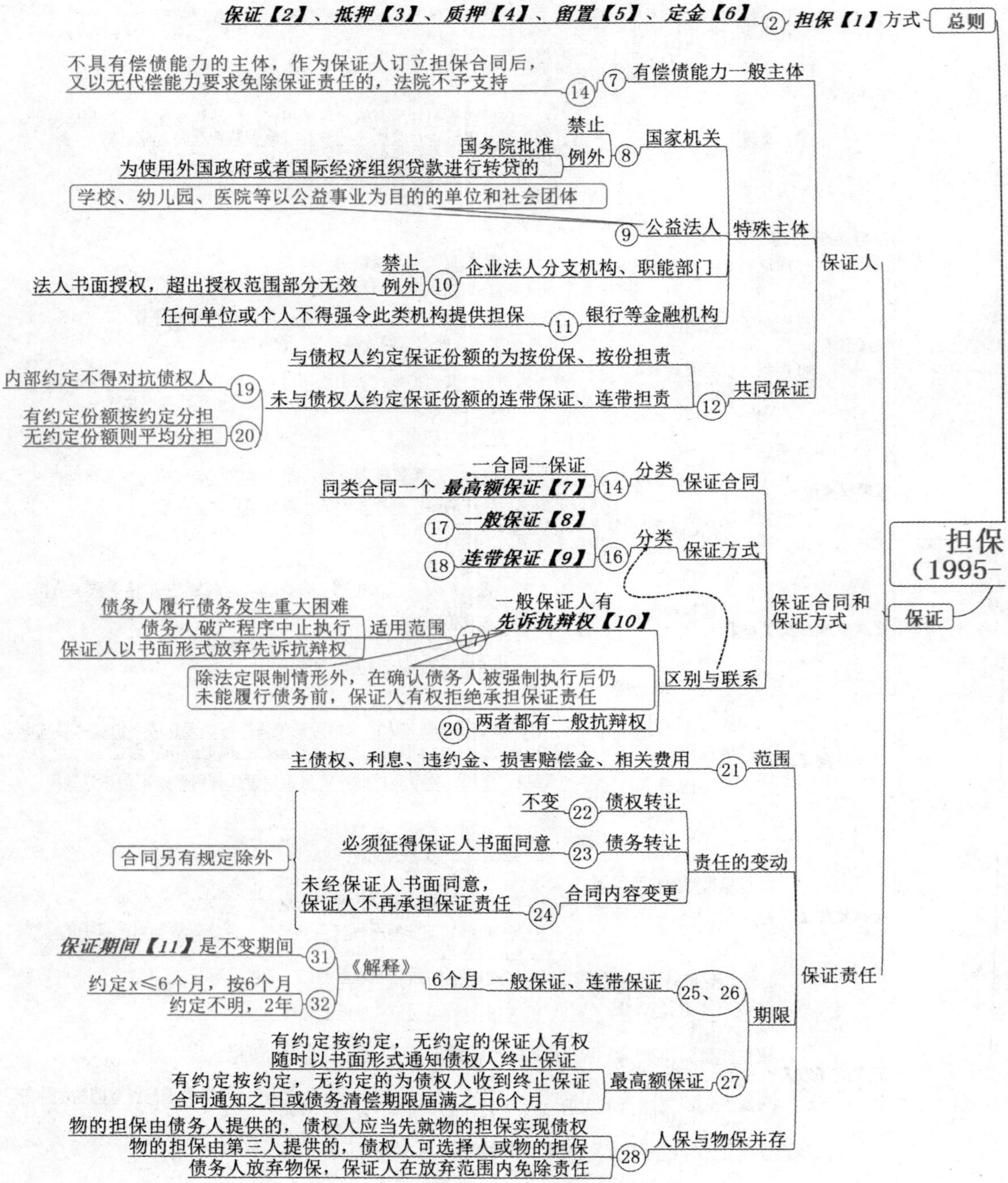
总则
担保【1】方式
保证【2】、抵押【3】、质押【4】、留置【5】、定金【6】
2
担保
(1995-
保证
保证人
有偿债能力一般主体
7
14
不具有偿债能力的主体，作为保证人订立担保合同后，
又以无代偿能力要求免除保证责任的，法院不予支持
特殊主体
国家机关
8
禁止
例外
国务院批准
为使用外国政府或者国际经济组织贷款进行转贷的
公益法人
9
学校、幼儿园、医院等以公益事业为目的的单位和社会团体
企业法人分支机构、职能部门
10
禁止
例外
法人书面授权，超出授权范围部分无效
银行等金融机构
11
任何单位或个人不得强令此类机构提供担保
共同保证
12
与债权人约定保证份额的为按份保、按份担责
未与债权人约定保证份额的连带保证、连带担责
19
内部约定不得对抗债权人
20
有约定份额按约定分担
无约定份额则平均分担
保证合同和
保证方式
保证合同
分类
14
一合同一保证
同类合同一个 最高额保证【7】
保证方式
分类
16
17
一般保证【8】
18
连带保证【9】
区别与联系
17
一般保证人有
先诉抗辩权【10】
适用范围
债务人履行债务发生重大困难
债务人破产程序中止执行
保证人以书面形式放弃先诉抗辩权
除法定限制情形外，在确认债务人被强制执行后仍
未能履行债务前，保证人有权拒绝承担保证责任
20
两者都有一般抗辩权
保证责任
范围
21
主债权、利息、违约金、损害赔偿金、相关费用
责任的变动
债权转让
22
不变
债务转让
23
必须征得保证人书面同意
合同内容变更
24
未经保证人书面同意，
保证人不再承担保证责任
合同另有规定除外
期限
25、26
一般保证、连带保证
6个月
《解释》
31
保证期间【11】是不变期间
32
约定x≤6个月，按6个月
约定不明，2年
最高额保证
27
有约定按约定，无约定的保证人有权
随时以书面形式通知债权人终止保证
有约定按约定，无约定的为债权人收到终止保证
合同通知之日或债务清偿期限届满之日6个月
人保与物保并存
28
物的担保由债务人提供的，债权人应当先就物的担保实现债权
物的担保由第三人提供的，债权人可选择人或物的担保
债务人放弃物保，保证人在放弃范围内免除责任

法之一
10-01）

- 抵押
  - 概念
    - 物权法179条
      - 债务人或第三人对债权人不转移财产占有，将该财产作为清偿债务担保
      - 债务人或第三人为抵押人，债权人为抵押权人
  - 抵押物
    - 抵押财产的范围
      - 物权法180
        - 建筑物和其他土地附着物 — 36 — *地随房走【12】*
        - 建设用地使用权
        - 生产设备、原材料、半成品、产品
        - 以招标、拍卖、协商等方式取得的荒地的土地承包经营权
        - 正在建造的建筑物、船舶、航空器
        - 交通运输工具
        - 法律法规未禁止抵押的其他财产
    - 超额抵押的禁止
      - 35
        - 担保的债权不能超过抵押物的价值
        - 抵押物价值超过担保债权的，不超过余额部分可以再次抵押
    - 不得抵押的财产
      - 37
        - 土地所有权
        - 集体土地使用权
          - 例外
            - 乡镇村企业的厂房等建筑物抵押的，其占用范围内的土地使用权同时抵押
            - 抵押人承包的经发包人同意对的荒山、荒沟、荒滩等荒地的土地使用权
        - 学校、幼儿园等公益事业单位的教育、医疗设施或其他公益设施
        - 所有权使用权有争议的财产
        - 被查封、扣押、监管的财产
        - 其他依法不得抵押的财产
  - 抵押合同
    - 抵押合同的禁止
      - 40 — 不得约定到期不偿还，抵押财产归抵押权人
    - 抵押权设立条件
      - ***登记设立【13】***
        - 物权法187
          - 建设用地使用权（抵押权设定后新增建筑物不属于抵押范围）
      - ***签约设立【14】***
        - 物权法188
          - 交通运输工具
          - 生产设备、原材料、半成品、产品
          - 正在建造的船舶、航空器
        - 物权法189条
          - 企业、个体户、农业经营者将生产设备、原材料、半成品、产品抵押的应向抵押人住所地工商机关登记
        - 登记对抗
  - 抵押的效力
    - 抵押担保的范围
      - 46 — 主债权、利息、违约金、损害赔偿金、实现抵押权的费用
    - 效力
      - 对孳息的效力
        - 47
          - 逾期不履行债务致抵押物被扣押，自扣押日有权收取孳息，收取法定孳息的必须先通知法定孳息义务人
          - 所收孳息现行冲抵收取孳息的费用
      - 对租赁权的效力
        - 48
          - 将已出租的财产抵押的，原租赁合同继续有效
          - 抵押人应当告知承租人
      - 对抵押物处分权的影响
        - 49
          - 抵押人应当告知受让人并通知抵押权人，否则转让无效
          - 转让价款明显过低的，提供新担保，不提供的不得转让
          - 转让所得价款优先偿债或提存，多退少补
    - 抵押权的从属性
      - 转移的从属性，不得与主债权分离单独转让
      - 消灭的从属性，主债权消灭抵押权同时消灭

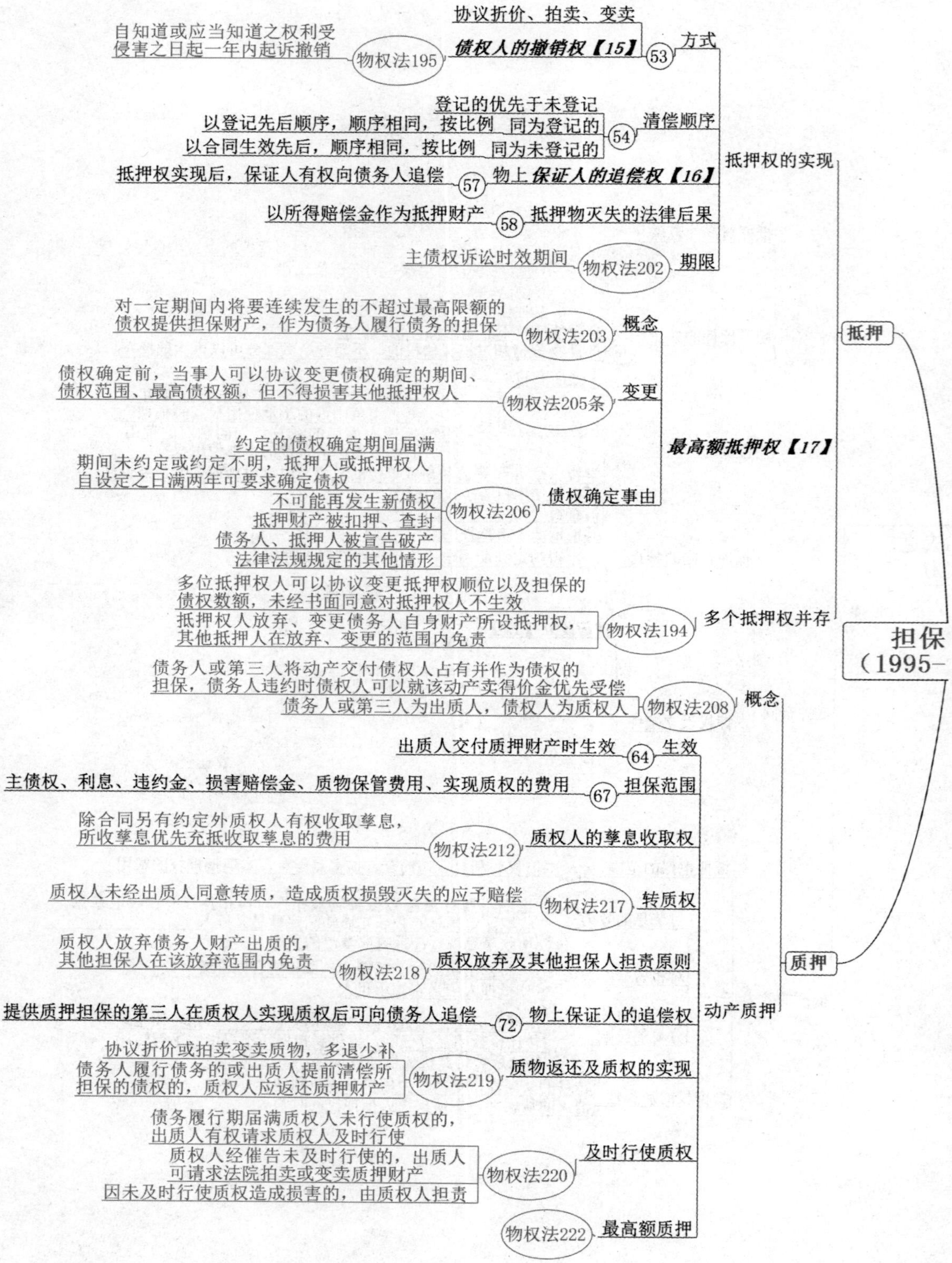
担保
(1995-
抵押
抵押权的实现
方式
53
协议折价、拍卖、变卖
债权人的撤销权【15】
物权法195
自知道或应当知道之权利受
侵害之日起一年内起诉撤销
清偿顺序
54
登记的优先于未登记
同为登记的
以登记先后顺序，顺序相同，按比例
同为未登记的
以合同生效先后，顺序相同，按比例
物上保证人的追偿权【16】
57
抵押权实现后，保证人有权向债务人追偿
抵押物灭失的法律后果
58
以所得赔偿金作为抵押财产
期限
物权法202
主债权诉讼时效期间
最高额抵押权【17】
概念
物权法203
对一定期间内将要连续发生的不超过最高限额的
债权提供担保财产，作为债务人履行债务的担保
变更
物权法205条
债权确定前，当事人可以协议变更债权确定的期间、
债权范围、最高债权额，但不得损害其他抵押权人
债权确定事由
物权法206
约定的债权确定期间届满
期间未约定或约定不明，抵押人或抵押权人
自设定之日满两年可要求确定债权
不可能再发生新债权
抵押财产被扣押、查封
债务人、抵押人被宣告破产
法律法规规定的其他情形
多个抵押权并存
物权法194
多位抵押权人可以协议变更抵押权顺位以及担保的
债权数额，未经书面同意对抵押权人不生效
抵押权人放弃、变更债务人自身财产所设抵押权，
其他抵押人在放弃、变更的范围内免责
质押
动产质押
概念
物权法208
债务人或第三人将动产交付债权人占有并作为债权的
担保，债务人违约时债权人可以就该动产卖得价金优先受偿
债务人或第三人为出质人，债权人为质权人
生效
64
出质人交付质押财产时生效
担保范围
67
主债权、利息、违约金、损害赔偿金、质物保管费用、实现质权的费用
质权人的孳息收取权
物权法212
除合同另有约定外质权人有权收取孳息，
所收孳息优先充抵收取孳息的费用
转质权
物权法217
质权人未经出质人同意转质，造成质权损毁灭失的应予赔偿
质权放弃及其他担保人担责原则
物权法218
质权人放弃债务人财产出质的，
其他担保人在该放弃范围内免责
物上保证人的追偿权
72
提供质押担保的第三人在质权人实现质权后可向债务人追偿
质物返还及质权的实现
物权法219
协议折价或拍卖变卖质物，多退少补
债务人履行债务的或出质人提前清偿所
担保的债权的，质权人应返还质押财产
及时行使质权
物权法220
债务履行期届满质权人未行使质权的，
出质人有权请求质权人及时行使
质权人经催告未及时行使的，出质人
可请求法院拍卖或变卖质押财产
因未及时行使质权造成损害的，由质权人担责
最高额质押
物权法222

法之二
10-01）

- 抵押
  - 权利质押
    - 物权法17章
      - 汇票、本票、支票、债券、存款单、仓单、提单
        - 自权利凭证交付起，无权利凭证的自登记之日生效
        - 载明兑现或提货日期且该日期早于债务履行期的，质权人可提前兑现并于出质人协议提前偿债或提存
      - 依法可转让的股权、基金份额
        - 以证券机构登记的股权、基金份额出质的自证券结算机构登记时生效，其他股权自工商部门登记时生效
        - 股权、基金份额出质后未经协商同意禁止转让，转让所得价款应提存或提前偿债
      - 可转让的知识产权中的财产权
        - 自登记之日生效
        - 出质后非经协商同意出质人不得转让或许可使用
        - 转让所得价款应向质权人提前偿债或提存
      - 应收账款
        - 应收账款出质的自信贷征信机构登记时生效
        - 出质后未经协商同意不得转让
        - 出质转让或许可适用所得价款应提前偿债或提存
- 留置
  - 概念（物权法230）
    - 债务人未如期履行债务，债权人可就合法占有的债务人的动产予以留置并优先受偿
    - 债权人为留置权人，占有的动产为留置财产
  - 担保范围（83）
    - 主债权、利息、违约金、损害赔偿金、留置物保管费用、实现留置权的费用
  - 限制（物权法232）
    - 法定或约定不得留置的动产不得留置
  - 留置财产与质权的关系（物权法231）
    - 留置动产应当与债权属于同一法律关系，企业间留置除外
  - 可分物作为留置财产的规定（物权法233）
    - 留置财产为可分物的，留置物价值应相当于债务金额
  - 留置权人的孳息收取权（物权法235）
    - 留置权人有权收取孳息，所收孳息优先充抵收取孳息的费用
  - 留置人保管义务（86）
    - 若因保管不善致留置物损毁或灭失的留置人应担责
  - 留置权的实现
    - 留置权人与债务人应约定留置后的债务履行期
    - 当事人未约定履行期或约定不明的留置权人应给债务人不少于两个月的债务履行，不易保管物除外
    - 拍卖、变卖所得价款的超额部分归债务人，不足部分由债务人清偿
    - 债务人逾期履行债务可协议折价或拍卖、变卖留置物
  - 留置权的灭失（88）
    - 债权消灭
    - 债权人接受债务人另行提供的担保
- 定金
  - 概念
    - 在合同订立或履行之前支付的作为履约担保的金钱
  - 效力（89）
    - 履约：定金抵作价款或收回
    - 违约
      - 给付定金一方：无权要求返还
      - 收受定金一方：双倍返还
  - （186）当事人约定以交付定金为主合同成立或生效要件，未交付但主合同已履行或部分履行，不影响主合同生效
  - 生效（90）
    - 交付定金生效
      - （119）交付定金数额多于或者少于约定数额，视为变更定金合同；接收方提出异议并拒收的，定金合同不生效
  - 违约（117）
    - 给付定金一方：以丧失订金为代价
    - 收受定金一方：双倍返还订金为代价
  - 数额（91）
    - 不得超过主合同标的额的20%

婚 姻 法

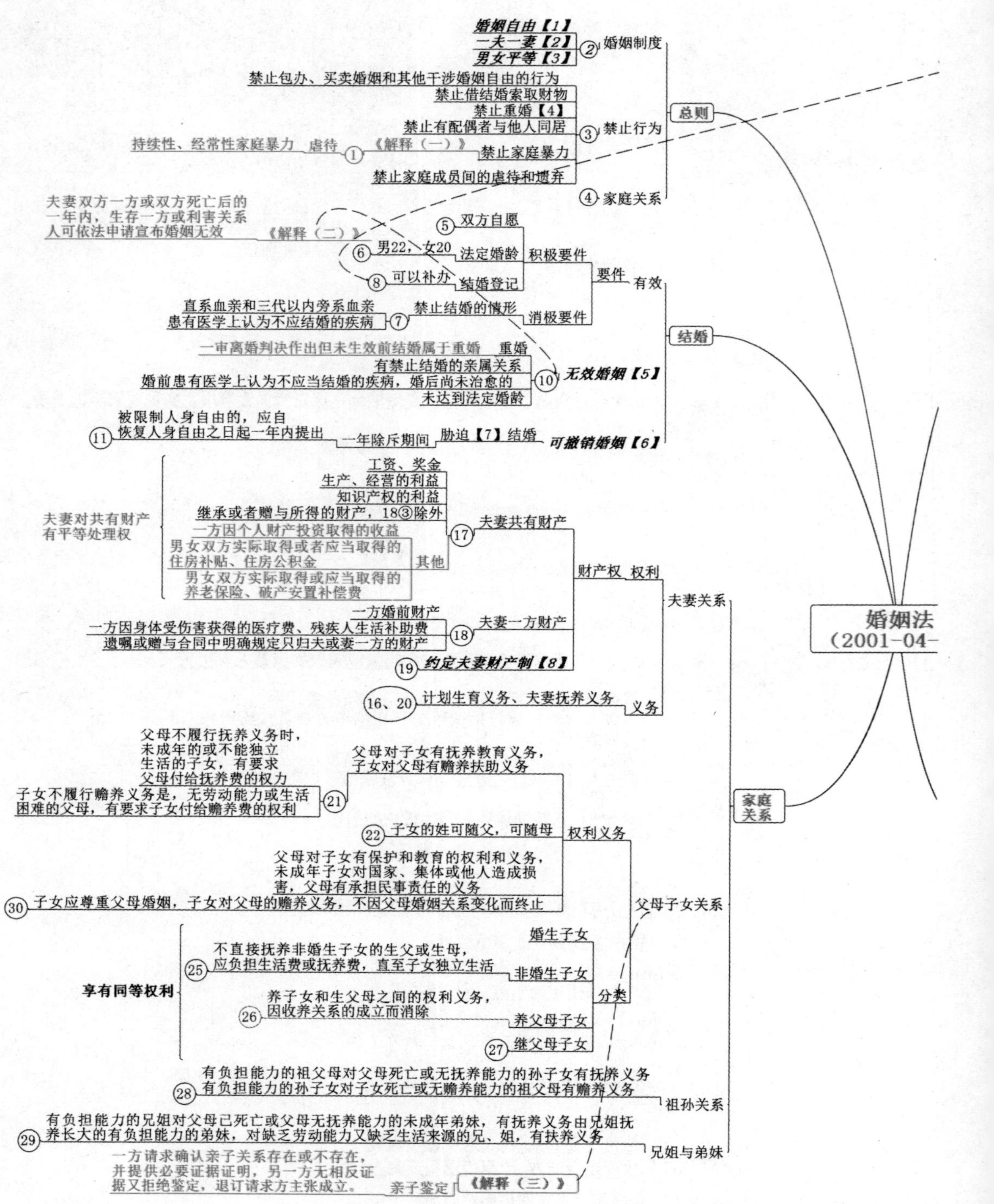
婚姻法
(2001-04-
总则
婚姻自由【1】
一夫一妻【2】
男女平等【3】
②婚姻制度
禁止包办、买卖婚姻和其他干涉婚姻自由的行为
禁止借结婚索取财物
禁止重婚【4】
禁止有配偶者与他人同居
③禁止行为
持续性、经常性家庭暴力
虐待
①
《解释（一）》
禁止家庭暴力
禁止家庭成员间的虐待和遗弃
④家庭关系
结婚
夫妻双方一方或双方死亡后的
一年内，生存一方或利害关系
人可依法申请宣布婚姻无效
《解释（二）》
⑤双方自愿
⑥男22，女20
法定婚龄
积极要件
⑧可以补办
结婚登记
要件
有效
直系血亲和三代以内旁系血亲
患有医学上认为不应结婚的疾病
⑦
禁止结婚的情形
消极要件
一审离婚判决作出但未生效前结婚属于重婚
重婚
有禁止结婚的亲属关系
婚前患有医学上认为不应当结婚的疾病，婚后尚未治愈的
未达到法定婚龄
⑩
无效婚姻【5】
被限制人身自由的，应自
恢复人身自由之日起一年内提出
⑪
一年除斥期间
胁迫【7】结婚
可撤销婚姻【6】
夫妻关系
夫妻对共有财产
有平等处理权
工资、奖金
生产、经营的利益
知识产权的利益
继承或者赠与所得的财产，18③除外
一方因个人财产投资取得的收益
男女双方实际取得或者应当取得的
住房补贴、住房公积金
男女双方实际取得或应当取得的
养老保险、破产安置补偿费
其他
⑰
夫妻共有财产
财产权、权利
一方婚前财产
一方因身体受伤害获得的医疗费、残疾人生活补助费
遗嘱或赠与合同中明确规定只归夫或妻一方的财产
⑱
夫妻一方财产
⑲
约定夫妻财产制【8】
16、20
计划生育义务、夫妻抚养义务
义务
家庭关系
父母不履行抚养义务时，
未成年的或不能独立
生活的子女，有要求
父母付给抚养费的权力
子女不履行赡养义务是，无劳动能力或生活
困难的父母，有要求子女付给赡养费的权利
㉑
父母对子女有抚养教育义务，
子女对父母有赡养扶助义务
㉒
子女的姓可随父，可随母
权利义务
父母对子女有保护和教育的权利和义务，
未成年子女对国家、集体或他人造成损
害，父母有承担民事责任的义务
㉚
子女应尊重父母婚姻，子女对父母的赡养义务，不因父母婚姻关系变化而终止
父母子女关系
享有同等权利
婚生子女
不直接抚养非婚生子女的生父或生母，
应负担生活费或抚养费，直至子女独立生活
㉕
非婚生子女
养子女和生父母之间的权利义务，
因收养关系的成立而消除
㉖
养父母子女
㉗
继父母子女
分类
有负担能力的祖父母对父母死亡或无抚养能力的孙子女有抚养义务
有负担能力的孙子女对子女死亡或无赡养能力的祖父母有赡养义务
㉘
祖孙关系
有负担能力的兄姐对父母已死亡或父母无抚养能力的未成年弟妹，有抚养义务由兄姐抚
养长大的有负担能力的弟妹，对缺乏劳动能力又缺乏生活来源的兄、姐，有扶养义务
㉙
兄姐与弟妹
一方请求确认亲子关系存在或不存在，
并提供必要证据证明，另一方无相反证
据又拒绝鉴定，退订请求方主张成立。
亲子鉴定
《解释（三）》

- 《解释（一）》
  - ④ 补办结婚登记的，婚姻关系的效力从双方均符合婚姻法送规定的结婚实质要件起计算
  - ⑤ 未登记而以夫妻名义共同生活的男女，起诉离婚的，区别对待
    - 1994年2月1日民政部《婚姻登记管理条例》公布实施
      - 以前：男女双方符合结婚事实要件的，按事实婚处理
      - 以后：男女双方符合结婚事实要件的，法院告知其在案件受理前补办结婚登记，未补办的，按解除同居关系处理
- 《解释（三）》 ⑨ 夫以妻擅自中止妊娠侵犯其生育权为由请求损害赔偿的，人民法院不予支持；

救助措施与法律责任

- 种类
  - 重婚
  - 家庭暴力【9】与虐待 ㊸
    - 一般
      - 村委会居委会和所在单位劝阻、调解
      - 公安机关据治安管理处罚法予以行政处罚
    - 正在进行
      - 村委会居委会劝阻
      - 公安机关制止
  - 遗弃 ㊹
    - 村委会居委会和所在单位劝阻、调解
    - 人民法院判决
  - 隐藏、转移共同财产等行为 ㊼
    - 分割财产时，不分或少分
    - 离婚后发现上述行为，可请求人民法院再次分割财产
- 责任
  - 损害赔偿 ㊻ 下列情形之一导致离婚的
    - 重婚的
    - 有配偶者与他人同居的
    - 实施家庭暴力的
    - 虐待遗弃家庭成员的
    - 《解释（一）》
      - ㉘ 损害赔偿：物质损害赔偿；精神损害赔偿
      - ㉙ 婚姻关系存续期间，当事人不起诉离婚，但依据该条规定提起损害赔偿请求的，法院不受理
  - 刑事责任 ㊺
    - 重婚
    - 实施家庭暴力或者虐待
    - 遗弃家庭成员
    - 情节严重的 自诉

离婚

- 程序
  - 双方自愿 到婚姻登记机关登记 ㉛
  - 一方提出 ㉜
    - 调解 调解无效，离婚诉讼
      - 重婚或有配偶者与他人同居
      - 实施家庭暴力或者虐待，遗弃家庭成员的
      - 有赌博、吸毒等恶习屡教不改的
      - 因感情不和分居满两年的
      - 其他导致夫妻感情破裂的情形
      - 夫妻双方因是否生育发生纠纷，致使感情确已破裂，一方请求离婚的，经调解无效，应依照《婚姻法》32（3）第（五）项处理
    - 直接离婚诉讼
    - 一方宣告失踪，另一方提出离婚，应准予
  - 现役军人配偶要求离婚，需军人同意，但军人一方重大过错除外 ㉝
  - 女方怀孕期间、分娩后一年内或终止妊娠后六个月内 ㉞
    - 男方不的提出离婚
    - 女方提出或者法院认为有必要受理男方离婚请求的除外
- 复婚
  - 双方自愿，到婚姻登记机关登记 ㉟
- 效果
  - 父母子女关系
    - 不因父母离婚而消除 —— 哺乳期子女，以随哺乳母亲扶养为原则 ㊱
    - 抚养 一方抚养，另一方支付必要生活费和教育费的部分或全部，协议；协议不成，法院判决 —— 关于协议或判决，不妨碍子女在必要时向父母任何一方提出超过协议或判决数额的合理要求 ㊲
    - 探望 不直接抚养子女的一方有探望权，另一方有协助义务 —— 探望不利于子女身心健康的，由人民法院依法中止探望 ㊳
  - 夫妻关系
    - 共同财产
      - 协议：协议不成，法院据照顾子女和女方权益的原则判决 ㊴
      - 夫妻书面约定财产各自所有的，一方付出较多，离婚时请求补偿，另一方应予以补偿 ㊵
      - 一方生活困难，另一方应适当帮助 ㊷
        - 一方生活困难 依靠个人财产和离婚时分的的财产无法维持当地基本生活水平；离婚时，一方以个人财产中住房对生活困难者进行帮助的形式，可以是住房的居住权或房屋的所有权
    - 共同债务
      - 共同偿还 ㊶
        - 协议不成，法院判决
        - 《解释（二）》
          - ㉓ 债权人就一方婚前所负个人债务向债务人的配偶主张权利的，人民法院不予支持债权人能证明所附债务用于婚后共同生活除外
          - ㉔ 债权人就婚姻关系存续期间夫妻一方以个人名义所负债务主张权利的，应当按夫妻共同债务处理．但夫妻一方能证明债权人与债务人明确约定为个人债务
          - ㉕ 离婚后财产已经分割的，债权人仍有权就夫妻共同债务向男女双方主张权利。一方清偿后，可向另一方追偿
          - ㉖ 夫或妻一方死亡，生存一方对婚姻关系存续期间共同债务承担连带清偿责任

婚姻家庭中的房产【10】

28）

继 承 法

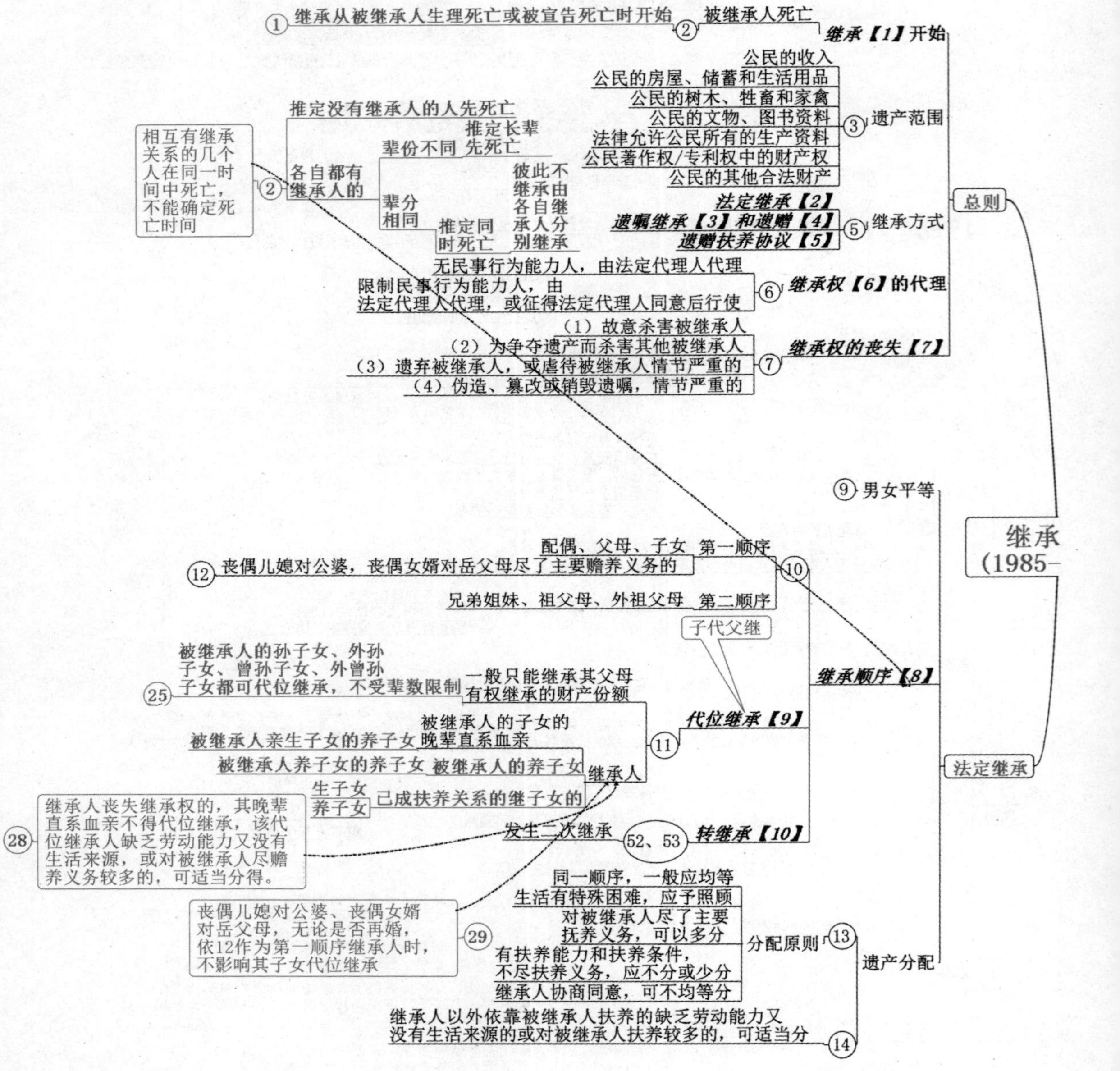
继承
(1985-
总则
继承【1】开始
②被继承人死亡
①继承从被继承人生理死亡或被宣告死亡时开始
③遗产范围
公民的收入
公民的房屋、储蓄和生活用品
公民的树木、牲畜和家禽
公民的文物、图书资料
法律允许公民所有的生产资料
公民著作权/专利权中的财产权
公民的其他合法财产
相互有继承关系的几个人在同一时间中死亡，不能确定死亡时间
②
推定没有继承人的人先死亡
各自都有继承人的
辈份不同
推定长辈先死亡
辈分相同
推定同时死亡
彼此不继承由各自继承人分别继承
⑤继承方式
法定继承【2】
遗嘱继承【3】和遗赠【4】
遗赠扶养协议【5】
⑥继承权【6】的代理
无民事行为能力人，由法定代理人代理
限制民事行为能力人，由法定代理人代理，或征得法定代理人同意后行使
⑦继承权的丧失【7】
（1）故意杀害被继承人
（2）为争夺遗产而杀害其他被继承人
（3）遗弃被继承人，或虐待被继承人情节严重的
（4）伪造、篡改或销毁遗嘱，情节严重的
法定继承
⑨男女平等
继承顺序【8】
⑩
配偶、父母、子女 第一顺序
⑫丧偶儿媳对公婆，丧偶女婿对岳父母尽了主要赡养义务的
兄弟姐妹、祖父母、外祖父母 第二顺序
子代父继
代位继承【9】
⑪
一般只能继承其父母有权继承的财产份额
㉕被继承人的孙子女、外孙子女、曾孙子女、外曾孙子女都可代位继承，不受辈数限制
被继承人的子女的晚辈直系血亲
被继承人亲生子女的养子女
被继承人养子女的养子女
被继承人的养子女
继承人
生子女
养子女
已成扶养关系的继子女的
㉘继承人丧失继承权的，其晚辈直系血亲不得代位继承，该代位继承人缺乏劳动能力又没有生活来源，或对被继承人尽赡养义务较多的，可适当分得。
转继承【10】
52、53
发生二次继承
㉙丧偶儿媳对公婆、丧偶女婿对岳父母，无论是否再婚，依12作为第一顺序继承人时，不影响其子女代位继承
遗产分配
⑬分配原则
同一顺序，一般应均等
生活有特殊困难，应予照顾
对被继承人尽了主要扶养义务，可以多分
有扶养能力和扶养条件，不尽扶养义务，应不分或少分
继承人协商同意，可不均等分
⑭继承人以外依靠被继承人扶养的缺乏劳动能力又没有生活来源的或对被继承人扶养较多的，可适当分

法
10-01）

- 遗产的处理
  - 继承开始通知 ㉓
    - 知道被继承人死亡的继承人通知其他继承人和遗嘱执行人
    - 继承人中无人知道被继承人死亡或知道而不能通知的，由被继承人生前所在单位或者住所地的居民委员会、村民委员会通知
  - 遗产的保管 ㉔ 由存有遗产的人妥善保管
  - ㉕
    - 继承的放弃：在遗产处理前表示；未表示，视为接受
    - 遗赠的接受：在知道受遗赠后两个月内表示；未表示，视为放弃
  - 遗产的认定 ㉖
    - 夫妻共同财产，先分割一半为配偶所有，其余为被继承人的遗产
    - 家庭共有财产，先分出他人财产
  - *继承权的放弃【11】*
    - 形式：书面；口头，且本人承认或有证据证明
    - 时间：继承开始后，遗产分割前；遗产分割后放弃的是所有权而不是继承权 (49)
    - 反悔
      - 遗产处理前，法院决定
      - 遗产处理后，不予承认
    - 效力：追溯到继承开始时 (51)
  - 法定继承的适用 ㉗
    - 遗嘱继承人放弃继承或者受遗赠人放弃受遗赠
    - 遗嘱继承人丧失继承权的
    - 遗嘱继承人、受遗赠人先于遗嘱人死亡的
    - 遗嘱无效部分所涉及的遗产
    - 遗嘱未处分的遗产
  - 胎儿预留份额 ㉘
  - 遗产分割应有利生产生活需要，不损害遗产效用。不宜分割的，应折价、适当补偿或共有等方法 ㉙
  - 一方死亡，另一方再婚，有权处分所继承的财产，任何人不得干涉 ㉚
  - 遗赠扶养协议 ㉛
    - 对象
      - 扶养人
      - 集体所有组织
  - 无人继承的遗产 ㉜
    - 归国家所有
    - 死者生前是集体所有组织成员的，归集体所有
  - 遗产清偿债务
    - 以遗产实际价值为限
    - ㉝ 遗产已分割
      - 有法定继承：法定继承人用所得遗产清偿
      - 无法定继承人：遗嘱继承人和受遗赠人按比例偿还
- 遗嘱继承和遗赠
  - 订立
    - 对象
      - 遗嘱：法定继承人
      - 遗赠：国家、集体或法定继承人以外的人
    - 形式 ⑰
      - *公证遗嘱【12】*
      - 书面遗嘱
        - *自书遗嘱【13】*
        - 两个以上见证人，并有代书人、其他见证人和遗嘱人签名的 *代书遗嘱【14】*
      - *口头遗嘱【15】*
        - 危急情况下；并见证人
        - 危急解除后，立书面或录音遗嘱的，口头遗嘱无效
      - *录音遗嘱【16】* 两个以上见证人在场
      - 下列不能做遗嘱见证人 ⑱
        - 无行为能力人、限制行为能力人
        - 继承人、受遗赠人
        - 与继承人、受遗赠人有利害关系的人
    - 特留份规定 ⑲ 分给缺乏劳动能力又没有生活来源的继承人；特留份的剩余部分，才可参照遗嘱所确定的分配原则处理
  - 撤销和变更 ⑳
  - 无效 ㉒
    - 无民事行为能力人和限制民事行为能力人所立
    - 非真实意思；伪造遗嘱；被篡改的内容
  - (42) 不同形式遗嘱内容抵触，有公证遗嘱，以最后所立公证遗嘱为准；没有公证遗嘱，以最后所立遗嘱为准

侵权责任法

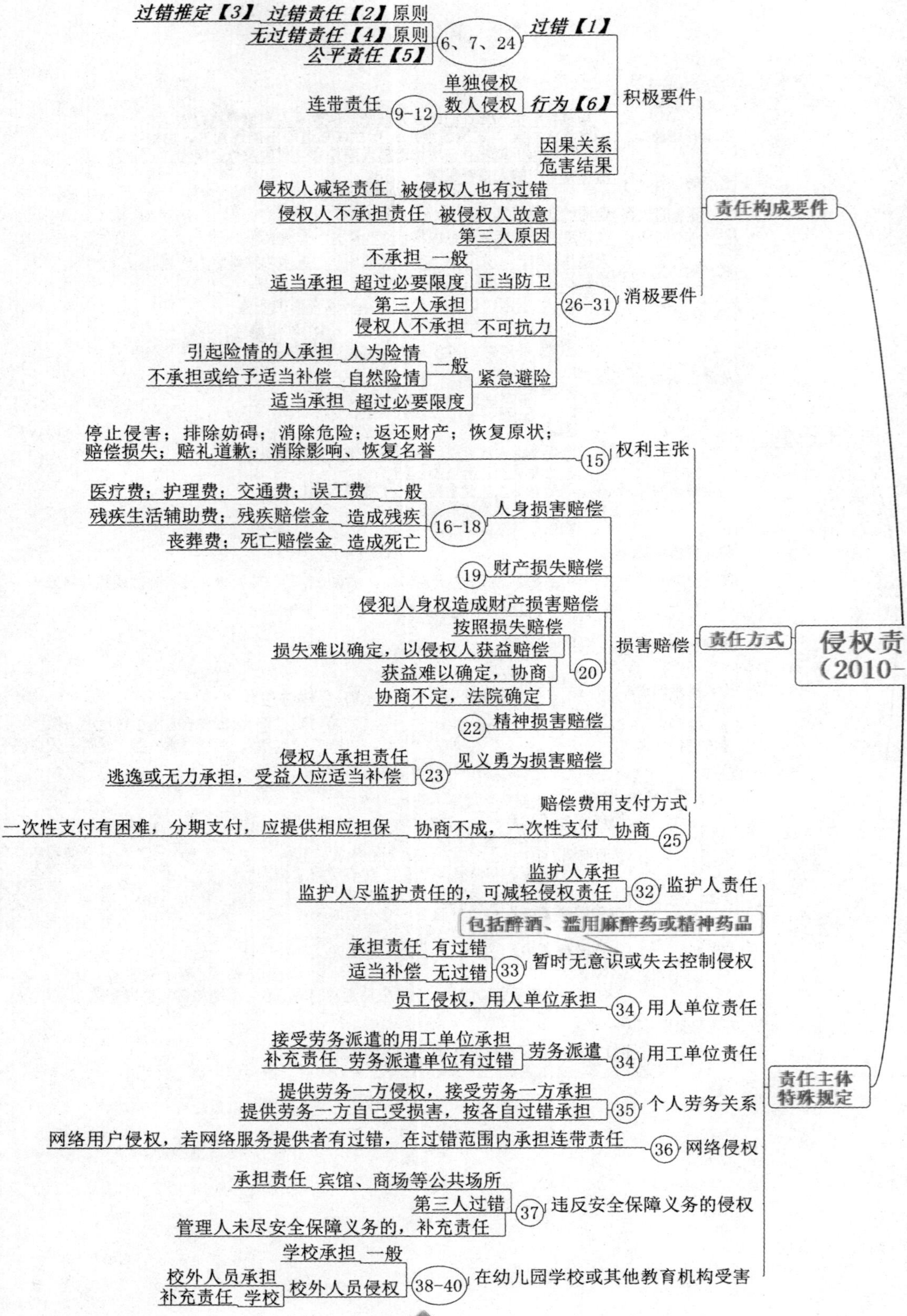
侵权责
（2010-
责任构成要件
积极要件
过错【1】
6、7、24
过错推定【3】
过错责任【2】原则
无过错责任【4】原则
公平责任【5】
行为【6】
单独侵权
数人侵权
9-12
连带责任
因果关系
危害结果
消极要件
26-31
被侵权人也有过错
侵权人减轻责任
被侵权人故意
侵权人不承担责任
第三人原因
正当防卫
一般
不承担
超过必要限度
适当承担
第三人承担
不可抗力
侵权人不承担
紧急避险
一般
人为险情
引起险情的人承担
自然险情
不承担或给予适当补偿
超过必要限度
适当承担
责任方式
权利主张
15
停止侵害；排除妨碍；消除危险；返还财产；恢复原状；
赔偿损失；赔礼道歉；消除影响、恢复名誉
损害赔偿
人身损害赔偿
16-18
一般
医疗费；护理费；交通费；误工费
造成残疾
残疾生活辅助费；残疾赔偿金
造成死亡
丧葬费；死亡赔偿金
19
财产损失赔偿
侵犯人身权造成财产损害赔偿
20
按照损失赔偿
损失难以确定，以侵权人获益赔偿
获益难以确定，协商
协商不定，法院确定
22
精神损害赔偿
见义勇为损害赔偿
23
侵权人承担责任
逃逸或无力承担，受益人应适当补偿
赔偿费用支付方式
25
协商
协商不成，一次性支付
一次性支付有困难，分期支付，应提供相应担保
责任主体
特殊规定
监护人责任
32
监护人承担
监护人尽监护责任的，可减轻侵权责任
暂时无意识或失去控制侵权
包括醉酒、滥用麻醉药或精神药品
33
有过错
承担责任
无过错
适当补偿
用人单位责任
34
员工侵权，用人单位承担
用工单位责任
34
劳务派遣
接受劳务派遣的用工单位承担
劳务派遣单位有过错
补充责任
个人劳务关系
35
提供劳务一方侵权，接受劳务一方承担
提供劳务一方自己受损害，按各自过错承担
网络侵权
36
网络用户侵权，若网络服务提供者有过错，在过错范围内承担连带责任
违反安全保障义务的侵权
37
宾馆、商场等公共场所
承担责任
第三人过错
管理人未尽安全保障义务的，补充责任
在幼儿园学校或其他教育机构受害
38-40
一般
学校承担
校外人员侵权
校外人员承担
学校
补充责任

任法
07-01）

- 产品责任 41-47
  - 归责
    - 外部 生产者、销售者 无过错责任
    - 内部
      - 生产者和销售者之间责任：连带，可追偿
      - 第三人过错：生产者和销售者赔偿后，可追偿
  - 责任承担
    - 因产品缺陷危及他人人身、财产安全的 排除妨碍、消除危险等
    - 产品投入流通后发现存在缺陷的 警示、召回等补救措施
    - 惩罚性赔偿
- 机动车交通事故责任 48-53
  - 一般 《道路交通安全法》第76条
  - 特殊主体责任
    - 租赁、借用 保险公司赔付 不足
      - 原则 使用人承担责任
      - 例外 所有人承担相应的过错责任
    - 转让并交付但未办理登记的 保险公司赔付 不足 受让人承担责任
    - 拼装或已经达到报废标准的 转让人和受让人连带责任
    - 盗抢的
      - 盗抢人承担责任
      - 保险公司垫付的，可追偿
    - 驾驶人逃逸的
      - 53
        - 交强险保险公司赔付
        - 未保险 道路交通事故社会救助基金垫付，可追偿
- 物件损害责任 85-89
  - 过错推定
    - 建筑物等设施及其悬挂物脱落、坠落损害责任
    - 堆放物倒塌
    - 不明抛掷物、坠落物
    - 林木折断损害
    - 公共场所、道路设施和窨井等地下设施损害责任
      - 施工工人：一般过错责任
      - 管理人：过错推定责任
  - 无过错责任
    - 建筑物等设施倒塌损害责任 建设单位和施工单位连带
    - 妨碍通行物损害责任
- 饲养动物损害责任 78-83
  - 一般 无过错责任
  - 情形
    - 未采取安全措施的损害责任
    - 禁止饲养的危险动物损害责任
    - 动物园的动物损害责任 能够证明尽到管理职责的，不承担责任
    - 遗弃、逃逸的动物损害责任 原动物饲养人或管理人承担
    - 第三人过错责任 饲养人管理人连带，可追偿
- 高度危险责任 69-76
  - 一般 无过错责任
  - 情形
    - 民用核设施
    - 民用航空器
    - 高度危险物
    - 高空、高压、地下挖掘、高速轨道运输工具
    - 遗失、抛弃高度危险物
      - 所有人承担
      - 所有人交由他人管理的
        - 一般：管理人承担
        - 所有人有过错：连带
    - 非法占有高度危险物
      - 所有人、管理人不能证明对防止他人非法占有尽到高度注意义务的：连带
    - 高度危险区域 管理人采取安全措施并尽到警示义务，可减轻或不承担责任
- 环境污染责任 65-68
  - 一般
    - 无过错责任
    - 举证责任倒置
  - 共同污染责任 据污染物种类、排放量等确定责任分担
  - 第三人过错导致 第三人和污染人连带责任 污染人可追偿
- 医疗损害责任 54-58
  - 过错责任
    - 未尽告知说明义务的责任 紧急情况下告知义务的例外
    - 未尽诊疗义务责任
    - 药品、消毒药剂、医疗器械缺陷或者不合格血液输入责任
      - 生产者或血液提供机构连带责任，可追偿 — 无过错责任
    - 患者隐私权泄漏损害责任
  - 推定过错的情形
    - （1）违反相关法律的规定
    - （2）隐匿或者拒绝提供与纠纷有关的病历资料
    - （3）伪造、篡改或销毁病历资料

总　则

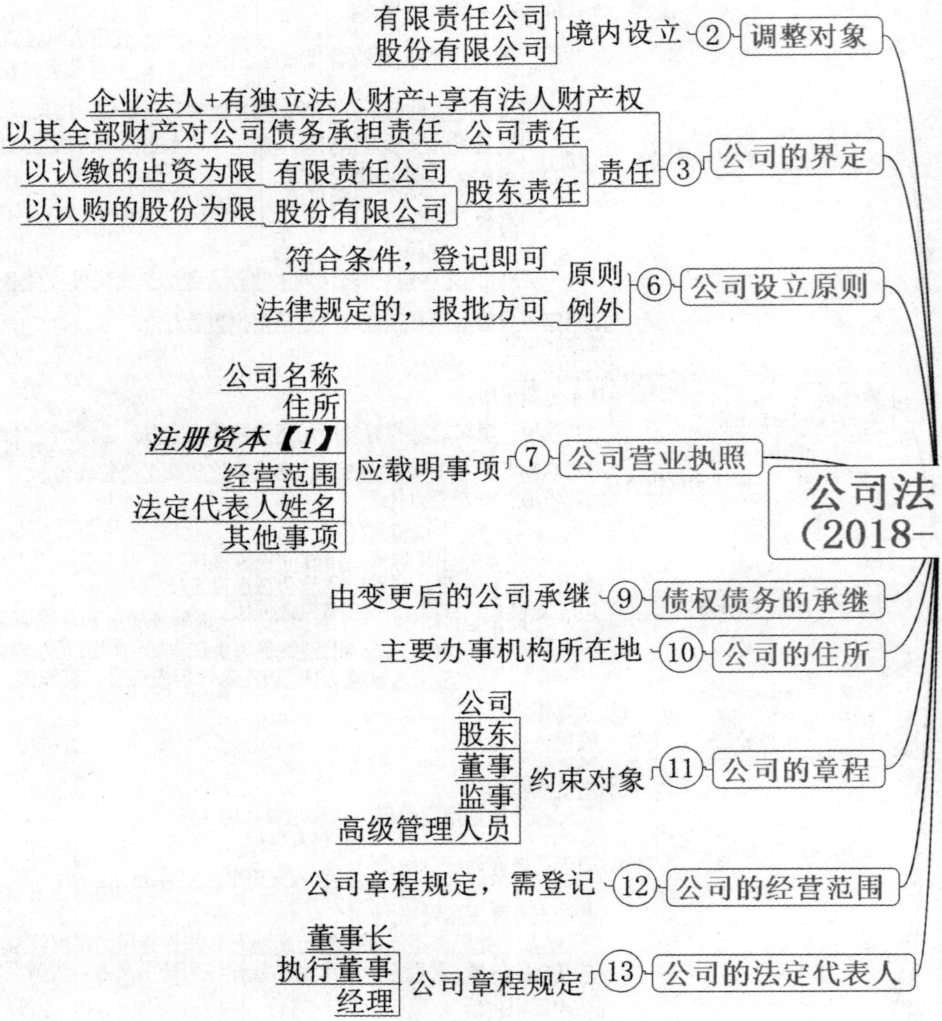
公司法
（2018-
调整对象
2
境内设立
有限责任公司
股份有限公司
公司的界定
3
责任
公司责任
企业法人+有独立法人财产+享有法人财产权
以其全部财产对公司债务承担责任
股东责任
有限责任公司
以认缴的出资为限
股份有限公司
以认购的股份为限
公司设立原则
6
原则
符合条件，登记即可
例外
法律规定的，报批方可
公司营业执照
7
应载明事项
公司名称
住所
注册资本【1】
经营范围
法定代表人姓名
其他事项
债权债务的承继
9
由变更后的公司承继
公司的住所
10
主要办事机构所在地
公司的章程
11
约束对象
公司
股东
董事
监事
高级管理人员
公司的经营范围
12
公司章程规定，需登记
公司的法定代表人
13
公司章程规定
董事长
执行董事
经理

之总则
10-26）

- 分公司与子公司
  - 14
    - 子公司：具有法人资格　独立承担民事责任
    - 分公司：不具有法人资格　公司承担民事责任
- 公司转投资与限制
  - 15
    - 原则：公司可以向其他企业投资
    - 例外：除法律另有规定外，不得成为对所投资企业的债务承担连带责任的出资人
- 公司转投资及提供担保
  - 16
    - 程序
      - 依照公司章程的规定，由董事会或股东（大）会决议
      - 公司为股东或者*实际控制人【3】*提供担保的，必须经股东会或股东大会决议
        - 实际控制人支配的股东，不得参加前款规定事项的表决
          - 该项表决由出席会议的其他股东所持表决权的过半数通过
    - 内容：公司章程对投资或担保的总额及单项投资或担保的数额有限额规定的　不得超过规定的限额
- 股东滥用权利的责任
  - 20
    - 不得滥用股东权利损害公司或者其他股东的利益
    - 不得滥用公司法人独立地位和股东有限责任损害公司债权人的利益　否则，承担连带责任
- 禁止关联行为
  - 21
    - 公司的控股股东
    - 实际控制人
    - 董事
    - 监事
    - 高级管理人员
    - → 不得利用其*关联关系【4】*损害公司利益
- 无效决议及其法律后果
  - 22　股东（大）会、董事会
    - 决议内容
      - 违反法律、行政法规　无效
      - 违反公司章程　可撤销
    - 会议程序
      - 违反法律、行政法规　可撤销
      - 违反公司章程　可撤销

有限责任公司的设立和股权转让

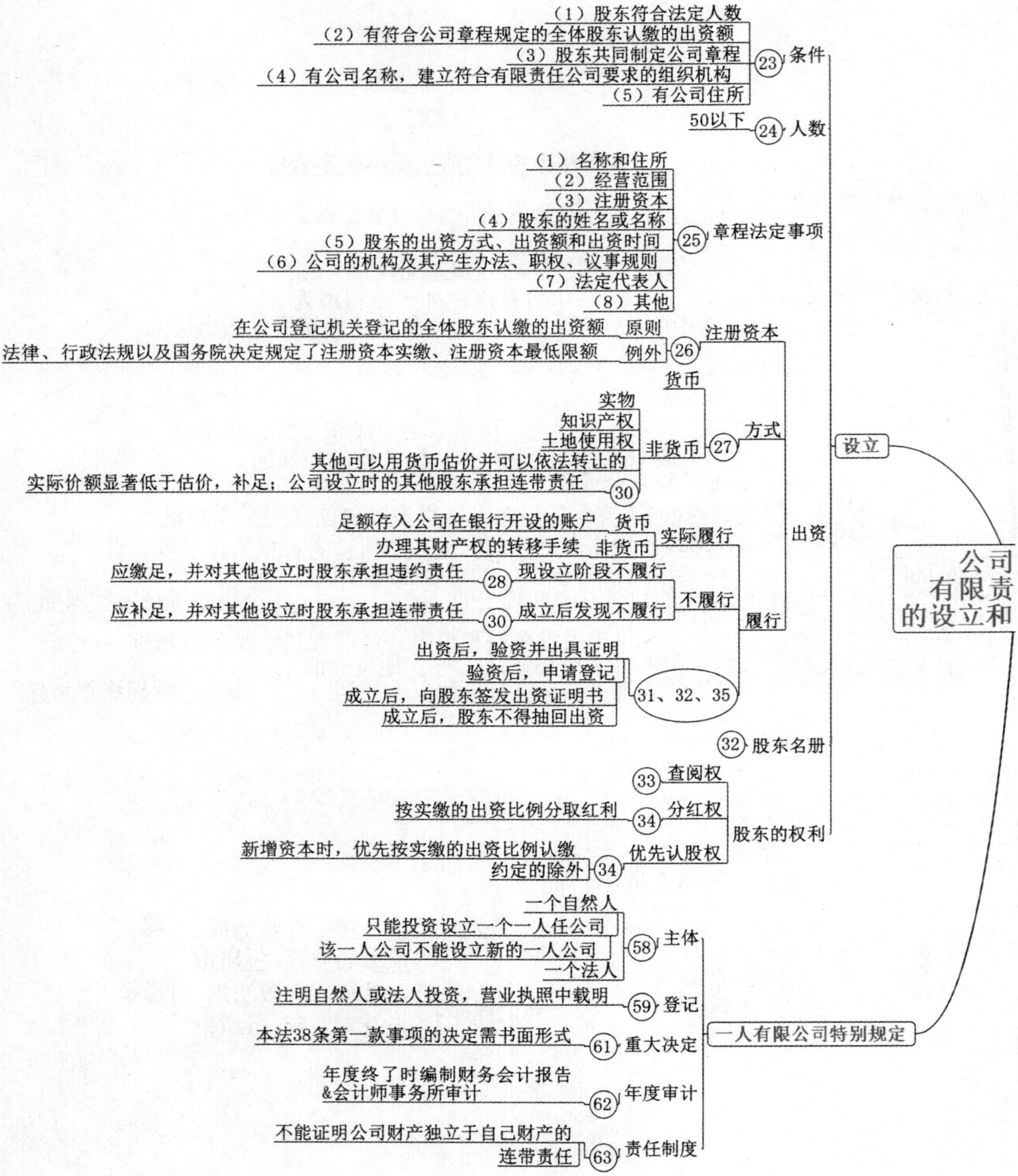

法之任公司股权转让

- 国有独资企业的特别规定
  - 董事会 (67)
    - 成员
      - 国资委委派
      - 董事长一人，可设副董事长，国资委制定
      - 职工代表选举
    - 任期3年
  - 经理 (68)
    - 董事会聘任或解聘
    - 经同意，董事可兼任经理
    - 职权同本法第50条，即和普通有限责任公司经理的职权一致
  - 监事会 (70)
    - 成员
      - 人数≥5
      - 国资委委派
      - 主席由国资委指定
      - 职工代表≥1/3
        - 选举
        - 具体比例由章程规定
    - 职权同本法第54条，即和普通有限责任公司经理的职权一致
  - 董监高未经同意，禁止在其他公司或经济组织兼职 (69)
- 股权转让
  - 一般规定 (71)
    - 对内转让
      - 股东之间可以相互转让其全部或者部分股权
    - 对外转让
      - 其他股东半数通过
      - 视为同意的情形
        - 30日未答复的
        - 不同意转让又不购买该转让股权的
    - 优先购买权
      - 同等条件下，股东有优先购买权
      - 两个以上股东主张行使优先购买权
        - 协商
        - 协商不成，按转让时各自的出资比例
  - 强制执行程序的股权转让 (72)
    - 法院通知全体股东优先购买权
    - 20日不行使，视为放弃
  - 效力 (73)
    - 出资证明、公司章程、股东名册修改
  - 异议股东请求公司收购股权 (74)
    - 情形
      - （1）公司连续5年不向股东分配利润公司该5年连续盈利并且符合本法规定分配利润条件的
      - （2）公司合并、分立、转让主要财产
      - （3）营业期限届满或章程规定的其他解散事由出现股东会会议通过决议修改章程使公司存续的
    - 救济途径
      - 股东会议决议通过之日起60日内，不能达成股权收购协议的，股东可以自股东会会议决议通过之日起90日内提起诉讼
  - 股东资格继承 (75)
    - 合法继承人可继承
    - 章程另有规定的除外
  - 公司法若干规定（三）
    - 知情股权转让 (19)
      - 股东未履行或者未全面履行出资义务即转让股权受让人对此知道或者应当知道
      - 公司有权请求该股东履行出资义务、受让人对此承担连带责任
        - 受让人承担责任后，有权追偿但当事人另有约定除外
    - 委托持股争议 (25)
      - （1）实际出资人与名义出资人订立合同，约定由实际出资人出资并享有投资权益，以名义出资人为名义股东，对该合同效力发生争议的
        - 如无合同无效的情形，该合同有效
      - （2）因投资权益的归属发生争议
        - 实际出资人有权以其实际履行了出资义务为由向名义股东主张权利
      - （3）名义股东无权以公司股东名册记载、公司登记机关登记为由否认实际出资人权利
      - （4）实际出资人请求办理公司登记--需经公司其他股东半数以上同意
    - 名义股东处分股权的效力 (26)
      - 名义股东处分登记于其名下的股权，实际出资人以其对于股权享有实际权利为由，请求认定处分股权行为无效的
        - 适用善意取得制度

有限责任公司组织机构

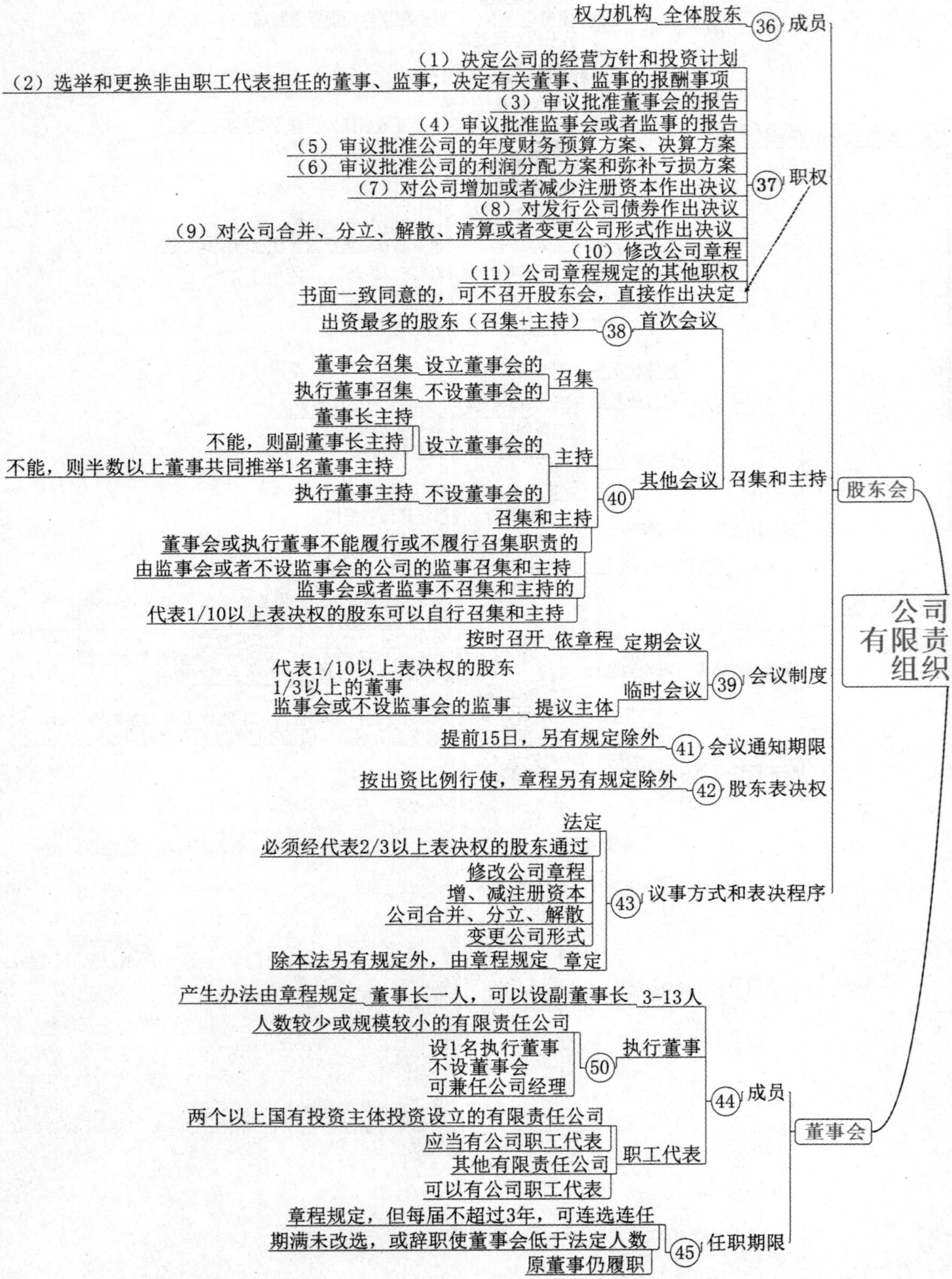
有限责任公司组织
股东会
36 成员
权力机构 全体股东
37 职权
（1）决定公司的经营方针和投资计划
（2）选举和更换非由职工代表担任的董事、监事，决定有关董事、监事的报酬事项
（3）审议批准董事会的报告
（4）审议批准监事会或者监事的报告
（5）审议批准公司的年度财务预算方案、决算方案
（6）审议批准公司的利润分配方案和弥补亏损方案
（7）对公司增加或者减少注册资本作出决议
（8）对发行公司债券作出决议
（9）对公司合并、分立、解散、清算或者变更公司形式作出决议
（10）修改公司章程
（11）公司章程规定的其他职权
书面一致同意的，可不召开股东会，直接作出决定
召集和主持
38 首次会议
出资最多的股东（召集+主持）
40 其他会议
召集
董事会召集 设立董事会的
执行董事召集 不设董事会的
主持
设立董事会的
董事长主持
不能，则副董事长主持
不能，则半数以上董事共同推举1名董事主持
执行董事主持 不设董事会的
召集和主持
董事会或执行董事不能履行或不履行召集职责的
由监事会或者不设监事会的公司的监事召集和主持
监事会或者监事不召集和主持的
代表1/10以上表决权的股东可以自行召集和主持
39 会议制度
定期会议
按时召开 依章程
临时会议
提议主体
代表1/10以上表决权的股东
1/3以上的董事
监事会或不设监事会的监事
41 会议通知期限
提前15日，另有规定除外
42 股东表决权
按出资比例行使，章程另有规定除外
43 议事方式和表决程序
法定
必须经代表2/3以上表决权的股东通过
修改公司章程
增、减注册资本
公司合并、分立、解散
变更公司形式
章定
除本法另有规定外，由章程规定
董事会
44 成员
3-13人
产生办法由章程规定 董事长一人，可以设副董事长
50 执行董事
人数较少或规模较小的有限责任公司
设1名执行董事
不设董事会
可兼任公司经理
职工代表
两个以上国有投资主体投资设立的有限责任公司
应当有公司职工代表
其他有限责任公司
可以有公司职工代表
45 任职期限
章程规定，但每届不超过3年，可连选连任
期满未改选，或辞职使董事会低于法定人数
原董事仍履职

法之任公司机构

- 董事会（续）
  - 职权 ㊻
    - （1）召集股东会会议，并向股东会报告工作
    - （2）执行股东会的决议
    - （3）决定公司的经营计划和投资方案
    - （4）制订公司的年度财务预算方案、决算方案
    - （5）制订公司的利润分配方案和弥补亏损方案
    - （6）制订公司增加或者减少注册资本以及发行公司债券的方案
    - （7）制订公司合并、分立、解散或者变更公司形式的方案
    - （8）决定公司内部管理机构的设置
    - （9）决定聘任或者解聘公司经理及其报酬事项，并根据经理的提名决定聘任或者解聘公司副经理、财务负责人及其报酬事项
    - （10）制定公司的基本管理制度
    - （11）公司章程规定的其他职权
    - 对股东会负责
  - 召集和主持 ㊼
    - 董事长
      - 若不能，副董事长
        - 若不能，半数以上董事共同推举一名董事
  - 议事方式和表决程序 ㊽
    - 除本法规定外，由章程规定　一人一票
- 经理 ㊾ 对董事会负责
  - 董事会聘任或解聘
  - 职权
    - （1）主持公司的生产经营管理工作，组织实施董事会决议
    - （2）组织实施公司年度经营计划和投资方案
    - （3）拟订公司内部管理机构设置方案
    - （4）拟订公司的基本管理制度
    - （5）制定公司的具体规章
    - （6）提请聘任或者解聘公司副经理、财务负责人
    - （7）决定聘任或解聘除应由董事会决定聘任或解聘以外的负责管理人员
    - （8）董事会授予的其他职权
  - 列席董事会会议
- 监事会
  - 成员 51
    - 不少于3人　主席一人　全体监事过半数选举产生
    - 人数较少或规模较小的
      - 设1-2名监事
      - 不设监事会
    - 股东代表可任监事
    - 适当比例的职工代表　不少于1/3
    - 董事、高管不得担任监事
  - 召集和主持 51
    - 主席　半数以上监事共同推举
  - 任职期限 52
    - 每届为三年，任期届满，连选可以连任
    - 期满未改选，或辞职使监事会低于法定人数　原监事仍履职
  - 职权
    - 53
      - （1）检查公司财务
      - （2）对董事、高级管理人员执行公司职务的行为进行监督，对违反法律、行政法规、公司章程或者股东会决议的董事、高级管理人员提出罢免的建议
      - （3）当董事、高级管理人员的行为损害公司的利益时，要求董事、高级管理人员予以纠正
      - （4）提议召开临时股东会会议，在董事会不履行本法规定的召集和主持股东会会议职责时召集和主持股东会会议
      - （5）向股东会会议提出提案
      - （6）依照本法第一百五十二条的规定，对董事、高级管理人员提起诉讼
      - （7）公司章程规定的其他职权
    - 54
      - 质询建议权和调查权
      - 可以列席董事会会议
  - 会议制度 55
    - 至少1年1次
    - 可召开临时会议
    - 决议应半数以上通过
    - 议事方式和表决程序，除本法规定外，由章程规定

股份有限公司设立

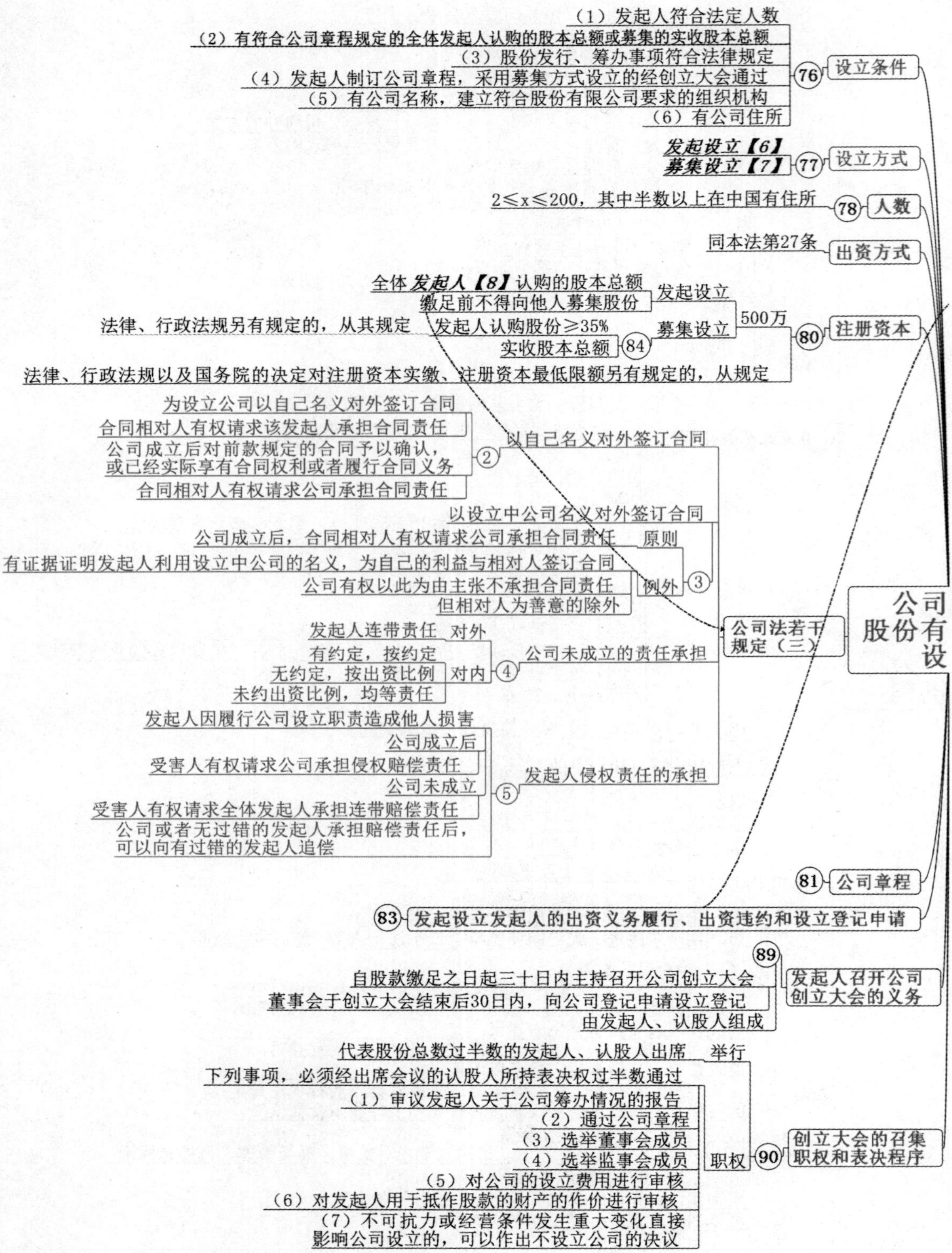
公司股份有设
设立条件
76
（1）发起人符合法定人数
（2）有符合公司章程规定的全体发起人认购的股本总额或募集的实收股本总额
（3）股份发行、筹办事项符合法律规定
（4）发起人制订公司章程，采用募集方式设立的经创立大会通过
（5）有公司名称，建立符合股份有限公司要求的组织机构
（6）有公司住所
设立方式
77
发起设立【6】
募集设立【7】
人数
78
2≤x≤200，其中半数以上在中国有住所
出资方式
同本法第27条
注册资本
80
500万
发起设立
全体发起人【8】认购的股本总额
缴足前不得向他人募集股份
募集设立
发起人认购股份≥35%
法律、行政法规另有规定的，从其规定
实收股本总额
84
法律、行政法规以及国务院的决定对注册资本实缴、注册资本最低限额另有规定的，从规定
公司法若干规定（三）
②
以自己名义对外签订合同
为设立公司以自己名义对外签订合同
合同相对人有权请求该发起人承担合同责任
公司成立后对前款规定的合同予以确认，或已经实际享有合同权利或者履行合同义务
合同相对人有权请求公司承担合同责任
③
以设立中公司名义对外签订合同
原则
公司成立后，合同相对人有权请求公司承担合同责任
例外
有证据证明发起人利用设立中公司的名义，为自己的利益与相对人签订合同
公司有权以此为由主张不承担合同责任
但相对人为善意的除外
④
公司未成立的责任承担
对外
发起人连带责任
对内
有约定，按约定
无约定，按出资比例
未约出资比例，均等责任
⑤
发起人侵权责任的承担
发起人因履行公司设立职责造成他人损害
公司成立后
受害人有权请求公司承担侵权赔偿责任
公司未成立
受害人有权请求全体发起人承担连带赔偿责任
公司或者无过错的发起人承担赔偿责任后，可以向有过错的发起人追偿
81
公司章程
83
发起设立发起人的出资义务履行、出资违约和设立登记申请
89
发起人召开公司创立大会的义务
自股款缴足之日起三十日内主持召开公司创立大会
董事会于创立大会结束后30日内，向公司登记申请设立登记
由发起人、认股人组成
90
创立大会的召集职权和表决程序
举行
代表股份总数过半数的发起人、认股人出席
职权
下列事项，必须经出席会议的认股人所持表决权过半数通过
（1）审议发起人关于公司筹办情况的报告
（2）通过公司章程
（3）选举董事会成员
（4）选举监事会成员
（5）对公司的设立费用进行审核
（6）对发起人用于抵作股款的财产的作价进行审核
（7）不可抗力或经营条件发生重大变化直接影响公司设立的，可以作出不设立公司的决议

法之限公司立

- 公司法若干规定（三）
  - 出资人义务
    - ⑧ 以划拨土地使用权，或以设定权利负担的土地使用权出资
      - 公司、其他股东或者公司债权人主张认定出资人未履行出资义务的
        - 当事人在指定的合理期间内办理土地变更手续或者解除权利负担
          - 逾期未办理或者未解除的
            - 认定出资人未依法全面履行出资义务
    - ⑨ 出资人以非货币财产出资，未依法评估作价
      - 公司、其他股东或者公司债权人请求认定出资人未履行出资义务的
        - 委托具有合法资格的评估机构对该财产评估作价
          - 价额显著低于公司章程所定价额的
            - 认定出资人未依法全面履行出资义务
    - ⑩ 以房屋、土地使用权或需要办理权属登记的知识产权等财产出资
      - 1. 已经交付公司使用但未办理权属变更手续
        - 被主张认定出资人未履行出资义务的
          - 指定的合理期间内办理变更手续
            - 办理的，认定其已经履行了出资义务
            - 出资人可主张自实际交付财产给公司使用时享有相应股东权利
      - 2. 已经办理权属变更手续但未交付公司使用
        - 公司或者其他股东可主张其向公司交付、并在实际交付之前不享有相应股东权利
    - ⑪ 以其他公司股权出资，符合下列条件的，人民法院应当认定出资人已履行出资义务
      - （1）出资的股权由出资人合法持有并依法可以转让
      - （2）出资的股权无权利瑕疵或者权利负担
      - （3）出资人已履行关于股权转让的法定手续
      - （4）出资的股权已依法进行了价值评估
- 股本抽回的限制 — 91
  - 原则：不得抽回其股本
  - 例外
    - 未按期募足股份
    - 发起人未按期召开创立大会
    - 创立大会决议不设立公司
  - 非货币财产实际价额低于估价，补足差额
- 发起人的出资补缴责任 — 93
  - 未缴足出资，应补缴
  - 非货币财产实际价额显著低于章程价额的
    - 补足差额
  - 其他发起人承担连带责任
- 公司设立中发起人的责任 — 94
  - 公司不能成立时
    - 对设立行为所产生的债务和费用负连带责任
    - 对认股人已缴纳的股款，负返还股款并加算银行同期存款利息的连带责任
  - 公司设立过程中
    - 由于发起人的过失致使公司利益受到损害的
      - 应承担赔偿责任
- 公司性质变更的要求 — 95
  - 有限责任公司变更为股份有限公司
    - 折合的实收股本总额不得高于公司净资产额
  - 有限责任公司变更为股份有限公司
    - 为增加资本公开发行股份时，应当依法办理
- 股东的查阅权与建议质询权 — 97
  - 查阅权
    - 公司章程
    - 股东名册
    - 公司债券存根
    - 股东大会会议记录
    - 董事会会议记录
    - 监事会会议记录
    - 财务会计报告
  - 建议或质询：公司的经营
- 发起人向社会公开募集股份 — 87
  - 与证券公司签订承销协议
- 募集股份公告和*认股书【5】*、招股说明书 — 85、86

股份有限公司组织机构

- 公司 股份有 组织
  - 股东大会
    - ⑱ 成员
      - 全体股东　权力机构
    - 公司法若干规定（三）
      - 股东资格确认的诉讼主体
        - ㉒ 当事人向人民法院起诉请求确认其股东资格的，应当以公司为被告与案件争议股权有利害关系的人作为第三人参加诉讼
      - 股权确认需证明的事实
        - ㉓
          - （1）已依法向公司出资或认缴出资，且不违反法律法规强制性规定
          - （2）已受让或以其他形式继受公司股权，且不违反法律法规强制性规定
    - ㊈ 职权同本法第37条
    - ⑩⓪ 会议制度
      - 定期会议：每年一次
      - 临时会议
        - 两个月内召开
        - 情形
          - （1）董事人数不足本法规定人数或者公司章程所定人数的2/3时
          - （2）公司未弥补的亏损达实收股本总额1/3时
          - （3）单独或者合计持有公司百分之十以上股份的股东请求时
          - （4）董事会认为必要时
          - （5）监事会提议召开
          - （6）公司章程规定的其他情形
    - ⑩① 召集主持
      - 召集
        - 设立董事会的：董事会召集
        - 不设董事会的：执行董事召集
      - 主持
        - 设立董事会的
          - 董事长主持
          - 不能，则副董事长主持
          - 不能，则半数以上董事共同推举1名董事主持
        - 不设董事会的：执行董事主持
      - 召集和主持
        - 董事会或执行董事不能履行或不履行召集职责的
        - 由监事会或者不设监事会的公司的监事召集和主持
        - 监事会或者监事不召集和主持的
        - 连续90日以上单独或合计持有公司10%以上股份的股东可自行召集和主持
    - ⑩② 通知
      - 时间、地点、审议事项
        - 定期会议：提前20日
        - 临时会议：提前15日
        - 发行无记名股票：提前30日
    - ⑩② 临时提案权
      - 单独或合计持有3%以上股份的股东，提前10日，书面提交
      - 董事会收到后2日内通知其他股东，并提交股东大会审议
      - 临时提案内容应属于股东大会职权范围，有明确议题和具体决议事项
    - ⑩② 股票交存制度
      - 无记名股票持有人出席，提前5日至大会闭会时交存股票
    - ⑩③ 表决权与议事规则
      - 表决权
        - 每一股份，一表决权
        - 公司持股无表决权
      - 议事规则
        - 一般事项：出席会议的股东所持表决权过半数通过
        - 特殊事项
          - 出席会议的股东所持表决权2/3以上通过
          - 情形
            - 修改章程
            - 增减资
            - 合并、分立、解散
            - 变更公司形式
    - ⑩④ 法定召集及表决事项
      - 公司转让、受让重大资产或对外提供担保等事项
      - 董事会及时召集股东大会，表决
    - *累积投票制【10】*

- 法之限公司机构
  - 董事会
    - 设立（108）
      - 成员
        - 5≤x≤19（109）
          - 董事长一人，可设副董事长
          - 由全体董事过半数选举产生
        - 可以有职工代表
      - 任期同本法第46条规定
      - 职权同本法第47条规定
    - 召集（109）
      - 董事长
      - 若不能，副董事长
      - 若不能，半数以上董事共同推举一名
    - 会议制度（110）
      - 定期会议 每年至少2次 提前10日通知
      - 临时会议
        - ≥1/10表决权股东、1/3以上董事或监事会，可提议
        - 董事长接到提议后10日内，召集
    - 议事规则（111）
      - 举行：过半数董事出席
      - 决议通过：全体董事过半数 一人一票
  - 经理（113-115）
    - 董事可兼任经理
    - 禁止向高级职员提供借款
      - 公司不得直接或通过子公司向董事、监事、高管提供借款
    - 对董事会负责
      - 董事会聘任或解聘
      - 职权 同本法第50条关于有限责任公司经理职权的规定
  - 监事会（120）
    - 成员（107）
      - 不少于3人 须主席一人，可设副主席 全体监事过半数选举产生
      - 股东代表可任监事
      - 适当比例的职工代表 不少于1/3
      - 董事、高管不得担任监事
    - 召集和主持（107）
      - 主席
      - 若不能，副主席
      - 若不能，半数以上监事共同推举
    - 任期同本法第52条规定（52）
      - 每届为三年；任期届满，连选可以连任
      - 期满未改选
      - 辞职使监事会低于法定人数 原监事仍履职
    - 职权 同本法第53条、第54条关于有限责任公司监事会职权的规定
    - 会议制度（109）
      - 分类
        - 定期会议 至少6个月一次
        - 临时会议
      - 方式和表决程序
        - 有法定，遵法定
        - 无法定，章程定
      - 决议
        - 应当经半数以上监事通过
        - 应当对所议事项的决定作成会议记录，出席会议的监事应当在会议记录上签名
  - *上市公司【9】*组织机构
    - 重大资产买卖与重要担保的议事规则（121）
      - 上市公司在1年内购买、出售重大资产或担保额超过公司资产总额30%的，应当由股东大会作出决议，并经出席会议的股东所持表决权2/3以上通过
    - 独立董事的设立（122）
      - 上市公司设独立董事，具体办法国务院规定
    - 关联关系董事的回避（124）
      - 表决权
        - 董事与董事会决议事项所涉及企业有关联关系的
          - 不得对该项决议行使表决权
          - 不得代理其他董事行使表决权
      - 举行：过半数无关联董事出席
        - 出席的无关联董事人数不足三人的，应提交股东大会审议
      - 通过：过半数无关联董事

股份有限公司的股份发行和转让

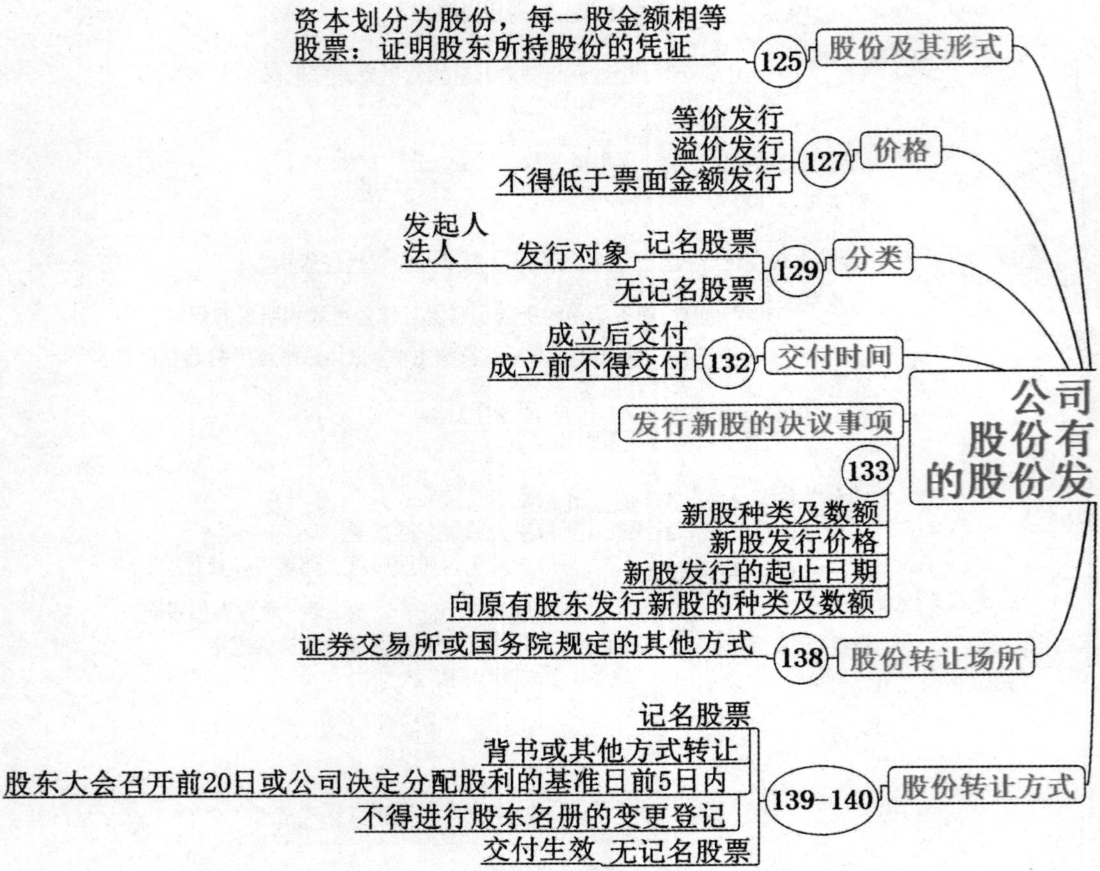

法之
限公司
行和转让

- 股份转让限制
  - 141
    - 发起人：自公司成立1年内不得转让
    - 公司公开发行股份前已经发行的股份，自公司股票在证券交易所上市交易之日起1年内不得转让
    - 董、监、高
      - 任职期间，每年转让股份不得超过其持有公司股份总数的25%
      - 上市交易之日起，1年之内不得转让
      - 离职后半年内，不得转让其所持有的本公司股份
    - 目的
      - 为保持公司稳定性和连续性
      - 为了防止发起人已设立公司为名非法集资或炒作股票营利
- 禁止收购公司股份的例外
  - 142
    - 例外情形
      - （1）减少工资注册资本 10日内注销
      - （2）与持有本公司股份的其他公司合并
      - （3）员工持股计划或股权激励
      - （4）股东因对股东大会做出合并、分立决议持异议，要求公司收购其股份的
        - 6个月内转让或注销
      - （5）将股份用于转换上市公司发行的可转换为股票的公司债券
      - （6）上市公司为维护公司价值及股东权益所必需
      - （1）（2）应当经股东大会决议；（3）（5）（6）可以依照公司章程的规定或股东大会的授权，经三分之二以上董事出席的董事会会议决议，但合计不超过发行百分之十，并应当在三年内转让或者注销。
    - 不得接受本公司的股票作为质押权的标的
- 公示催告程序
  - 143
    - 记名股票被盗、遗失或灭失，按公示催告程序请求法院宣告失效

董、监、高资格和义务、公司债券、财务会计、外国公司分支机构

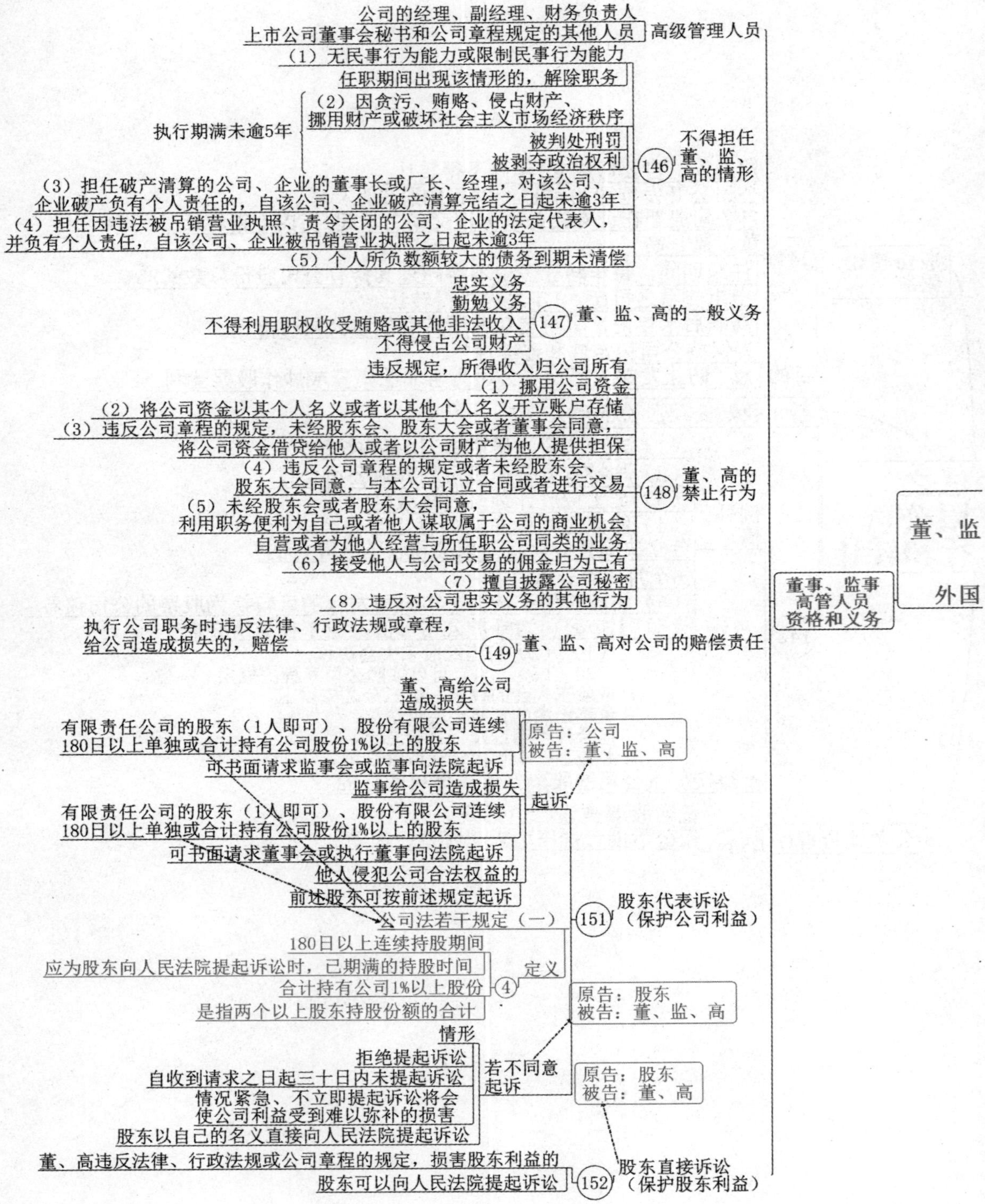

公司法之
、高资格和义务、
公司债券、
财务会计、
公司分支机构

- *公司债券【11】*
  - 种类 (156)
    - 记名债券
    - 无记名债券
  - 转让
    - (159)
      - 价格 转让人和受让人决定
      - 在证卷交易所交易的，按证交所交易规则转让
    - (160) 方式
      - 记名债券
        - 背书等方式
        - 转让后记载于公司债券存根簿
      - 无记名债券 交付生效
  - 可转换债券
    - (161)
      - 概念 持有人享有在一定期间内将所持有的公司债券转换成股票的权利，从而取得公司股权，而其对公司的债务消灭
      - 优点
        - 对持有人
          - 可以根据股价行情选择是否行使转换权
          - 有利于回避风险，保障收益
        - 对发行公司
          - 筹资的重要手段
          - 利率较一般公司的债券利率低
            - 公司可降低发行成本
          - 股价上涨时，又可以债券持有人投资于股票
            - 减少公司负债
            - 增加公司资本
            - 改善财务状况
    - 转换 (162) 债券持有人有选择权
- 财务会计
  - 公司财务、会计制度的建立 (163)
  - 财务会计报告的制作和年审制
    - (164) 每一会计年度终了时编制财务会计报告，并经会计师事务所审计
  - 公司税后利润的分配 (166)
    - 弥补亏损
    - 法定公积金
      - 提取利润10%列入法定公积金
        - 法定公积金累计额为注册资本x≥50%，可不再提取
        - 法定公积金不足以弥补以前年度亏损的，再提取公积金之前，应先用当年利润弥补亏损
    - 任意公积金 提取法定公积金后，经股东会同意，可提取任意公积金
    - 支付普通股股利
    - 公司持有的本公司股份不得分配利润
  - ***资本公积金【12】*** (167)
  - 公积金用途及限制 (168)
    - 用途
      - 弥补亏损
      - 转为增加公司资本
      - 扩大公司生产经营
    - 限制
      - 资本公积金不得用于弥补公司亏损
      - 法定公积金转为资本时，留存该项公积金不得少于转增前公司注册资本的25%
  - 公司会计账簿 (171)
    - 公司除法定会计账簿以外，不得另立会计账簿
    - 公司资产，不得以任何个人名义开立账户存储
- 外国公司分支机构
  - 设立 (192)
    - 在中国境内指定代表人或代理人
    - 向中国主管机关提出申请，批准，登记，领取营业执照
  - 资金要求 (193) 国务院另行规定
  - 名称 (194) 注明国籍和责任形式
  - 主体资格 (195)
    - 不具有中国法人资格
    - 外国公司对分支机构承担民事责任
  - 撤销条件 (197) 清偿债务之前不得将财产转至中国境外

合并、分立、增资、减资、解散、清算

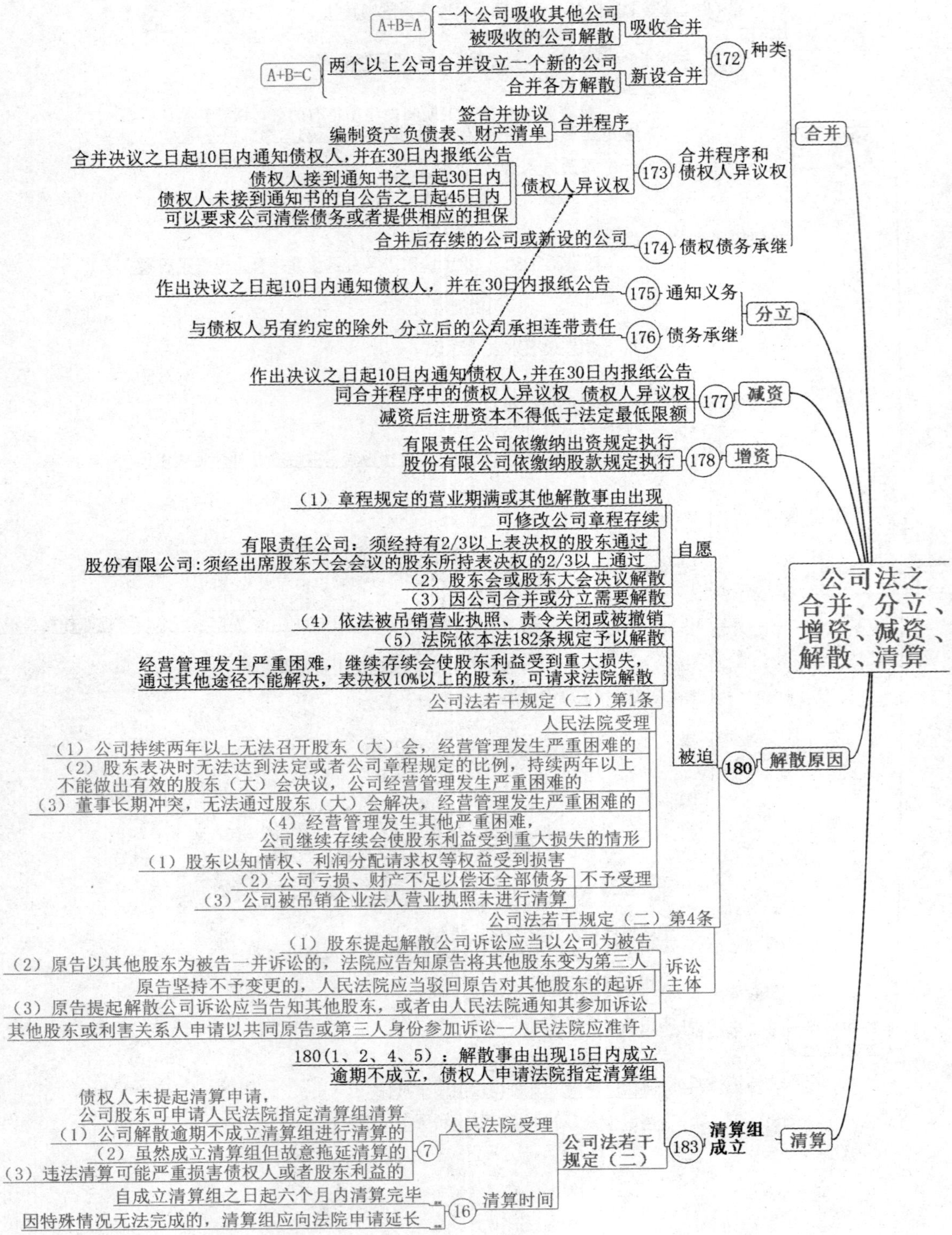

清算（续）

- **清算组组成** 183
  - 有限公司 股东
  - 股份公司 董事、股东大会确定的人员
  - 公司法若干规定（二）8-9
    - 清算组成员
      - （1）公司股东、董事、监事、高级管理人员
      - （2）律所、会所、破产清算事务所等社会中介机构
      - （3）上述社会中介机构中具备相关专业知识并取得执业资格的人
    - 更换
      - （1）有违反法律或者行政法规的行为
      - （2）丧失执业能力或者民事行为能力
      - （3）有严重损害公司或者债权人利益的行为
- **清算组职权** 184
  - （1）清理公司财产，分别编制资产负债表和财产清单
  - （2）通知、公告债权人
  - （3）处理与清算有关的公司未了结的业务
  - （4）清缴所欠税款以及清算过程中产生的税款
  - （5）清理债权、债务
  - （6）处理公司清偿债务后的剩余财产
  - （7）代表公司参与民事诉讼活动
  - 公司法若干规定（二）第10条
    - 诉讼主体
      - 公司依法清算结束并办理注销登记前，有关公司的民事诉讼 以公司的名义进行
      - 公司成立清算组的 由清算组负责人代表公司参加诉讼
      - 尚未成立清算组的 由原法定代表人代表公司参加诉讼
- **清算期间债权申报** 185
  - 成立之日起10日内通知债权人，并60日内报纸公告
  - 公司法若干规定（二）第11条
    - 公告要求
      - 将公司解散清算事宜书面通知全体已知债权人
      - 根据公司规模和营业地域范围，在全国或公司注册地省级有影响的报纸上进行公告
  - 申报债权
    - 债权人接到通知书之日起30日内
    - 债权人未接到通知书的自公告之日起45日内
    - 公司法若干规定（二）第13、14条
      - 补充申报
        - 债权人补充申报的债权——公司尚未分配财产中依法清偿
        - 公司尚未分配财产不能全额清偿——股东以其在剩余财产分配中已经取得的财产予以清偿
        - 债权人因重大过错未在规定期限内申报债权的除外
        - 债权人在规定的期限内未申报债权 在公司清算程序终结前补充申报的 清算组应予登记
- **清偿顺序** 186
  - 清算费用
    - 职工工资
      - 社会保险费用
        - 法定补偿金
          - 所欠税款
            - 公司债务
  - 剩余财产的分配
    - 有限公司 按出资比例
    - 股份公司 按持有的股份
  - 清算期间，公司存续，不得开展与清算无关的经营活动
- **宣告破产** 187
  - 公司财产不足清偿债务的，向法院申请宣告破产 法院裁定宣告破产 清算组移交清算事务给法院
- **注销登记** 188
  - 公司法若干规定（二）第24条
    - 解散公司诉讼案件和公司清算案件的管辖法院：由公司住所地人民法院管辖
      - 公司住所地：公司主要办事机构所在地
      - 办事机构所在地不明确的 由其注册地人民法院管辖
  - 公司法若干规定（二）第20、21条
    - 公司解散应当先清算，后注销
    - 违法注销责任承担
      - 未经清算即办理注销登记，导致公司无法进行清算
      - 有限责任公司的股东；股份有限公司的董事和控股股东；实际控制人
        - 公司解散应当在依法清算完毕后，申请办理注销登记
      - 股东或第三人在公司登记机关办理注销登记时承诺对公司债务承担责任
        - 股东或第三人应当负责
    - 责任承担后的追偿
      - 有限责任公司的股东 股份有限公司的董事和控股股东 公司的实际控制人为二人以上
        - 其中一人或者数人按规定承担民事责任后 有权主张其他人员按照过错大小分担责任

法律责任

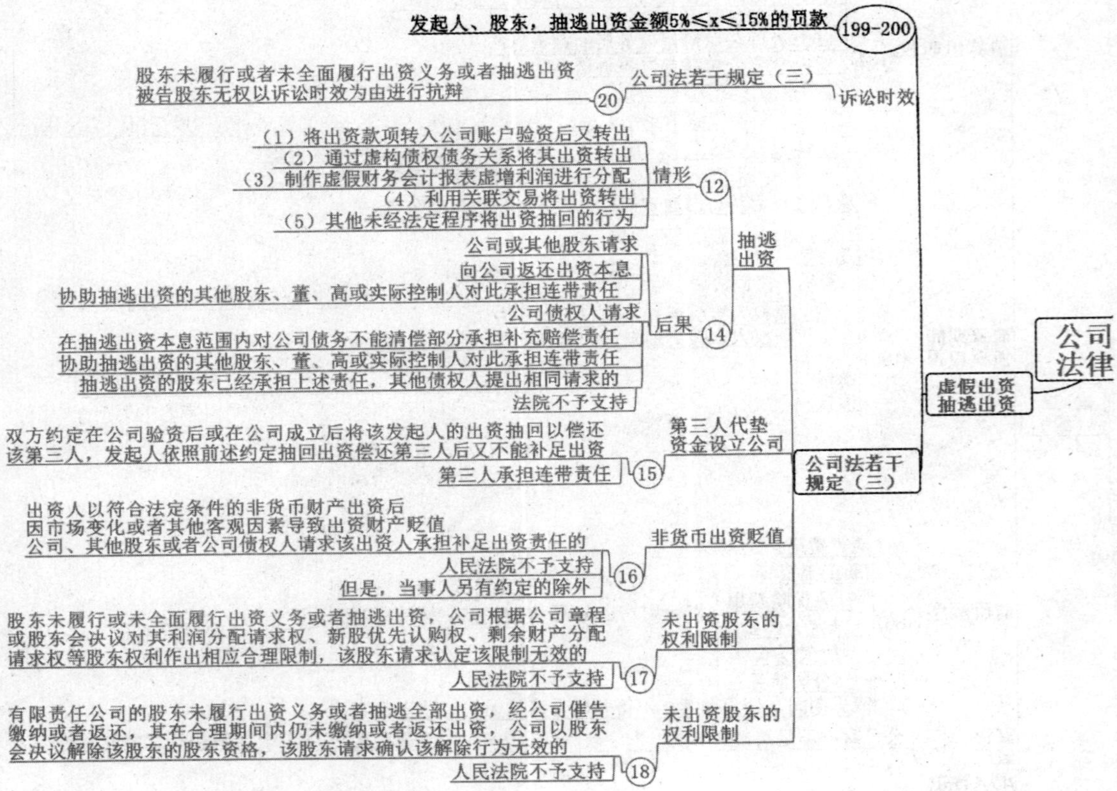
公司法律
虚假出资抽逃出资
199-200
发起人、股东，抽逃出资金额5%≤x≤15%的罚款
诉讼时效
公司法若干规定（三）
20
股东未履行或者未全面履行出资义务或者抽逃出资
被告股东无权以诉讼时效为由进行抗辩
公司法若干规定（三）
抽逃出资
情形
12
（1）将出资款项转入公司账户验资后又转出
（2）通过虚构债权债务关系将其出资转出
（3）制作虚假财务会计报表虚增利润进行分配
（4）利用关联交易将出资转出
（5）其他未经法定程序将出资抽回的行为
后果
14
公司或其他股东请求
向公司返还出资本息
协助抽逃出资的其他股东、董、高或实际控制人对此承担连带责任
公司债权人请求
在抽逃出资本息范围内对公司债务不能清偿部分承担补充赔偿责任
协助抽逃出资的其他股东、董、高或实际控制人对此承担连带责任
抽逃出资的股东已经承担上述责任，其他债权人提出相同请求的
法院不予支持
第三人代垫资金设立公司
15
双方约定在公司验资后或在公司成立后将该发起人的出资抽回以偿还该第三人，发起人依照前述约定抽回出资偿还第三人后又不能补足出资
第三人承担连带责任
非货币出资贬值
16
出资人以符合法定条件的非货币财产出资后
因市场变化或者其他客观因素导致出资财产贬值
公司、其他股东或者公司债权人请求该出资人承担补足出资责任的
人民法院不予支持
但是，当事人另有约定的除外
未出资股东的权利限制
17
股东未履行或未全面履行出资义务或者抽逃出资，公司根据公司章程或股东会决议对其利润分配请求权、新股优先认购权、剩余财产分配请求权等股东权利作出相应合理限制，该股东请求认定该限制无效的
人民法院不予支持
未出资股东的权利限制
18
有限责任公司的股东未履行出资义务或者抽逃全部出资，经公司催告缴纳或者返还，其在合理期间内仍未缴纳或者返还出资，公司以股东会决议解除该股东的股东资格，该股东请求确认该解除行为无效的
人民法院不予支持

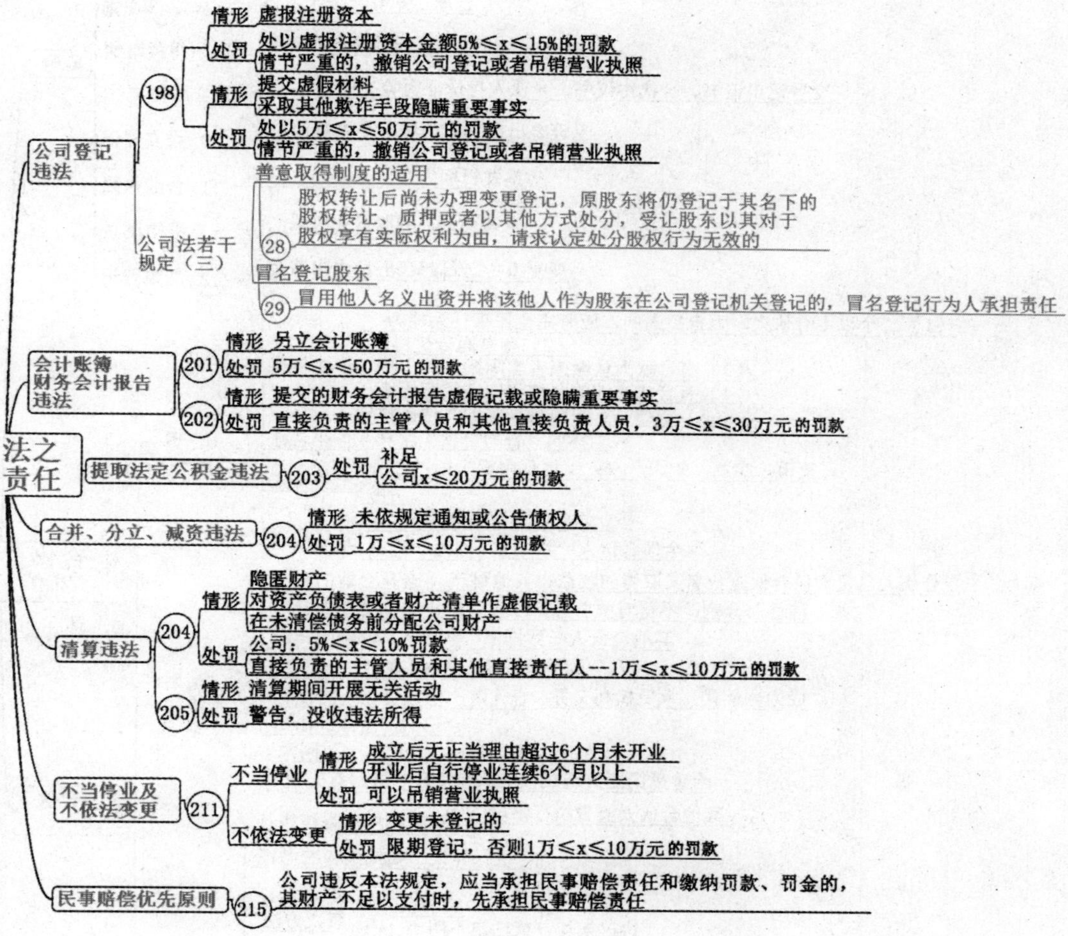
法之责任
公司登记违法
198
情形
虚报注册资本
处罚
处以虚报注册资本金额5%≤x≤15%的罚款
情节严重的，撤销公司登记或者吊销营业执照
情形
提交虚假材料
采取其他欺诈手段隐瞒重要事实
处罚
处以5万≤x≤50万元的罚款
情节严重的，撤销公司登记或者吊销营业执照
公司法若干规定（三）
善意取得制度的适用
28
股权转让后尚未办理变更登记，原股东将仍登记于其名下的股权转让、质押或者以其他方式处分，受让股东以其对于股权享有实际权利为由，请求认定处分股权行为无效的
冒名登记股东
29
冒用他人名义出资并将该他人作为股东在公司登记机关登记的，冒名登记行为人承担责任
会计账簿财务会计报告违法
201
情形 另立会计账簿
处罚 5万≤x≤50万元的罚款
202
情形 提交的财务会计报告虚假记载或隐瞒重要事实
处罚 直接负责的主管人员和其他直接负责人员，3万≤x≤30万元的罚款
提取法定公积金违法
203
处罚
补足
公司x≤20万元的罚款
合并、分立、减资违法
204
情形 未依规定通知或公告债权人
处罚 1万≤x≤10万元的罚款
清算违法
204
情形
隐匿财产
对资产负债表或者财产清单作虚假记载
在未清偿债务前分配公司财产
处罚
公司：5%≤x≤10%罚款
直接负责的主管人员和其他直接责任人--1万≤x≤10万元的罚款
205
情形 清算期间开展无关活动
处罚 警告，没收违法所得
不当停业及不依法变更
211
不当停业
情形
成立后无正当理由超过6个月未开业
开业后自行停业连续6个月以上
处罚 可以吊销营业执照
不依法变更
情形 变更未登记的
处罚 限期登记，否则1万≤x≤10万元的罚款
民事赔偿优先原则
215
公司违反本法规定，应当承担民事赔偿责任和缴纳罚款、罚金的，其财产不足以支付时，先承担民事赔偿责任

合伙企业法

合伙企
（2007-

- 总则
  - 分类
    - 普通合伙企业
      - 普通合伙人组成，合伙人对合伙企业债务承担无限连带责任
    - 有限合伙企业
      - 普通合伙人：承担无限连带责任
      - 有限合伙人：其认缴的出资额为限对合伙企业债务承担责任
  - ③ 普通合伙人限制：国有独资、国有企业、上市公司及公益性事业单位、社会团体不得成为普通合伙人
  - ⑤ 原则：自愿、平等、公平、诚实信用
  - ⑥ 所得税缴纳：合伙人分别缴纳所得税
  - ⑨ 申请设立所需文件：提交登记申请书、合伙协议书、合伙人身份证明等文件
  - ⑩ 设立登记：受理之日起20日内作出是否登记决定
  - ⑪ 营业执照：签发日期为合伙企业成立日期
  - ⑫ 分支机构设立：申请登记，领取营业执照
  - ⑬ 变更登记：变更事由之日起15五日内申请登记
- 普通合伙企业
  - 设立（14-19）
    - 设立条件
      - （1）二个以上合伙人。为自然人的，应有完全民事行为能力
      - （2）有书面合伙协议
      - （3）有合伙人认缴或者实际缴付的出资
      - （4）有合伙企业的名称和生产经营场所
      - （5）法律、行政法规规定的其他条件
    - 企业名称：应当标明“普通合伙”字样
    - 出资方式
      - 财产权利：货币；实物；知识产权；土地使用权
      - 劳务
    - 合伙协议
      - 生效：全体合伙人签名盖章
      - 修改、补充：全体合伙人一致同意
  - 财产（20-25）
    - 合伙企业的财产：合伙人出资；以合伙企业名义取得的收益；其他财产
    - 禁止清算前分割财产：清算前分割，不得对抗善意第三人
    - 合伙财产份额的转让：其他合伙人一致同意
    - 合伙人的优先购买权：同等条件下
    - 合伙财产份额受让人的权利：成为合伙人，承受权利义务
    - 合伙财产份额的出质
      - 合伙人一致同意
      - 未同意无效：给善意第三人造成损失承担责任
  - 合伙事务执行
    - 同等执行权及委托执行：㉗ 其他合伙人监督执行情况
    - ㉙ 执行异议、委托执行的撤销
    - 合伙企业表决方法 ㉚
      - 按协议
      - 协议未约定或约定不明确
      - 合伙人一人一票并经全体合伙人半数通过
    - 全体合伙人一致同意的事项 ㉛
      - （1）改变合伙企业的名称
      - （2）改变经营范围、主要经营场所的地点
      - （3）处分合伙企业的不动产
      - （4）转让或处分企业的知识产权和其他财产权利
      - （5）以合伙企业名义为他人提供担保
      - （6）聘任合伙人以外的人担任经营管理人员
    - ㉜ 竞业禁止与自我交易禁止
    - 利润分配与亏损分担 ㉝：协议 协商 出资比例 平均分配
    - 合伙出资的增减：㉞ 按约定或全体合伙人同意
    - 企业管理人员职责 ㉟
      - 职权：在授权范围内履行职务
      - 责任：越权或故意、重大过失造成损失，赔偿

业法之一
06-01）

- 普通合伙企业（续）
  - 入伙退伙
    - 合伙企业与第三人关系 (37-42)
      - 内部限制不得对抗善意第三人
      - 债务清偿 应先以其全部财产进行清偿
      - 合伙人的无限连带责任
      - 合伙人的追偿权
      - 合伙人自身债务与合伙企业债务关系
        - 个人发生的与合伙企业无关的债务，不得以其债权抵消
        - 合伙企业的债务，不得代位行使合伙人在合伙企业中的权利
      - 合伙人自身债务的不足清偿，可对合伙财产份额的强制执行
    - 新合伙人入伙条件
      - 全体合伙人一致同意；订立书面入伙协议 (43)
    - 新合伙人的权利义务
      - 对入伙前合伙企业的债务承担无限连带责任 (44)
    - 约定合伙期限内的退伙 (45)
      - （1）合伙协议约定的退伙事由出现
      - （2）经全体合伙人一致同意
      - （3）发生合伙人难以继续参加合伙的事由
      - （4）其他合伙人严重违反合伙协议约定的义务
    - 未约定合伙期限的退货
      - 不影响合伙事务执行情况下，可以退货
      - (46) 提前30日通知
    - 违法退伙的给合伙企业造成损失，赔偿 (47)
    - 当然退伙 (48)
      - 情形
        - （1）作为合伙人的自然人死亡或者被依法宣告死亡
        - （2）个人丧失偿债能力
        - （3）作为合伙人的法人或其他组织被吊销营业执照、责令关闭、撤销，或被宣告破产
        - （4）法律规定或者合伙协议约定合伙人必须具有相关资格而丧失该资格
        - （5）合伙人在合伙企业中的全部财产份额被人民法院强制执行
        - 合伙人被依法认定为无民事行为能力人或者限制民事行为能力人的
          - 合伙人一致同意
            - 可以依法转为有限合伙人，普通合伙企业依法转为有限合伙企业
          - 未同意 该无民事行为能力或者限制民事行为能力的合伙人退伙
      - 生效日 退伙事由实际发生之日
    - 除名 (49)
      - 情形
        - （1）未履行出资义务
        - （2）因故意或者重大过失给合伙企业造成损失
        - （3）执行合伙事务时有不正当行为
        - （4）发生合伙协议约定的事由
      - 生效日 接到书面通知之日
      - 救济 接到除名通知30日
    - 合伙财产份额的继承 (50)
      - 按约定合伙人一致同意 继承人取得合伙人资格
      - 退还财产的情形
        - （1）继承人不愿意成为合伙人
        - （2）法定或约定合伙人必须具有相关资格，而该继承人未取得该资格
        - （3）合伙协议约定不能成为合伙人的其他情形
      - 继承人为不完全民事能力人
        - 合伙人一致同意
          - 成为有限合伙人，转为有限合伙企业
        - 未同意 退还财产
    - 退伙结算 (51)
      - 退还办法 (52)
    - 退伙后责任 (53)
      - 退伙人对基于其退伙前的原因发生的合伙企业债务，承担无限连带责任
    - 退伙人亏损分担 (54)
      - 合伙企业财产少于合伙企业债务的，按33
  - 特殊的普通合伙企业
    - 特殊普通合伙企业
      - 以专业知识和专门技能为客户提供有偿服务的专业服务机构业
        - (55) 会计师事务所；律师事务所；评估师事务所；建筑师事务所
    - 名称：标明“特殊普通合伙”字样 (56)
    - 合伙人的责任 (57)
      - 一个合伙人或者数个合伙人在执业活动中因故意或者重大过失
        - 无限责任或者无限连带责任
        - 其他合伙人以其在合伙企业中的财产份额为限承担责任
        - 按约定承担 (58)
      - 非因故意或者重大过失 全体合伙人承担无限连带责任

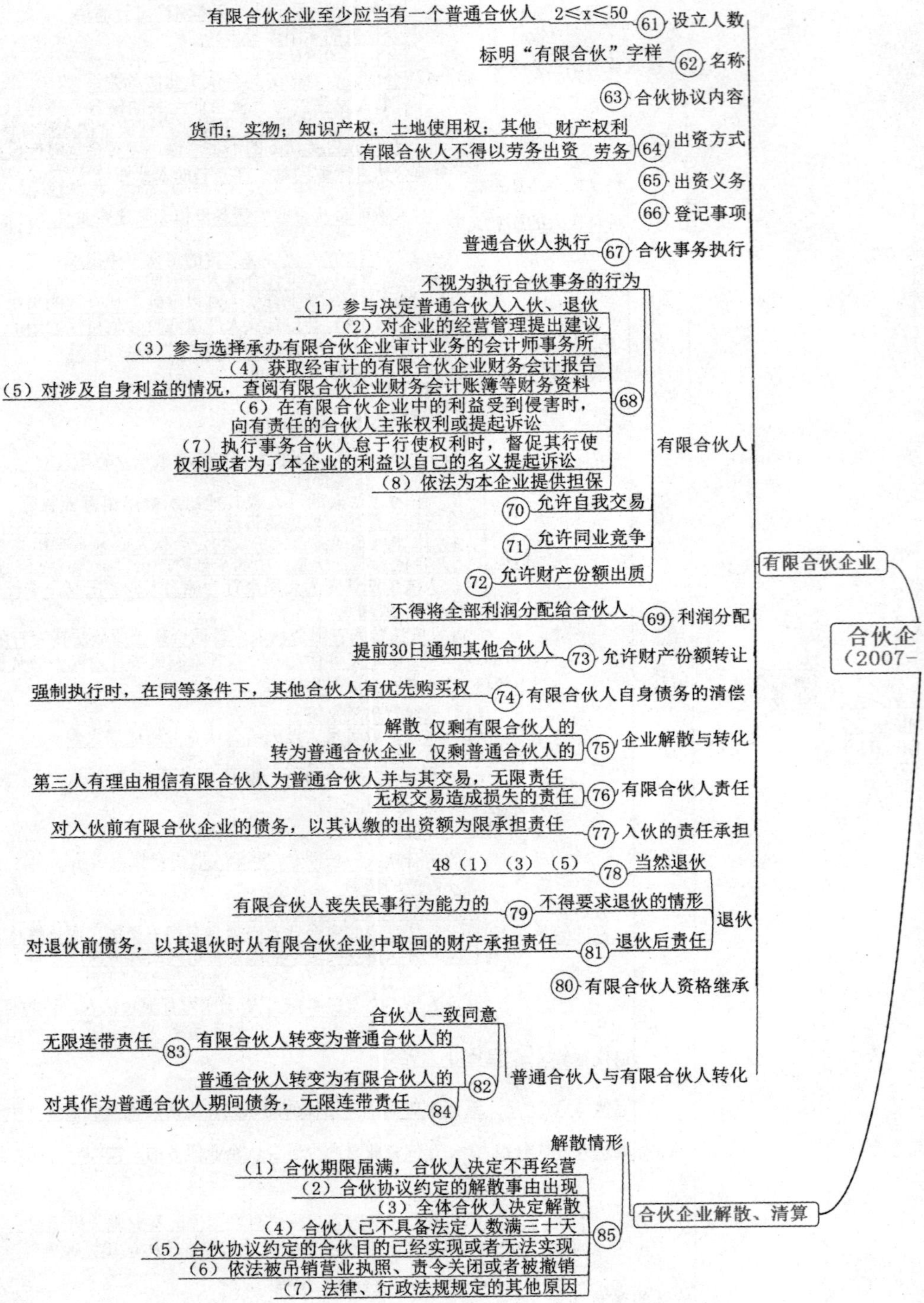
合伙企
（2007-
有限合伙企业
61 设立人数
有限合伙企业至少应当有一个普通合伙人 2≤x≤50
62 名称
标明“有限合伙”字样
63 合伙协议内容
64 出资方式
货币；实物；知识产权；土地使用权；其他 财产权利
有限合伙人不得以劳务出资 劳务
65 出资义务
66 登记事项
67 合伙事务执行
普通合伙人执行
有限合伙人
68
不视为执行合伙事务的行为
（1）参与决定普通合伙人入伙、退伙
（2）对企业的经营管理提出建议
（3）参与选择承办有限合伙企业审计业务的会计师事务所
（4）获取经审计的有限合伙企业财务会计报告
（5）对涉及自身利益的情况，查阅有限合伙企业财务会计账簿等财务资料
（6）在有限合伙企业中的利益受到侵害时，向有责任的合伙人主张权利或提起诉讼
（7）执行事务合伙人怠于行使权利时，督促其行使权利或者为了本企业的利益以自己的名义提起诉讼
（8）依法为本企业提供担保
70 允许自我交易
71 允许同业竞争
72 允许财产份额出质
69 利润分配
不得将全部利润分配给合伙人
73 允许财产份额转让
提前30日通知其他合伙人
74 有限合伙人自身债务的清偿
强制执行时，在同等条件下，其他合伙人有优先购买权
75 企业解散与转化
解散 仅剩有限合伙人的
转为普通合伙企业 仅剩普通合伙人的
76 有限合伙人责任
第三人有理由相信有限合伙人为普通合伙人并与其交易，无限责任
无权交易造成损失的责任
77 入伙的责任承担
对入伙前有限合伙企业的债务，以其认缴的出资额为限承担责任
退伙
78 当然退伙
48（1）（3）（5）
79 不得要求退伙的情形
有限合伙人丧失民事行为能力的
81 退伙后责任
对退伙前债务，以其退伙时从有限合伙企业中取回的财产承担责任
80 有限合伙人资格继承
普通合伙人与有限合伙人转化
82
合伙人一致同意
有限合伙人转变为普通合伙人的
83 无限连带责任
普通合伙人转变为有限合伙人的
84 对其作为普通合伙人期间债务，无限连带责任
合伙企业解散、清算
85
解散情形
（1）合伙期限届满，合伙人决定不再经营
（2）合伙协议约定的解散事由出现
（3）全体合伙人决定解散
（4）合伙人已不具备法定人数满三十天
（5）合伙协议约定的合伙目的已经实现或者无法实现
（6）依法被吊销营业执照、责令关闭或者被撤销
（7）法律、行政法规规定的其他原因

业法之二
06-01）

- 合伙企业解散清算（续）
  - 清算
    - 清算人确认
      - ⑧⑥
        - 清算人由全体合伙人担任
        - 合伙人过半数同意，可自解散事由出现后15日内指定一个或数个合伙人，或委托第三人，担任清算人
        - 解散事由出现之日起十五日内未确定清算人的，合伙人或其他利害关系人可以申请人民法院指定清算人
    - 清算人在清算期间执行下列事务 ⑧⑦
      - （1）清理合伙企业财产，分别编制资产负债表和财产清单
      - （2）处理与清算有关的合伙企业未了结事务
      - （3）清缴所欠税款
      - （4）清理债权、债务
      - （5）处理合伙企业清偿债务后的剩余财产
      - （6）代表合伙企业参加诉讼或者仲裁活动
    - 合伙企业财产在支付清算费用和职工工资、社会保险费用、法定补偿金以及缴纳所欠税款、清偿债务后的剩余财产，依照本法第三十三条第一款的规定进行分配 ⑧⑨
    - 债权申报 ⑧⑧
      - 清算人自被确定之日起10日内将合伙企业解散事项通知债权人，并于60日内在报纸上公告
      - 债权人自接到通知书之日起30日内，未接到通知书的自公告之日起45日内，向清算人申报债权
      - 债权人申报债权，应当说明债权的有关事项，并提供证明材料。清算人应当对债权进行登记
    - 清算期间，合伙企业存续，但不得开展与清算无关的经营活动
    - 注销
      - 程序：清算结束，清算人应当编制清算报告，经全体合伙人签名、盖章后，在十五日内向企业登记机关报送清算报告，申请办理合伙企业注销登记 ⑨⓪
      - 后果：合伙企业注销后，原普通合伙人对合伙企业存续期间的债务仍应承担无限连带责任 ⑨①
  - ⑨②
    - 合伙企业不能清偿到期债务的，债权人可依法向法院提出破产清算申请，也可要求普通合伙人清偿
    - 合伙企业依法被宣告破产的，普通合伙人对合伙企业债务仍应承担无限连带责任
- 法律责任
  - 提交虚假文件或者采取其他欺骗手段，取得合伙企业登记的
    - 一般：处以五千元以上五万元以下的罚款
    - 情节严重：撤销企业登记，并处以五万元以上二十万元以下的罚款
  - 合伙企业未在其名称中标明"普通合伙"、"特殊普通合伙"或者"有限合伙"字样的
    - ⑨④ 由企业登记机关责令限期改正，处以二千元以上一万元以下的罚款
  - 未领取营业执照，而以合伙企业或者合伙企业分支机构名义从事合伙业务的
    - ⑨⑤ 由企业登记机关责令停止，处以五千元以上五万元以下的罚款
  - 合伙企业登记事项发生变更时，未依照本法规定办理变更登记的
    - 由企业登记机关责令限期登记
    - 逾期不登记的，处以二千元以上二万元以下的罚款
  - 合伙企业登记事项发生变更，执行合伙事务的合伙人未按期申请办理变更登记的
    - 应当赔偿由此给合伙企业、其他合伙人或者善意第三人造成的损失
  - 合伙人执行合伙事务，或者合伙企业从业人员利用职务上的便利，将应当归合伙企业的利益据为己有的，或者采取其他手段侵占合伙企业财产的
    - ⑨⑥
      - 应当将该利益和财产退还合伙企业
      - 给合伙企业或者其他合伙人造成损失的，依法承担赔偿责任
  - 合伙人对本法规定或合伙协议约定必须经全体合伙人一致同意始得执行的事务擅自处理，给合伙企业或者其他合伙人造成损失的，依法承担赔偿责任 ⑨⑦
  - 不具有事务执行权的合伙人擅自执行合伙事务，给合伙企业或者其他合伙人造成损失的，依法承担赔偿责任 ⑨⑧
  - 合伙人违反本法规定或者合伙协议的约定，从事与本合伙企业相竞争的业务或者与本合伙企业进行交易的
    - ⑨⑨
      - 该收益归合伙企业所有
      - 给合伙企业或者其他合伙人造成损失的，依法承担赔偿责任
  - 清算人未依照本法规定向企业登记机关报送清算报告，或者报送清算报告隐瞒重要事实，或者有重大遗漏的，由企业登记机关责令改正。由此产生的费用和损失，由清算人承担和赔偿 ⑩⓪
  - 清算人执行清算事务，牟取非法收入或侵占合伙企业财产的
    - (101)
      - 应将该收入和侵占的财产退还合伙企业
      - 给合伙企业或其他合伙人造成损失的，依法承担赔偿责任
  - 清算人违反本法规定，隐匿、转移合伙企业财产，对资产负债表或者财产清单作虚假记载，或者在未清偿债务前分配财产，损害债权人利益的，依法承担赔偿责任 (102)
  - 合伙人违反合伙协议的，应当依法承担违约责任 (103)
  - 履行合伙协议发生争议的
    - 协商或者调解
    - 协商、调解不成的，可以向仲裁机构申请仲裁
    - 合伙协议中未订立仲裁条款，事后又没有达成书面仲裁协议的，可以向人民法院起诉
  - 构成犯罪的，依法追究刑事责任 (105)

个人独资企业法

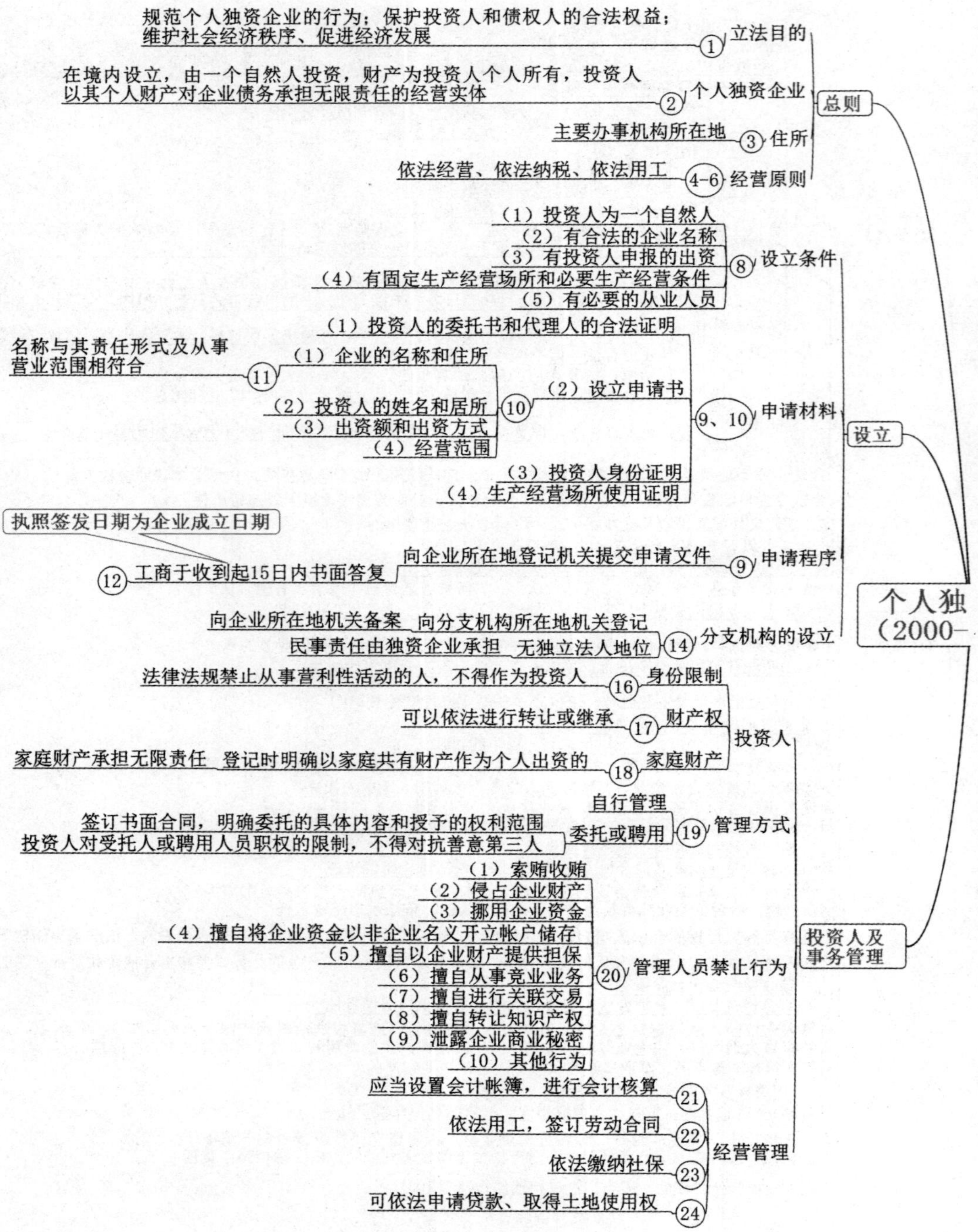
个人独
(2000-
总则
①立法目的
规范个人独资企业的行为；保护投资人和债权人的合法权益；
维护社会经济秩序、促进经济发展
②个人独资企业
在境内设立，由一个自然人投资，财产为投资人个人所有，投资人
以其个人财产对企业债务承担无限责任的经营实体
③住所
主要办事机构所在地
4-6经营原则
依法经营、依法纳税、依法用工
设立
⑧设立条件
（1）投资人为一个自然人
（2）有合法的企业名称
（3）有投资人申报的出资
（4）有固定生产经营场所和必要生产经营条件
（5）有必要的从业人员
9、10申请材料
（1）投资人的委托书和代理人的合法证明
（2）设立申请书
⑩
（1）企业的名称和住所
⑪
名称与其责任形式及从事
营业范围相符合
（2）投资人的姓名和居所
（3）出资额和出资方式
（4）经营范围
（3）投资人身份证明
（4）生产经营场所使用证明
⑨申请程序
向企业所在地登记机关提交申请文件
⑫
工商于收到起15日内书面答复
执照签发日期为企业成立日期
⑭分支机构的设立
向企业所在地机关备案
向分支机构所在地机关登记
民事责任由独资企业承担
无独立法人地位
投资人
⑯身份限制
法律法规禁止从事营利性活动的人，不得作为投资人
⑰财产权
可以依法进行转让或继承
⑱家庭财产
登记时明确以家庭共有财产作为个人出资的
家庭财产承担无限责任
投资人及
事务管理
⑲管理方式
自行管理
委托或聘用
签订书面合同，明确委托的具体内容和授予的权利范围
投资人对受托人或聘用人员职权的限制，不得对抗善意第三人
⑳管理人员禁止行为
（1）索贿收贿
（2）侵占企业财产
（3）挪用企业资金
（4）擅自将企业资金以非企业名义开立帐户储存
（5）擅自以企业财产提供担保
（6）擅自从事竞业业务
（7）擅自进行关联交易
（8）擅自转让知识产权
（9）泄露企业商业秘密
（10）其他行为
经营管理
㉑应当设置会计帐簿，进行会计核算
㉒依法用工，签订劳动合同
㉓依法缴纳社保
㉔可依法申请贷款、取得土地使用权

资企业法
01-01）

- 解散和清算
  - 解散情形 ㉖
    - （1）投资人决定解散
    - （2）投资人死亡或者被宣告死亡，无继承人或者继承人决定放弃继承
    - （3）被依法吊销营业执照
    - （4）其他情形
  - 解散程序 ㉗
    - 自行清算
      - 无法通知，予以公告　公告之日起60日内　申报债权
      - 提前15日通知债权人　通知之日起30日内　申报债权
    - 债权人申请清算
  - 解散后责任
    - ㉘ 原投资人承担责任　债权人在5年内未向债务人提出偿债请求的，该责任消灭
    - ㉛ 企业财产不足以清偿　以投资人其他财产清偿
  - 清偿顺序 ㉙
    - （1）工资社保
    - （2）所欠税款
    - （3）其他债务
  - 清算期内禁止行为 ㉚
    - 投资人不得转移、隐匿财产
    - 不得开展与清算目的无关的经营活动
  - 注销登记 ㉜ 清算结束后15日内登记
- 法律责任
  - 责任事项
    - 虚假信息登记 ㉝ 责令改正，处以五千元以下的罚款　情节严重的，并处吊销营业执照
    - 名称不符 ㉞ 责令限期改正，处以二千元以下的罚款
    - 涂改、出租、转让执照 ㉟ 责令改正，没收违法所得，处以三千元以下的罚款　严重的，吊销执照
    - 伪造执照 ㉟ 责令停业，没收违法所得，处以五千元以下的罚款　构成犯罪的，依法追究刑事责任
    - 停业责任 ㊱ 无正当理由超过六个月未开业的，或者开业后自行停业连续六个月以上的　吊销执照
    - 无照经营 ㊲ 责令停止经营活动，处以三千元以下的罚款
    - 违法变更 ㊲ 责令限期办理变更登记，逾期不办理的，处以二千元以下的罚款
    - 隐匿财产 ㊷ 追回财产，予以处罚，构成犯罪的，依法追究刑事责任
  - 责任顺序 ㊸
    - 适用情形　同时应当承担民事赔偿责任和缴纳罚款、罚金，但财产不足支付
    - 赔偿顺序　民事赔偿优先于罚款、罚金

区别	个人独资企业	个体工商户
取得法定资格的依据不同	《个人独资企业法》	《城乡个体工商户管理暂行条例》
投资主体和财产所有权不同	一个自然人投资，其财产为个人所有	可以个人投资或家庭投资经营，个人投资的财产所有权为个人所有，家庭投资的财产为家庭所有
经营权不同	所有权与经营权可以分离	投资者与经营者必须为同一人
经营方式不同	可以设立分支机构；属于“其他经济组织”，能以企业自身的名义进行法律活动	不能设立分支机构；属于“公民”，一般以公民个人名义来开展法律活动
责任形式不同	以投资人个人财产对企业债务承担无限责任	个人经营的，是以个人全部财产承担民事责任；家庭经营的，以家庭全部财产承担民事责任。但个体工商户中即使是个人投资，如果家庭享受个人投资所得，也需以家庭财产承担责任
财务制度和税收政策不同	必须建立财务制度，以进行会计核算	无财务、会计制度要求

中外合资经营企业法

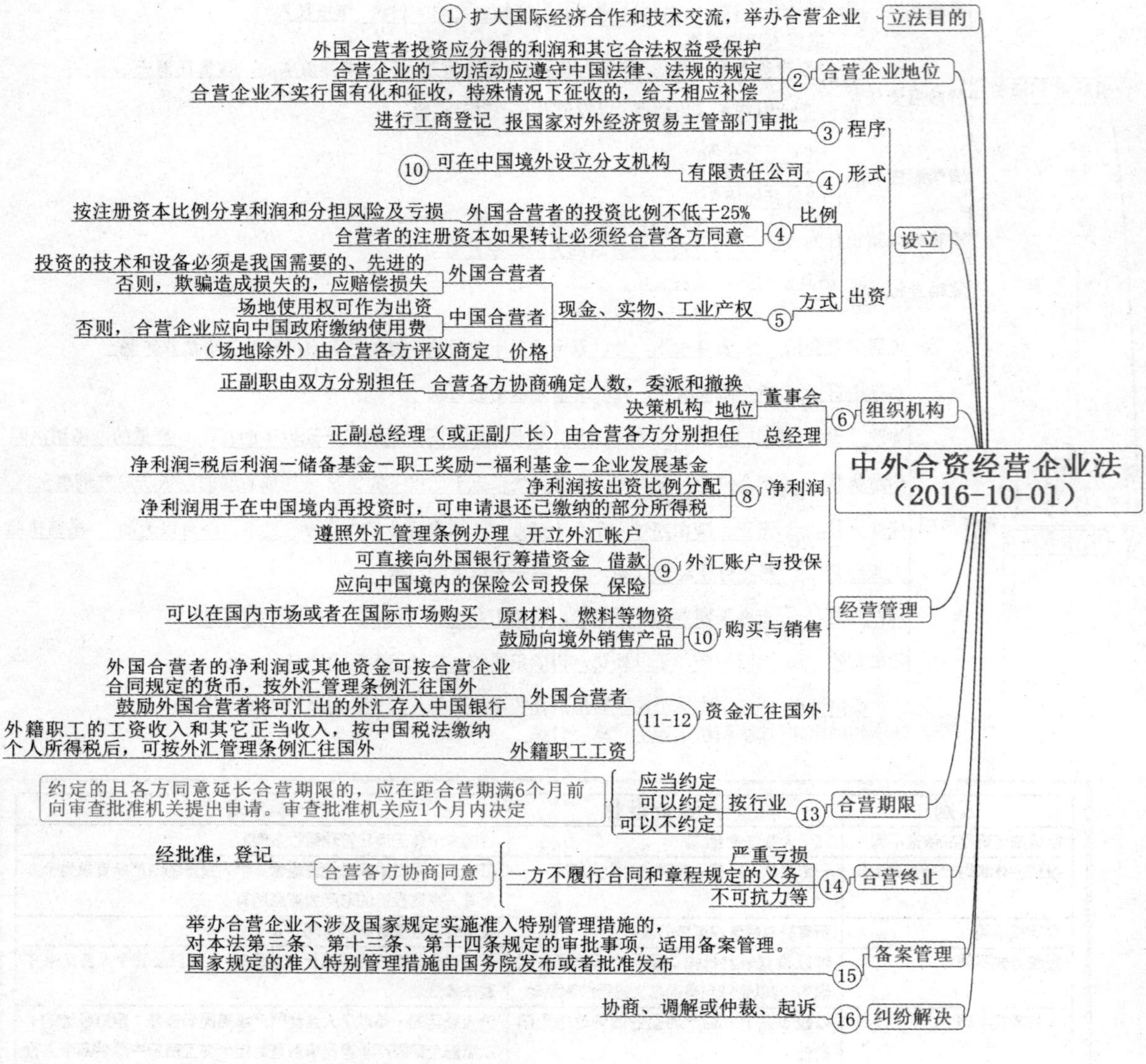
中外合资经营企业法
(2016-10-01)
立法目的
① 扩大国际经济合作和技术交流，举办合营企业
合营企业地位
② 外国合营者投资应分得的利润和其它合法权益受保护
合营企业的一切活动应遵守中国法律、法规的规定
合营企业不实行国有化和征收，特殊情况下征收的，给予相应补偿
设立
程序
③ 报国家对外经济贸易主管部门审批
进行工商登记
形式
④ 有限责任公司
⑩ 可在中国境外设立分支机构
比例
④ 外国合营者的投资比例不低于25%
按注册资本比例分享利润和分担风险及亏损
合营者的注册资本如果转让必须经合营各方同意
出资
方式
⑤ 现金、实物、工业产权
外国合营者
投资的技术和设备必须是我国需要的、先进的
否则，欺骗造成损失的，应赔偿损失
中国合营者
场地使用权可作为出资
否则，合营企业应向中国政府缴纳使用费
价格
（场地除外）由合营各方评议商定
组织机构
⑥ 董事会
合营各方协商确定人数，委派和撤换
正副职由双方分别担任
地位
决策机构
总经理
正副总经理（或正副厂长）由合营各方分别担任
经营管理
⑧ 净利润
净利润=税后利润－储备基金－职工奖励－福利基金－企业发展基金
净利润按出资比例分配
净利润用于在中国境内再投资时，可申请退还已缴纳的部分所得税
⑨ 外汇账户与投保
开立外汇帐户
遵照外汇管理条例办理
借款
可直接向外国银行筹措资金
保险
应向中国境内的保险公司投保
⑩ 购买与销售
原材料、燃料等物资
可以在国内市场或者在国际市场购买
鼓励向境外销售产品
(11-12) 资金汇往国外
外国合营者
外国合营者的净利润或其他资金可按合营企业合同规定的货币，按外汇管理条例汇往国外
鼓励外国合营者将可汇出的外汇存入中国银行
外籍职工工资
外籍职工的工资收入和其它正当收入，按中国税法缴纳个人所得税后，可按外汇管理条例汇往国外
合营期限
⑬ 按行业
应当约定
可以约定
可以不约定
约定的且各方同意延长合营期限的，应在距合营期满6个月前向审查批准机关提出申请。审查批准机关应1个月内决定
合营终止
⑭ 严重亏损
一方不履行合同和章程规定的义务
不可抗力等
合营各方协商同意
经批准，登记
备案管理
⑮ 举办合营企业不涉及国家规定实施准入特别管理措施的，对本法第三条、第十三条、第十四条规定的审批事项，适用备案管理。国家规定的准入特别管理措施由国务院发布或者批准发布
纠纷解决
⑯ 协商、调解或仲裁、起诉

外资企业法

- 外资企业法（2016-10-01）
  - 概述
    - 立法目的 ① 扩大对外经济合作和技术交流，促进国民经济发展
    - 定义 ② 依国内法在境内设立的全部资本由外国投资者投资的企业
    - 地位 ④、⑤
      - 合法权益受保护，须遵守中国的法律法规
      - 一般不实行国有化和征收，特殊情况，征收并给予补偿
  - 设立
    - 原则 ③
      - 有利于中国国民经济的发展
      - 鼓励产品出口或技术先进的企业
    - 程序
      - （1）申请 ⑥ 向外经贸主管部门递交申请
      - （2）审批 ⑥ 审批机关90日内作出决定
      - （3）登记 ⑦ 接到批准证书之日起30日内申请工商登记 领取营业执照
      - （4）投资 ⑨ 核准期限内在境内投资 逾期吊销营业执照
    - 法人资格 ⑧ 符合法律规定 依法取得中国法人资格
    - 变更登记 ⑩
      - 事项 分立、合并或者其他重要事项变更
      - 程序 报批，并办理工商变更登记手续
  - 经营管理
    - 一般规定 ⑪ 按章程进行
    - 劳动管理
      - ⑫ 依法用工，签订劳动合同
      - ⑬ 建立工会，提供必要活动条件
    - 财务管理 ⑭
      - 设置会计帐簿，进行独立核算，报送会计报表，接受财政税务机关的监督
      - 违反的，财政税务机关可以处以罚款，工商行政管理机关可以责令停止营业或者吊销营业执照
    - 物资购买 ⑮ 可在国内或国际市场购买
    - 保险 ⑯ 应当向中国境内的保险公司投保
    - 税收 ⑰
      - 依法享受减税、免税
      - 税后的利润在中国境内再投资的，可部分退税
    - 外汇帐户 ⑱ 依外汇管理规定办理
    - 利润转出 ⑲
      - 外国投资者合法收入和清算后的资金，可以汇往国外
      - 职工的工资，缴纳个人所得税后，可以汇往国外
  - 期限与终止
    - 期限 ⑳
      - 由外国投资者申报 审查批准机关批准
      - 需要延长的 期满180日以前提出申请 审查批准机关30日内决定
    - 终止 ㉑ 公告清算 ㉒
      - 注销登记
      - 缴销营业执照
      - 清算完结前，除为了执行清算外，外国投资者对企业财产不得处理
  - 备案管理 ㉓ 举办外资企业不涉及国家规定实施准入特别管理措施的，对本法第六条、第十条、第二十条规定的审批事项，适用备案管理。国家规定的准入特别管理措施由国务院发布或者批准发布。

中外合作经营企业法

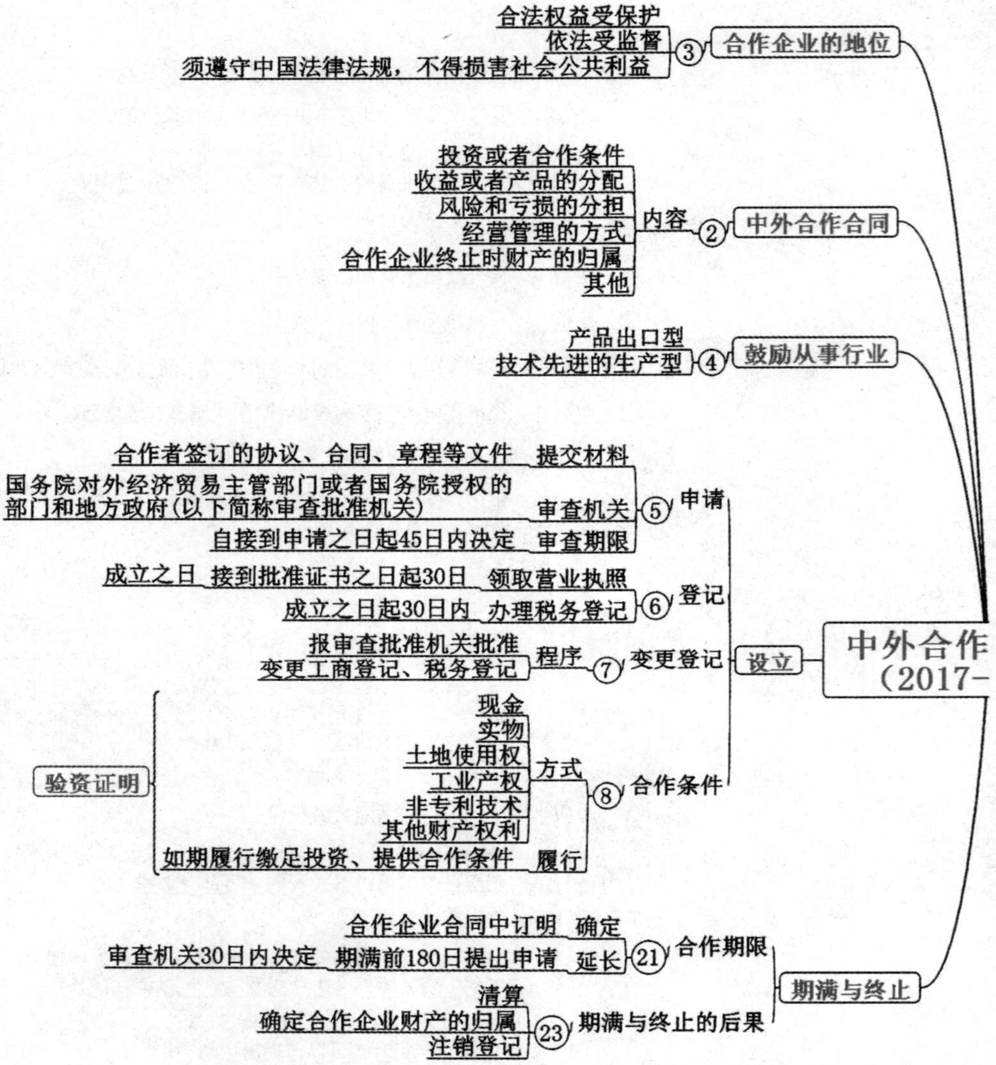
中外合作
(2017-
合作企业的地位
③
合法权益受保护
依法受监督
须遵守中国法律法规，不得损害社会公共利益
中外合作合同
②
内容
投资或者合作条件
收益或者产品的分配
风险和亏损的分担
经营管理的方式
合作企业终止时财产的归属
其他
鼓励从事行业
④
产品出口型
技术先进的生产型
设立
申请
⑤
提交材料
合作者签订的协议、合同、章程等文件
审查机关
国务院对外经济贸易主管部门或者国务院授权的部门和地方政府(以下简称审查批准机关)
审查期限
自接到申请之日起45日内决定
登记
⑥
领取营业执照
接到批准证书之日起30日
成立之日
办理税务登记
成立之日起30日内
变更登记
⑦
程序
报审查批准机关批准
变更工商登记、税务登记
合作条件
⑧
方式
现金
实物
土地使用权
工业产权
非专利技术
其他财产权利
履行
如期履行缴足投资、提供合作条件
验资证明
期满与终止
合作期限
㉑
确定
合作企业合同中订明
延长
期满前180日提出申请
审查机关30日内决定
期满与终止的后果
㉓
清算
确定合作企业财产的归属
注销登记

经营企业法 11-05）

- 经营管理
  - 原则 ⑪ 依合同、章程自主经营
  - 组织机构 ⑫
    - 董事会或者联合管理机构　正副职由各方分别担任
    - 总经理
    - 经营管理者　改为委托中外合作者以外的他人的，需变更登记
  - 职工管理
    - 合同确立事项 ⑬ 职工的录用、辞退、报酬、福利、劳动保护、劳动保险等事项
    - 设立工会 ⑭ 开展工会活动，维护职工的合法权益
  - 财务管理
    - 会计账簿 ⑮ 中国境内设立会计账簿
    - 外汇管理 ⑯ 依法开立外汇帐户
    - 借款 ⑰
      - 合作企业可以向境内、境外金融机构借款
      - 用作投资或合作条件的借款及其担保，各方自行解决
    - 保险 ⑱ 向中国境内的保险机构投保
  - 其他
    - 进出口 ⑲ 原材料、燃料等物资，可以在国内或国外市场购买
    - 税收优惠 ⑳ 依法享受减税、免税的优惠待遇
    - 收益与风险 ㉑
      - 按合同约定分配收益或者产品，承担风险和亏损
      - 外国合作者先行收回投资
        - 合作期满时全部固定资产归中国合作者所有
        - 税前回收投资的，需经审批
        - 不影响债务承担
    - 收入汇往国外 ㉒
      - 外籍职工的工资等合法收入，缴纳个人所得税后
      - 外国合作者在履行义务后分得的利润等合法收入和合作企业终止时分得的资金
- 备案管理 ㉕
  - 不涉及实施准入特别管理措施的，对第五条、第七条、第十条、第二十四条规定，适用备案管理
  - 国家规定的准入特别管理措施由国务院发布或者批准发布
- 争议解决 ㉖
  - 协商、调解
  - 仲裁
    - 依照合作企业合同中的仲裁条款或者事后达成的书面仲裁协议
    - 提交中国仲裁机构或者其他仲裁机构仲裁
  - 起诉　中国法院

企业破产法

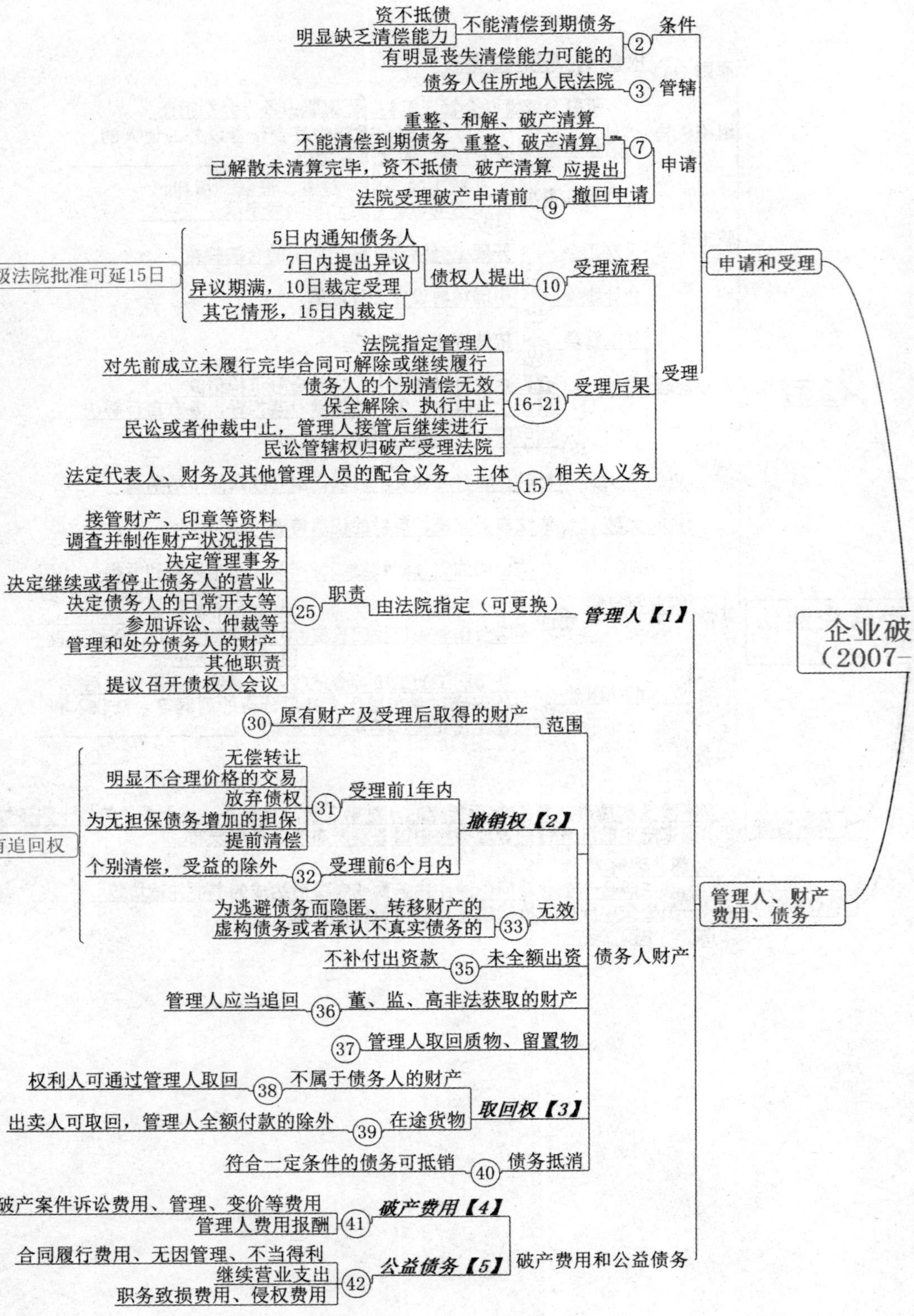
企业破
(2007-
申请和受理
条件
2
不能清偿到期债务
资不抵债
明显缺乏清偿能力
有明显丧失清偿能力可能的
管辖
3
债务人住所地人民法院
申请
7
重整、和解、破产清算
不能清偿到期债务
重整、破产清算
已解散未清算完毕，资不抵债
破产清算
应提出
撤回申请
9
法院受理破产申请前
受理
受理流程
10
债权人提出
5日内通知债务人
7日内提出异议
异议期满，10日裁定受理
其它情形，15日内裁定
上一级法院批准可延15日
受理后果
16-21
法院指定管理人
对先前成立未履行完毕合同可解除或继续履行
债务人的个别清偿无效
保全解除、执行中止
民讼或者仲裁中止，管理人接管后继续进行
民讼管辖权归破产受理法院
相关人义务
15
主体
法定代表人、财务及其他管理人员的配合义务
管理人、财产费用、债务
管理人【1】
由法院指定（可更换）
职责
25
接管财产、印章等资料
调查并制作财产状况报告
决定管理事务
决定继续或者停止债务人的营业
决定债务人的日常开支等
参加诉讼、仲裁等
管理和处分债务人的财产
其他职责
提议召开债权人会议
债务人财产
范围
30
原有财产及受理后取得的财产
撤销权【2】
受理前1年内
31
无偿转让
明显不合理价格的交易
放弃债权
为无担保债务增加的担保
提前清偿
受理前6个月内
32
个别清偿，受益的除外
34
管理人有追回权
无效
33
为逃避债务而隐匿、转移财产的
虚构债务或者承认不真实债务的
未全额出资
35
不补付出资款
董、监、高非法获取的财产
36
管理人应当追回
37
管理人取回质物、留置物
取回权【3】
不属于债务人的财产
38
权利人可通过管理人取回
在途货物
39
出卖人可取回，管理人全额付款的除外
债务抵消
40
符合一定条件的债务可抵销
破产费用和公益债务
破产费用【4】
41
破产案件诉讼费用、管理、变价等费用
管理人费用报酬
公益债务【5】
42
合同履行费用、无因管理、不当得利
继续营业支出
职务致损费用、侵权费用

- 产法 06-01）
  - 债权申报 债权人会议
    - 债权申报
      - 权利范围
        - 需申报 44
          - 受理时对债务人享有的合法债权
          - 工资、社保及工伤费用除外
      - 申报期限 45、56
        - 法院确定 最短不得少于30日，最长不得超过3个月
        - 补充申报 最后分配前 已分配的，不再补充分配
      - 申报内容 49 债权的数额、有无财产担保、连带债权 提供相关证据
    - ***债权人会议【6】***
      - 一般规定
        - 职权 61
          - 核查债权、监督管理人
          - 选任和更换债权人委员会成员
          - 决定继续或者停止债务人的营业
          - 通过重整计划/和解协议、管理、变价、分配方案
          - 其他职权
      - 债权人委员会
        - 组成 67（不超过9人）
          - 债权人代表
          - 1名职工或工会代表
        - 职权 68
          - 监督财产的管理和处分；监督破产财产分配；
          - 提议召开债权人会议；其他职权
  - 重整、和解
    - ***重整【7】***
      - 申请和期间
        - 申请主体 70
          - 一般 债务人、债权人
          - 申请破产的 债务人、占注册资本10%以上的出资人
        - 终止重整程序，宣告破产 78
          - 缺乏挽救的可能性
          - 债务人有显著不利于债权人的行为
          - 由于债务人的行为致使管理人无法执行职务
      - 计划的制定和批准
        - 制定
          - 主体 80 债务人或管理人
          - 内容 81 经营、债权分类及调整方案、期限等
        - 批准
          - 程序 重整计划通过10日内申请 30日内裁定 86
          - 主体 人民法院
          - 结果 未通过或未批准的，宣告破产 88
      - 计划的执行
        - 主体 89、90 债务人负责执行、管理人监督
    - ***和解【8】***
      - 直接申请时间 受理后、宣告破产前 债权人会议通过和解协议
  - 破产清算
    - ***破产宣告【9】***
      - 程序 107
        - 5日内送达债务人和管理人
        - 10日内通知已知债权人，并予以公告
      - 终结条件 108
        - 第三人足额担保或清偿全部到期债务的
        - 已清偿全部到期债务的
      - 优先受偿 109、110 对破产人的特定财产享有担保权的权利人
    - 变价和分配
      - 清偿顺序（同一顺序的，按比例分配 113）
        - 破产费用和共益债务
        - 工资、养老、医疗保险费、工伤费用、经济补偿金
        - 其它社保费用及税款；
        - 普通破产债权
      - 提存
        - 附生效或者解除条件债权分配额 117
        - 未受领的 118 公告满2月未领视为放弃 分配给其他债权人
        - 诉讼或仲裁未决债权 119 满2年分配的（分配给其他债权人）
    - 破产程序的终结
      - 流程 120、121（提请法院终结）
        - 破产人无财产可供分配的
        - 最后分配完结后
      - 追加分配 123
        - 终结之日起2年内
        - 情形
          - 应当追回的财产的
          - 有应供分配的其他财产

保 险 法

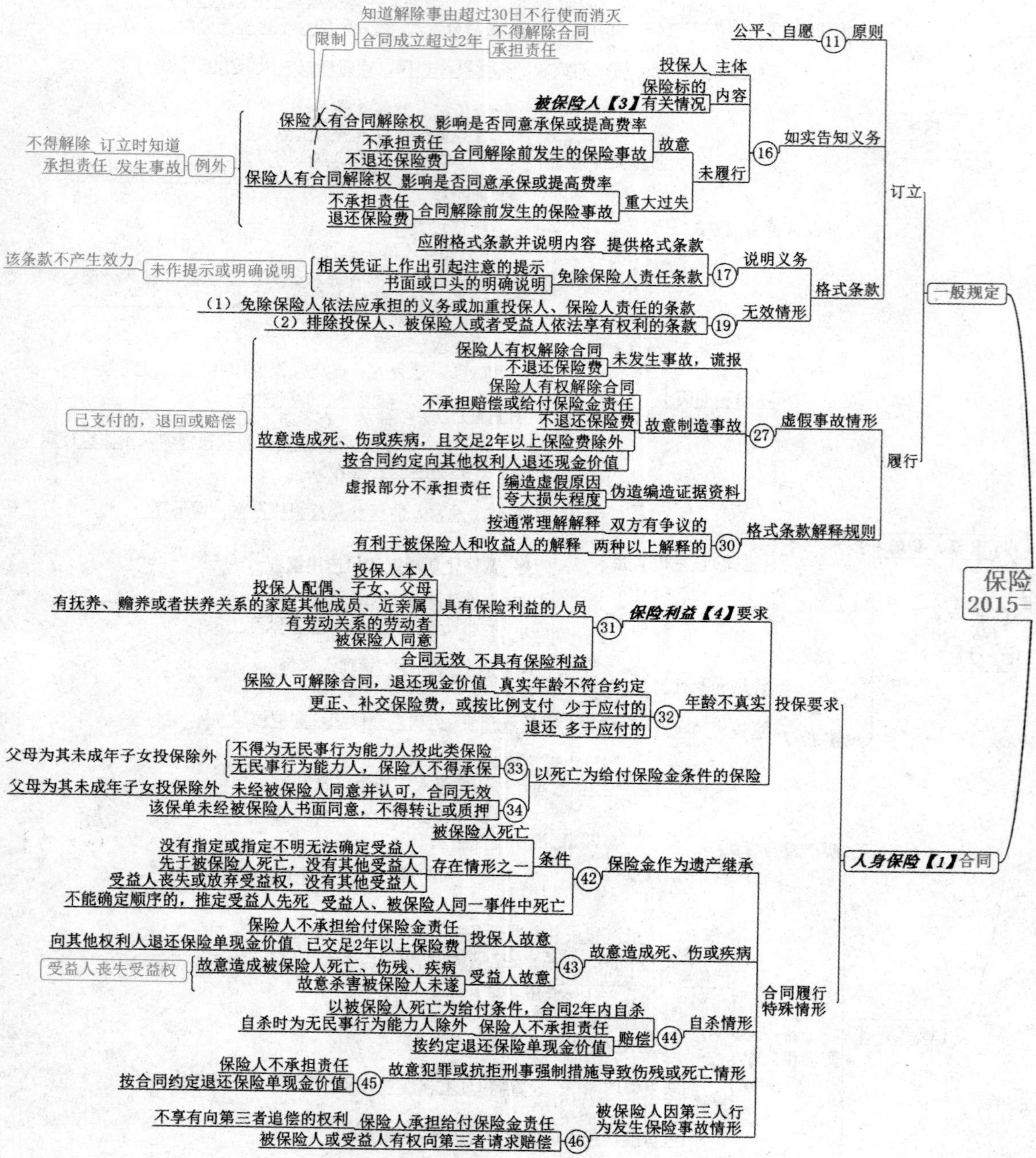
保险
2015-
一般规定
订立
原则
11
公平、自愿
如实告知义务
16
主体
投保人
内容
保险标的
被保险人【3】有关情况
未履行
故意
保险人有合同解除权
影响是否同意承保或提高费率
不承担责任
不退还保险费
合同解除前发生的保险事故
重大过失
保险人有合同解除权
影响是否同意承保或提高费率
不承担责任
退还保险费
合同解除前发生的保险事故
限制
知道解除事由超过30日不行使而消灭
合同成立超过2年
不得解除合同
承担责任
例外
不得解除
订立时知道
承担责任
发生事故
格式条款
说明义务
17
提供格式条款
应附格式条款并说明内容
免除保险人责任条款
相关凭证上作出引起注意的提示
书面或口头的明确说明
未作提示或明确说明
该条款不产生效力
无效情形
19
（1）免除保险人依法应承担的义务或加重投保人、保险人责任的条款
（2）排除投保人、被保险人或者受益人依法享有权利的条款
履行
虚假事故情形
27
未发生事故，谎报
保险人有权解除合同
不退还保险费
故意制造事故
保险人有权解除合同
不承担赔偿或给付保险金责任
不退还保险费
故意造成死、伤或疾病，且交足2年以上保险费除外
按合同约定向其他权利人退还现金价值
伪造编造证据资料
编造虚假原因
夸大损失程度
虚报部分不承担责任
已支付的，退回或赔偿
格式条款解释规则
30
双方有争议的
按通常理解解释
两种以上解释的
有利于被保险人和收益人的解释
人身保险【1】合同
投保要求
保险利益【4】要求
31
具有保险利益的人员
投保人本人
投保人配偶、子女、父母
有抚养、赡养或者扶养关系的家庭其他成员、近亲属
有劳动关系的劳动者
被保险人同意
不具有保险利益
合同无效
年龄不真实
32
真实年龄不符合约定
保险人可解除合同，退还现金价值
少于应付的
更正、补交保险费，或按比例支付
多于应付的
退还
以死亡为给付保险金条件的保险
33
不得为无民事行为能力人投此类保险
无民事行为能力人，保险人不得承保
父母为其未成年子女投保除外
34
未经被保险人同意并认可，合同无效
父母为其未成年子女投保除外
该保单未经被保险人书面同意，不得转让或质押
合同履行特殊情形
保险金作为遗产继承
42
条件
被保险人死亡
存在情形之一
没有指定或指定不明无法确定受益人
先于被保险人死亡，没有其他受益人
受益人丧失或放弃受益权，没有其他受益人
受益人、被保险人同一事件中死亡
不能确定顺序的，推定受益人先死
故意造成死、伤或疾病
43
投保人故意
保险人不承担给付保险金责任
已交足2年以上保险费
向其他权利人退还保险单现金价值
受益人故意
故意造成被保险人死亡、伤残、疾病
故意杀害被保险人未遂
受益人丧失受益权
自杀情形
44
以被保险人死亡为给付条件，合同2年内自杀
保险人不承担责任
自杀时为无民事行为能力人除外
赔偿
按约定退还保险单现金价值
故意犯罪或抗拒刑事强制措施导致伤残或死亡情形
45
保险人不承担责任
按合同约定退还保险单现金价值
被保险人因第三人行为发生保险事故情形
46
保险人承担给付保险金责任
不享有向第三者追偿的权利
被保险人或受益人有权向第三者请求赔偿

法 04-24

- ***财产保险【2】***合同
  - 被保险人保险利益要求 ⑷⑻ 48
    - 保险事故发生时
    - 保险人对保险标的具有保险利益
  - 合同履行
    - 义务
      - 保险标的转让通知义务 49
        - 受让人承继被保险人的权利和义务
        - 及时通知保险人
          - 未履行 危险增加而发生事故 保险人不承担责任
          - 货物运输保险合同另有约定除外
          - 危险程度增加 收到通知30日内
            - 要求增加保费
            - 解除合同 退还不应收部分
      - 维护标的的安全义务 51
        - 遵守安全规定
        - 安全检查义务 保险人 提出书面建议
        - 采取安全预防措施
        - 未履行责任
          - 增加保费
          - 解除合同
      - 保险标的的危险程度增加的通知义务 52
        - 及时通知保险人
          - 按约定增加保险费
          - 解除合同 退还剩余时间保费
        - 未尽通知义务 因危险增加而发生的事故 不承担赔偿责任
    - ***保险费【5】***
      - 降低情形 53
        - 除合同另有约定外
        - 保险人应当降低保险费
          - 保险费率发生变化，保险标的的危险程度明显减少
          - 保险标的的的保险价值明显减少
        - 方式 按日计算退还
      - 退还情形 54
        - 保险责任开始前，投保人要求解除合同 支付手续费 退还保险费
        - 保险责任开始后，投保人要求解除合同 退还剩余日期部分保险费
    - 保险赔偿标准 55
      - 以约定的***保险价值【6】***为标准 未约定的 事故发生时保险标的的实际价值为标准
      - ***保险金额【7】***不得超过保险价值 超过部分无效 保险人应当退还相应的保险费
      - 保险金额低于保险价值 除合同另有约定外 按比例承担责任
    - 重复保险情形 56
      - 定义
        - 同一标的、同一保险利益、同一保险事故
        - 分别与两个以上保险人订立保险合同
        - 保险金额总和超过保险价值
      - 通知义务 投保人通知各保险人
      - 赔偿原则
        - 赔偿总和不得超过保险价值
          - 除另约定外
          - 各保险人按比例承担责任
        - 投保人请求按比例返还保险费 保险金额总和超过保险价值部分
    - 被保险人防止损失扩大情形 57
      - 尽力采取必要措施
      - 防止或减少损失
      - 费用
        - 必要合理费用 保险人承担
        - 承担费用数额
          - 标的损失赔偿数额以外另行计算
          - 最高不超过保险金额数额
    - 保险赔偿后保险标的的权利归属 59 支付全部保险金额
      - 等于保险价值 全部权利归于保险人
      - 低于保险价值 按比例取得部分权利
    - 合理费用承担 64 保险人承担 查明和确定事故所支付的必要的、合理的费用
  - ***代位求偿权【8】*** 60-63
    - 主体 保险人
    - 适用情形 第三人造成事故 保险人赔偿之日起 在赔偿金额范围内代为行使
    - ***代位求偿规则【9】***
  - 责任保险 65-66
    - 被保险人对第三者依法应负赔偿责任为保险标的
    - 责任保险规则
      - （1）保险人直接向第三者赔偿保险金
      - （2）被保险人怠于请求，第三者有权直接向保险人请求赔偿
      - （3）被保险人未向该第三者赔偿的，保险人不得向被保险人赔偿
      - （4）仲裁或诉讼费用 除约定外，由保险人承担
  - 合同解除
    - 运输保险合同不得解除情形 50 货物运输保险合同和运输工具航程保险合同 保险责任开始后不得解除
    - 发生部分损失解除合同情形 58
      - 投保人解除 自保险人赔偿之日起30日内解除
      - 保险人解除 除另有约定外提前15日通知
      - 扣除应付部分，退还保费
- ***人身保险【1】***合同
  - 投保人支付保险费
    - 催告之日起超30日或超约定期限60日未支付
      - 效力中止 效力恢复
        - 补交保险费
        - 双方达成协议
        - 中止满2年未达成 解除 退还现金价值
      - 按约定减少保险金额
    - 禁止诉讼索要 38 不得用诉讼方式要求支付保险费
  - 投保人解除合同 47 保险人收到解除合同通知之日起30日内 退还现金价值

票 据 法

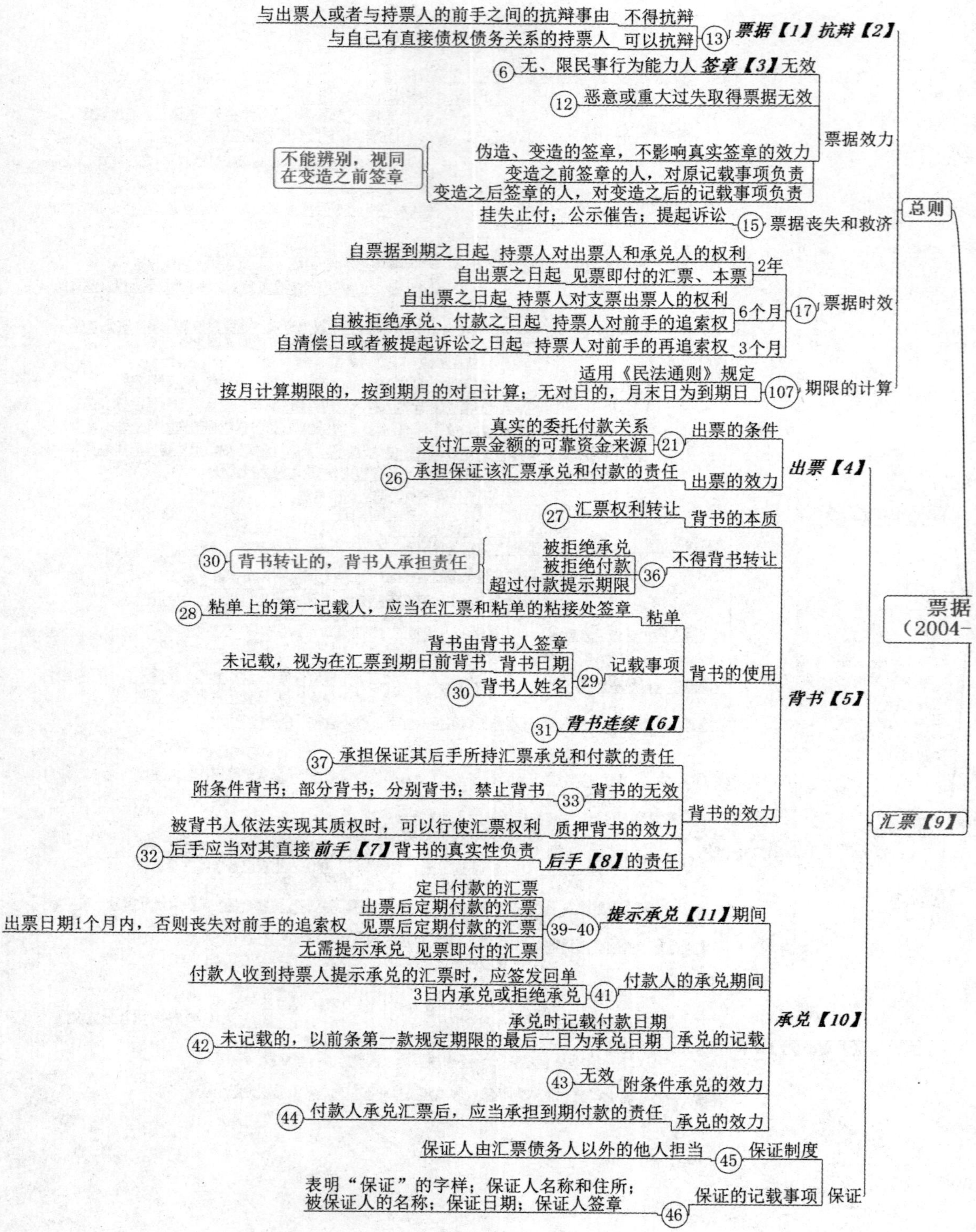
票据
(2004-
总则
票据【1】抗辩【2】
13
与出票人或者与持票人的前手之间的抗辩事由 不得抗辩
与自己有直接债权债务关系的持票人 可以抗辩
票据效力
6 无、限民事行为能力人签章【3】无效
12 恶意或重大过失取得票据无效
伪造、变造的签章，不影响真实签章的效力
变造之前签章的人，对原记载事项负责
变造之后签章的人，对变造之后的记载事项负责
不能辨别，视同在变造之前签章
15 票据丧失和救济
挂失止付；公示催告；提起诉讼
17 票据时效
2年
自票据到期之日起 持票人对出票人和承兑人的权利
自出票之日起 见票即付的汇票、本票
6个月
自出票之日起 持票人对支票出票人的权利
自被拒绝承兑、付款之日起 持票人对前手的追索权
3个月
自清偿日或者被提起诉讼之日起 持票人对前手的再追索权
107 期限的计算
适用《民法通则》规定
按月计算期限的，按到期月的对日计算；无对日的，月末日为到期日
汇票【9】
出票【4】
出票的条件
21 真实的委托付款关系
支付汇票金额的可靠资金来源
出票的效力
26 承担保证该汇票承兑和付款的责任
背书【5】
背书的本质
27 汇票权利转让
不得背书转让
36 被拒绝承兑
被拒绝付款
超过付款提示期限
30 背书转让的，背书人承担责任
背书的使用
粘单
28 粘单上的第一记载人，应当在汇票和粘单的粘接处签章
记载事项
29 背书由背书人签章
背书日期 未记载，视为在汇票到期日前背书
30 背书人姓名
31 背书连续【6】
背书的效力
37 承担保证其后手所持汇票承兑和付款的责任
33 背书的无效
附条件背书；部分背书；分别背书；禁止背书
质押背书的效力
被背书人依法实现其质权时，可以行使汇票权利
后手【8】的责任
32 后手应当对其直接前手【7】背书的真实性负责
承兑【10】
提示承兑【11】期间
39-40 定日付款的汇票
出票后定期付款的汇票
见票后定期付款的汇票 出票日期1个月内，否则丧失对前手的追索权
见票即付的汇票 无需提示承兑
付款人的承兑期间
41 付款人收到持票人提示承兑的汇票时，应签发回单
3日内承兑或拒绝承兑
承兑的记载
承兑时记载付款日期
42 未记载的，以前条第一款规定期限的最后一日为承兑日期
附条件承兑的效力
43 无效
承兑的效力
44 付款人承兑汇票后，应当承担到期付款的责任
保证
保证制度
45 保证人由汇票债务人以外的他人担当
保证的记载事项
46 表明“保证”的字样；保证人名称和住所；
被保证人的名称；保证日期；保证人签章

- 法（08-28）
  - 汇票（续）
    - ***保证【12】***
      - 保证人的责任
        - 附条件保证的责任：不影响对汇票的保证责任 ㊽
        - 保证人和被保证人的连带责任 ㊿
        - 共同保证人的连带责任 (51)
      - 保证人的追偿权 (52)
    - 付款
      - 提示付款的期限 (53)
        - 见票即付的汇票：出票之日起1个月
        - 定日付款的汇票；出票后定期付款的汇票；见票后定期付款的汇票
      - 付款人的义务和责任（54、57、58）
        - 及时付款的义务
        - 审查义务
        - 过错责任：恶意或重大过失，自行承担
        - 期前付款的责任：自行承担所产生的责任
      - 付款的效力：全体汇票债务人的责任解除 (60)
    - ***追索权【13】***
      - 情形
        - 汇票到期被拒绝付款
        - 汇票到期日前
          - （1）汇票被拒绝承兑的
          - （2）承兑人或者付款人死亡、逃匿的
          - （3）宣告破产或被责令终止业务活动的
      - 行使
        - 提供拒绝证明 (62)
        - 拒绝证明的代替
          - 死亡、逃匿等的证明 (63)
          - (64)
            - 被人民法院依法宣告破产的证明
            - 行政主管部门责令停止业务活动的处罚决定证明
      - 丧失
        - 持票人不能提供合法证明
        - 承兑人或者付款人仍应当对持票人承担责任 (65)
      - 拒绝事由的通知 (66)
        - 收到拒绝证明之日起3日内通知前手；前手收到通知之日起3日内通知再前手
        - 持票人也可同时向各汇票债务人发出书面通知
      - 追索权的效力：出票人、背书人、承兑人和保证人对持票人承担连带责任 (68)
      - 追索权的限制 (69)
        - 持票人为出票人的，对其前手无追索权
        - 持票人为背书人的，对其后手无追索权
      - 追索金额 (70)：汇票金额；银行利息；通知书的费用
      - 再追索权 (71)
  - ***本票【14】***
    - 出票人的资格：具有支付本票金额的可靠资金来源，并保证支付 (74)
    - 见票的效力：提示见票时，承担付款的责任 (77)
    - 付款期限：自出票日起≤2个月 (78)
    - 逾期提示见票的法律后果：丧失对出票人以外的前手的追索权 (79)
    - 汇票有关规定对本票亦适用 (81)
  - ***支票【15】***
    - 支票存款账户的开立 (82)
      - 合法身份证件
      - 可靠的资信，并存入一定的资金
      - 本名的签名式样和印鉴
    - 支票的分类：现金支票与转账支票 (83)
    - 授权补记
      - 金额、收款人：出票人授权补记
        - 未补记不得使用 (85)
    - ***空头支票【16】***的禁止 (87)
    - 付款日期：见票即付 (90)
    - 提示付款的期限
      - 出票日起10日内提示付款，异地使用的支票，另行规定 (91)
      - 超过提示付款期限的，付款人可以不予付款
      - 付款人不予付款的，出票人仍应对持票人承担票据责任
    - 汇票有关规定对支票亦适用 (94)

证 券 法

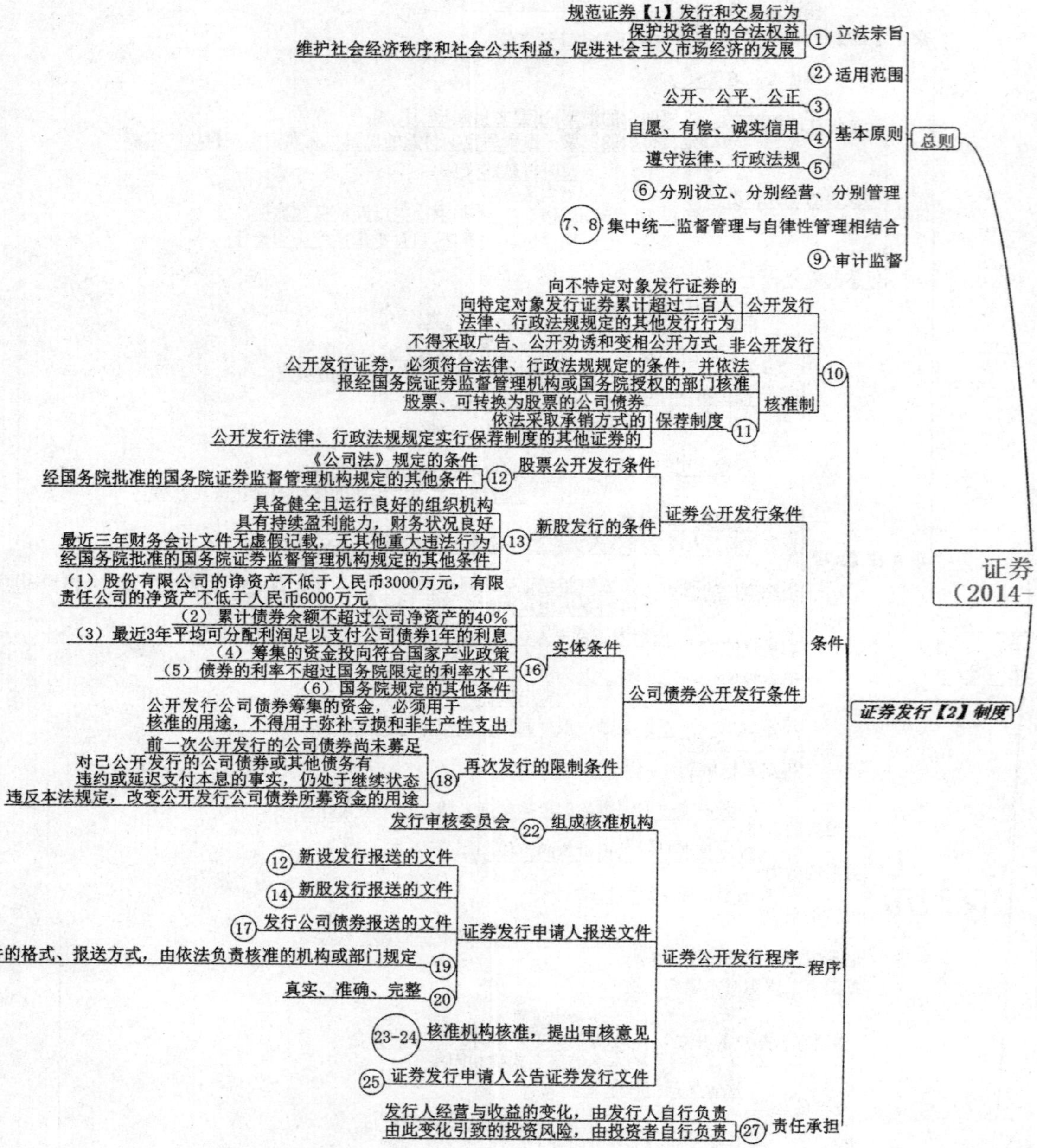
证券
（2014-
总则
立法宗旨
①
规范证券【1】发行和交易行为
保护投资者的合法权益
维护社会经济秩序和社会公共利益，促进社会主义市场经济的发展
②适用范围
基本原则
③公开、公平、公正
④自愿、有偿、诚实信用
⑤遵守法律、行政法规
⑥分别设立、分别经营、分别管理
7、8 集中统一监督管理与自律性管理相结合
⑨审计监督
证券发行【2】制度
⑩
公开发行
向不特定对象发行证券的
向特定对象发行证券累计超过二百人
法律、行政法规规定的其他发行行为
非公开发行
不得采取广告、公开劝诱和变相公开方式
核准制
公开发行证券，必须符合法律、行政法规规定的条件，并依法
报经国务院证券监督管理机构或国务院授权的部门核准
⑪
保荐制度
股票、可转换为股票的公司债券
依法采取承销方式的
公开发行法律、行政法规规定实行保荐制度的其他证券的
条件
证券公开发行条件
股票公开发行条件
⑫
《公司法》规定的条件
经国务院批准的国务院证券监督管理机构规定的其他条件
新股发行的条件
⑬
具备健全且运行良好的组织机构
具有持续盈利能力，财务状况良好
最近三年财务会计文件无虚假记载，无其他重大违法行为
经国务院批准的国务院证券监督管理机构规定的其他条件
公司债券公开发行条件
实体条件
⑯
（1）股份有限公司的净资产不低于人民币3000万元，有限责任公司的净资产不低于人民币6000万元
（2）累计债券余额不超过公司净资产的40%
（3）最近3年平均可分配利润足以支付公司债券1年的利息
（4）筹集的资金投向符合国家产业政策
（5）债券的利率不超过国务院限定的利率水平
（6）国务院规定的其他条件
公开发行公司债券筹集的资金，必须用于核准的用途，不得用于弥补亏损和非生产性支出
再次发行的限制条件
⑱
前一次公开发行的公司债券尚未募足
对已公开发行的公司债券或其他债务有违约或延迟支付本息的事实，仍处于继续状态
违反本法规定，改变公开发行公司债券所募资金的用途
程序
证券公开发行程序
组成核准机构
㉒发行审核委员会
证券发行申请人报送文件
⑫新设发行报送的文件
⑭新股发行报送的文件
⑰发行公司债券报送的文件
⑲文件的格式、报送方式，由依法负责核准的机构或部门规定
⑳真实、准确、完整
23-24 核准机构核准，提出审核意见
㉕证券发行申请人公告证券发行文件
责任承担
㉗
发行人经营与收益的变化，由发行人自行负责
由此变化引致的投资风险，由投资者自行负责

法之一
08-31）

- 证券承销制度
  - ***证券承销协议【3】***
    - 签订承销协议 ㉘
    - ㉚
      - （1）当事人的名称、住所及法定代表人姓名
      - （2）代销、包销证券的种类、数量、金额及发行价格
      - （3）代销、包销的期限及起止日期
      - （4）代销、包销的付款方式及日期
      - （5）代销、包销的费用和结算方法
      - （6）违约责任
      - （7）国务院证券监督管理机构规定的其他事项
  - 证券承销方式
    - ㉘
      - 代销
      - 包销
    - ㉜ 承销团承销　证券票面总值超过人民币五千万元的
  - 期限 ㉜ 最长不得超过九十日
  - 证券承销的特别义务
    - 禁止违法招揽 ㉙
    - 发行文件审查 ㉛
    - 禁止事先预留 ㉜
    - 股票承销情况备案 ㊱
- **证券交易【4】制度**
  - 一般规定
    - 交易对象 ㊲ 依法发行并交付的证券 ㊶
      - 纸面形式
      - 国务院证券监督管理机构批准的其他方式
    - 交易场所 ㊴
      - 证券交易所 ㊵ 公开的集中交易方式或国务院证券监督管理机构批准的其他方式
      - 国务院批准的其他证券交易场所
    - 交易方式 ㊷ 以现货和国务院规定的其他方式进行交易
    - 从业人员要求 ㊸ 不得直接或以化名、借他人名义持有、买卖股票，也不得收受他人赠送的股票
    - 开立账户保密 ㊹
    - 交易禁止 ㊺
    - 收费要求 ㊻
    - 高管交易限制 ㊼
  - ***证券上市【5】***
    - 条件
      - 股票上市条件 ㊿
        - （1）股票经国务院证券监督管理机构核准已公开发行
        - （2）公司股本总额不少于人民币3000万元
        - （3）公开发行的股份达到公司股份总数的25%以上；公司股本总额超过人民币4亿元的，公开发行股份的比例为10%以上。
        - （4）公司最近3年无重大违法行为，财务会计报告无虚假记载
        - 证券交易所可以规定高于上述规定的上市条件，并报国务院证券监督管理机构批准
      - 公司债券上市条件 57
        - （1）公司债券的期限为1年以上
        - （2）公司债券实际发行额不少于人民币5000万元
        - （3）公司申请债券上市时仍符合法定的公司债券发行条件
    - 程序
      - 提出上市申请 48、49
      - 签订上市协议
      - 上市审核
      - 上市公告
  - 持续信息公开
    - 内容
      - 中期报告 65 每一会计年度的上半年结束之日起二个月内
      - 年度报告 66 每一会计年度结束之日起四个月内
      - 临时报告 67 发生可能对上市公司股票交易价格产生较大影响的重大事件，投资者尚未得知时
    - 基本要求 63 真实、准确、完整
    - 方式 70 在国务院证券监督管理机构指定的媒体发布，同时将其置备于公司住所、证券交易所，供社会查阅
    - 责任 69

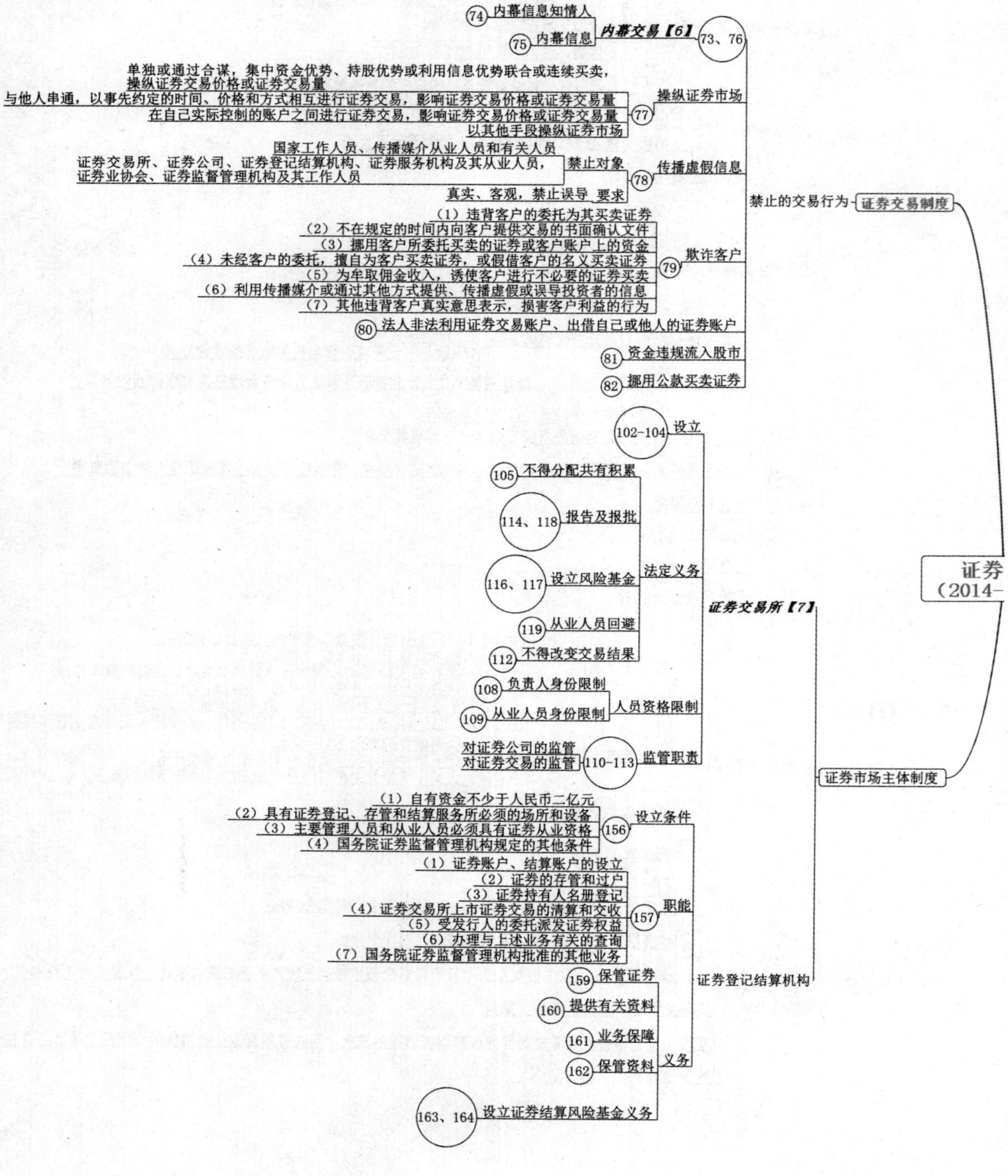
证券
(2014-
证券交易制度
禁止的交易行为
73、76
内幕交易【6】
74 内幕信息知情人
75 内幕信息
操纵证券市场
77
单独或通过合谋，集中资金优势、持股优势或利用信息优势联合或连续买卖，操纵证券交易价格或证券交易量
与他人串通，以事先约定的时间、价格和方式相互进行证券交易，影响证券交易价格或证券交易量
在自己实际控制的账户之间进行证券交易，影响证券交易价格或证券交易量
以其他手段操纵证券市场
传播虚假信息
78
禁止对象
国家工作人员、传播媒介从业人员和有关人员
证券交易所、证券公司、证券登记结算机构、证券服务机构及其从业人员，证券业协会、证券监督管理机构及其工作人员
要求
真实、客观，禁止误导
欺诈客户
79
（1）违背客户的委托为其买卖证券
（2）不在规定的时间内向客户提供交易的书面确认文件
（3）挪用客户所委托买卖的证券或客户账户上的资金
（4）未经客户的委托，擅自为客户买卖证券，或假借客户的名义买卖证券
（5）为牟取佣金收入，诱使客户进行不必要的证券买卖
（6）利用传播媒介或通过其他方式提供、传播虚假或误导投资者的信息
（7）其他违背客户真实意思表示，损害客户利益的行为
80 法人非法利用证券交易账户、出借自己或他人的证券账户
81 资金违规流入股市
82 挪用公款买卖证券
证券市场主体制度
证券交易所【7】
102-104 设立
法定义务
105 不得分配共有积累
114、118 报告及报批
116、117 设立风险基金
119 从业人员回避
112 不得改变交易结果
人员资格限制
108 负责人身份限制
109 从业人员身份限制
监管职责
110-113
对证券公司的监管
对证券交易的监管
证券登记结算机构
设立条件
156
（1）自有资金不少于人民币二亿元
（2）具有证券登记、存管和结算服务所必须的场所和设备
（3）主要管理人员和从业人员必须具有证券从业资格
（4）国务院证券监督管理机构规定的其他条件
职能
157
（1）证券账户、结算账户的设立
（2）证券的存管和过户
（3）证券持有人名册登记
（4）证券交易所上市证券交易的清算和交收
（5）受发行人的委托派发证券权益
（6）办理与上述业务有关的查询
（7）国务院证券监督管理机构批准的其他业务
义务
159 保管证券
160 提供有关资料
161 业务保障
162 保管资料
163、164 设立证券结算风险基金义务

法之二
08-31）

- 证券市场主体制度
  - ***证券公司【8】***
    - 设立条件 124
      - （1）有符合法律、行政法规规定的公司章程
      - （2）主要股东具有持续盈利能力，信誉良好，最近三年无重大违法违规记录，净资产不低于人民币二亿元
      - （3）有符合本法规定的注册资本
      - （4）董事、监事、高级管理人员具备任职资格，从业人员具有证券从业资格
      - （5）有完善的风险管理与内部控制制度
      - （6）有合格的经营场所和业务设施
      - （7）法律、行政法规规定的和经国务院批准的国务院证券监督管理机构规定的其他条件
    - 业务范围 125
      - （1）证券经纪
      - （2）证券投资咨询
      - （3）与证券交易、证券投资活动有关的财务顾问
      - （4）证券承销与保荐
      - （5）证券自营
      - （6）证券资产管理
      - （7）其他证券业务
    - 营业规则
      - 特许审批 122、128-129
      - 显名规则 126
      - 最低注册资本限额 127
      - 偿债能力保障制度 130
      - 从业人员资格规则 131-133
      - 证券投资者保护基金制度 134
      - 交易风险准备金 135
      - 分业操作规则 136
      - 实名制规则 137
      - 自主经营 138
- 证券市场主体制度
  - 证券业协会
    - 属性与设立
      - 174
        - 自律性组织，社会团体法人
        - 证券公司应当加入证券业协会
        - 权力机构为全体会员组成的会员大会
      - 175 章程由会员大会制定，并报国务院证券监督管理机构备案
      - 177 设理事会，理事会成员依章程的规定由选举产生
    - 职责 176
      - （1）教育和组织会员遵守证券法律、行政法规
      - （2）依法维护会员的合法权益，向证券监督管理机构反映会员的建议和要求
      - （3）收集整理证券信息，为会员提供服务
      - （4）制定会员应遵守的规则，组织会员单位的从业人员的业务培训，开展会员间的业务交流
      - （5）对会员之间、会员与客户之间发生的证券业务纠纷进行调解
      - （6）组织会员就证券业的发展、运作及有关内容进行研究
      - （7）监督、检查会员的行为，对违反法律、行政法规或协会章程的，按照规定给予记录处分
      - （8）证券业协会章程规定的其他职责
  - 证券监督管理机构
    - 职责 179
      - （1）依法制定有关证券市场监督管理的规章、规则，并依法行使审批或者核准权
      - （2）依法对证券的发行、上市、交易、登记、存管、结算进行监督管理
      - （3）依法对证券市场主体的证券业务活动进行监督管理
      - （4）依法制定并监督实施从事证券业务人员的资格标准和行为准则，并监督实施
      - （5）依法监督检查并发行、上市和交易的信息公开情况
      - （6）依法对证券业协会的活动进行指导和监督
      - （7）依法查处证券违法行为
      - （8）法律、行政法规规定的其他职责
    - 机构及其成员义务
      - 忠于职守义务 182
      - 证件出示义务 183
      - 商业秘密的保密义务 182
      - 行政公开义务 184
      - 建立监督管理信息共享机制义务 185
      - 涉嫌犯罪之移送义务 186
      - 任职之特别限制 187 不得在被监管的机构任职
  - 证券服务机构
    - 批准制 169
    - 从业资格 170 具备证券专业知识和从事证券业务或证券服务业务二年以上经验
    - 禁止行为 171
      - （1）代理委托人从事证券投资
      - （2）与委托人约定分享证券投资收益或分担证券投资损失
      - （3）买卖本咨询机构提供服务的上市公司股票
      - （4）利用传播媒介或通过其他方式提供、传播虚假或误导投资者的信息
      - （5）法律、行政法规禁止的其他行为
    - 收费依据 172
    - 义务与责任 173 尽职勤免

五、知识产权法

著作权法

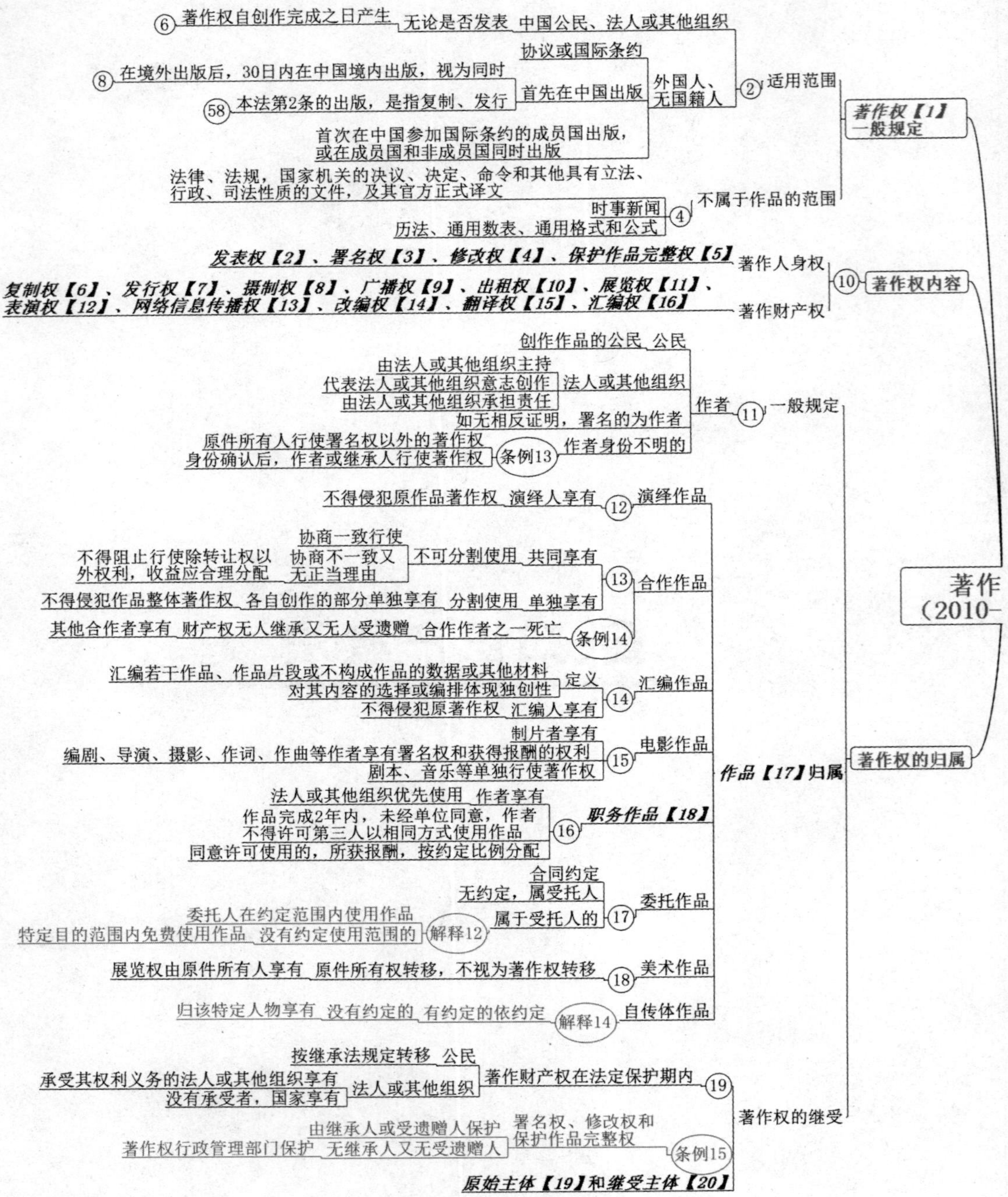
著作
（2010-
著作权【1】一般规定
适用范围
2
中国公民、法人或其他组织
无论是否发表
6
著作权自创作完成之日产生
外国人、无国籍人
协议或国际条约
首先在中国出版
8
在境外出版后，30日内在中国境内出版，视为同时
58
本法第2条的出版，是指复制、发行
首次在中国参加国际条约的成员国出版，或在成员国和非成员国同时出版
不属于作品的范围
4
法律、法规，国家机关的决议、决定、命令和其他具有立法、行政、司法性质的文件，及其官方正式译文
时事新闻
历法、通用数表、通用格式和公式
著作权内容
10
著作人身权
发表权【2】、署名权【3】、修改权【4】、保护作品完整权【5】
著作财产权
复制权【6】、发行权【7】、摄制权【8】、广播权【9】、出租权【10】、展览权【11】、表演权【12】、网络信息传播权【13】、改编权【14】、翻译权【15】、汇编权【16】
著作权的归属
一般规定
11
作者
公民
创作作品的公民
法人或其他组织
由法人或其他组织主持
代表法人或其他组织意志创作
由法人或其他组织承担责任
如无相反证明，署名的为作者
作者身份不明的
条例13
原件所有人行使署名权以外的著作权
身份确认后，作者或继承人行使著作权
作品【17】归属
演绎作品
12
演绎人享有
不得侵犯原作品著作权
合作作品
13
共同享有
不可分割使用
协商一致行使
协商不一致又无正当理由
不得阻止行使除转让权以外权利，收益应合理分配
单独享有
分割使用
各自创作的部分单独享有
不得侵犯作品整体著作权
条例14
合作作者之一死亡
财产权无人继承又无人受遗赠
其他合作者享有
汇编作品
14
定义
汇编若干作品、作品片段或不构成作品的数据或其他材料
对其内容的选择或编排体现独创性
汇编人享有
不得侵犯原著作权
电影作品
15
制片者享有
编剧、导演、摄影、作词、作曲等作者享有署名权和获得报酬的权利
剧本、音乐等单独行使著作权
职务作品【18】
16
作者享有
法人或其他组织优先使用
作品完成2年内，未经单位同意，作者不得许可第三人以相同方式使用作品
同意许可使用的，所获报酬，按约定比例分配
委托作品
17
合同约定
无约定，属受托人
属于受托人的
解释12
没有约定使用范围的
委托人在约定范围内使用作品
特定目的范围内免费使用作品
美术作品
18
原件所有权转移，不视为著作权转移
展览权由原件所有人享有
自传体作品
解释14
有约定的依约定
没有约定的
归该特定人物享有
著作权的继受
19
著作财产权在法定保护期内
公民
按继承法规定转移
法人或其他组织
承受其权利义务的法人或其他组织享有
没有承受者，国家享有
条例15
署名权、修改权和保护作品完整权
由继承人或受遗赠人保护
无继承人又无受遗赠人
著作权行政管理部门保护
原始主体【19】和继受主体【20】

权法
04-01）

- **著作权保护期**
  - ⑳ ***著作人身权【21】（发表权除外）***
    - 保护期限不受限制
    - 生前未能发表，死后50年内，继承人、受遗赠人、原件所有人享有发表权 —— 条例17
  - ㉑ ***著作财产权【22】（加发表权）***
    - 公民
      - 一般 终生加死亡之日至第50年的12月31日
      - 合作作品 最后一个作者死后第50年的12月31日
    - 法人或其他组织电影作品和类似摄制电影方法创作的作品
      - 首次发表至第50年的12月31日
      - 创作完成后50年内未发表，不保护
    - 作者身份不明，财产权于首次发表后50年12月31日。身份确定后，适用第21条规定 —— 条例18
- **著作权的限制**
  - ***合理使用【23】*** ㉒ 也适用于邻接权人
  - ***强制许可使用【24】***
  - ***法定许可【25】*** ㉓
    - 九年义务教育和国家教育规划而编写出版的教科书
      - 支付报酬
      - 指明作者姓名、作品名称
      - 不得侵犯其他权利
      - （也适用于邻接权人）
- ***邻接权【27】***
  - 图书、报刊的出版
    - 图书出版者向著作权人签订合同，支付报酬 ㉚
    - 图书出版者享有专有出版权【26】，他人不得出版 ㉛
    - 图书出版者重印、再版，应通知著作权人，并支付报酬，著作权人拒绝的，有权终止合同 ㉜
    - 著作权人投稿
      - 未通知刊登
        - 报社15日
        - 期刊30日
        - 可将同一作品投向其他报社、期刊。另有约定除外 ㉝
      - 刊登 除声明外，其他报社可转载摘编，支付报酬 ㉝
    - 图书出版者经作者许可，可修改、删节 ㉞
    - 出版演绎作品 取得演绎者和原作者许可，并支付报酬 ㉟
    - 版式设计的保护 首次出版后十年12月31日
  - 表演
    - 表演者的义务 ㊲
      - 取得著作权人的许可，并支付报酬
      - 演绎作品，取得演绎作者和原作品著作权人的许可，并支付报酬
    - ***表演者权【28】*** ㊳
      - 人身权利 —— 保护期不受限制 ㊴
      - 许可他人
        - 取得报酬 —— 被许可人还应取得著作权人许可，并支付报酬
        - 保护期为表演发生后50年的12月31日 ㊴
  - 录音录像
    - 制作者的义务
      - ㊵
        - 取得著作权人的许可，并支付报酬
        - 演绎作品，取得演绎作者和原作品著作权人的许可，并支付报酬
        - （使用他人已经合法录制为录音制品的音乐作品制作录音制品，可不经许可，但需要支付报酬，著作权人声明不许使用除外）
      - ㊶ 与表演者订立合同，并支付报酬
    - 制作者的权利 ㊷ 许可他人 复制、发行、出租、网络信息传播 并获得报酬 50年12月31日
  - 广播电台、电视台播放 ㊸
    - 义务
      - 未发表的作品，取得许可，并支付报酬
      - 已发表的作品，取得许可，并支付报酬
      - 播放他人已经出版的录音制品，可以不经著作权人许可，但应支付报酬 ㊹
    - 权利 ㊺
      - 禁止转播
      - 禁止录制在音像载体上以及复制音像载体
      - （保护期至首次播放后第50年的12月31日 ㊻）
- **纠纷解决机制** 48-56
  - 著作权纠纷的解决
    - 调解 仲裁
    - 违反第48条规定的，视情节轻重可处25万元以下的罚款
    - 诉讼
      - 时效 —— 解释28
        - 诉讼时效2年 自著作权人知道或应当知道侵权行为之日起计算
        - 超过2年起诉的 侵权起诉时仍在持续 著作权保护期内 停止侵权行为
  - 行政处罚决定书 不服，3个月内起诉

商 标 法

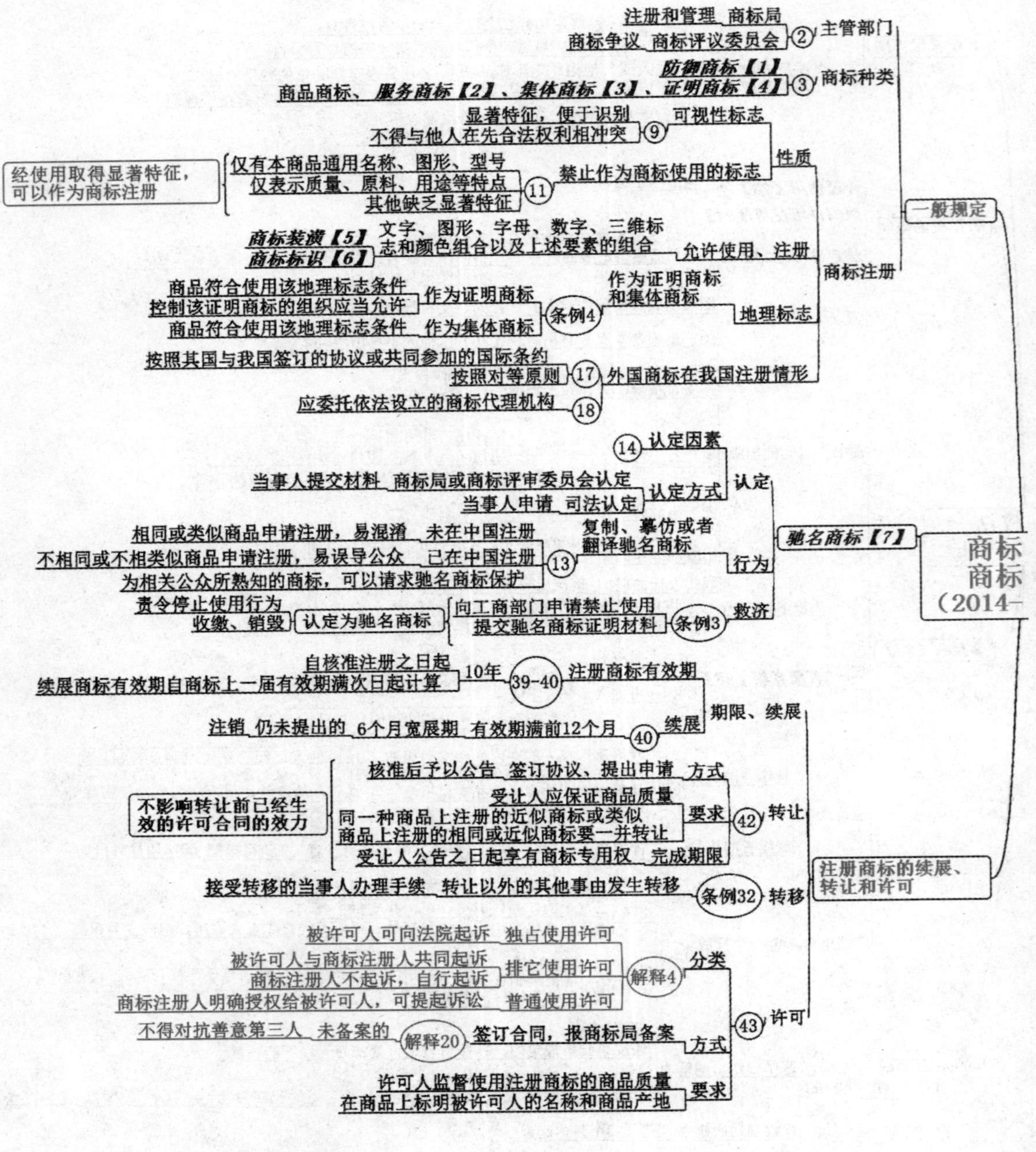
商标
商标
(2014-
一般规定
主管部门
②
注册和管理 商标局
商标争议 商标评议委员会
商标种类
③
防御商标【1】
商品商标、服务商标【2】、集体商标【3】、证明商标【4】
商标注册
性质
可视性标志
⑨
显著特征，便于识别
不得与他人在先合法权利相冲突
禁止作为商标使用的标志
⑪
仅有本商品通用名称、图形、型号
仅表示质量、原料、用途等特点
其他缺乏显著特征
经使用取得显著特征，可以作为商标注册
允许使用、注册
文字、图形、字母、数字、三维标志和颜色组合以及上述要素的组合
商标装潢【5】
商标标识【6】
地理标志
作为证明商标和集体商标
条例4
作为证明商标
商品符合使用该地理标志条件
控制该证明商标的组织应当允许
作为集体商标
商品符合使用该地理标志条件
外国商标在我国注册情形
⑰
按照其国与我国签订的协议或共同参加的国际条约
按照对等原则
⑱
应委托依法设立的商标代理机构
驰名商标【7】
认定
⑭
认定因素
认定方式
当事人提交材料 商标局或商标评审委员会认定
当事人申请 司法认定
行为
⑬
复制、摹仿或者翻译驰名商标
未在中国注册
相同或类似商品申请注册，易混淆
已在中国注册
不相同或不相类似商品申请注册，易误导公众
为相关公众所熟知的商标，可以请求驰名商标保护
救济
条例3
向工商部门申请禁止使用
提交驰名商标证明材料
认定为驰名商标
责令停止使用行为
收缴、销毁
注册商标的续展、转让和许可
期限、续展
注册商标有效期
39-40
10年
自核准注册之日起
续展商标有效期自商标上一届有效期满次日起计算
续展
40
有效期满前12个月
6个月宽展期
仍未提出的
注销
转让
42
方式
签订协议、提出申请
核准后予以公告
要求
受让人应保证商品质量
同一种商品上注册的近似商标或类似商品上注册的相同或近似商标要一并转让
完成期限
受让人公告之日起享有商标专用权
不影响转让前已经生效的许可合同的效力
转移
条例32
转让以外的其他事由发生转移
接受转移的当事人办理手续
许可
43
分类
解释4
独占使用许可
被许可人可向法院起诉
排它使用许可
被许可人与商标注册人共同起诉
商标注册人不起诉，自行起诉
普通使用许可
商标注册人明确授权给被许可人，可提起诉讼
方式
签订合同，报商标局备案
解释20
未备案的
不得对抗善意第三人
要求
许可人监督使用注册商标的商品质量
在商品上标明被许可人的名称和商品产地

法之注册 05-01）

- 商标注册的程序
  - 申请
    - 注册申请方式
      - 一般注册 ④
        - 商品商标
        - 服务商标
      - 共同注册
        - ⑤ 两个以上主体共同申请同一商标注册 共同享有和行使该商标专用权
        - 条例16 在申请书中指定一个代表人 没有制定的 顺序排列第一人为代表人
      - 强制注册 ⑥
        - 法律、行政法规规定必须申请商标注册
        - 未经核准注册的 不得在市场销售
    - 提出申请
      - 按种类填表 ㉒ 按规定的商品分类表填报使用商标的商品类别和商品名称
      - 原则 ㉒ 一个商标一个申请
        - 通过一份申请就多个类别的商品申请注册同一商标
        - 以书面或者数据电文方式提出
      - 材料要求 ㉗ 真实、准确、完整
      - 要求 ㉓ 在核定使用范围内的商品上取得商标专用权
    - 申请优先权
      - 国外申请商标后在中国申请情形 ㉕
        - 在国外第一次提出申请之日起6个月内
        - 在中国就相同商品以同一商标提出注册申请
        - 依据共同签订的协议或共同参加的国际条约，或按相互承认优先权原则
      - 国际展览上首次使用后在中国申请情形 ㉖
        - 在中国政府主办或承认的国际展览会展出的商品首次使用
        - 该商品展出之日起6个月内
      - 申请时提出，并在3个月内提供相关材料
    - 申请日期 条例18 商标局收到申请文件的日期为准
  - 审核
    - 初步审核
      - ㉘ 符合规定的 商标局9个月内初步审定，予以公告
        - 公告期3个月
        - 公告期内任何人可提出异议
      - ㉚ 不符合规定的 驳回申请，不予公告 同他人同他人在同一商品或类似商品上已经注册或初步审定的商标相同或近似
    - 原则
      - 申请在先
        - 概念 ㉛ 两个或两个以上申请人
          - 同一种商品或类似商品
          - 以相同或近似的商标申请注册
        - 认定
          - 初步审定并公告申请在先
          - 同一天申请 使用在先的商标 驳回其他人的申请并不予公告
      - 不侵权 ㉜ 不得损害让人现有的在先权利
      - 不抢注 ㉜ 不得以不正当手段抢注他人已经使用并有一定影响的商标
    - 驳回申请、不予公告的救济 ㉞ 书面通知 申请复审
      - 收到通知之日起15日内
      - 对象 商标评审委员会
      - 不服
        - 收到通知之日起30日
        - 向法院起诉
    - 初步审定的异议 ㉟
      - 向商标局提交申请 商标局作出裁定
      - 不服，申请复审
        - 收到通知之日起15日内
        - 对象 商标评审委员会
      - 不服复审结果 收到通知之日起30日，诉讼
      - 对撤销注册商标决定的复审 罚款不服的，15日内诉讼
  - 核准
    - 裁定生效
      - ㊱
        - 法定期限内对商标局作出的决定不申请复审
        - 法定期限内对商标评审委员会作出的复审决定不起诉
      - 裁定异议不成立
        - 取得商标专用权时间自初审公告3个月期满之日起计算
        - 核准注册、公告
    - 裁定异议成立 不予核准注册
      - 部分指定商品上异议成立的 该部分指定商品商标注册申请不予核准

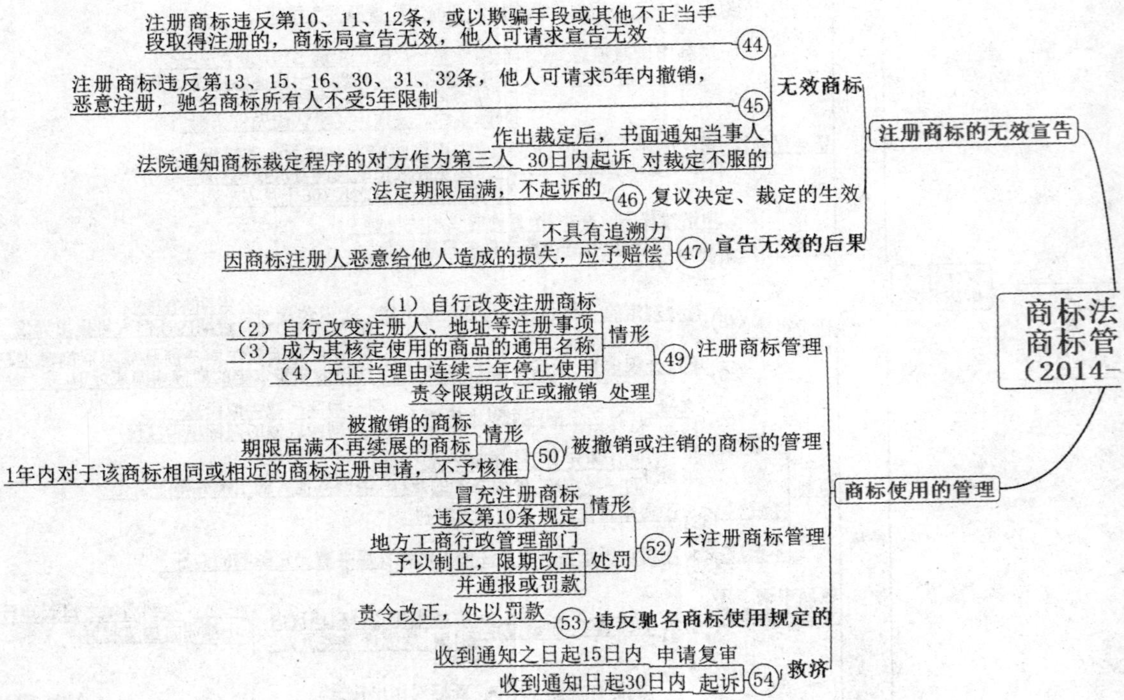
商标法
商标管
（2014-
注册商标的无效宣告
无效商标
44
注册商标违反第10、11、12条，或以欺骗手段或其他不正当手段取得注册的，商标局宣告无效，他人可请求宣告无效
45
注册商标违反第13、15、16、30、31、32条，他人可请求5年内撤销，恶意注册，驰名商标所有人不受5年限制
作出裁定后，书面通知当事人
对裁定不服的
30日内起诉
法院通知商标裁定程序的对方作为第三人
46
复议决定、裁定的生效
法定期限届满，不起诉的
47
宣告无效的后果
不具有追溯力
因商标注册人恶意给他人造成的损失，应予赔偿
商标使用的管理
49
注册商标管理
情形
（1）自行改变注册商标
（2）自行改变注册人、地址等注册事项
（3）成为其核定使用的商品的通用名称
（4）无正当理由连续三年停止使用
处理
责令限期改正或撤销
50
被撤销或注销的商标的管理
情形
被撤销的商标
期限届满不再续展的商标
1年内对于该商标相同或相近的商标注册申请，不予核准
52
未注册商标管理
情形
冒充注册商标
违反第10条规定
处罚
地方工商行政管理部门
予以制止，限期改正
并通报或罚款
53
违反驰名商标使用规定的
责令改正，处以罚款
54
救济
申请复审
收到通知之日起15日内
起诉
收到通知日起30日内

之注册
理保护
05-01）

- **注册商标专用权的保护**
  - 保护范围 (56) 已核准注册的商标和核定使用的商品为限
  - *侵权行为【8】*类型 (57)
    - （1）未经许可，在同一种商品或者类似商品上使用与其注册商标相同或者近似的商标
      - ***商标相同或近似的界定【9】***
      - ***认定相同或近似的原则【10】***
      - ***类似商品或类似服务的界定【11】***
    - （2）销售侵犯注册商标专用权的商品
    - ***（3）伪造、擅自制造他人注册商标标识或者销售伪造、擅自制造的注册商标标识【12】***
    - （4）未经商标注册人同意，更换其注册商标并将该更换商标的商品又投入市场
    - （5）故意为侵犯他人商标专用权行为提供便利条件，帮助他人实施侵犯商标专用权行为的
    - （6）给他人的注册商标专用权造成其他损害的
  - **民事赔偿**
    - 标准 (63)
      - 被侵权人因被侵权所收到实际损失
      - 实际损失难以确定的 可以按照侵权人因侵权所获得的利益确定
      - 权利人的损失或侵权人获得的利益难以确定的 参照该商标许可使用费的倍数合理确定
    - 责任免除 (60)
      - 销售不知道是侵犯注册商标专用权的商品；能证明该商品是自己合法取得；并说明提供者 → 不承担责任
  - 时效和管辖
    - 时效 (解释18)
      - 诉讼时效2年 自知道或应当知道侵权行为之日起计算
      - 超过2年起诉 侵权行为起诉时仍继续；在该注册商标专用权有效期内
        - 法院应判被告停止侵权行为
        - 赔偿自起诉之日起向前推算2年
    - 管辖
      - 管辖一般规定 (解释6)
        - 侵权行为实施地
        - 侵权商品的储藏地或查封扣押地
          - 储藏地
          - 查封扣押地
        - 被告住所地
      - 多个被告共同诉讼管辖 (解释7)
        - 多个被告 原告选择其中一个侵权行为实施地法院
        - 其中一个被告起诉 该被告侵权行为实施地法院
  - 诉前措施
    - 诉前财产保全 (65)
      - 申请主体 商标注册人和利害关系人
      - 申请原因 有证据证明他人正在实施或即将实施侵权行为，如不及时制止，将会使合法权益受到难以弥补的损害
      - 申请时间 起诉前
      - 申请内容 责令停止有关行为和财产保全
    - 诉前证据保全 (66)
      - 申请主体 商标注册人和利害关系人
      - 申请原因 证据可能灭失或以后难以取得
      - 申请时间 起诉前
      - 法院48小时内作出裁定 裁定采取保全措施的 立即执行

专 利 法

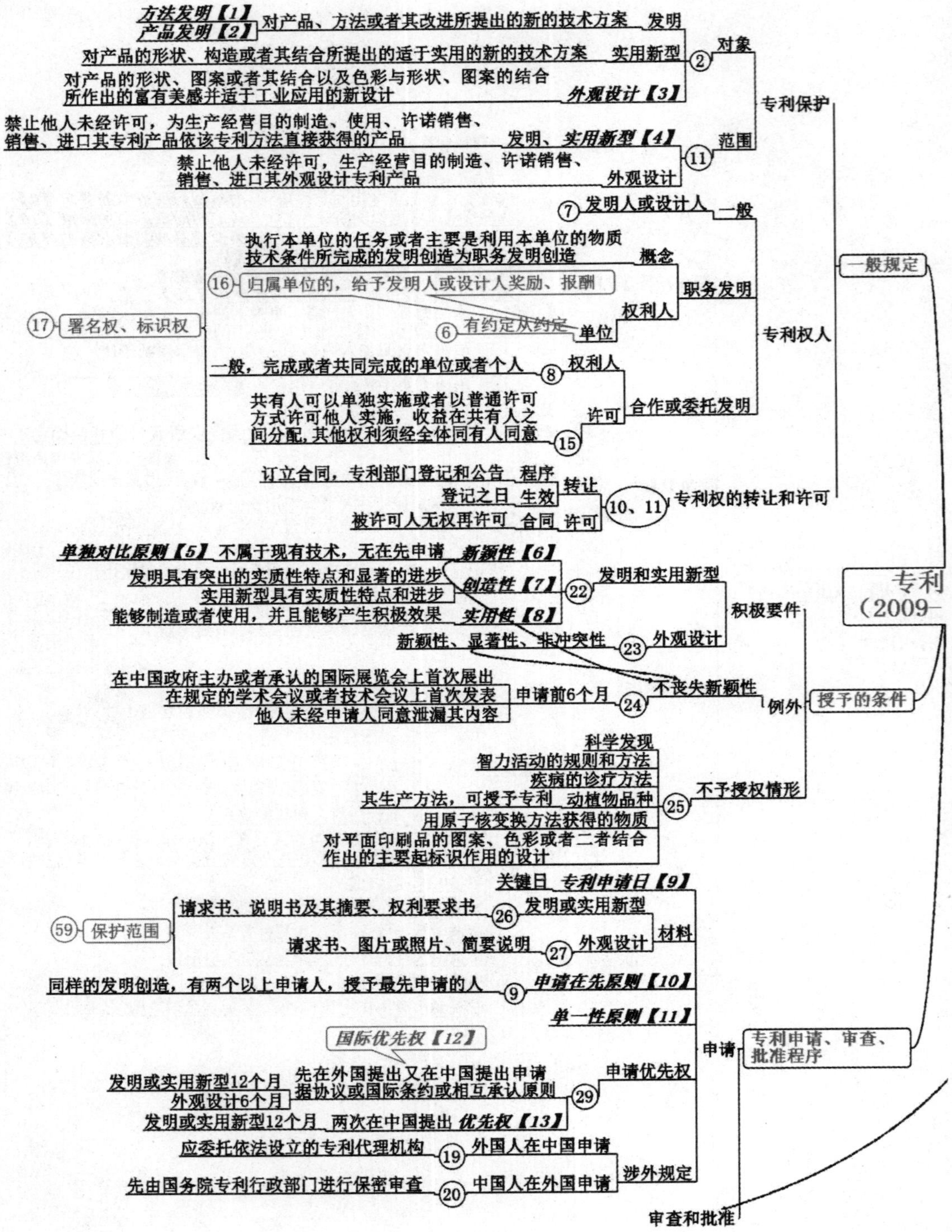
方法发明【1】
产品发明【2】
对产品、方法或者其改进所提出的新的技术方案
发明
对产品的形状、构造或者其结合所提出的适于实用的新的技术方案
实用新型
2
对象
对产品的形状、图案或者其结合以及色彩与形状、图案的结合所作出的富有美感并适于工业应用的新设计
外观设计【3】
专利保护
禁止他人未经许可，为生产经营目的制造、使用、许诺销售、销售、进口其专利产品依该专利方法直接获得的产品
发明、实用新型【4】
11
范围
禁止他人未经许可，生产经营目的制造、许诺销售、销售、进口其外观设计专利产品
外观设计
7
发明人或设计人
一般
执行本单位的任务或者主要是利用本单位的物质技术条件所完成的发明创造为职务发明创造
概念
16
归属单位的，给予发明人或设计人奖励、报酬
职务发明
17
署名权、标识权
权利人
6
有约定从约定
单位
专利权人
一般规定
一般，完成或者共同完成的单位或者个人
8
权利人
共有人可以单独实施或者以普通许可方式许可他人实施，收益在共有人之间分配，其他权利须经全体同有人同意
许可
15
合作或委托发明
订立合同，专利部门登记和公告
程序
登记之日
生效
转让
10、11
专利权的转让和许可
被许可人无权再许可
合同
许可
专利
(2009-
单独对比原则【5】
不属于现有技术，无在先申请
新颖性【6】
发明具有突出的实质性特点和显著的进步
实用新型具有实质性特点和进步
创造性【7】
22
发明和实用新型
能够制造或者使用，并且能够产生积极效果
实用性【8】
积极要件
新颖性、显著性、非冲突性
23
外观设计
在中国政府主办或者承认的国际展览会上首次展出
在规定的学术会议或者技术会议上首次发表
他人未经申请人同意泄漏其内容
申请前6个月
24
不丧失新颖性
例外
授予的条件
科学发现
智力活动的规则和方法
疾病的诊疗方法
其生产方法，可授予专利
动植物品种
25
不予授权情形
用原子核变换方法获得的物质
对平面印刷品的图案、色彩或者二者结合作出的主要起标识作用的设计
关键日
专利申请日【9】
59
保护范围
请求书、说明书及其摘要、权利要求书
26
发明或实用新型
材料
请求书、图片或照片、简要说明
27
外观设计
同样的发明创造，有两个以上申请人，授予最先申请的人
9
申请在先原则【10】
单一性原则【11】
申请
专利申请、审查、批准程序
国际优先权【12】
发明或实用新型12个月
外观设计6个月
先在外国提出又在中国提出申请
据协议或国际条约或相互承认原则
29
申请优先权
发明或实用新型12个月
两次在中国提出
优先权【13】
应委托依法设立的专利代理机构
19
外国人在中国申请
涉外规定
先由国务院专利行政部门进行保密审查
20
中国人在外国申请
审查和批准

法
10-01）

- 强制许可【14】
  - 限制
    - ⑤⑥ 强制许可的单位和个人不具有独占实施许可权，不可再许可
  - 种类（48-52）
    - 一般强制许可
      - 授权起3年，且申请起4年，无正当理由不实施
      - 依法认定为垄断
    - 公益性强制许可
    - 药品专利强制许可
    - 依赖性专利强制许可
    - 半导体技术强制许可
      - 公共利益的目的和认定为垄断
  - 程序
    - 申请
      - ⑤④ 需提供证据证明以合理条件请求许可，但未获得
    - 通知和公告
      - ⑤⑤
        - 专利权人对决定不服
        - 专利权人和取得许可的人对使用费裁决不服
        - 不服，可3个月内起诉
- 专利的保护
  - 期限
    - 保护期限（42）
      - 发明专利 20年
      - 实用新型和外观设计 10年
    - 终止（44）（登记公告）
      - 没有按规定缴纳年费
      - 专利人书面声明放弃专利权
    - 无效（见“授予专利的异议”）
  - 授予专利的异议（45-47）
    - 向专利复审委员会申请
    - 审查后决定
      - 不服3个月内起诉
      - 无效的，自始不存在
        - 对之前已经执行的判决、调解、决定、履行的合同，不具追溯力。但恶意的，应赔偿
        - 不返还明显不公平的，应当返还
  - 纠纷解决方式（60）
    - 起诉 时效 2年（68） 一般自知道或应当知道侵权行为之日起计算
    - 请求专利部门处理
      - 认定侵权 不服15日内起诉
      - 赔偿数额进行调解
      - 调解不成 起诉
  - 举证责任
    - （61）
      - 发明 制造同样产品的主体应当提供产品制造方法不同于专利方法的证明
      - 实用新型和外观设计 可以要求专利人或利害关系人出具评价报告
    - （62） 被控侵权人证据证明技术或设计属于现有技术或设计 不构成侵权
  - 诉前措施
    - 诉前申请停止侵权（66）
      - 定义
        - 诉前申请
        - 有担保而查封账户或房产
        - 48小时内作出裁定
    - 诉前证据保全（67）
      - 诉前申请
      - 48小时之内作出裁定
  - 假冒专利的法律责任
    - 法律责任（63）
      - 民事责任
        - 赔偿数额（65）
          - 被侵权人受到的损失
          - 侵权人获得的利益
          - 参照专利许可使用费的倍数合理确定
          - 人民法院确定1万$\leq x<$100万
      - 行政责任、刑事责任
    - 假冒专利的认定（84）
      - 无专利权而标注专利标识
      - 销售上述产品
      - 伪造或编造专利证书
      - 其它使公众混淆的行为
  - 不视为侵权情形（69）
    - 理由
      - 正常使用或许可正常使用
      - 原有范围继续使用
      - 临时过境运输工具因自身需要使用
      - 科学研究和实验而使用
      - 提供行政审批信息，使用药品或医疗器械专利
  - 不承担责任情形（70）
    - 善意取得或能证明合法来源不承担赔偿责任

六、经 济 法

反垄断法

反垄
(2008-

- 总则
  - 相关概念
    - 12 经营者：从事商品生产、经营或者提供服务的自然人、法人和其他组织
    - 12 相关市场：经营者在一定时期内就特定商品或者服务进行竞争的商品范围和地域范围
    - 12 市场支配地位：经营者在相关市场内具有能够控制商品价格、数量或者其他交易条件，或者能够阻碍、影响其他经营者进入相关市场能力的市场地位
    - 13 垄断协议：排除、限制竞争的协议、决定或者其他协同行为
  - 2 适用范围
    - 境内经济活动中的垄断行为
    - 境外的垄断行为：对境内市场竞争产生排除、限制影响的
  - 垄断行为
    - 3 种类
      - 经营者垄断
        - （1）达成垄断协议
        - （2）滥用市场支配地位
        - （3）具有或可能排除、限制竞争效果的经营者集中
      - 8 行政垄断：行政机关滥用行政权力，排除、限制竞争
    - 7 例外：关系国家经济命脉的行业和专营专卖的行业，国家对其经营活动予以保护，但其不得滥用控制地位损害消费者权益
- 垄断协议
  - 分类
    - 13 横向垄断协议（具有竞争关系的经营者间达成）
      - （1）固定或变更价格
      - （2）限制生产或销售数量
      - （3）分割市场
      - （4）限制新技术、新产品
      - （5）联合抵制交易
    - 14 纵向垄断协议（经营者与交易相对人达成）
      - （1）固定向第三人转售价格
      - （2）限定向第三人转售最低价格
  - 15 豁免（经营者应证明不会严重限制相关市场的竞争，且能够使消费者获益）
    - （1）改进技术、研发新产品的
    - （2）统一产品标准或实行专业分工
    - （3）为增强中小经营者竞争力
    - （4）为节能环保救灾等公益活动
    - （5）经济不景气，生产明显过剩
    - （6）为保障对外贸易或经济合作中的正当利益
- 滥用市场支配地位
  - 17 适用情形
    - （1）不公平的价格高售、低买
    - （2）无正当理由的赔本出售
    - （3）无正当理由，拒绝交易
    - （4）无正当理由，限定交易
    - （5）无正当理由，搭售，附条件交易
    - （6）无正当理由，差别待遇
  - 市场支配地位
    - 18 认定
      - （1）市场份额及竞争情况
      - （2）控制市场能力
      - （3）财力和技术条件
      - （4）其他经营者对其依赖程度
      - （5）其他经营者进入市场难易程度
    - 19 推定
      - （1）一个经营者市场份额达1/2
      - （2）两个经营者市场份额达2/3
      - （3）三个经营者市场份额达3/4
      - 部分经营者份额不足1/10的，不具市场支配地位
- 经营者集中
  - 20 适用情形
    - （1）合并；（2）控股
    - （3）实际上取得控制权或能够施加决定性影响
  - 集中前的申报
    - 21 申报机关：反垄断执法机构
    - 22 申报豁免
      - （1）一个经营者拥有其他每个经营者50%以上表决权
      - （2）每一个经营者50%以上表决权被同一个未参加集中的经营者拥有

断法
08-01）

- 经营者集中
  - 审查 (26、27)
    - 程序

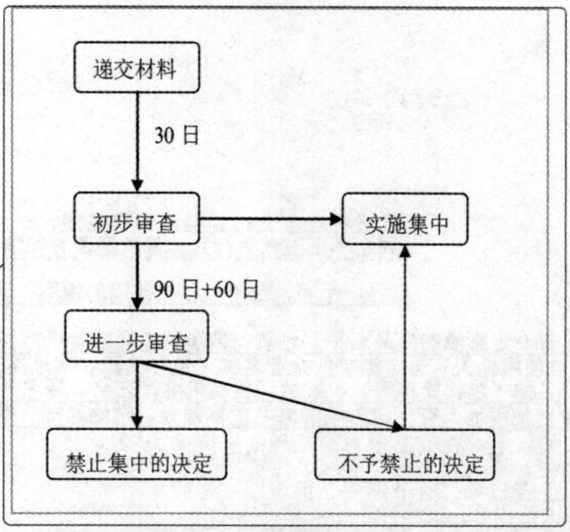

    - 因素
      - 市场份额和控制力、市场集中度、对市场进入和技术进步的影响
      - 对消费者和其他经营者的影响、对国民经济发展的影响
- 滥用行政权力排除、限制竞争
  - 指定交易 (32) 限定或变相限定指定经营者提供的商品
  - 妨碍商品自由流通 (33)
    - （1）对外地商品设定或实行歧视性收费或者价格
    - （2）对外地商品规定与本地商品不同的要求、标准，或采取重复检验等歧视性技术措施
    - （3）采取专门针对外地商品限制进入的行政许可
    - （4）采取设关卡等手段，阻碍商品进入或运出
    - （5）妨碍商品在地区之间自由流通的其他行为
  - 招投标中的地方保护 (34) 以设定歧视性资质要求或者不依法发布信息等方式，排斥或者限制外地经营者参加本地的招标投标活动
  - 排斥或限制在本地投资或设立分支机构 (35) 不平等待遇等方式
  - 强制经营者从事垄断行为 (36)
  - 制定含有排除限制竞争内容的规定 (37)
- 对涉嫌垄断行为的检查
  - 调查措施 (39)
    - （1）进入被调查的经营者的营业场所或者其他有关场所进行检查
    - （2）询问被调查的经营者、利害关系人等并要求说明相关情况
    - （3）查阅、复制被调查的经营者、利害关系人等的有关单证、协议、会计账簿、业务函电、电子数据等文件、资料
    - （4）查封、扣押相关证据
    - （5）查询经营者的银行账户
  - 保密义务 (41) 调查人员对执法过程中知悉的商业秘密负保密义务
  - 被调查对象权利义务
    - 配合义务 (42)
    - 陈述意见的权利 (43)
  - 对垄断行为的处理和公布 (44)
  - 被调查者承诺限期消除垄断 (45) 可中止调查
    - 终止调查
    - 恢复调查
      - （1）未履行承诺
      - （2）中止决定依据事实重大变化
      - （3）中止决定基于不完整不真实信息
- 附则
  - 知识产权的行为，不适用本法（滥用知识产权，排除、限制竞争除外） (55)
  - 农业联合或者协同行为，不适用本法 (56)

反不正当竞争法

- 反不正（2018-
  - 总则
    - ①立法目的：促进社会主义市场经济健康发展，鼓励和保护公平竞争，制止不正当竞争行为，保护经营者和消费者的合法权益
    - ②基本原则：自愿、平等、公平、诚实信用的原则，遵守法律和商业道德
  - 不正当竞争行为
    - 经营者
      - ⑥欺骗性交易
        - （1）擅自使用与他人有一定影响的商品名称、包装、装潢等相同或者近似的标识
        - （2）擅自使用他人有一定影响的企业名称（包括简称、字号等）、社会组织名称（包括简称等）、姓名（包括笔名、艺名、译名等）
        - （3）擅自使用他人有一定影响的域名主体部分、网站名称、网页等
        - （4）其他足以引人误认为是他人商品或者与他人存在特定联系的混淆行为
          - 其他虚假表示：在商品上对商品的安全标准、使用性能、用途、规格、等级、主要成份和含量、生产日期、有效期限、保质期等与商品质量相关的内容作虚假表示的，误导公众
      - ⑦商业贿赂
        - 对象
          - （1）交易相对方的工作人员
          - (2)受交易相对方委托办理相关事务的单位或者个人
          - (3)利用职权或者影响力影响交易的单位或者个人
        - 采用财物等手段进行贿赂
          - 主体不受单位性质的限制，如：非营利性医疗机构或公办学校也可以构成本条
          - 账外暗中给予或收受对方回扣，以行贿或受贿论
      - ⑧虚假宣传
        - 经营者不得做虚假或引人误解的商业宣传
        - 不得虚构交易
      - ⑨侵犯商业秘密
        - 主体包括经营者，也包括第三人
        - （1）以盗窃、贿赂、欺诈、胁迫或其他不正当手段获取商业秘密
        - （2）披露、使用或允许他人使用以前项手段获取的商业秘密
        - （3）违反约定或者违反权利人有关保守商业秘密的要求，披露、使用或者允许他人使用其所掌握的商业秘密
      - ⑩不当有奖销售
        - （1）所设奖的种类、兑奖条件、奖金金额或者奖品等有奖销售信息不明确，影响兑奖
        - （2）采用谎称有奖或者故意让内定人员中奖的欺骗方式进行有奖销售
        - （3）抽奖式的有奖销售，最高奖的金额超过五万元
      - ⑪商业诋毁
        - 编造、传播虚假信息或者误导性信息，损害竞争对手的商业信誉、商品声誉
      - ⑫网络侵权
        - （1）未经其他经营者同意，在其合法提供的网络产品或者服务中，插入链接、强制进行目标跳转
        - （2）误导、欺骗、强迫用户修改、关闭、卸载其他经营者合法提供的网络产品或者服务
        - （3）恶意对其他经营者合法提供的网络产品或者服务实施不兼容
        - （4）其他妨碍、破坏其他经营者合法提供的网络产品或者服务正常运行的行为

当竞争法
01-01）

- 监督检查部门
  - ⑭ 监督检查部门调查涉嫌不正当竞争行为，被调查的经营者、利害关系人及其他有关单位、个人应当如实提供有关资料或者情况
  - ⑮ 监督检查部门及其工作人员对调查过程中知悉的商业秘密负有保密义务
  - ⑯ 对涉嫌不正当竞争行为，任何单位和个人有权向监督检查部门举报，监督检查部门接到举报后应当依法及时处理；应当公开受理举报的联系方式，并为举报人保密；举报人提供证据的，应告知处理结果。
- 法律责任
  - 损害赔偿责任 ⑰ 原则上以给他人造成的损失为准，实际损失难以计算的，按照侵权人因侵权所获得的利益确定。赔偿数额还应当包括经营者为制止侵权行为所支付的合理开支。侵权所获得的利益难以确定的，由人民法院根据侵权行为的情节判决给予权利人三百万元以下的赔偿。
  - 假冒标识行为 ⑱
    - 由监督检查部门责令停止违法行为，没收违法商品。违法经营额五万元以上的，可以并处违法经营额五倍以下的罚款；没有违法经营额或者违法经营额不足五万元的，可以并处二十五万元以下的罚款。情节严重的，吊销营业执照。
    - 经营者登记的企业名称违反规定的，应当及时办理名称变更登记；名称变更前，由原企业登记机关以统一社会信用代码代替其名称。
  - 商业贿赂行为 ⑲ 由监督检查部门没收违法所得，处十万元以上三百万元以下的罚款；情节严重的，吊销营业执照
  - 虚假广告行为 ⑳ 二十万元以上一百万元以下的罚款；情节严重的，处一百万元以上二百万元以下的罚款，可以吊销营业执照
  - 侵犯商业秘密行为 ㉑ 十万元以上五十万元以下的罚款；情节严重的，处五十万元以上三百万元以下的罚款
  - 不正当有奖销售行为 ㉒ 停止违法行为，可以处以五万元以上五十万元以下的罚款
  - 商业诋毁行为 ㉓ 处十万元以上五十万元以下的罚款；情节严重的，处五十万元以上三百万元以下的罚款
  - 网络侵权行为 ㉔ 处十万元以上五十万元以下的罚款；情节严重的，处五十万元以上三百万元以下的罚款
  - 减轻处罚与不予处罚 ㉕
  - 信用记录与公示制度 ㉖
  - 民事责任优先承担 ㉗
  - 妨碍监督检查部门履责 ㉘ 对个人可以处五千元以下的罚款，对单位可以处五万元以下的罚款，并可以由公安机关依法给予治安管理处罚
  - 对处罚决定不服的处理 ㉙
- 概念解析
  - 经营者 从事商品经营或营利性服务（以下所称商品包括服务）的主体
  - 不正当竞争 经营者违反本法规定，损害其他经营者的合法权益，扰乱社会经济秩序的行为
  - 商业秘密 ⑨ 不为公众所知悉，具有商业价值并经权利人采取保密措施的技术信息和经营信息

招标投标法

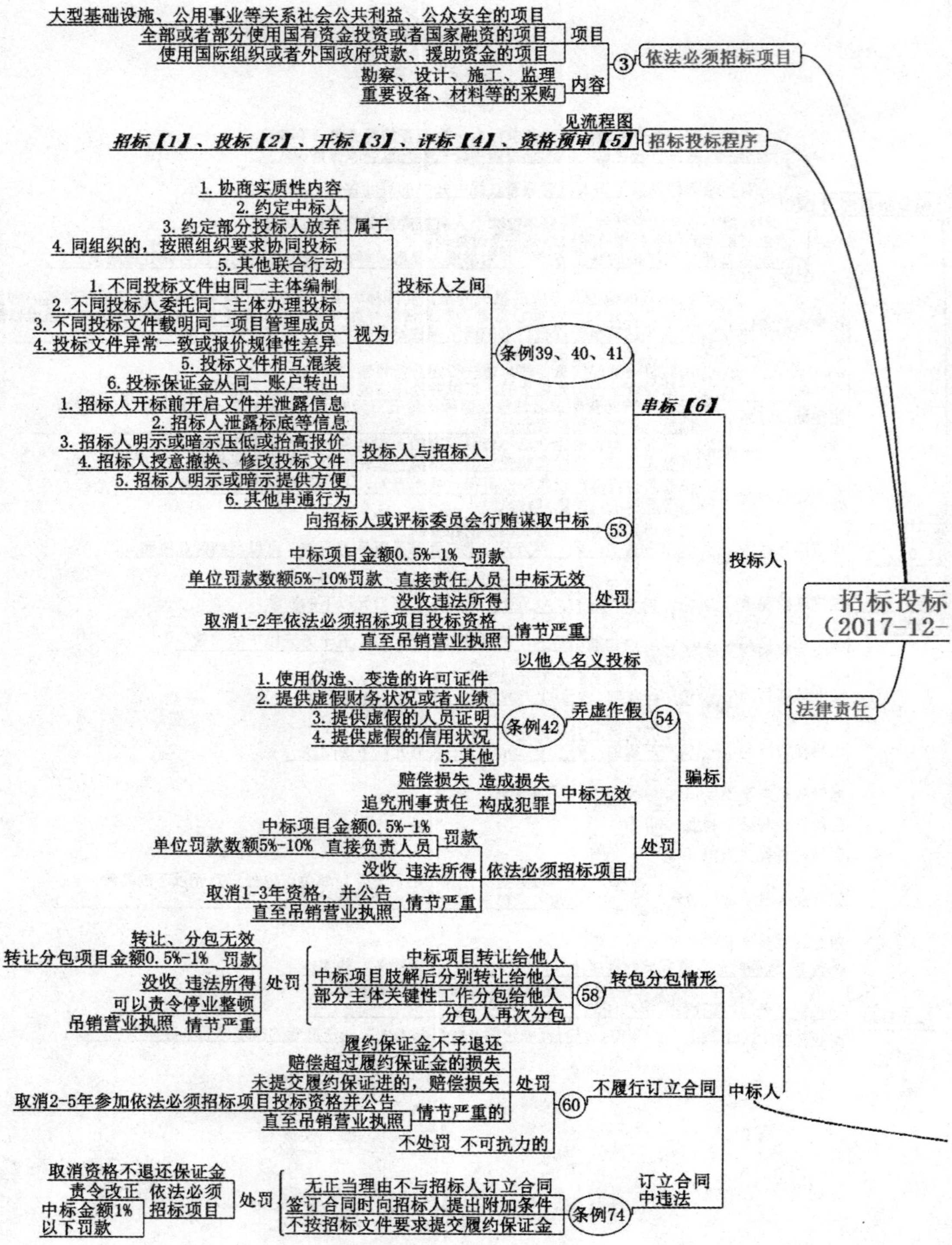
大型基础设施、公用事业等关系社会公共利益、公众安全的项目
全部或者部分使用国有资金投资或者国家融资的项目
使用国际组织或者外国政府贷款、援助资金的项目
项目
勘察、设计、施工、监理
重要设备、材料等的采购
内容
3
依法必须招标项目
见流程图
招标【1】、投标【2】、开标【3】、评标【4】、资格预审【5】
招标投标程序
1. 协商实质性内容
2. 约定中标人
3. 约定部分投标人放弃
4. 同组织的，按照组织要求协同投标
5. 其他联合行动
属于
1. 不同投标文件由同一主体编制
2. 不同投标人委托同一主体办理投标
3. 不同投标文件载明同一项目管理成员
4. 投标文件异常一致或报价规律性差异
5. 投标文件相互混装
6. 投标保证金从同一账户转出
视为
投标人之间
条例39、40、41
1. 招标人开标前开启文件并泄露信息
2. 招标人泄露标底等信息
3. 招标人明示或暗示压低或抬高报价
4. 招标人授意撤换、修改投标文件
5. 招标人明示或暗示提供方便
6. 其他串通行为
投标人与招标人
串标【6】
向招标人或评标委员会行贿谋取中标
53
中标项目金额0.5%-1% 罚款
单位罚款数额5%-10%罚款 直接责任人员
没收违法所得
中标无效
取消1-2年依法必须招标项目投标资格
直至吊销营业执照
情节严重
处罚
以他人名义投标
1. 使用伪造、变造的许可证件
2. 提供虚假财务状况或者业绩
3. 提供虚假的人员证明
4. 提供虚假的信用状况
5. 其他
条例42
弄虚作假
54
赔偿损失 造成损失
追究刑事责任 构成犯罪
中标无效
中标项目金额0.5%-1%
单位罚款数额5%-10% 直接负责人员
罚款
没收 违法所得
依法必须招标项目
取消1-3年资格，并公告
直至吊销营业执照
情节严重
处罚
骗标
投标人
招标投标
(2017-12-
法律责任
转让、分包无效
转让分包项目金额0.5%-1% 罚款
没收 违法所得
可以责令停业整顿
吊销营业执照 情节严重
处罚
中标项目转让给他人
中标项目肢解后分别转让给他人
部分主体关键性工作分包给他人
分包人再次分包
58
转包分包情形
履约保证金不予退还
赔偿超过履约保证金的损失
未提交履约保证进的，赔偿损失
处罚
取消2-5年参加依法必须招标项目投标资格并公告
直至吊销营业执照
情节严重的
60
不履行订立合同
不处罚 不可抗力的
中标人
取消资格不退还保证金
责令改正 依法必须招标项目
中标金额1%以下罚款
处罚
无正当理由不与招标人订立合同
签订合同时向招标人提出附加条件
不按招标文件要求提交履约保证金
条例74
订立合同中违法

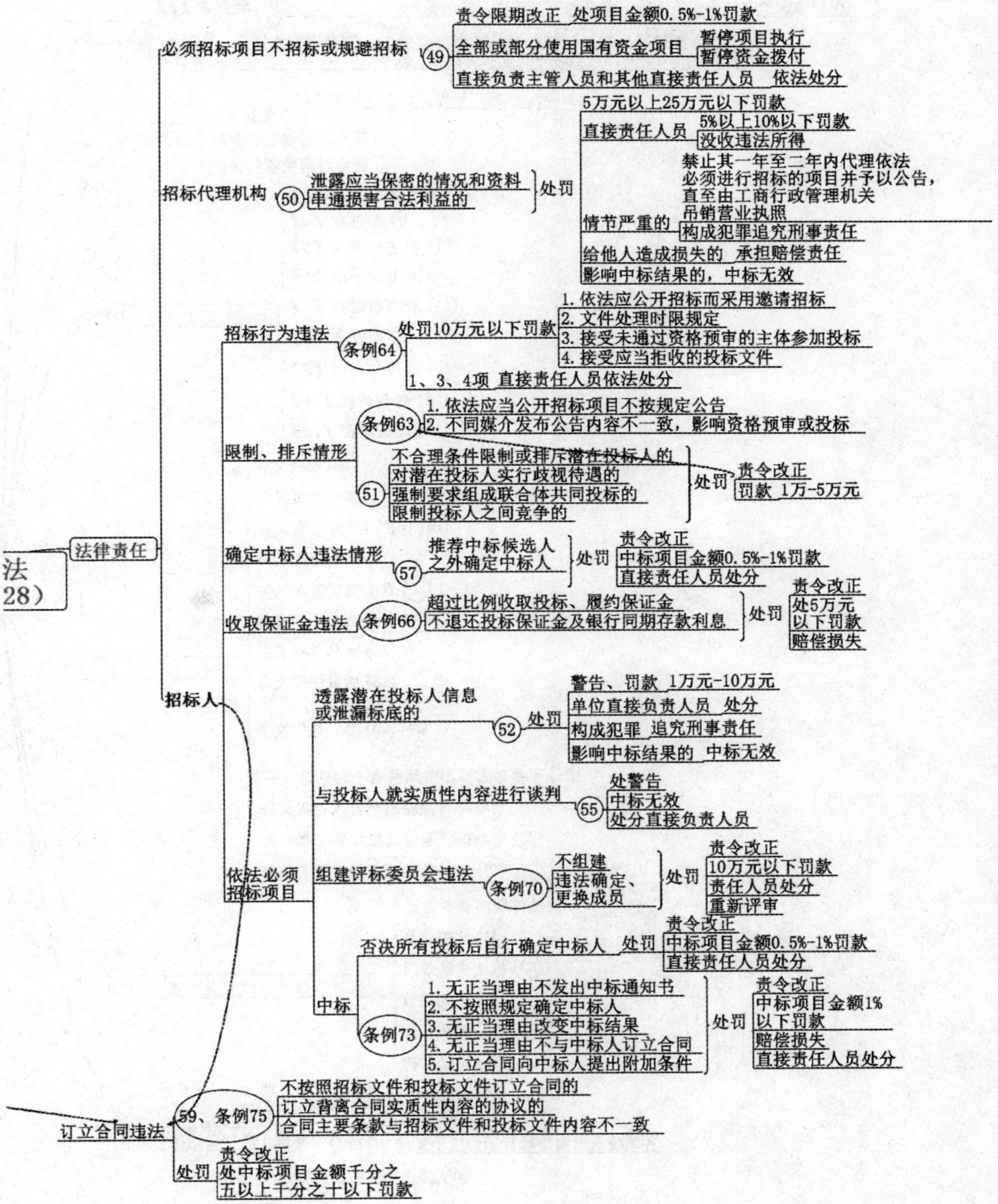

法
28）
法律责任
必须招标项目不招标或规避招标
49
责令限期改正 处项目金额0.5%-1%罚款
全部或部分使用国有资金项目
暂停项目执行
暂停资金拨付
直接负责主管人员和其他直接责任人员 依法处分
招标代理机构
50
泄露应当保密的情况和资料
串通损害合法利益的
处罚
5万元以上25万元以下罚款
直接责任人员
5%以上10%以下罚款
没收违法所得
禁止其一年至二年内代理依法
必须进行招标的项目并予以公告，
直至由工商行政管理机关
吊销营业执照
情节严重的
构成犯罪追究刑事责任
给他人造成损失的 承担赔偿责任
影响中标结果的，中标无效
招标人
招标行为违法
条例64
处罚10万元以下罚款
1. 依法应公开招标而采用邀请招标
2. 文件处理时限规定
3. 接受未通过资格预审的主体参加投标
4. 接受应当拒收的投标文件
1、3、4项 直接责任人员依法处分
限制、排斥情形
条例63
1. 依法应当公开招标项目不按规定公告
2. 不同媒介发布公告内容不一致，影响资格预审或投标
51
不合理条件限制或排斥潜在投标人的
对潜在投标人实行歧视待遇的
强制要求组成联合体共同投标的
限制投标人之间竞争的
处罚
责令改正
罚款 1万-5万元
确定中标人违法情形
57
推荐中标候选人
之外确定中标人
处罚
责令改正
中标项目金额0.5%-1%罚款
直接责任人员处分
收取保证金违法
条例66
超过比例收取投标、履约保证金
不退还投标保证金及银行同期存款利息
处罚
责令改正
处5万元
以下罚款
赔偿损失
依法必须
招标项目
透露潜在投标人信息
或泄漏标底的
52
处罚
警告、罚款 1万元-10万元
单位直接负责人员 处分
构成犯罪 追究刑事责任
影响中标结果的 中标无效
与投标人就实质性内容进行谈判
55
处警告
中标无效
处分直接负责人员
组建评标委员会违法
条例70
不组建
违法确定、
更换成员
处罚
责令改正
10万元以下罚款
责任人员处分
重新评审
中标
否决所有投标后自行确定中标人
处罚
责令改正
中标项目金额0.5%-1%罚款
直接责任人员处分
条例73
1. 无正当理由不发出中标通知书
2. 不按照规定确定中标人
3. 无正当理由改变中标结果
4. 无正当理由不与中标人订立合同
5. 订立合同向中标人提出附加条件
处罚
责令改正
中标项目金额1%
以下罚款
赔偿损失
直接责任人员处分
订立合同违法
59、条例75
不按照招标文件和投标文件订立合同的
订立背离合同实质性内容的协议的
合同主要条款与招标文件和投标文件内容不一致
处罚
责令改正
处中标项目金额千分之
五以上千分之十以下罚款

消费者权益保护法

消费者权
(2014-

- 相关概念
  - *消费者【1】*
    - ② 为生活消费需要购买、使用商品或者接受服务，其权益受消费者权益保护法保护本法未作规定的，受其他有关法律、法规保护
  - 经营者
    - ③ 经营者提供其生产、销售的商品或者提供服务，应当遵守本法本法未作规定的，应当遵守其他有关法律、法规
- 总则
  - 交易原则
    - ④ 自愿、平等、公平、诚实信用
  - ⑤ 国家对消费者的保护
  - ⑥ 社会对消费者的保护
- *消费者的权利【2】*
  - ⑦ *安全保障权利【3】*
  - ⑧ *知情权【4】*
  - ⑨ *自主选择权【5】*
  - ⑩ *公平交易权【6】*
  - ⑪ *获得赔偿权【7】*
  - ⑫ *结社权【8】*
  - ⑬ *获得知识权【9】*
  - ⑭ *受尊重权【10】*
  - ⑮ *监督批评权【11】*
- *经营者的义务【12】*
  - ⑯ 守法义务
  - ⑰ 接受监督义务
  - ⑱ 保护消费者安全义务
  - ⑲ 产品召回义务
  - ⑳ 真实情况告知义务
  - ㉑ 真实标识义务
  - ㉒ 出具单据义务
  - ㉓ 质量保障义务
  - 24、25 “三包”义务
  - ㉖ 不得单方做出对消费者不利规定义务
  - ㉗ 不得侵犯消费者人身权义务
  - ㉘ 电商提供服务信息和尽注意义务
  - ㉙ 合法收集、使用消费者信息
- 国家对消费者合法权益的保护
  - ㉚ 立法体现消费者意愿
  - ㉛ 政府监督
  - ㉜ 执法主管部门
  - ㉝ 定期抽检
  - ㉞ 违法惩处
  - ㉟ 诉讼保护
- 消费者组织
  - ㊱ 消费者协会和其他消费者组织
  - ㊲ 消协职能
    - 支持消费者诉讼
    - 各级政府对消协履行职能应予支持
  - ㊳ 禁止消费者组织营利

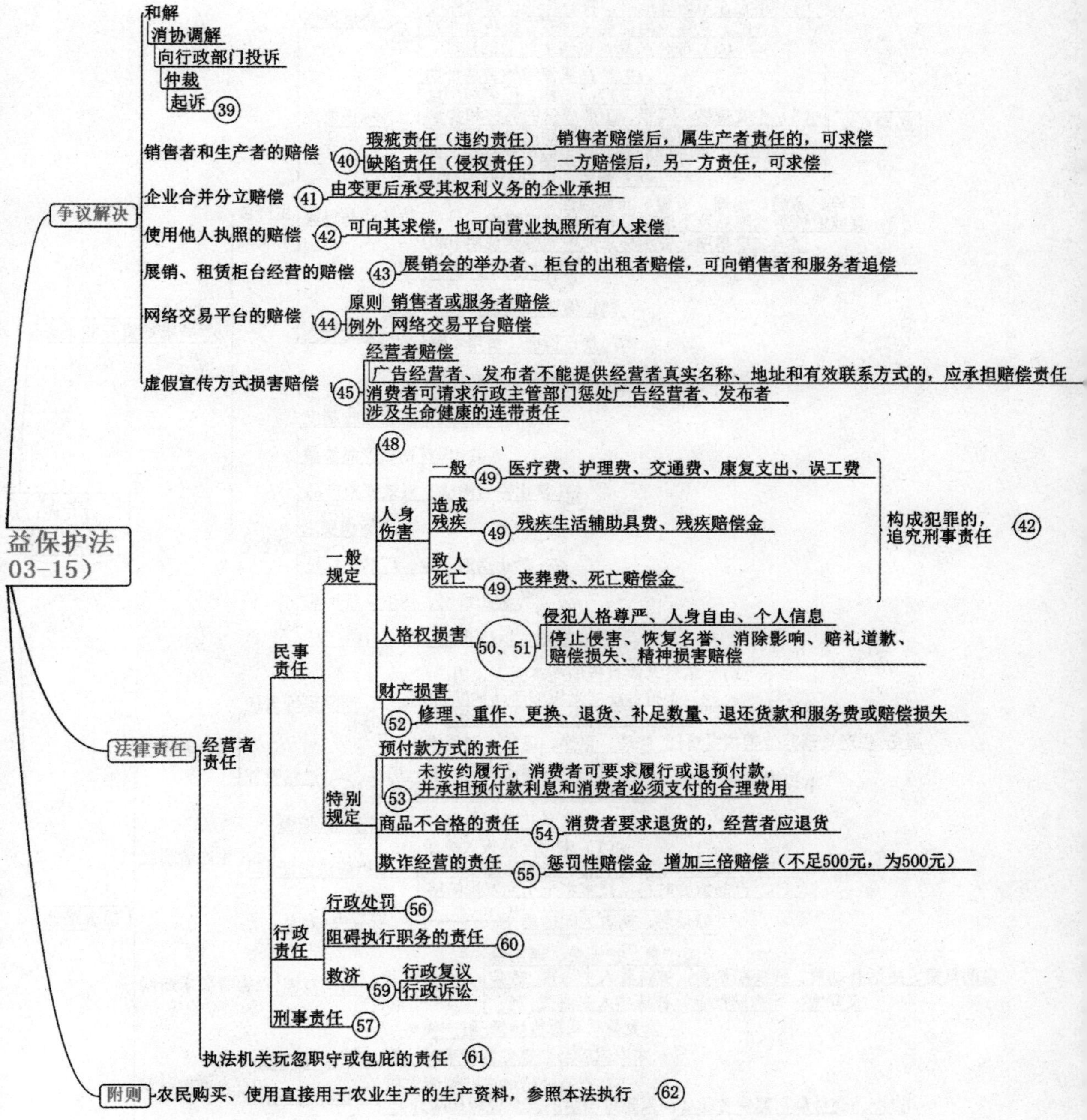
益保护法
03-15）
争议解决
和解
消协调解
向行政部门投诉
仲裁
起诉 39
销售者和生产者的赔偿 40
瑕疵责任（违约责任） 销售者赔偿后，属生产者责任的，可求偿
缺陷责任（侵权责任） 一方赔偿后，另一方责任，可求偿
企业合并分立赔偿 41 由变更后承受其权利义务的企业承担
使用他人执照的赔偿 42 可向其求偿，也可向营业执照所有人求偿
展销、租赁柜台经营的赔偿 43 展销会的举办者、柜台的出租者赔偿，可向销售者和服务者追偿
网络交易平台的赔偿 44
原则 销售者或服务者赔偿
例外 网络交易平台赔偿
虚假宣传方式损害赔偿 45
经营者赔偿
广告经营者、发布者不能提供经营者真实名称、地址和有效联系方式的，应承担赔偿责任
消费者可请求行政主管部门惩处广告经营者、发布者
涉及生命健康的连带责任
法律责任
经营者责任
民事责任
一般规定
48
人身伤害
一般 49 医疗费、护理费、交通费、康复支出、误工费
造成残疾 49 残疾生活辅助具费、残疾赔偿金
致人死亡 49 丧葬费、死亡赔偿金
构成犯罪的，追究刑事责任 42
人格权损害 50、51
侵犯人格尊严、人身自由、个人信息
停止侵害、恢复名誉、消除影响、赔礼道歉、赔偿损失、精神损害赔偿
财产损害
52 修理、重作、更换、退货、补足数量、退还货款和服务费或赔偿损失
特别规定
预付款方式的责任
53 未按约履行，消费者可要求履行或退预付款，并承担预付款利息和消费者必须支付的合理费用
商品不合格的责任 54 消费者要求退货的，经营者应退货
欺诈经营的责任 55 惩罚性赔偿金 增加三倍赔偿（不足500元，为500元）
行政责任
行政处罚 56
阻碍执行职务的责任 60
救济 59
行政复议
行政诉讼
刑事责任 57
执法机关玩忽职守或包庇的责任 61
附则
农民购买、使用直接用于农业生产的生产资料，参照本法执行 62

产品质量法

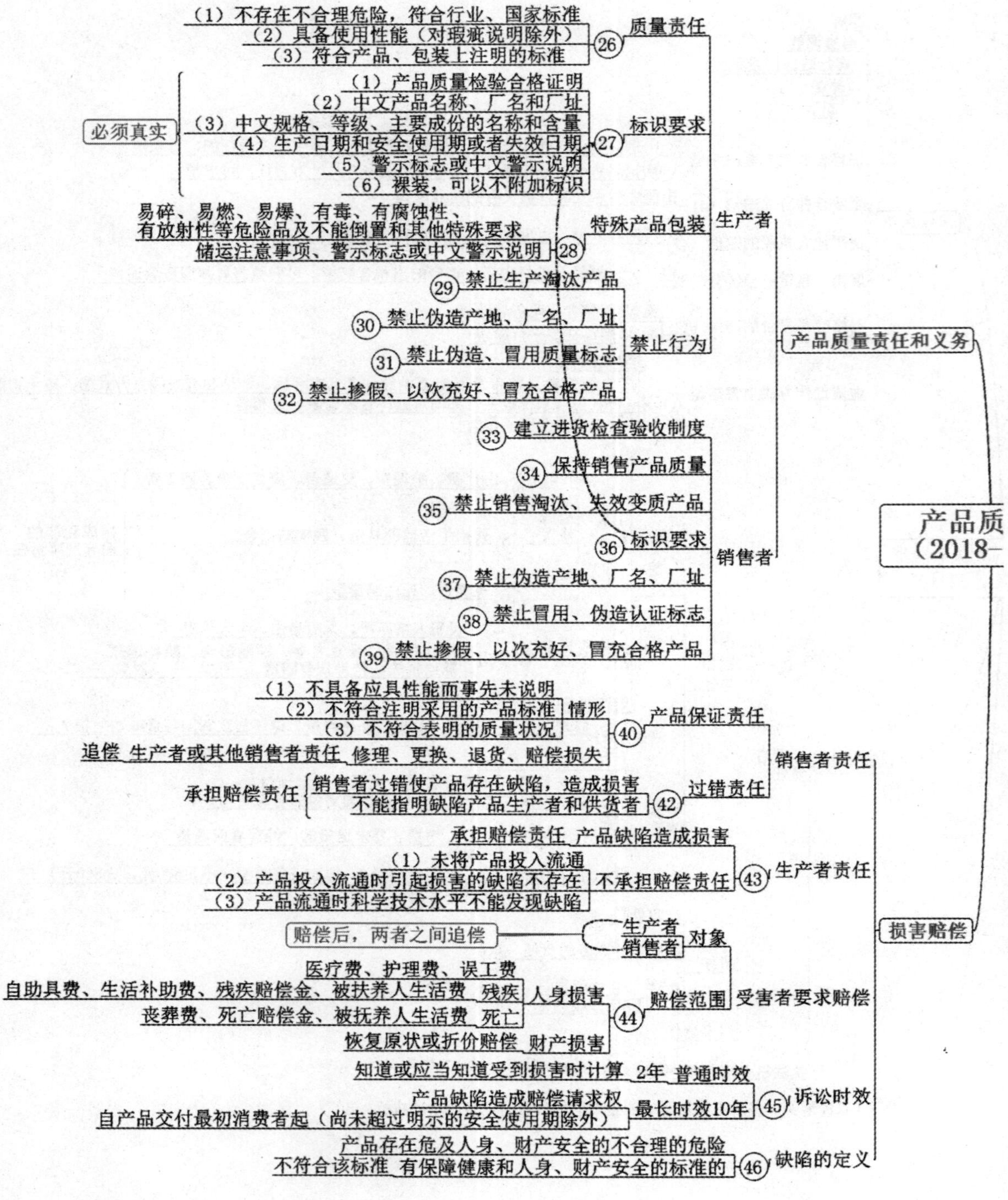
产品质量法(2018-
产品质量责任和义务
生产者
质量责任
26
(1)不存在不合理危险，符合行业、国家标准
(2)具备使用性能(对瑕疵说明除外)
(3)符合产品、包装上注明的标准
标识要求
27
必须真实
(1)产品质量检验合格证明
(2)中文产品名称、厂名和厂址
(3)中文规格、等级、主要成份的名称和含量
(4)生产日期和安全使用期或者失效日期
(5)警示标志或中文警示说明
(6)裸装，可以不附加标识
特殊产品包装
28
易碎、易燃、易爆、有毒、有腐蚀性、
有放射性等危险品及不能倒置和其他特殊要求
储运注意事项、警示标志或中文警示说明
禁止行为
29
禁止生产淘汰产品
30
禁止伪造产地、厂名、厂址
31
禁止伪造、冒用质量标志
32
禁止掺假、以次充好、冒充合格产品
销售者
33
建立进货检查验收制度
34
保持销售产品质量
35
禁止销售淘汰、失效变质产品
36
标识要求
37
禁止伪造产地、厂名、厂址
38
禁止冒用、伪造认证标志
39
禁止掺假、以次充好、冒充合格产品
损害赔偿
销售者责任
产品保证责任
40
情形
(1)不具备应具性能而事先未说明
(2)不符合注明采用的产品标准
(3)不符合表明的质量状况
修理、更换、退货、赔偿损失
追偿
生产者或其他销售者责任
过错责任
42
承担赔偿责任
销售者过错使产品存在缺陷，造成损害
不能指明缺陷产品生产者和供货者
生产者责任
43
承担赔偿责任
产品缺陷造成损害
不承担赔偿责任
(1)未将产品投入流通
(2)产品投入流通时引起损害的缺陷不存在
(3)产品流通时科学技术水平不能发现缺陷
受害者要求赔偿
对象
生产者
销售者
赔偿后，两者之间追偿
赔偿范围
44
人身损害
医疗费、护理费、误工费
残疾
自助具费、生活补助费、残疾赔偿金、被扶养人生活费
死亡
丧葬费、死亡赔偿金、被抚养人生活费
财产损害
恢复原状或折价赔偿
诉讼时效
45
普通时效
2年
知道或应当知道受到损害时计算
最长时效10年
产品缺陷造成赔偿请求权
自产品交付最初消费者起(尚未超过明示的安全使用期除外)
缺陷的定义
46
产品存在危及人身、财产安全的不合理的危险
有保障健康和人身、财产安全的标准的
不符合该标准

量法
12-29）

- 罚则
  - 生产者、销售者责任
    - 不符合安全标准 ㊾
      - 责令停止生产、销售
        - 没收违法产品
        - 没收违法所得
        - 违法产品货值等值至3倍罚款
      - 情节严重 吊销营业执照；构成犯罪的，追究刑事责任
    - 掺杂、掺假，以假充真，以次充好，冒充合格产品 ㊿
      - 责令停止生产、销售
        - 没收违法产品
        - 没收违法所得
        - 违法产品货值50%至3倍罚款
      - 情节严重 吊销营业执照；构成犯罪的，依法追究刑事责任
    - 生产、销售淘汰产品 (51)
      - 责令停止生产、销售
        - 没收违法产品
        - 没收违法所得
        - 违法产品货值等值以下罚款
      - 情节严重 吊销营业执照
    - 销售失效、变质产品 (52)
      - 责令停止销售
        - 没收违法产品
        - 没收违法所得
        - 违法产品货值2倍以下罚款
      - 情节严重 吊销营业执照；构成犯罪的，依法追究刑事责任
    - 伪造产地、伪造冒用厂名、厂址，伪造冒用质量标志 (53)
      - 责令停止销售
        - 没收违法产品
        - 没收违法所得
      - 违法产品货值等值以下罚款
      - 情节严重 吊销营业执照
    - 销售者可以从轻或减轻处罚 (55)
      - 销售49-53条禁止销售产品
      - 充分证明不知为禁止销售的产品并如实提供进货来源
    - 标识不合格 (54)
      - 产品标识不符合27条规定 责令改正
      - 包装不符合期限、警示要求，情节严重
        - 责令停止生产、销售
        - 违法货值30%以下罚款
        - 没收违法所得
    - 拒检 (56)
      - 警告
      - 责令改正 不改正 责令停业整顿
      - 情节特别严重的 吊销营业执照
    - 服务业经营者将禁止销售的产品用于经营服务 (62)
      - 责令停止使用
      - 知道非法 依照销售者规定处罚
    - 隐匿、转移、变卖、销毁被查封、扣押品 (63)
      - 等额货值至3倍以下罚款
      - 没收违法所得
  - 第三方责任
    - 产品质量检验机构、认证机构 (57)
      - 伪造检验结果或出具虚假证明
        - 责令改正
        - 处5万-10万罚款
        - 直接责任人员 1万-5万罚款
        - 没收非法所得
        - 情节严重 取消资格
      - 出具检验结果或证明不是，造成损失
        - 赔偿损失
        - 情节严重 撤销资格
      - 认证机构违法认证
        - 承担连带责任
        - 情节严重 撤销资格
    - 社会团体、中介机构 (58)
      - 质量承诺、保证
      - 造成损失
      - } 承担连带责任
    - 广告 (59)
      - 虚假宣传
      - 欺骗和误导消费者
      - } 依《广告法》追究法律责任
    - 非法提供便利，非法提供制假技术 (61)
      - 没收收入
      - 违法收入50%-3倍罚款
      - 构成犯罪 追究刑事责任
  - 货值计算 (72)
    - 以标价计算
    - 没有标价，以市场价

食品安全法

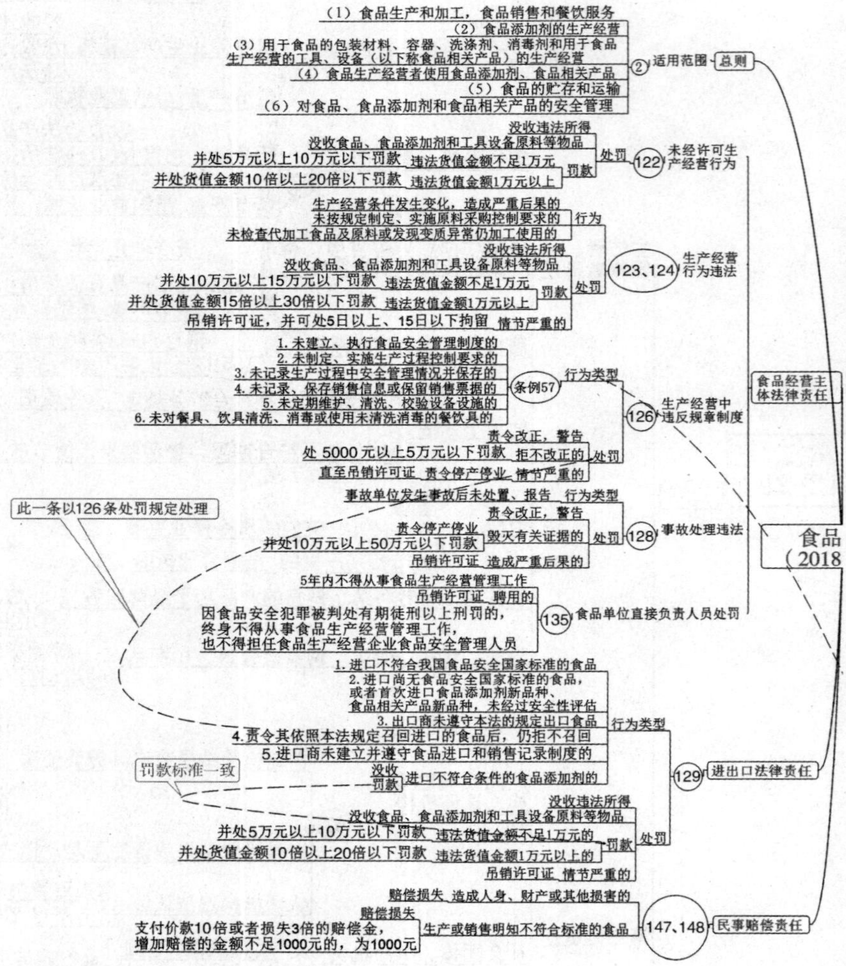
食品
（2018
总则
②
适用范围
（1）食品生产和加工，食品销售和餐饮服务
（2）食品添加剂的生产经营
（3）用于食品的包装材料、容器、洗涤剂、消毒剂和用于食品生产经营的工具、设备（以下称食品相关产品）的生产经营
（4）食品生产经营者使用食品添加剂、食品相关产品
（5）食品的贮存和运输
（6）对食品、食品添加剂和食品相关产品的安全管理
食品经营主体法律责任
122
未经许可生产经营行为
处罚
没收违法所得
没收食品、食品添加剂和工具设备原料等物品
罚款
违法货值金额不足1万元
并处5万元以上10万元以下罚款
违法货值金额1万元以上
并处货值金额10倍以上20倍以下罚款
123、124
生产经营行为违法
行为
生产经营条件发生变化，造成严重后果的
未按规定制定、实施原料采购控制要求的
未检查代加工食品及原料或发现变质异常仍加工使用的
处罚
没收违法所得
没收食品、食品添加剂和工具设备原料等物品
罚款
违法货值金额不足1万元
并处10万元以上15万元以下罚款
违法货值金额1万元以上
并处货值金额15倍以上30倍以下罚款
情节严重的
吊销许可证，并可处5日以上、15日以下拘留
126
生产经营中违反规章制度
行为类型
条例57
1. 未建立、执行食品安全管理制度的
2. 未制定、实施生产过程控制要求的
3. 未记录生产过程中安全管理情况并保存的
4. 未记录、保存销售信息或保留销售票据的
5. 未定期维护、清洗、校验设备设施的
6. 未对餐具、饮具清洗、消毒或使用未清洗消毒的餐饮具的
处罚
责令改正，警告
拒不改正的
处 5000 元以上5万元以下罚款
情节严重的
责令停产停业
直至吊销许可证
128
事故处理违法
行为类型
事故单位发生事故后未处置、报告
处罚
责令改正，警告
毁灭有关证据的
责令停产停业
并处10万元以上50万元以下罚款
造成严重后果的
吊销许可证
此一条以126条处罚规定处理
135
食品单位直接负责人员处罚
聘用的
吊销许可证
5年内不得从事食品生产经营管理工作
因食品安全犯罪被判处有期徒刑以上刑罚的，终身不得从事食品生产经营管理工作，也不得担任食品生产经营企业食品安全管理人员
进出口法律责任
129
行为类型
1. 进口不符合我国食品安全国家标准的食品
2. 进口尚无食品安全国家标准的食品，或者首次进口食品添加剂新品种、食品相关产品新品种，未经过安全性评估
3. 出口商未遵守本法的规定出口食品
4.责令其依照本法规定召回进口的食品后，仍拒不召回
5.进口商未建立并遵守食品进口和销售记录制度的
进口不符合条件的食品添加剂的
没收
罚款
罚款标准一致
处罚
没收违法所得
没收食品、食品添加剂和工具设备原料等物品
罚款
违法货值金额不足1万元的
并处5万元以上10万元以下罚款
违法货值金额1万元以上的
并处货值金额10倍以上20倍以下罚款
情节严重的
吊销许可证
民事赔偿责任
147、148
造成人身、财产或其他损害的
赔偿损失
生产或销售明知不符合标准的食品
赔偿损失
支付价款10倍或者损失3倍的赔偿金，增加赔偿的金额不足1000元的，为1000元

- 安全法 -12-29）
  - 行政部门法律责任
    - 142-146
      - 县级以上地方人民政府
        - 行为类型
          - （1）对发生在本行政区域内的食品安全事故，未及时组织协调有关部门开展有效处置，造成不良影响或者损失；
          - （2）对本行政区域内涉及多环节的区域性食品安全问题，未及时组织整治，造成不良影响或者损失；
          - （3）隐瞒、谎报、缓报食品安全事故；
          - （4）本行政区域内发生特别重大食品安全事故，或者连续发生重大食品安全事故；
          - （5）未确定有关部门的食品安全监督管理职责，未建立健全食品安全全程监督管理工作机制和信息共享机制，未落实食品安全监督管理责任制；
          - （6）未制定本行政区域的食品安全事故应急预案，或者发生食品安全事故后未按规定立即成立事故处置指挥机构、启动应急预案。
        - 处罚 主管人员和直接责任人员
          - 记大过(1-6)
          - 降级(1-6)
          - 撤职(1-6)
          - 开除处分（1-4）
          - 引咎辞职（1-4）
          - 记过（5-6）
          - 警告（5-6）
      - 县级以上食品安全监督管理卫生行政等部门
        - 行为类型
          - （1）隐瞒、谎报、缓报食品安全事故；
          - （2）未按规定查处食品安全事故，或者接到食品安全事故报告未及时处理，造成事故扩大或者蔓延；
          - （3）经食品安全风险评估得出食品、食品添加剂、食品相关产品不安全结论后，未及时采取相应措施，造成食品安全事故或者不良社会影响；
          - （4）对不符合条件的申请人准予许可，或者超越法定职权准予许可；
          - （5）不履行食品安全监督管理职责，导致发生食品安全事故。
          - （6）在获知有关食品安全信息后，未按规定向上级主管部门和本级人民政府报告，或者未按规定相互通报；
          - （7）未按规定公布食品安全信息；
          - （8）不履行法定职责，对查处食品安全违法行为不配合，或者滥用职权、玩忽职守、徇私舞弊。
        - 处罚
          - 主管人员和直接责任人员 记大过或降级处分、赔偿
          - 造成严重后果的
            - 撤职或开除处分
            - 直接负责人引咎辞职
    - 条例59
      - 医疗机构未报告有关疾病信息的 卫生行政部门责令改正、给予警告
  - 第三方法律责任
    - 集中交易市场的开办者、柜台出租者、展销会的举办者违法
      - 130
        - 行为类型
          - 允许未取得许可的食品经营者进入市场销售食品
          - 未履行检查、报告等义务
        - 处罚
          - 5万元以上20万元以下罚款
          - 造成严重后果的
            - 责令停业
            - 吊销许可证
    - 食品检验机构、人员违法
      - 138
        - 行为类型 出具虚假检验报告的
        - 处罚
          - 撤销资格
          - 撤职处分
          - 开除处分
          - 刑事处罚
            - 限制
              - 十年内不能从事检验检疫工作
              - 食品检验机构聘用的 撤销资格
              - 刑事处罚或重大事故受到开除处分的食品检验机构人员，终身不得从事食品检验工作
          - 没收所收取的检验费用，并处检验费用5倍以上10倍以下罚款，检验费用不足一万元的，并处5万元以上10万元以下罚款
    - 食品贮存、运输、装卸违法
      - 132
        - 行为类型 未按要求进行食品贮存、运输、装卸
        - 处罚
          - 责令改正，警告
          - 拒不改正的
            - 责令停产停业
            - 并处1万元以上5万元以下罚款
          - 情节严重的 吊销许可证
    - 广告宣传法律责任
      - 140
        - 行为类型 对产品质量作虚假宣传，欺骗消费者或者发布未取得批准文件、广告内容与批准文件不一致的保健食品广告的
        - 处罚
          - 按《广告法》处罚
          - 食品安全监督机构、检验机构、行业协会、消费者协会 向消费者推荐
            - 没收违法所得
            - 直接责任人员记大过、降级、撤职处分
          - 广告经营者等社会团体等 向消费者推荐，受损害的，承担连带责任
            - 情节严重的，暂停销售并向社会公布
            - 仍销售的，没收违法所得及食品，并处2万元以上，5万元以下罚款
  - 生产经营违法行为类型
    - （1）食品、食品添加剂生产者未按规定对采购的食品原料和生产的食品、食品添加剂进行检验；
    - （2）食品生产经营企业未按规定建立食品安全管理制度，或者未按规定配备或者培训、考核食品安全管理人员；
    - （3）食品、食品添加剂生产经营者进货时未查验许可证和相关证明文件，或者未按规定建立并遵守进货查验记录、出厂检验记录和销售记录制度；
    - （4）食品生产经营企业未制定食品安全事故处置方案；
    - （5）餐具、饮具和盛放直接入口食品的容器，使用前未经洗净、消毒或者清洗消毒不合格，或者餐饮服务设施、设备未按规定定期维护、清洗、校验；
    - （6）食品生产经营者安排未取得健康证明或者患有国务院卫生行政部门规定的有碍食品安全疾病的人员从事接触直接入口食品的工作；
    - （7）食品经营者未按规定要求销售食品；
    - （8）保健食品生产企业未按规定向食品安全监督管理部门备案，或者未按备案的产品配方、生产工艺等技术要求组织生产；
    - （9）婴幼儿配方食品生产企业未将食品原料、食品添加剂、产品配方、标签等向食品安全监督管理部门备案；
    - （10）特殊食品生产企业未按规定建立生产质量管理体系并有效运行，或者未定期提交自查报告；
    - （11）食品生产经营者未定期对食品安全状况进行检查评价，或者生产经营条件发生变化，未按规定处理；
    - （12）学校、托幼机构、养老机构、建筑工地等集中用餐单位未按规定履行食品安全管理责任；
    - （13）食品生产企业、餐饮服务提供者未按规定制定、实施生产经营过程控制要求。

消费税暂行条例

消费税暂行条例（2009-01-01）

- 课税对象【1】
  - ① 在中华人民共和国境内生产、委托加工和进口本条例规定的消费品
- 税目【2】和税率【3】
  - ② 依《消费税税目税率表》执行
  - ③ 兼营不同税率应税消费品，分别核算；未分别核算，或成套销售，从高适用税率
- 纳税时间
  - 生产
    - 一般：销售时纳税
    - 自产自用连续生产：不纳税
    - 其他：移送时纳税
  - 委托加工
    - 受托方在向委托方交货时代收代缴（受托方为个人除外）
    - 委托方用于连续生产的，抵扣
  - 进口
    - 报关时纳税
- ⑫ 征收机关
  - 一般：税务机关
  - 进口：海关
  - 个人携带或者邮寄进境，连同关税一并计征
- ⑬ 纳税地点
  - 销售或自产自用：向纳税人机构所在地或者居住地的主管税务机关申报纳税
  - 委托加工：受托方向机构所在地或者居住地的主管税务机关缴税（受托方个人除外）
  - 进口：报关地海关
- 纳税期限
  - ⑭ 一般
    - 1日、3日、5日、10日、15日：自期满之日起5日内预缴税款，于次月1日起15日内申报纳税并结清上月应纳税款
    - 1个月或者1个季度：自期满之日起15日内申报纳税
    - 纳税人的具体纳税期限，由主管税务机关根据纳税人应纳税额的大小分别核定；不能按照固定期限纳税的，可以按次纳税
  - ⑮ 进口
    - 自海关填发海关进口消费税专用缴款书之日起15日内缴纳税款
- 征收管理
  - 依《税收征管法》
- 应纳税额计算
  - 实行从价定率办法计算的应纳税额=销售额× *比例税率【4】*
  - 实行从量定额办法计算的应纳税额=销售数量× *定额税率【5】*
  - 实行复合计税办法计算的应纳税额=销售额×比例税率＋销售数量×定额税率
  - 生产
    - ⑤ 以人民币为单位
    - ⑥ 销售额为纳税人销售应税消费品向购买方收取的全部价款和价外费用
  - 自产自用 ⑦
    - 同类消费品的销售价格计算
    - 没有同类消费品销售价格的，按组成计税价格计算
    - 实行从价定率办法计算纳税的组成计税价格计算公式：组成计税价格=（成本+利润）÷（1-比例税率）
    - 实行复合计税办法计算纳税的组成计税价格计算公式：组成计税价格=（成本+利润+自产自用数量×定额税率）÷（1-比例税率）
  - 委托加工 ⑧
    - 受托方同类消费品销售价格计算
    - 没有同类消费品销售价格的，按照组成计税价格计算纳税
    - 实行从价定率办法计算纳税的组成计税价格计算公式：组成计税价格=（材料成本+加工费）÷（1-比例税率）
    - 实行复合计税办法计算纳税的组成计税价格计算公式：组成计税价格=（材料成本+加工费+委托加工数量×定额税率）÷（1-比例税率）
  - 进口 ⑨
    - 组成计税价格计算纳税
    - 实行从价定率办法计算纳税的组成计税价格计算公式：组成计税价格=（关税完税价格+关税）÷（1-消费税比例税率）
    - 实行复合计税办法计算纳税的组成计税价格计算公式：组成计税价格=（关税完税价格+关税+进口数量×消费税定额税率）÷（1-消费税比例税率）
  - 出口
    - 免征消费税

消费税税目税率表

税　　目	税　　率
一、烟	
1. 卷烟	
(1)甲类卷烟	56%加0.003元/支(生产环节)
(2)乙类卷烟	36%加0.003元/支(生产环节)
(3)批发环节	5%
2. 雪茄烟	36%
3. 烟丝	30%
二、酒及酒精	
1. 白酒	20%加0.5元/500克(或者500毫升)
2. 黄酒	240元/吨
3. 啤酒	
(1)甲类啤酒	250元/吨
(2)乙类啤酒	220元/吨
4. 其他酒	10%
5. 酒精	5%
三、化妆品	30%
四、贵重首饰及珠宝玉石	
1. 金银首饰、铂金首饰和钻石及钻石饰品	5%
2. 其他贵重首饰和珠宝玉石	10%
五、鞭炮、焰火	15%
六、成品油	
1. 汽油	
(1)含铅汽油	1.40元/升
(2)无铅汽油	1.00元/升
2. 柴油	0.80元/升
3. 航空煤油	0.80元/升
4. 石脑油	1.00元/升
5. 溶剂油	1.00元/升
6. 润滑油	1.00元/升
7. 燃料油	0.80元/升
七、汽车轮胎	3%
八、摩托车	
1. 气缸容量(排气量,下同)在250毫升(含250毫升)以下的	3%
2. 气缸容量在250毫升以上的	10%
九、小汽车	
1. 乘用车	
(1)气缸容量(排气量,下同)在1.0升(含1.0升)以下的	1%
(2)气缸容量在1.0升以上至1.5升(含1.5升)的	3%
(3)气缸容量在1.5升以上至2.0升(含2.0升)的	5%
(4)气缸容量在2.0升以上至2.5升(含2.5升)的	9%
(5)气缸容量在2.5升以上至3.0升(含3.0升)的	12%
(6)气缸容量在3.0升以上至4.0升(含4.0升)的	25%
(7)气缸容量在4.0升以上的	40%
2. 中轻型商用客车	5%
十、高尔夫球及球具	10%
十一、高档手表	20%
十二、游艇	10%
十三、木制一次性筷子	5%
十四、实木地板	5%

个人所得税法

个人所得税法（2018-08-31）

- ① 纳税主体
  - 居民
    - 中国境内有住所，或者无住所而在一个纳税年度内在境内居住满一百八十三天
    - 境内境外所得
      - 扣除在境外已纳税额，另有规定除外
  - 非居民
    - 境内所得
- 范围与税率
- 名词解析
  - 应纳税所得额
    - 用来计提所得税的基数
  - 税率
    - 应征税额的比例
  - 超额累进税率
    - 将应税所得额按照税法规定分解为若干段，每一段按其对应的税率计算出该段应交的税额，然后再将计算出来的各段税额相加，即为应税所得额应交纳的个人所得税
  - 比例税率
    - 对同一征税对象不分数额大小，规定相同的征税比例的税率
- ④ 免税
  - 省级以上，外国、国际组织颁发的科教文卫体环奖金
  - 国债利息
  - 国家发给的补贴、津贴
  - 福利费、抚恤金、救济金
  - 保险赔款
  - 军人的转业费、复员费、退役金
  - 国家发给干部、职工的费用
  - 使领馆的外交代表、官员和其他人员的所得
  - 政府参加的国际公约、签订的协议中规定免税的所得
  - 国务院规定的其他免税所得
  - 前款十项，由国务院报全国人大常委会备案
- ⑤ 减税
  - 残疾、孤老人员和烈属的所得
  - 因严重自然灾害造成重大损失的
  - 其他经国务院财政部门批准减税的（需报全国人大常委会备案）

个人所得税法

<table>
<tr><th>编号</th><th>纳税范围</th><th>纳税所得额</th><th>税率(1、2为超额累进;3－5为比例税率)</th></tr>
<tr><td>1</td><td>工资、薪金所得</td><td>月收入减去5000元</td><td>个人所得税税率表一(综合所得适用)
<table>
<tr><th>级数</th><th>全年应纳税所得额</th><th>税率(%)</th></tr>
<tr><td>1</td><td>不超过36000元的</td><td>3</td></tr>
<tr><td>2</td><td>超过36000元至144000元的部分</td><td>10</td></tr>
<tr><td>3</td><td>超过144000元至300000元的部分</td><td>20</td></tr>
<tr><td>4</td><td>超过300000元至420000元的部分</td><td>25</td></tr>
<tr><td>5</td><td>超过420000元至660000元的部分</td><td>30</td></tr>
<tr><td>6</td><td>超过660000元至960000元的部分</td><td>35</td></tr>
<tr><td>7</td><td>超过960000元的部分</td><td>45</td></tr>
</table></td></tr>
<tr><td rowspan="2">2</td><td>(1)个体工商户的生产、经营所得</td><td>纳税年度收入总额减去成本、费用、损失后的余额</td><td>个人所得税税率表二(经营所得适用)
<table>
<tr><th>级数</th><th>全年应纳税所得额</th><th>税率(%)</th></tr>
<tr><td>1</td><td>不超过30000元的</td><td>5</td></tr>
<tr><td>2</td><td>超过30000元至90000元的部分</td><td>10</td></tr>
<tr><td>3</td><td>超过90000元至300000元的部分</td><td>20</td></tr>
<tr><td>4</td><td>超过300000元至500000元的部分</td><td>30</td></tr>
<tr><td>5</td><td>超过500000元的部分</td><td>35</td></tr>
</table></td></tr>
<tr><td>(2)企事业单位的承包经营、承租经营所得</td><td>纳税年度收入总额－必要费用后的余额</td><td></td></tr>
<tr><td>3</td><td>劳务报酬所得</td><td>每次收入≤4000元,扣除800元后的余额;
每次收入>4000元,扣除20%后的余额</td><td>20%</td></tr>
<tr><td>4</td><td>稿酬所得</td><td>每次收入≤4000元,扣除800元后的余额;
每次收入>4000元,扣除20%后的余额</td><td></td></tr>
<tr><td rowspan="5">5</td><td>(1)特许权使用费所得</td><td>每次收入≤4000元,扣除800元后的余额;
每次收入>4000元,扣除20%后的余额</td><td></td></tr>
<tr><td>(2)利息、股息、红利所得</td><td>每次收入额</td><td></td></tr>
<tr><td>(3)财产租赁所得</td><td>每次收入≤4000元,扣除800元后的余额;
每次收入>4000元,扣除20%后的余额</td><td></td></tr>
<tr><td>(4)财产转让所得</td><td>收入额减去财产原值及合理费用后的余额</td><td></td></tr>
<tr><td>(5)偶然所得</td><td>每次收入额</td><td></td></tr>
</table>

企业所得税法

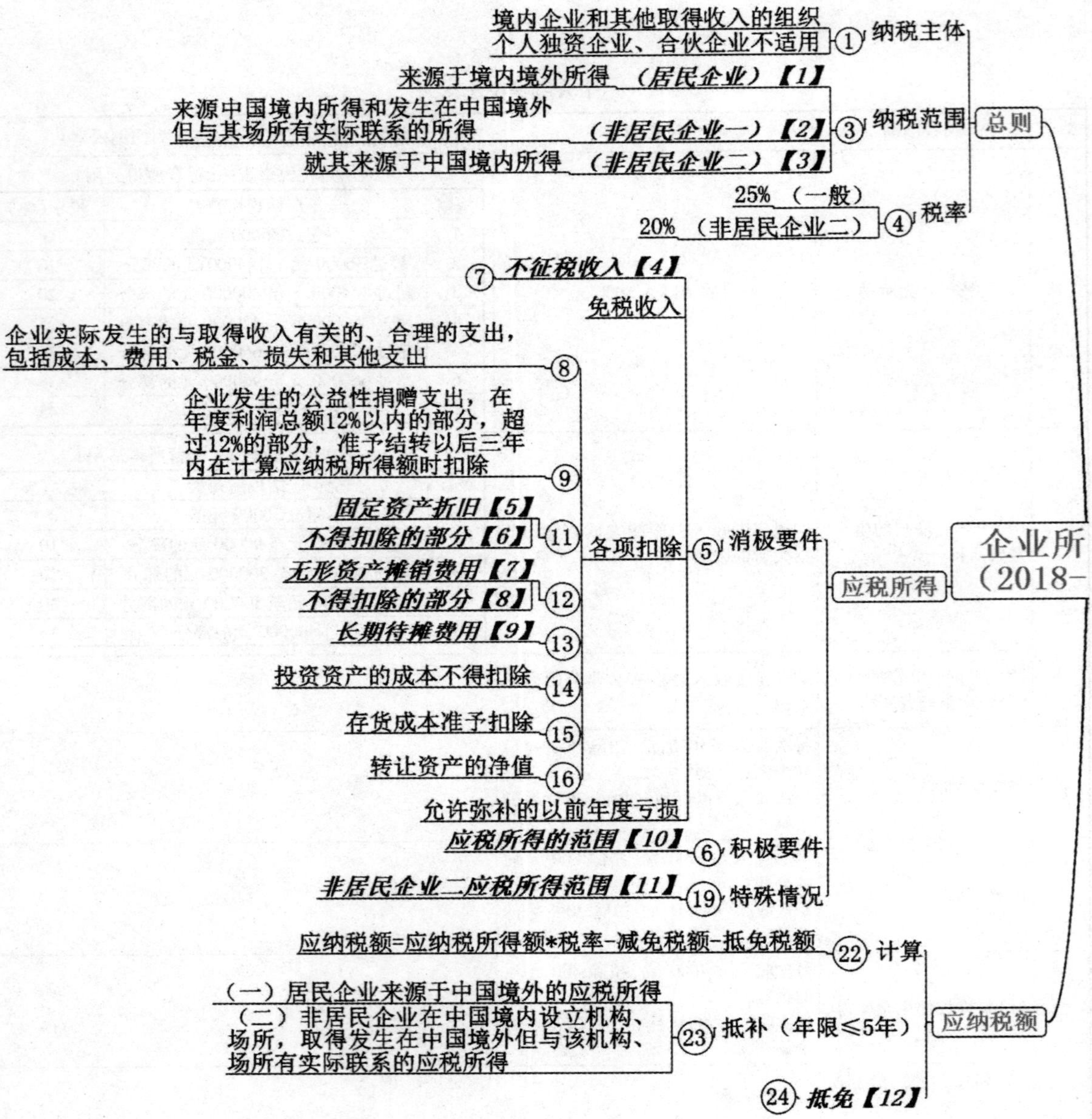
企业所
(2018-
总则
纳税主体
①
境内企业和其他取得收入的组织
个人独资企业、合伙企业不适用
纳税范围
③
来源于境内境外所得
(居民企业)【1】
来源中国境内所得和发生在中国境外
但与其场所有实际联系的所得
(非居民企业一)【2】
就其来源于中国境内所得
(非居民企业二)【3】
税率
④
25% (一般)
20% (非居民企业二)
应税所得
消极要件
⑤
免税收入
⑦
不征税收入【4】
各项扣除
⑧
企业实际发生的与取得收入有关的、合理的支出,
包括成本、费用、税金、损失和其他支出
⑨
企业发生的公益性捐赠支出,在
年度利润总额12%以内的部分,超
过12%的部分,准予结转以后三年
内在计算应纳税所得额时扣除
⑪
固定资产折旧【5】
不得扣除的部分【6】
⑫
无形资产摊销费用【7】
不得扣除的部分【8】
⑬
长期待摊费用【9】
⑭
投资资产的成本不得扣除
⑮
存货成本准予扣除
⑯
转让资产的净值
允许弥补的以前年度亏损
积极要件
⑥
应税所得的范围【10】
特殊情况
⑲
非居民企业二应税所得范围【11】
应纳税额
计算
㉒
应纳税额=应纳税所得额*税率-减免税额-抵免税额
抵补(年限≤5年)
㉓
(一)居民企业来源于中国境外的应税所得
(二)非居民企业在中国境内设立机构、
场所,取得发生在中国境外但与该机构、
场所有实际联系的应税所得
㉔
抵免【12】

- 得税法 12-29）
  - 税收优惠
    - *免税收入【13】* ㉖
    - *可以免征减征【14】* ㉗
    - 小型微利企业 ㉘ 减按20%
    - 高新技术企业 ㉘ 减按15%
    - 可以减征或免征 ㉙ 民族自治地方的自治机关对本民族自治地方的企业应缴纳的企业所得税中属于地方分享的部分
    - *加计扣除【15】* ㉚
    - 创业投资企业从事国家重点扶持和鼓励的创业投资 ㉛ 抵扣
    - 固定资产折旧 ㉜ 缩短折旧年限或加速折旧
    - 综合利用资源生产符合国家产业政策规定的产品 ㉝ 减计扣除
    - 环保、节能节水、安全生产 ㉞ 抵免
  - 源泉扣缴
    - 适用范围 ㊲ 非居民企业二
    - 扣缴义务人 ㊳ 工程价款或劳务费的支付人
  - 特别纳税调整
    - 关联企业的合理调整 ㊶ 不符合独立交易原则而减少企业或其关联方应纳税收入或所得额
    - 预约定价安排 ㊷
  - 税收征管
    - 一般 ㊾ 除另有规定外，依照《税收征管法》执行
    - 纳税地点
      - ㊿（居民企业）
        - 以登记注册地为纳税地点
        - 登记注册地在境外的，以实际管理机构为纳税地点
        - 在境内设立不具有法人资格的营业机构的，汇总计算
      - 51
        - （非居民企业一）
          - 以机构场所所在地为纳税地点
          - 两个或两个以上机构场所，以主要的为准
        - （非居民企业二）以扣缴义务人所在地为纳税地点
    - 不得合并缴纳 52
    - 纳税时间 53 按年度（1月1日起至12月31日止） 年度中间开业或终止经营，以实际经营期为一个年度
    - 分月缴纳和分季缴纳 54
    - 终止经营的处理 55 实际终止之日起60日内，向税务机关办理汇算清缴

税收征收管理法

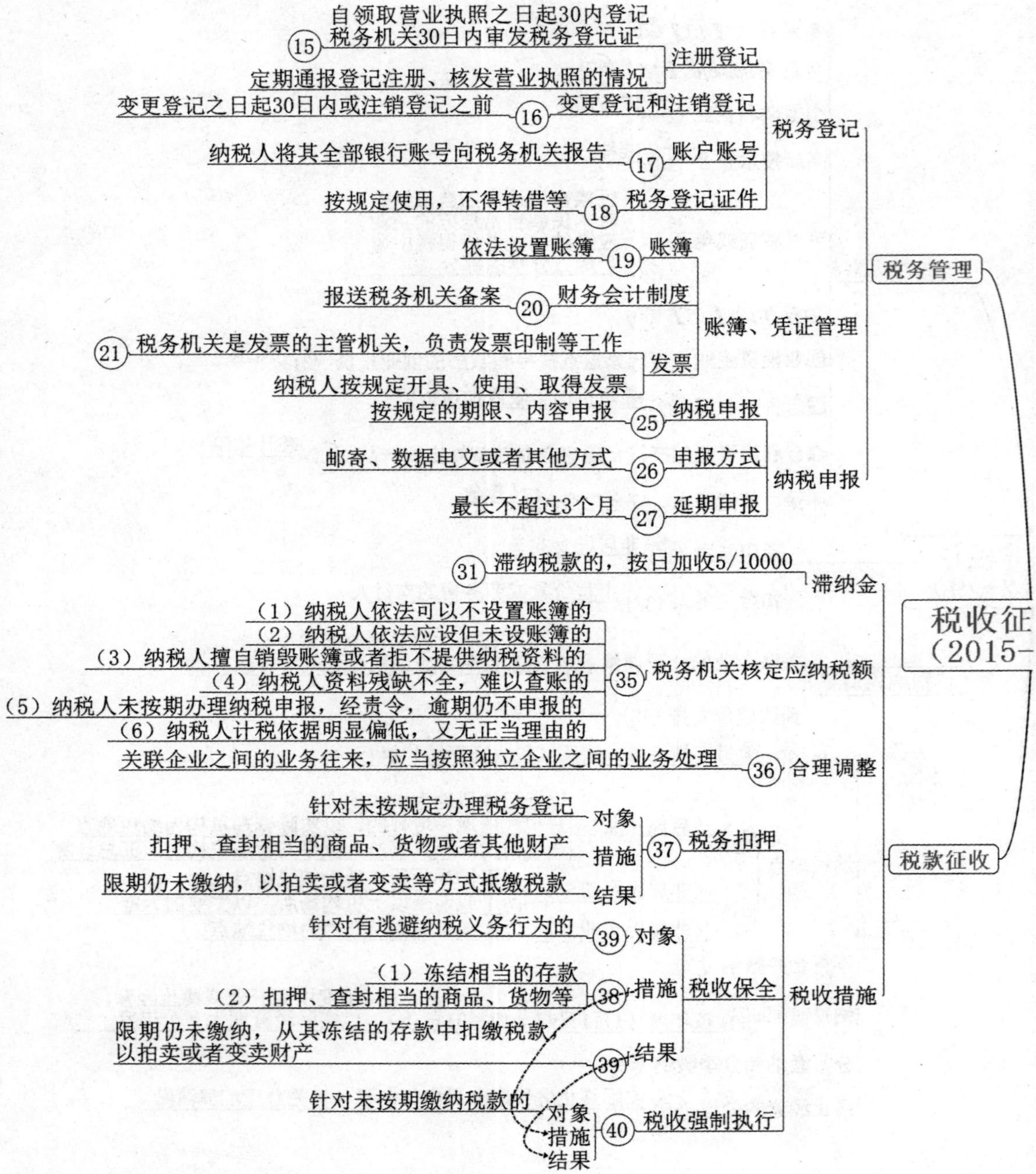
税收征
(2015-
税务管理
税务登记
注册登记
15
自领取营业执照之日起30内登记
税务机关30日内审发税务登记证
定期通报登记注册、核发营业执照的情况
变更登记和注销登记
16
变更登记之日起30日内或注销登记之前
账户账号
17
纳税人将其全部银行账号向税务机关报告
税务登记证件
18
按规定使用，不得转借等
账簿、凭证管理
账簿
19
依法设置账簿
财务会计制度
20
报送税务机关备案
发票
21
税务机关是发票的主管机关，负责发票印制等工作
纳税人按规定开具、使用、取得发票
纳税申报
纳税申报
25
按规定的期限、内容申报
申报方式
26
邮寄、数据电文或者其他方式
延期申报
27
最长不超过3个月
税款征收
滞纳金
31
滞纳税款的，按日加收5/10000
税务机关核定应纳税额
35
（1）纳税人依法可以不设置账簿的
（2）纳税人依法应设但未设账簿的
（3）纳税人擅自销毁账簿或者拒不提供纳税资料的
（4）纳税人资料残缺不全，难以查账的
（5）纳税人未按期办理纳税申报，经责令，逾期仍不申报的
（6）纳税人计税依据明显偏低，又无正当理由的
合理调整
36
关联企业之间的业务往来，应当按照独立企业之间的业务处理
税收措施
税务扣押
37
对象
针对未按规定办理税务登记
措施
扣押、查封相当的商品、货物或者其他财产
结果
限期仍未缴纳，以拍卖或者变卖等方式抵缴税款
税收保全
39
对象
针对有逃避纳税义务行为的
38
措施
（1）冻结相当的存款
（2）扣押、查封相当的商品、货物等
39
结果
限期仍未缴纳，从其冻结的存款中扣缴税款，以拍卖或者变卖财产
税收强制执行
40
对象
针对未按期缴纳税款的
措施
结果

收管理法（04-24）

- 税款征收
  - 离境清税制度 ㊹ 纳税主体相关人员应缴纳欠缴税款税款、滞纳金或者提供担保，否则不得出境
  - 税收优先权 ㊺
    - 税收优先于无担保债权，优于发生在后的担保债权
    - 税收优先于罚款、没收违法所得
  - 纳税人合并分立 ㊽ 合并后的纳税人继续履行纳税义务，分立后的纳税人承担连带责任
  - 代位权、撤销权 ㊿ 税务机关可行使代位权、撤销权的
  - 税款退还 (51) 自结算之日起3年内发现的，退还并加算银行利息
  - 税款追缴 (52)
    - 税务机关责任，3年内可要求补缴，不得加收滞纳金
    - 因纳税人、扣缴义务人责任，3年内可以追征税款、滞纳金（特殊情况，可以延长到5年）
    - 偷、抗、骗，不受前款规定期限的限制
- 法律责任 (60-71)
  - 纳税义务人一般违法
    - （1）未按规定办理税务登记
    - （2）未按规定设置、保管账簿等资料
    - （3）未按规定将财务、会计制度报送税务机关备查的
    - （4）未按规定将其全部银行账号向税务机关报告的
    - （5）未按照规定安装、使用税控装置
  - 扣缴义务人未按规定代扣代缴、保管相关资料
  - 纳税人未按规定的期限、材料办理纳税申报
  - 纳税人偷税
    - （1）不构成犯罪的，由税务机关追缴其不缴或者少缴的税款、滞纳金，并处不缴或者少缴的税款50%以上5倍以下的罚款
    - （2）构成犯罪的，依法追究刑事责任
  - 编造虚假计税依据
  - 骗取出口退税
  - 纳税人抗税
    - （1）未构成犯罪的，由税务机关追缴其拒缴的税款、滞纳金，并处拒缴税款1倍以上5倍以下的罚款
    - （2）构成犯罪的，除由税务机关追缴其拒缴的税款、滞纳金外，依法追究刑事责任
  - 纳税人、扣缴义务人不缴、少缴税款
  - 逃避追缴欠缴的税款
  - 纳税人、扣缴义务人的开户银行或者其他金融机构不配合税务稽查
  - 非法印制发票
- 相关概念
  - 纳税义务人和扣缴义务人 ④
    - 纳税人 法定负有纳税义务的主体
    - 扣缴义务人 法定负有代扣代缴、代收代缴税款义务的主体
  - 税务机关 ⑭ 各级税务局、税务分局、税务所及其他税务机构
  - 偷税 (63)
    - （1）伪造、变造、隐匿、擅自销毁账簿、记账凭证
    - （2）在账簿上多列支出或者不列、少列收入
    - （3）经税务机关通知申报而拒不申报
    - （4）进行虚假的纳税申报，不缴或者少缴应纳税款的
  - 抗税 (67) 以暴力、威胁方法拒不缴纳税款的

增值税暂行条例

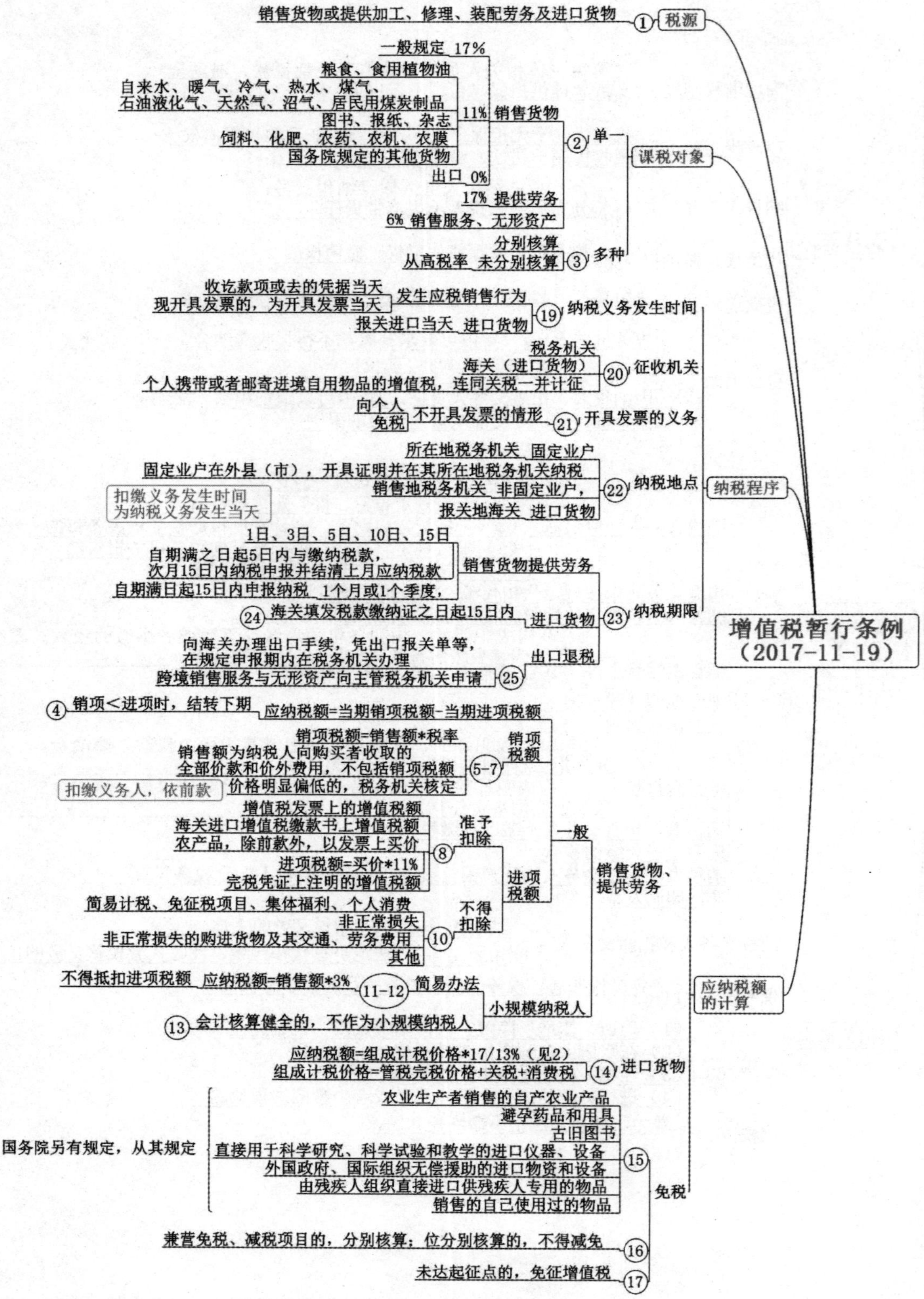
增值税暂行条例
（2017-11-19）
税源
① 销售货物或提供加工、修理、装配劳务及进口货物
课税对象
单一
② 销售货物
一般规定 17%
11%
粮食、食用植物油
自来水、暖气、冷气、热水、煤气、石油液化气、天然气、沼气、居民用煤炭制品
图书、报纸、杂志
饲料、化肥、农药、农机、农膜
国务院规定的其他货物
出口 0%
17% 提供劳务
6% 销售服务、无形资产
多种
③ 分别核算
从高税率 未分别核算
纳税程序
⑲ 纳税义务发生时间
发生应税销售行为
收讫款项或去的凭据当天
现开具发票的，为开具发票当天
进口货物 报关进口当天
⑳ 征收机关
税务机关
海关（进口货物）
个人携带或者邮寄进境自用物品的增值税，连同关税一并计征
㉑ 开具发票的义务
不开具发票的情形
向个人
免税
㉒ 纳税地点
固定业户 所在地税务机关
固定业户在外县（市），开具证明并在其所在地税务机关纳税
非固定业户， 销售地税务机关
进口货物 报关地海关
扣缴义务发生时间为纳税义务发生当天
㉓ 纳税期限
销售货物提供劳务
1日、3日、5日、10日、15日
自期满之日起5日内与缴纳税款，次月15日内纳税申报并结清上月应纳税款
1个月或1个季度， 自期满日起15日内申报纳税
进口货物
㉔ 海关填发税款缴纳证之日起15日内
出口退税
向海关办理出口手续，凭出口报关单等，在规定申报期内在税务机关办理
㉕ 跨境销售服务与无形资产向主管税务机关申请
应纳税额的计算
销售货物、提供劳务
一般
应纳税额=当期销项税额-当期进项税额
④ 销项<进项时，结转下期
销项税额
5-7
销项税额=销售额*税率
销售额为纳税人向购买者收取的全部价款和价外费用，不包括销项税额
价格明显偏低的，税务机关核定
扣缴义务人，依前款
进项税额
准予扣除
⑧
增值税发票上的增值税额
海关进口增值税缴款书上增值税额
农产品，除前款外，以发票上买价
进项税额=买价*11%
完税凭证上注明的增值税额
不得扣除
⑩
简易计税、免征税项目、集体福利、个人消费
非正常损失
非正常损失的购进货物及其交通、劳务费用
其他
小规模纳税人
简易办法
11-12
应纳税额=销售额*3%
不得抵扣进项税额
⑬ 会计核算健全的，不作为小规模纳税人
进口货物
⑭
应纳税额=组成计税价格*17/13%（见2）
组成计税价格=管税完税价格+关税+消费税
免税
⑮
农业生产者销售的自产农业产品
避孕药品和用具
古旧图书
直接用于科学研究、科学试验和教学的进口仪器、设备
外国政府、国际组织无偿援助的进口物资和设备
由残疾人组织直接进口供残疾人专用的物品
销售的自己使用过的物品
国务院另有规定，从其规定
⑯ 兼营免税、减税项目的，分别核算；位分别核算的，不得减免
⑰ 未达起征点的，免征增值税

增值税税目税率表

<table>
<tr><td rowspan="4">小规模纳税人以及允许适用简易计税方式计税的一般纳税人</td><td colspan="2">简易计税</td><td>征收率</td></tr>
<tr><td colspan="2">小规模纳税人销售货物或者加工、修理修配劳务，销售应税服务、无形资产；一般纳税人发生按规定适用或者可以选择适用简易计税方法计税的特定应税行为，但适用5%征收率的除外。</td><td>3%</td></tr>
<tr><td colspan="2">销售不动产；经营租赁不动产（土地使用权）；转让营改增前取得的土地使用权；房地产开发企业销售、出租自行开发的房地产老项目；一级二级公路、桥、闸（老项目）通行费；特定的不动产融资租赁；选择差额纳税的劳务派遣、安全保护服务；一般纳税人提供人力资源外包服务。
中外合作油（气）田开采的原油、天然气。</td><td>5%</td></tr>
<tr><td colspan="3">个人出租住房，按照5%的征收率减按1.5%计算应纳税额。
纳税人销售旧货；小规模纳税人（不含其他个人）以及符合规定情形的一般纳税人销售自己使用过的固定资产，可依3%征收率减按2%征收增值税。</td></tr>
<tr><td rowspan="24">一般纳税人</td><td colspan="2">原增值税项目</td><td>税率</td></tr>
<tr><td colspan="2">销售或者进口货物（另有列举的货物除外）；销售劳务。</td><td>16%</td></tr>
<tr><td colspan="2">销售或者进口：
1. 粮食等农产品、食用植物油、食用盐；
2. 自来水、暖气、冷气、热水、煤气、石油液化气、天然气、二甲醚、沼气、居民用煤炭制品；
3. 图书、报纸、杂志、音像制品、电子出版物；
4. 饲料、化肥、农药、农机、农膜；
5. 国务院规定的其他货物。</td><td>10%</td></tr>
<tr><td colspan="2">购进农产品进项税额扣除率</td><td>扣除率</td></tr>
<tr><td colspan="2">纳税人购进农产品，原适用11%扣除率的。</td><td>10%</td></tr>
<tr><td colspan="2">纳税人购进用于生产销售或委托加工16%税率货物的农产品。</td><td>12%</td></tr>
<tr><td colspan="2">全面推行营改增试点项目</td><td>税率</td></tr>
<tr><td>交通运输服务</td><td>陆路运输服务、水路运输服务、航空运输服务（含航天运输服务）和管道运输服务、无运输工具承运业务</td><td>10%</td></tr>
<tr><td>邮政服务</td><td>邮政普遍服务、邮政特殊服务、其他邮政服务</td><td>10%</td></tr>
<tr><td rowspan="2">电信服务</td><td>基础电信服务</td><td>10%</td></tr>
<tr><td>增值电信服务</td><td>6%</td></tr>
<tr><td>建筑服务</td><td>工程服务、安装服务、修缮服务、装饰服务和其他建筑服务</td><td>10%</td></tr>
<tr><td>销售不动产</td><td>转让建筑物、构筑物等不动产所有权</td><td>10%</td></tr>
<tr><td>金融服务</td><td>贷款服务（含有形动产、不动产融资性售后回租；以货币资金投资收取的固定利润或者保底利润）、直接收费金融服务、保险服务和金融商品转让
注：资管产品管理人从事资管产品运营业务，暂适用简易计税方法，按照3%的征收率缴纳增值税</td><td>6%</td></tr>
<tr><td rowspan="10">现代服务业</td><td>研发和技术服务（研发服务、合同能源管理服务、工程勘察勘探服务、专业技术服务）</td><td rowspan="7">6%</td></tr>
<tr><td>信息技术服务（软件服务、电路设计及测试服务、信息系统服务、业务流程管理服务和信息系统增值服务）</td></tr>
<tr><td>文化创意服务（设计服务、知识产权服务、广告服务和会议展览服务）</td></tr>
<tr><td>物流辅助服务（航空服务、港口码头服务、货运客运场站服务、打捞救助服务、装卸搬运服务、仓储服务和收派服务）</td></tr>
<tr><td>鉴证咨询服务（认证服务、鉴证服务和咨询服务）</td></tr>
<tr><td>广播影视服务（广播影视节目、作品的制作服务，发行服务和含放映在内的播映服务）</td></tr>
<tr><td>商务辅助服务（企业管理服务、经纪代理服务、人力资源服务、安全保护服务）</td></tr>
<tr><td>有形动产租赁服务</td><td>16%</td></tr>
<tr><td>不动产租赁服务</td><td>10%</td></tr>
<tr><td>其他现代服务（除列举的现代服务业以外的围绕制造业、文化产业、现代物流产业等提供技术性、知识性服务的业务活动）</td><td>6%</td></tr>
</table>

续表

一般纳税人	全面推行营改增试点项目		税率
	生活服务	文化体育服务(文化服务和体育服务)	6%
		教育医疗服务(教育服务和医疗服务)	
		旅游娱乐服务(旅游服务和娱乐服务)	
		餐饮住宿服务(餐饮服务和住宿服务)	
		居民日常服务(市容市政管理、家政、婚庆、养老、殡葬、照料和护理、救助救济、美容美发、按摩、桑拿、氧吧、足疗、沐浴、洗染、摄影扩印等服务)	
		其他生活服务(除列举的生活服务之外的其他满足城乡居民日常生活需求提供的服务活动)	
	销售无形资产	转让技术、商标、著作权、商誉、自然资源和其他权益性无形资产使用权或所有权	6%
		转让土地使用权	10%
纳税人	出口货物、服务、无形资产		税率
	纳税人出口货物(国务院另有规定的除外)		零税率
	境内单位和个人跨境销售国务院规定范围内的服务、无形资产。		零税率
	销售货物、劳务,提供的跨境应税行为,符合免税条件的		免税
	境内的单位和个人销售适用增值税零税率的服务或无形资产的,可以放弃适用增值税零税率,选择免税或按规定缴纳增值税。放弃适用增值税零税率后,36 个月内不得再申请适用增值税零税率		
一般纳税人	出口退税		退税率
	原适用 17% 税率且出口退税率为 17% 的出口货物		16%
	原适用 11% 税率且出口退税率为 11% 的出口货物、跨境应税行为		10%
	其他退税率,按国家税务总局发布的出口货物劳务退税率文库执行		
	外贸企业 2018 年 7 月 31 日前出口的货物、销售的跨境应税行为,购进时已按调整前税率征收增值税的,执行调整前的出口税率;购进时已按调整后税率征收增值税的,执行调整后的出口退税率。生产企业 2018 年 7 月 31 日前出口的货物、销售的跨境应税行为,执行调整前的出口退税率		

七、国 际 法

国际私法

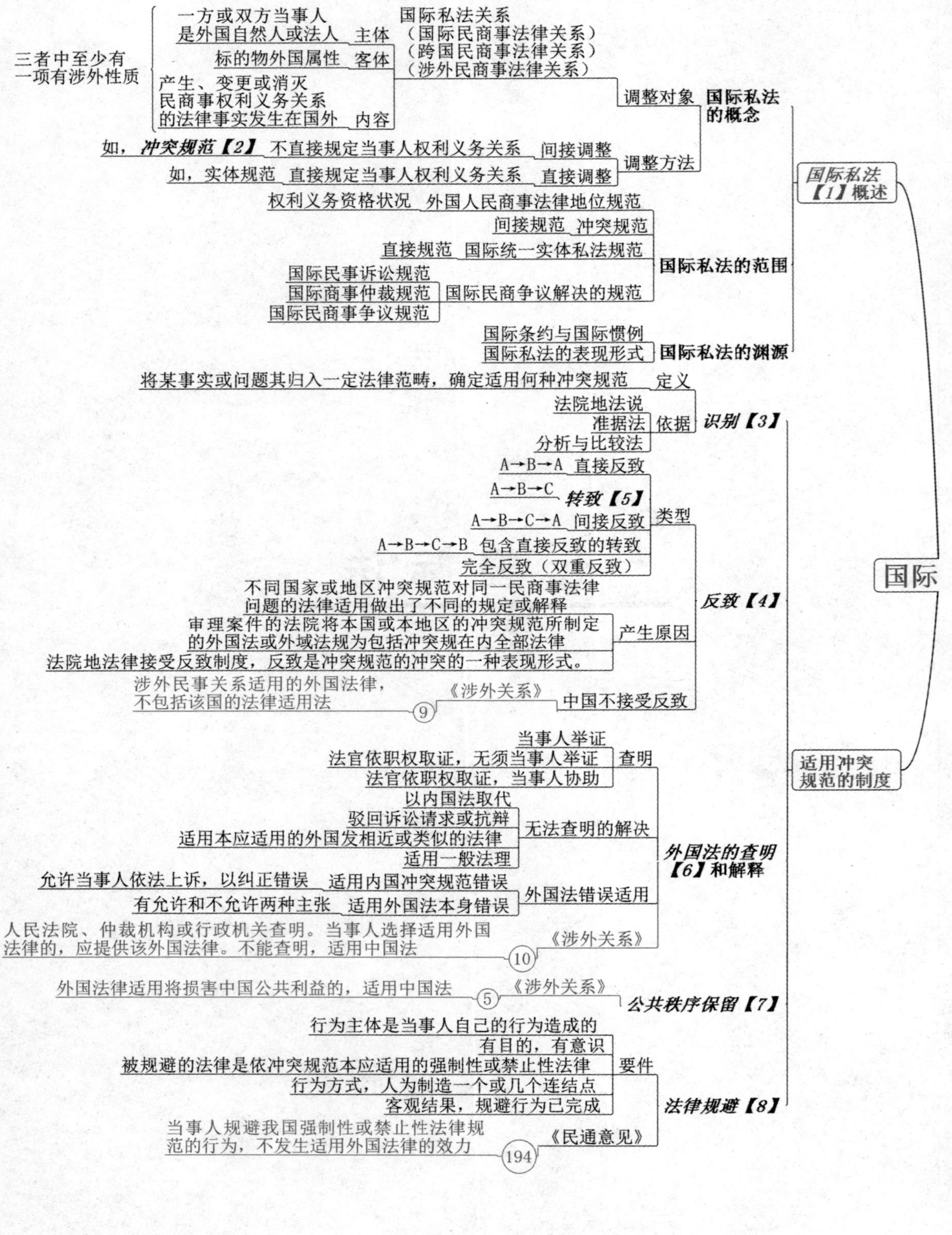
国际
国际私法【1】概述
国际私法的概念
调整对象
国际私法关系
（国际民商事法律关系）
（跨国民商事法律关系）
（涉外民商事法律关系）
主体
一方或双方当事人是外国自然人或法人
客体
标的物外国属性
内容
产生、变更或消灭民商事权利义务关系的法律事实发生在国外
三者中至少有一项有涉外性质
调整方法
间接调整
不直接规定当事人权利义务关系
如，冲突规范【2】
直接调整
直接规定当事人权利义务关系
如，实体规范
国际私法的范围
外国人民商事法律地位规范
权利义务资格状况
冲突规范
间接规范
国际统一实体私法规范
直接规范
国际民商争议解决的规范
国际民事诉讼规范
国际商事仲裁规范
国际民商事争议规范
国际私法的渊源
国际条约与国际惯例
国际私法的表现形式
适用冲突规范的制度
识别【3】
定义
将某事实或问题其归入一定法律范畴，确定适用何种冲突规范
依据
法院地法说
准据法
分析与比较法
反致【4】
类型
直接反致
A→B→A
转致【5】
A→B→C
间接反致
A→B→C→A
包含直接反致的转致
A→B→C→B
完全反致（双重反致）
产生原因
不同国家或地区冲突规范对同一民商事法律问题的法律适用做出了不同的规定或解释
审理案件的法院将本国或本地区的冲突规范所制定的外国法或外域法规为包括冲突规在内全部法律
法院地法律接受反致制度，反致是冲突规范的冲突的一种表现形式。
中国不接受反致
《涉外关系》
9
涉外民事关系适用的外国法律，不包括该国的法律适用法
外国法的查明【6】和解释
查明
当事人举证
法官依职权取证，无须当事人举证
法官依职权取证，当事人协助
无法查明的解决
以内国法取代
驳回诉讼请求或抗辩
适用本应适用的外国发相近或类似的法律
适用一般法理
外国法错误适用
适用内国冲突规范错误
允许当事人依法上诉，以纠正错误
适用外国法本身错误
有允许和不允许两种主张
《涉外关系》
10
人民法院、仲裁机构或行政机关查明。当事人选择适用外国法律的，应提供该外国法律。不能查明，适用中国法
公共秩序保留【7】
《涉外关系》
5
外国法律适用将损害中国公共利益的，适用中国法
法律规避【8】
要件
行为主体是当事人自己的行为造成的
有目的，有意识
被规避的法律是依冲突规范本应适用的强制性或禁止性法律
行为方式，人为制造一个或几个连结点
客观结果，规避行为已完成
《民通意见》
194
当事人规避我国强制性或禁止性法律规范的行为，不发生适用外国法律的效力

私法

- **主体 自然人**
  - 自然人国籍的积极和消极冲突
    - 积极冲突（自然人同时具有两个或两个以上的国籍）
      - 区分内外国籍
        - 有一个为内国籍的 — 以内国籍为准
        - 均为外国国籍
          - 以最后获得的国籍
          - 以惯常居所
          - 与当事人最密切联系
      - 不区分内外国籍 — 只以最密切联系
      - 《涉外关系》19
        - 有经常居所 — 适用有经常居所的国籍国法律
        - 无经常居所 — 适用最密切联系国籍国法律
    - 消极冲突（自然人无任何国家国籍）
      - 有住所 — 以当事人住所所在国为准
      - 无住所或住所不确定 — 以当事人居所所在国为准
      - 《涉外关系》19 — 适用经常居所的法律
  - 自然人住所的积极和消极冲突
    - 积极冲突
      - 自然人同时具有两个或两个以上的住所
        - 有一个是内国住所 — 以内国的住所为准
        - 均为外国住所
          - 先后取得 — 以最后获得为准
          - 同时取得 — 以最密切联系为准
        - 《民通意见》183 — 最密切联系
    - 消极冲突
      - 自然人没有任何有法律意义上的住所
        - 以居所或惯常居所
        - 以当事人曾有过的最后住所
        - 既无居所也无惯常居所的，以现在地
        - 《民法通则》15 — 公民以其户籍所在地为住所，经常居住地与住所地不一致的，经常居住地视为住所
    - 《涉外关系》20 — 依照本法使用经常居所的法律，自然人经常居所的不明的，适用其现在居所地法律
- **主体 法人**
  - 法人国籍的确定
    - 法人成员国际主义和资本控制主义
    - 设立地主义和登记地主义
    - 住所地主义
    - ***准据法【9】***主义
    - 法人设立地和法人住所地并用主义
    - 《公司法》192 — 登记地为准
    - 《民通意见》184 — 登记地
    - 《涉外关系》14 — 登记地
  - 法人住所和法人营业所
    - 住所
      - 主事务所在地，管理中心所在地
      - 营业中心所在地
      - 章程指定所在地
      - 主要办事机构
    - 营业所
      - 以与最密切联系的
      - 没有营业所的，以住所或经常所在地
    - 《民法总则》63 — 主要办事机构
    - 《公司法》10 — 主要办事机构
    - 《涉外关系》14 — 主营业地 — 以经常居所地为主营业地
  - 外国法人的认可
    - 国际立法认可
    - 国内立法认可
      - 一般认可
      - 概括认可
      - 特别认可

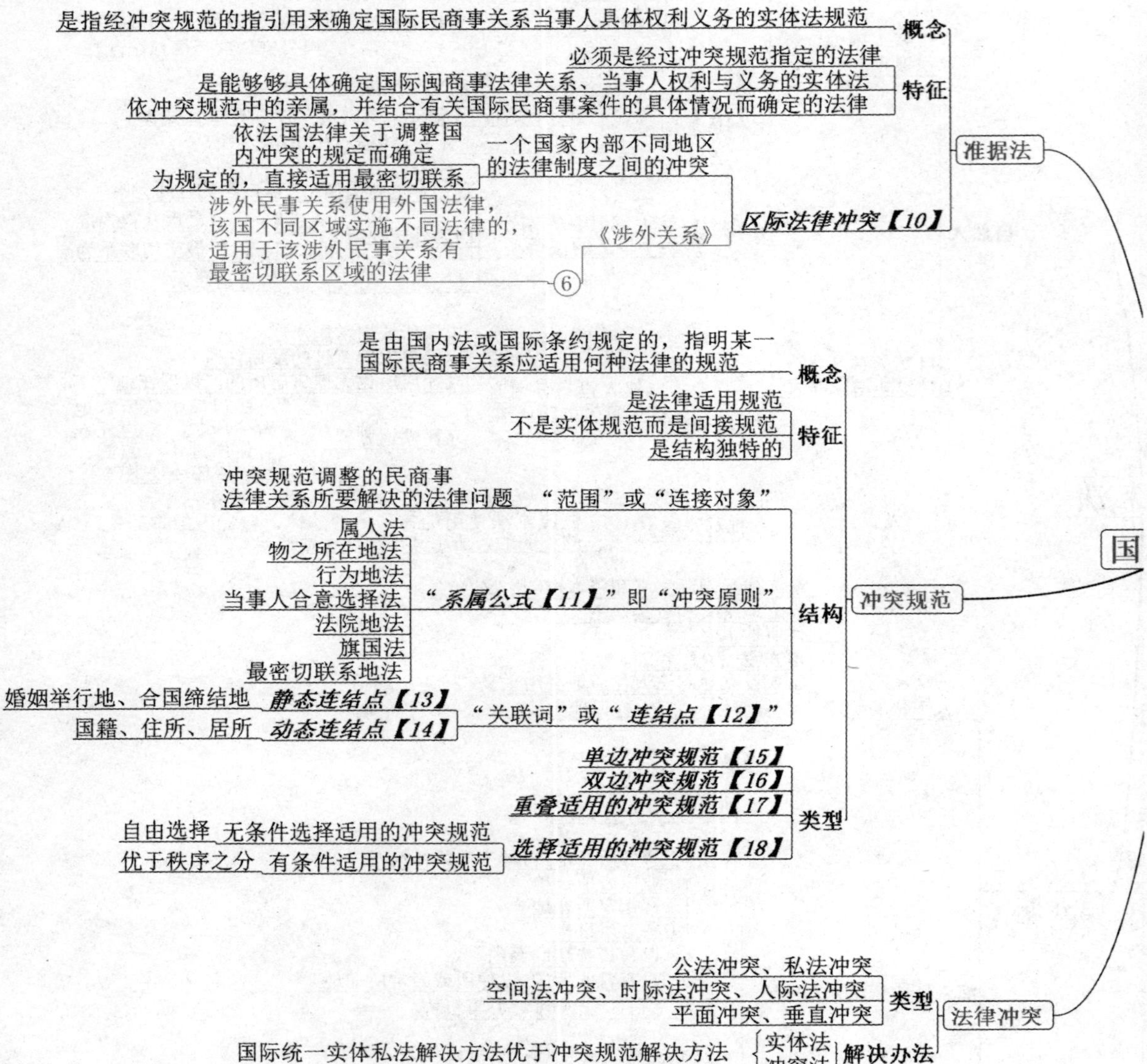
国
准据法
概念
是指经冲突规范的指引用来确定国际民商事关系当事人具体权利义务的实体法规范
特征
必须是经过冲突规范指定的法律
是能够够具体确定国际闽商事法律关系、当事人权利与义务的实体法
依冲突规范中的亲属，并结合有关国际民商事案件的具体情况而确定的法律
区际法律冲突【10】
一个国家内部不同地区的法律制度之间的冲突
依法国法律关于调整国内冲突的规定而确定为规定的，直接适用最密切联系
《涉外关系》
⑥
涉外民事关系使用外国法律，该国不同区域实施不同法律的，适用于该涉外民事关系有最密切联系区域的法律
冲突规范
概念
是由国内法或国际条约规定的，指明某一国际民商事关系应适用何种法律的规范
特征
是法律适用规范
不是实体规范而是间接规范
是结构独特的
结构
“范围”或“连接对象”
冲突规范调整的民商事法律关系所要解决的法律问题
“系属公式【11】”即“冲突原则”
属人法
物之所在地法
行为地法
当事人合意选择法
法院地法
旗国法
最密切联系地法
“关联词”或“连结点【12】”
静态连结点【13】
婚姻举行地、合国缔结地
动态连结点【14】
国籍、住所、居所
类型
单边冲突规范【15】
双边冲突规范【16】
重叠适用的冲突规范【17】
选择适用的冲突规范【18】
无条件选择适用的冲突规范
自由选择
有条件适用的冲突规范
优于秩序之分
法律冲突
类型
公法冲突、私法冲突
空间法冲突、时际法冲突、人际法冲突
平面冲突、垂直冲突
解决办法
实体法
冲突法
国际统一实体私法解决方法优于冲突规范解决方法

- 际私法
  - 国际民商事争议解决
    - **概述**
      - 解决方式
        - 非裁判性解决方式
          - 和解（协商）
          - 调解
        - 裁判性解决方式
          - 仲裁
          - 司法诉讼
    - **国际民事诉讼**
      - 外国人在中国民事诉讼的地位
        - 给予外国人 ***国民待遇原则【19】***
        - 关于当事人民事诉讼权利能力、行为能力、一般权利能力以法院地法
          - 行为能力
            - 属人法
            - 法院地法高于属人法
        - 诉讼代理
        - 司法豁免：对有外交特权与豁免的外国人，外国组织或国际组织提交民事诉讼的，应依条约
        - 诉讼语言文字：使用中文，当事人可要求翻译，但需支付费用
      - 管辖权
        - 原则：属地、属人、协议（合意）、专属
        - 民诉意见
          - 普通地域管辖：被告住所在我国或有住所在我国，我国有管辖权
          - 特别地域管辖：因合同纠纷或者其他财产权益纠纷，对中国领域内无住所的被告提起的诉讼如果合同在中国签订或履行，或诉讼标的在我国，或者被告在中国领地内有可抵押财产，或在我国领域内有代表机构，可由其所在地人民法院管辖
          - 专属管辖
            - 不动产：不动产地
            - 港口作业：港口所在地
            - 遗产：被继承人死亡时的住所地或主要遗产所在地
            - 在我国履行的三资企业合同，我国法院有管辖权
          - 协议管辖：当事人可书面协议选择与争议实际联系的法院管辖
            - 选择我国法院的，不得违背民诉相关规定
          - 默示接受管辖和推定管辖：被告人对法院管辖不提出异议并应诉答辩的民事为成人该法院的管辖权
          - 集中管辖
          - 遵守国际条约的规定：如果民诉与条约不同，除我国声明保留条款外，适用公约
      - 期间、诉讼保全和诉讼时效
        - 期间：通常比国内长，答辩期30天
        - 诉讼保全：涉外民诉，只有当事人申请或起诉前基于利害关系人的申请，裁定是否采取财产保全措施，并不依职权主动采取
        - 诉讼时效：依准据法
      - ***国际司法协助【20】***
        - 途径
          - 使领馆
          - 法院
          - 外交
          - 中心机关
        - 范围
          - 在国际条约或互惠条约的基础上。
          - 送达文书、调查取证、承认与执行外国法院的判决和外国仲裁裁决以及进行其他诉讼行为
          - 但外国法院请求协助的事项有损我国主权、安全或者社会公共利益的，我国法院不予执行
        - 程序
          - 我国提供司法协助，依我国法律
          - 外国法院请求采取特殊方式的，也可按其请求的特殊方式
          - 但请求采取的方式不得违反我国法律

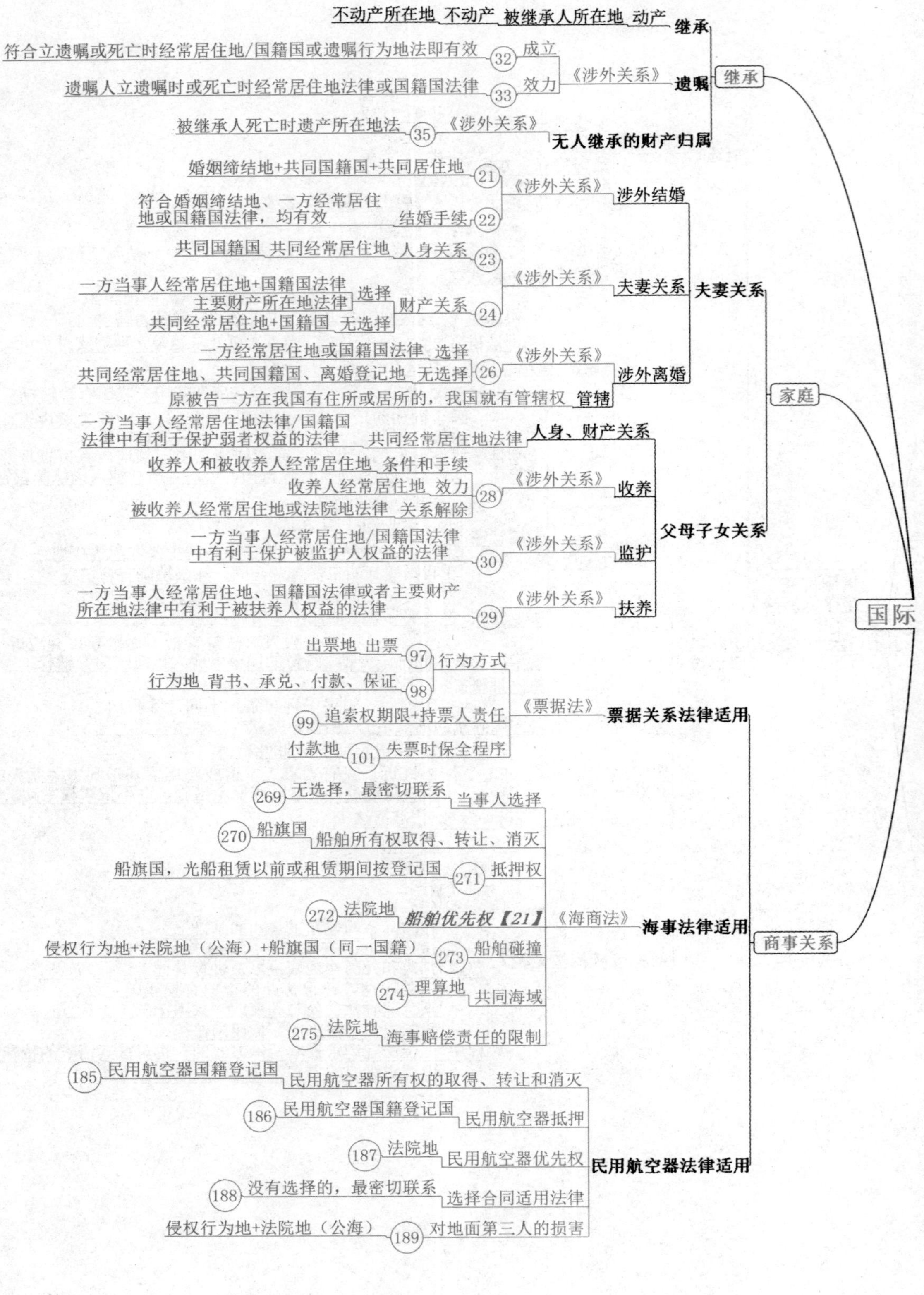

国际
家庭
继承
继承
不动产所在地 不动产
被继承人所在地 动产
遗嘱
《涉外关系》
成立 32 符合立遗嘱或死亡时经常居住地/国籍国或遗嘱行为地法即有效
效力 33 遗嘱人立遗嘱时或死亡时经常居住地法律或国籍国法律
无人继承的财产归属
《涉外关系》 35 被继承人死亡时遗产所在地法
夫妻关系
涉外结婚
《涉外关系》
21 婚姻缔结地+共同国籍国+共同居住地
22 结婚手续 符合婚姻缔结地、一方经常居住地或国籍国法律，均有效
夫妻关系
《涉外关系》
23 人身关系 共同国籍国 共同经常居住地
24 财产关系
选择 一方当事人经常居住地+国籍国法律
主要财产所在地法律
无选择 共同经常居住地+国籍国
涉外离婚
《涉外关系》
26 选择 一方经常居住地或国籍国法律
无选择 共同经常居住地、共同国籍国、离婚登记地
管辖 原被告一方在我国有住所或居所的，我国就有管辖权
父母子女关系
人身、财产关系 共同经常居住地法律 一方当事人经常居住地法律/国籍国法律中有利于保护弱者权益的法律
收养
《涉外关系》 28
条件和手续 收养人和被收养人经常居住地
效力 收养人经常居住地
关系解除 被收养人经常居住地或法院地法律
监护
《涉外关系》 30 一方当事人经常居住地/国籍国法律中有利于保护被监护人权益的法律
扶养
《涉外关系》 29 一方当事人经常居住地、国籍国法律或者主要财产所在地法律中有利于被扶养人权益的法律
商事关系
票据关系法律适用
《票据法》
行为方式
97 出票地 出票
98 行为地 背书、承兑、付款、保证
99 追索权期限+持票人责任
101 失票时保全程序 付款地
海事法律适用
《海商法》
当事人选择 269 无选择，最密切联系
船舶所有权取得、转让、消灭 270 船旗国
抵押权 271 船旗国，光船租赁以前或租赁期间按登记国
船舶优先权【21】 272 法院地
船舶碰撞 273 侵权行为地+法院地（公海）+船旗国（同一国籍）
共同海域 274 理算地
海事赔偿责任的限制 275 法院地
民用航空器法律适用
民用航空器所有权的取得、转让和消灭 185 民用航空器国籍登记国
民用航空器抵押 186 民用航空器国籍登记国
民用航空器优先权 187 法院地
选择合同适用法律 188 没有选择的，最密切联系
对地面第三人的损害 189 侵权行为地+法院地（公海）

- 私法
  - 权利能力和行为能力及其时效
    - 自然人
      - 权利能力 法律关系准据法+法院地法+属人法
      - 行为能力 原则上适用当事人属人法，但有两个例外：
        - 不动产适用不动产所在地
        - 商务活动可适用行为地法
      - 《涉外关系》
        - 11 自然人民事权利能力，适用经常居所地法律
        - 12 自然人民事行为能力，适用经常居住地法
      - 《票据法》
        - 96 票据债务人的民事行为能力，适用其本国法律 与行为地不一致的，适用行为地法
    - 法人
      - 国际通行属人法，即法人住所地法，实际国法和内国法双重限制，即一般重叠适用
      - 《涉外关系》
        - 14 登记地，登记地与主营业地不一致的，可适用主营业地法。
    - 时效的法律适用 适用相关涉外民事关系应当适用的法律
  - 物权
    - 物之所在地法原则
      - （1）不动产适用不动产所在地；动产，有的适用动产所在地，有的适用当事人属人法
      - （2）运送中货物适用送达地法或者发送地法
      - （3）船舶或者飞行器等运输的，使用登记注册地或者旗国法
      - （4）外国法人解散或者终止适用法人属人法；（5）遗产继承，同（1）
      - 《涉外关系》
        - 36 不动产物权 不动产所在地法
        - 37 动产物权
          - 当事人可协议选择
          - 当事人无选择 法律事实发生时动产所在地法律
        - 39 有价证券 有价证券权利实现地法律或其他与该有价证券有最密切联系的法律
        - 40 权利质权 质权设立地法律
      - 《海商法》
        - 270 船舶所有权的取得、转让和消灭 船旗国法
        - 271 抵押权
          - 一般 船旗国法
          - 光船租赁前或光船租赁期间 原船舶登记地法律
        - 272 船舶优先权 法院地法
      - 《民用航空器》
        - 185 取得、转让和消灭 国籍登记国法
        - 186 抵押权 国籍登记国法
        - 187 优先权 法院地法
  - 债权
    - 合同的法律适用理论
      - 确定合同准据法的通常方法
        - 当事人意思自治原则
        - 最密切联系说
        - 客观标志说
        - 特征性履行方法
        - 合同自体法
      - 《涉外关系》
        - 41
          - 选择适用
          - 无选择，特征履行地或最密切联系
        - 42 消费合同
          - 消费者经常居住地
          - 可选择商品、服务提供地
        - 43 劳动合同
          - 劳动者工作地
          - 难以确定劳动地，适用用人单位主营业地法律
          - 劳务派遣，可适用派出地法律
    - 侵权行为的法律适用
      - 一般适用
        - 侵权行为地法+当事人共同属人法
        - 重叠侵权行为地法和法院地法
        - 选择侵权地法、法院地法、属人法
      - 20世纪中期以来的发展
        - 侵权行为自体法与最密切联系原则
        - 当事人意思自治引入
        - 受害人有利法
      - 《涉外关系》
        - 44 侵权责任
          - 侵权行为地
          - 当事人有共同经常住所地的，使用共同经常住所地
          - 协议选择
        - 45 产品责任
          - 被侵权人经常居住地
          - 可选择侵权人主营业地法、损害发生地法

国际经济法

国际

概述

国际经济法主体【1】：自然人、法人、国际组织、国家

国际经济法渊源【2】：国际经济条约、国际商业惯例、联合国大会的规范性决议等

国际货物买卖

含义：营业地处于不同国家的当事人之间(不考虑当事人的国籍)的货物买卖

在中国，从事国际货物买卖一般需经过对外贸易主管部门的备案登记

国际贸易术语【3】

类别	名称	交货地点	运输	保险	风险转移	出口结关	进口结关	运输方式	各组特点
F组	FCA 货交承运人	交承运人	B	B	交货时	S	B	任何	装运合同运费未付
	FOB 船上交货	装运港船上	B	B	装运港船舷			海运&内河航运	
C组	CFR 成本加运费	装运港船上	S	B	装运港船舷	S	B		装运合同运费已付
	CIF 成本运费保险费	装运港船上	S	S	装运港船舷	S	B		

国际海上货物运输

提单与海运单

提单

概念：用以证明海上运输合同和有承运人接管或装载货物，以及承运人保证据以交付货物的单证

性质：
(1)承运人与托运人之间国际海上货物运输合同的证明
(2)承运人接管货物或货物装船的收据
(3)承运人保证向收货人交付货物的物权凭证

海运单

概念：承运人像托运人或其代理人表明货物已收妥待装的单据

区别和联系：
(1)提单是货物收据、运输合同、物权凭证；海运单是货物收据、运输合同，而不是物权凭证
(2)提单可以是只是抬头形式，可以背书流通转让；海运单是一种非流通性单据
(3)提单需凭提单提货和交货；海运单上的收货人并不出示海运单，仅凭提货通知或其身份证明提货

规则

	海牙规则(1931)	维斯比规则(1977)	汉堡规则(1992)
承运人的基本义务	适航义务(适船、适货、适员)、管货义务		承运人对货物的灭失损坏以及延迟交付所造成的损失付赔偿责任
责任期间	钩至钩、舷至舷		收到交
承运人的免责	1. 管船过失(汉堡取消)；2. 非承运人过失发生的火灾；3. 海上救助或企图救助任命或财产；4. 托运人、货物多有人或代理人的行为；5. 货物的自然特性或固有缺陷；6. 货物包装不良；7. 唛头不清、不当；8. 经谨慎处理仍未发现的船舶潜在缺陷；9. 非承运人或其受雇人，代理人实际过失或谋私造成的其他原因		
承运人赔偿限额	每件或每单元100英镑	1. 每件或每单位 10000 金法郎 2. 毛重每公斤30金法郎 3. 以高者为准 4. 拼装货(件数、整件)	1. 每件或每单位835特别提款权 2. 毛重每公斤2.5特别提款权 3. 以高者为准
索赔通知	明显(交货前或时书面通知)；不明显3日之内		明显，次日通知；不明显，15之内
诉讼时效	1年	1年，双方协商可以延长，对第三者的追偿，3个月宽限期	2年双方协商可以延长，对第三者的追偿，90宽限期
适用范围	任何缔约国签发的一切订单	两个国家港口之间有关货物运输的每一份提单	两个国家之间的所有海上货物运输合同
其他特点	不包括舱面货、集装箱、活物	善意第三人(提单是证据)	清洁提单需注明表面状况、保函延迟交付的赔偿2.5倍

经济法

- 国际货物运输保险
  - 险别
    - ***平安险【4】*** 单独海损不赔
      - 对因自然灾害造成的单独海损不赔；赔偿因意外事故造成的单独海损，且包括事故发生前后因自然灾害造成的单独海损
      - ***共同海损【5】与单独海损【6】***
    - 水渍险 平安险+自然灾害造成的部分损失 如雷电、海啸、地震、洪水灾害
    - 一切险 平安险+水渍险+一般附加险所承保的损失 如偷窃、提货不着、淡水雨淋、包装破损
    - 附加险 一般附加险 特别附加险
  - ***保险人除外责任【7】***
    - 被保险人故意或过失
    - 发货人责任
    - 保险责任开始前已存在质量数量问题
    - 自然损耗、本质缺陷、市价跌落
    - 战争、罢工
  - ***诉讼时效【8】*** 2年 自被保险货物在最后卸货港全部卸离运输工具后起算
- 国际贸易支付
  - 汇付与托收
    - ***汇付【9】***（顺汇法）
      - 适用范围 样品、杂费等小额费用的计算
      - 方式 电汇、信汇、票汇
      - 流程
        - 卖方与买方订立合同，买方将货款交给汇出行
        - 汇出行出具付款委托书给卖方所在地银行
        - 卖方所在地银行向卖方付款
    - ***托收【10】***（逆汇法）
      - 流程

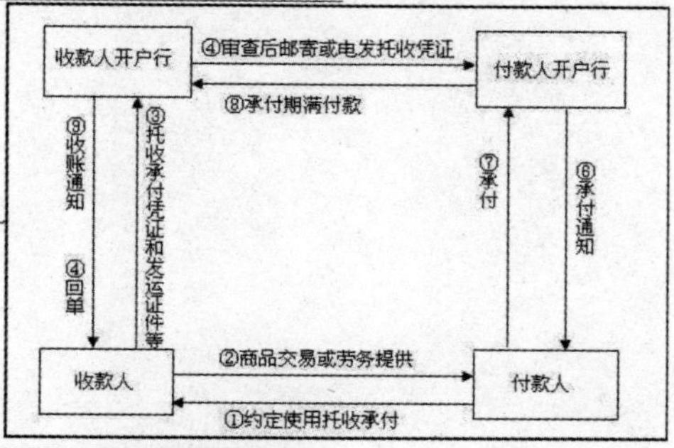

  - ***信用证【11】***
    - 流程

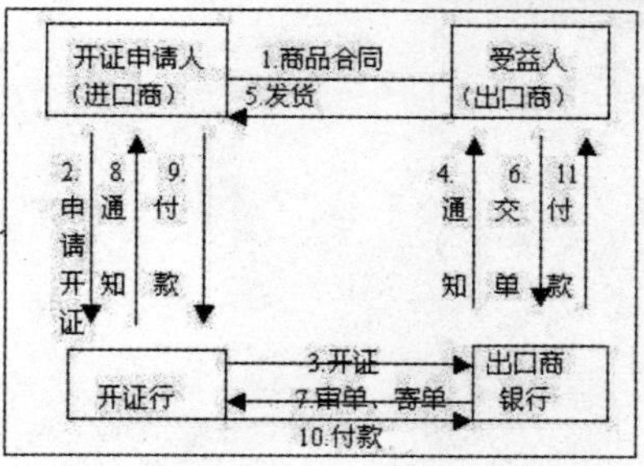

- 对外贸易管理制度
  - 《对外贸易法》
    - 适用范围 对外贸易以及与对外贸易有关的知识产权保护 对外贸易
      - 货物进出口
      - 技术进出口
      - 国际服务贸易
    - 不适用范围 单独关税区、独立关税区、单独关税领土等
  - 中国贸易救济措施
    - 反倾销措施 倾销构成要件 进口商品的出口价格低于其正常价值的，为倾销
    - 反补贴措施 补贴是出口国政府或其任何公共机构提供的并未接受者带来利益的财政资助以及任何形式的收入或价格支持
    - 保障措施 采取保障措施的实质条件 进口产品数量增加，并对生产同类产品或直接竞争产品的国内产业造成严重损害或有此威胁
- WTO争端解决机制
  - 法律渊源
    - 《关于争端解决规则和程序的谅解协定》DSU
    - 《关税及贸易总协定》GATT第22条、第23条
  - 参与争端解决的机构 专家组、上诉机构、秘书处和总干事
  - 争端解决程序
    - （1）磋商程序
    - （2）斡旋、调解和调停程序
    - （3）专家组程序 专家组成立、获取相关资料、中期报告评审、最终报告通过
    - （4）上诉评审程序
    - （5）DSB对执行建议与裁决的监督
    - （6）补偿与减让的中止
    - （7）仲裁

八、劳动法

劳 动 法

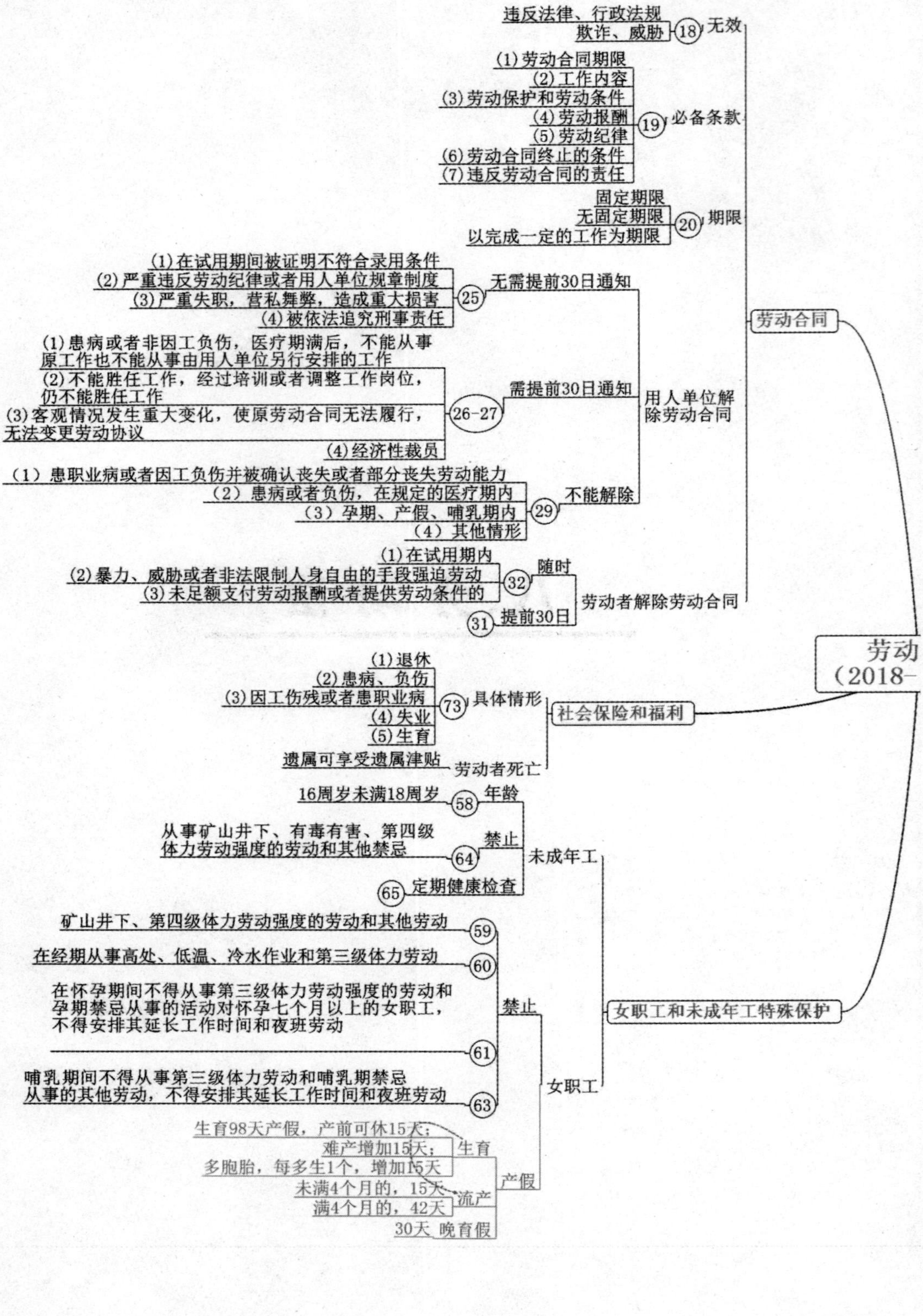
劳动
(2018-
劳动合同
无效
18
违反法律、行政法规
欺诈、威胁
必备条款
19
(1)劳动合同期限
(2)工作内容
(3)劳动保护和劳动条件
(4)劳动报酬
(5)劳动纪律
(6)劳动合同终止的条件
(7)违反劳动合同的责任
期限
20
固定期限
无固定期限
以完成一定的工作为期限
用人单位解除劳动合同
无需提前30日通知
25
(1)在试用期间被证明不符合录用条件
(2)严重违反劳动纪律或者用人单位规章制度
(3)严重失职，营私舞弊，造成重大损害
(4)被依法追究刑事责任
需提前30日通知
26-27
(1)患病或者非因工负伤，医疗期满后，不能从事原工作也不能从事由用人单位另行安排的工作
(2)不能胜任工作，经过培训或者调整工作岗位，仍不能胜任工作
(3)客观情况发生重大变化，使原劳动合同无法履行，无法变更劳动协议
(4)经济性裁员
不能解除
29
（1）患职业病或者因工负伤并被确认丧失或者部分丧失劳动能力
（2）患病或者负伤，在规定的医疗期内
（3）孕期、产假、哺乳期内
（4）其他情形
劳动者解除劳动合同
随时
32
(1)在试用期内
(2)暴力、威胁或者非法限制人身自由的手段强迫劳动
(3)未足额支付劳动报酬或者提供劳动条件的
提前30日
31
社会保险和福利
具体情形
73
(1)退休
(2)患病、负伤
(3)因工伤残或者患职业病
(4)失业
(5)生育
劳动者死亡
遗属可享受遗属津贴
女职工和未成年工特殊保护
未成年工
年龄
58
16周岁未满18周岁
禁止
64
从事矿山井下、有毒有害、第四级体力劳动强度的劳动和其他禁忌
65
定期健康检查
女职工
禁止
59
矿山井下、第四级体力劳动强度的劳动和其他劳动
60
在经期从事高处、低温、冷水作业和第三级体力劳动
61
在怀孕期间不得从事第三级体力劳动强度的劳动和孕期禁忌从事的活动对怀孕七个月以上的女职工，不得安排其延长工作时间和夜班劳动
63
哺乳期间不得从事第三级体力劳动和哺乳期禁忌从事的其他劳动，不得安排其延长工作时间和夜班劳动
产假
生育
生育98天产假，产前可休15天；
难产增加15天；
多胞胎，每多生1个，增加15天
流产
未满4个月的，15天
满4个月的，42天
晚育假
30天

法
12-29）

- 工作时间及休息休假
  - 工时制
    - 标准工时制 (36) 每日不超过八小时、每周不超过四十小时
    - 综合工时制
    - 不定时工时制
  - 休息时间 (38) 每周至少休息一日
  - 休假 (40)
    - 元旦--1天
    - 春节--3天
    - 清明节--1天
    - 劳动节--1天
    - 端午节--1天
    - 中秋节--1天
    - 国庆节--3天
    - 《职工带薪年休假条例》
  - 延长工作时间
    - 限制 (41) 工作时间可延长，但最长每日不得超过三小时，每月不得超过三十六小时
    - 不受限制 (42)
      - 发生自然灾害、事故或者因其他原因，需要紧急处理的
      - 生产设备、交通运输线路、公共设施发生故障，影响生产和公众利益，必须及时抢修的
      - 其他情形
    - 加班计算 (44)
      - 延长工作时间不低于--150%
      - 休息日安排劳动者工作又不能安排补休的不低于--200%
      - 法定休假日不低于--300%
  - 年休假
    - 时间 (45)
      - 1≤工龄＜10年，5天
      - 10≤工龄＜20年，10天
      - 已满20年的，15天
      - 国家法定休假日、休息日不计入年休假假期
    - 不适用
      - 寒暑假，休假天数多于年休假天数
      - 事假累计20天以上且不扣工资的
      - 累计工作满1年不满10年的职工，请病假累计2个月以上的
      - 累计工作满10年不满20年的职工，请病假累计3个月以上的
      - 累计工作满20年以上的职工，请病假累计4个月以上的
- 工资
  - 支付标准
    - (46) 同工同酬
    - (50) 货币形式按月支付
  - 最低工资保障制 (47)
- 劳动争议
  - 方式 (79)
    - 本单位劳动争议调解委员会申请调解
    - 劳动争议仲裁委员会申请仲裁
    - 对仲裁裁决不服的，可向人民法院提起诉讼
  - 时间 一年
- 法律责任
  - 支付赔偿金 (91)
    - 克扣或者无故拖欠工资
    - 拒不支付加班费
    - 低于最低工资标准
    - 解除劳动合同后，不支付经济补偿
  - 刑事责任
    - (92) 劳动安全设施和劳动卫生条件不符合国家规定
    - (93) 强令劳动者违章冒险作业
    - (96) 以暴力、威胁或者非法限制人身自由的手段强迫劳动；侮辱、体罚、殴打、非法搜查和拘禁劳动者
    - (103) 劳动行政部门或者有关部门的工作人员滥用职权、玩忽职守、徇私舞弊
    - (104) 挪用社会保险基金
  - 吊销营业执照 (94) 非法招用未满十六周岁的未成年人

劳动合同法

期限	工资	劳动合同及处理
用工时未签合同的	实际工资	订立劳动合同；劳动者不订立的，应当终止
超过1个月不满1年未签合同的	自满1个月起每月支付2倍的工资	补订劳动合同；劳动者不订立的，应当终止并支付经济补偿
满1年未签劳动合同的		视为订立无固定期限劳动合同，应补书面合同

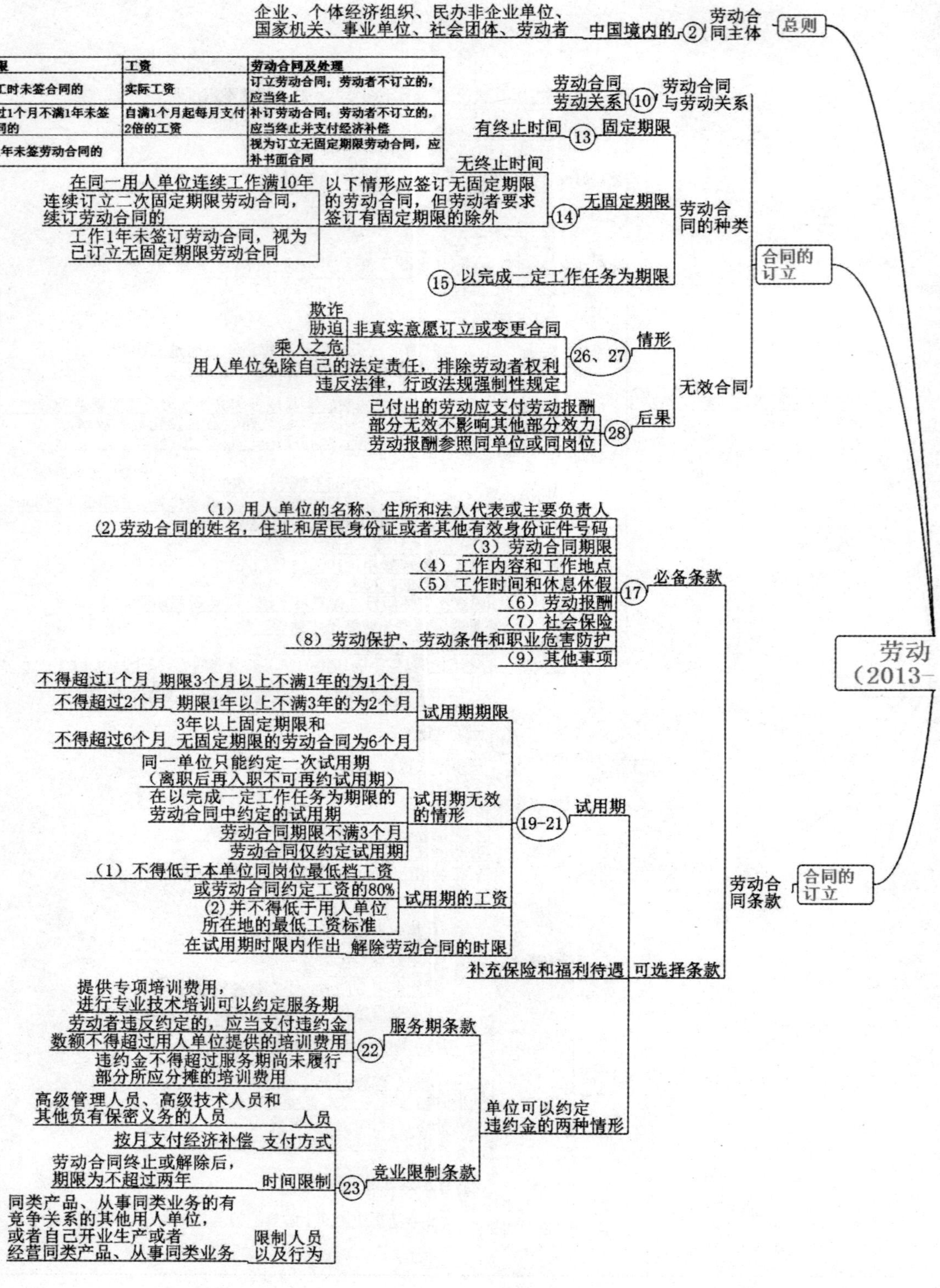

- 合同法（07-01）
  - 特殊劳动合同
    - 集体合同（51-56）
      - 时间 1-3年
      - 内容 劳动报酬、工作时间、休息休假、劳动安全卫生、保险福利等
      - 两个禁止标准
        - 集体合同中劳动报酬和劳动条件等标准不得低于当地规定的最低标准
        - 劳动合同中劳动报酬和劳动条件等标准不得低于集体合同规定的标准
    - 劳动派遣（57-67）
      - 劳务派遣单位义务
        - 与劳动者订立二年以上固定期限劳动合同
        - 劳动者如无工作，劳务派遣单位应按月支付最低工资标准
        - 用工单位不得将被派遣劳动者再派遣到其他用人单位
        - 被派遣劳动者享有与用工单位的劳动者同工同酬
      - 岗位范围（只能）
        - 临时性 存续时间不超过6个月
        - 辅助性 为主营业务岗位提供服务的非主营业务岗位
        - 替代性 指用工单位的劳动者因脱产学习、休假等原因无法工作的一定期间内，可以由其他劳动者替代工作的岗位
        - 派遣用工不得超过其用工总量的一定比例（国务院另行规定）
      - 用人单位不得设立劳务派遣单位向本单位或者所属单位派遣劳动者
    - 非全日制（68-72）
      - 条件
        - 小时计酬
        - 每日不超过4小时
        - 每周不超过24小时
      - 特殊性
        - 不得约定试用期
        - 可以随时终止
        - 终止用工无需支付经济补偿
        - 小时工资不得低于本地最低小时工资标准
        - 工资支付周期最长不得超过15日
  - 合同履行与变更（29-35）
    - 未足额支付工资的可直接申请支付令
    - 变更名称、法人代表、主要负责人或者投资人的，不影响合同的履行
    - 单位发生合并或分立等，由后续单位继续履行
    - 变更合同内容，应采用书面形式
    - 未书面形式变更的，实际履行一个月的视为变更 司法解释四
  - 劳动合同终止（44）
    - （1）合同期满
    - （2）退休
    - （3）死亡
    - （4）被宣告破产
    - （5）被吊销营业执照
    - （6）其他
  - 合同解除
    - 双方协商解除 人民调解协议可申请基层法院确认 司法解释四
    - 劳动者解除
      - 预告解除（37）
        - 劳动者提前30日以书面形式通知用人单位
        - 试用期内提前3日
      - 即时解除（38）
        - (1)用人单位未按照劳动合同约定提供劳动保护或者劳动条件的
        - (2)未及时支付劳动报酬的
        - (3)未依法为劳动者缴纳社会保险费的
        - (4)规章制度违反法律，法规，损害劳动者权益的
        - (5)欺诈，胁迫或乘人之危与劳动者订立或变更劳动合同的
        - (6)单位在合同中免除自己的法定责任，排除劳动者权利的
        - (7)单位违反法律，行政法规强制性规定的
        - (8)单位以暴力，威胁或者非法限制人身自由的手段强迫劳动者劳动的
        - (9)单位违章指挥，强令冒险作业危及劳动者人身安全的
        - (10)法律法规规定劳动者可以解除劳动合同的情形
    - 用人单位解除
      - 预告解除（非过失性解除）（40-41）
      - 即时解除（过错性解除）（39）

即时解除（39）：

解除原因	解除条件
试用期内不符合录用条件	在试用期内
	不符合录用条件
严重违纪	违反劳动纪律
	情节严重
严重失职	失职，营私舞弊
	造成重大损害的
利益冲突	同时与其他单位建立劳动关系
	对完成工作任务造成严重影响，或者经单位提出，拒不改
无效解除	劳动者欺诈、胁迫的手段或者乘人之危致使劳动合同无效
刑事责任	劳动者被追究刑事责任

预告解除（40-41）：

解除类型	解除条件	禁止情形	解除程序
医疗期满解除	医疗期满	在医疗期内；在孕期、产期、哺乳期内；工伤丧劳；未进行离岗前职业健康检查；其他法定情形	提前30日书面通知劳动者或者额外支付一个月工资；事先通知工会
	不能从事原工作也不能从事另行安排的工作		
不能胜任解除	不能胜任工作		
	经过培训或调整工作岗位仍不能胜任工作的		
客观情况变化解除	客观情况发生重大变化，致使原劳动合同无法履行		
	当事人协商变更劳动合同不能达成协议		

劳动
（2013-

- 补偿金
  - 21种支付情形
    - 员工辞单位应支付的情形
      - （1）单位未按合同约定提供劳动保护或劳动条件
      - （2）未及时足额支付劳动报酬
      - （3）工资低于当地最低工资标准
      - （4）单位的规章制度违反法律、法规规定损害劳动者权益
      - （5）未依法缴纳社会保险费
      - （6）单位以欺诈、胁迫、乘人之危，使劳动者违背真实意思签订劳动合同
      - （7）单位以暴力、威胁或者非法限制人身自由强迫劳动
      - （8）单位违章指挥，强令冒险作业
      - （9）法律、行政法规的其他劳动者解除的情形
    - 单位辞员工应当支付的情形
      - （1）协商一致
      - （2）员工患病或非因工负伤，在规定的医疗期满后不能从事原工作，也不能从事另行安排的工作
      - （3）不能胜任工作，经过培训或者调岗仍不能胜任工作
      - （4）劳动合同签订时所依据的客观情况发生重大变化，致使劳动合同无法履行
      - （5）单位依照《企业破产法》进行重整
      - （6）单位生产经营严重困难，依法裁员
      - （7）企业转产、重大技术革新或者经营方式调整，单位依法裁员
      - （8）劳动合同到期，员工同意续订而单位不再续订的
      - （9）单位宣告破产
      - （10）单位被吊销营业执照，责令关闭、撤销或者用人单位提前解散而终止劳动合同
      - （11）法律、法规规定的其他情形
      - 司法解释四：经营期限届满不再继续经营
  - 47 补偿金金额
    - 期限
      - 工作年限每满1年支付1个月
        - 小于6个月，支付半个月
        - 6个月至1年的，支付1个月
      - 年限最高12年
      - 合并计算补偿年限（司法解释四：原单位未支付经济补偿金）
        - 工作场所、岗位不变，主体变更
        - 委派、任命至新单位
        - 关联企业轮流签约
        - 合并、分立等导致工作变动
        - 其它合理情形
    - 标准
      - 月工资为劳动者前12个月的平均工资
      - 劳动者月工资高于上年度社会平均工资的3倍
- 42 不得以支付代通知金或提前一个月通知的形式解除劳动合同
  - （1）从事接触职业病危害作业的劳动者位进行岗位职业健康查体，或疑似职业病病人在诊断或医学观察期的
  - （2）在本单位患职业病或者因工负伤并被确认为丧失或者部分丧失劳动能力的
  - （3）患病或者非因工负伤，在规定的医疗期内
  - （4）女职工在孕期，产期，哺乳期
  - （5）在本单位连续工作15年，且距法定退休年龄不足5年的
  - （6）其他形式
- 支付代通知金或提前一个月通知
  - 40
    - （1）医疗期满后不能从事原工作，也不能从事由用人单位另行安排的工作的
    - （2）不能胜任工作，经过培训或者调整工作岗位，仍不能胜任工作的
    - （3）客观情况发生重大变化，劳动合同无法履行
  - 41 经济性裁员
    - （1）依照企业破产法进行重整
    - （2）生产经营发生严重困难
    - （3）企业转产、重大技术革新或者经营方式调整
    - （4）客观经济情况发生重大变化，劳动合同无法履行
  - 支付标准（若提前一个月通知则无）
    - 解除劳动合同的上一个月工资

合同法（07-01）

- 赔偿金
  - 单位赔偿
    - （1）未签订劳动合同 — 81-82 — 支付双倍工资，最多可支付11个月
    - （2）违反试用期约定 — 83 — 超过法定试用期的期间向劳动者支付赔偿金
    - （3）不得扣押居民身份证、档案或者其他物品 — 84
    - （4）未及时支付相关待遇 — 85 — 责令支付 — 按应付金额50%至100%向劳动者加付赔偿金
      - 4.1　未及时足额支付劳动报酬；
      - 4.2　低于最低工资标准；
      - 4.3　未支付加班费；
      - 4.4　解除或者终止劳动合同
    - （5）无效劳动合同 — 86
      - 具体情况
        - (1) 以欺诈、胁迫、乘人之危订立
        - （2）单位免除自己责任、排除劳动者权利
        - （3）违反法律、行政法规强制性规定
      - 后果　有过错的一方应当承担赔偿责任
    - （6）违法解除的赔偿金 — 87 — 经济补偿标准的两倍
    - （7）违反法律规定 — 88
      - （1）以暴力、威胁或者限制人身自由的手段强迫劳动
      - （2）违章指挥或者强令冒险作业危及劳动者人身安全
      - （3）侮辱、体罚、殴打、非法搜查或者拘禁劳动者
      - （4）劳动条件恶劣、环境污染严重，给劳动者健康造成严重损害
    - （8）未出具解除或终止劳动合同书面证明 — 89 — 给劳动者造成损害的，应当承担赔偿责任
    - 有工会的应通知工会，否则应支付经济赔偿金，但起诉前用人单位已经补正有关程序的除外 — 司法解释四
  - 劳动者赔偿 — 90
    - （1）违反本法规定解除劳动合同
    - （2）违反劳动合同中约定的保密义务
    - （3）竞业限制
  - 连带赔偿责任 — 91-94
    - （1）用人单位与劳动者
      - 招用与其他单位有劳动关系的劳动者
      - 给其他用人单位造成损失
    - （2）劳务派遣与用工单位
      - 劳务派遣单位违反本法规定
      - 实际用工单位违反本法规定
      - 给被派遣劳动者造成损害
    - （3）个人承包经营与发包组织
      - 个人承包经营违反本法规定招用劳动者
      - 给劳动者造成损害的
      - 发包组织与个人承包经营者承担连带责任
  - 赔偿金金额　经济补偿金的双倍
- 违约金
  - 竞业限制 — 23
    - 竞业限制的人员
      - 高级管理人员
      - 高级技术人员
      - 其他负有保密义务的人员
    - 履行方式　劳动合同解除或者终止后，按月支付
    - 数额　协议约定
      - 未约定的按离职前12个月平均工资的30%计算，且不低于劳动合同履行地最低工资标准 — 司法解释四
    - 期限　两年
    - 协议解除　三月未支付补偿劳动者可解除；单位可随时解除但需额外支付3月补偿金。
  - 培训 — 22
    - 履行方式　支付培训费用并进行培训
    - 违约金数额
      - 不得超过培训费用，
      - 不得超过服务期尚未履行部分所应分摊的培训费用
        - 培训费用包括有凭证的培训费用、差旅费以及因培训而用于该劳动者的直接费用
        - 服务期晚于劳动合同到期的，劳动合同续延至服务期满

社会保险法

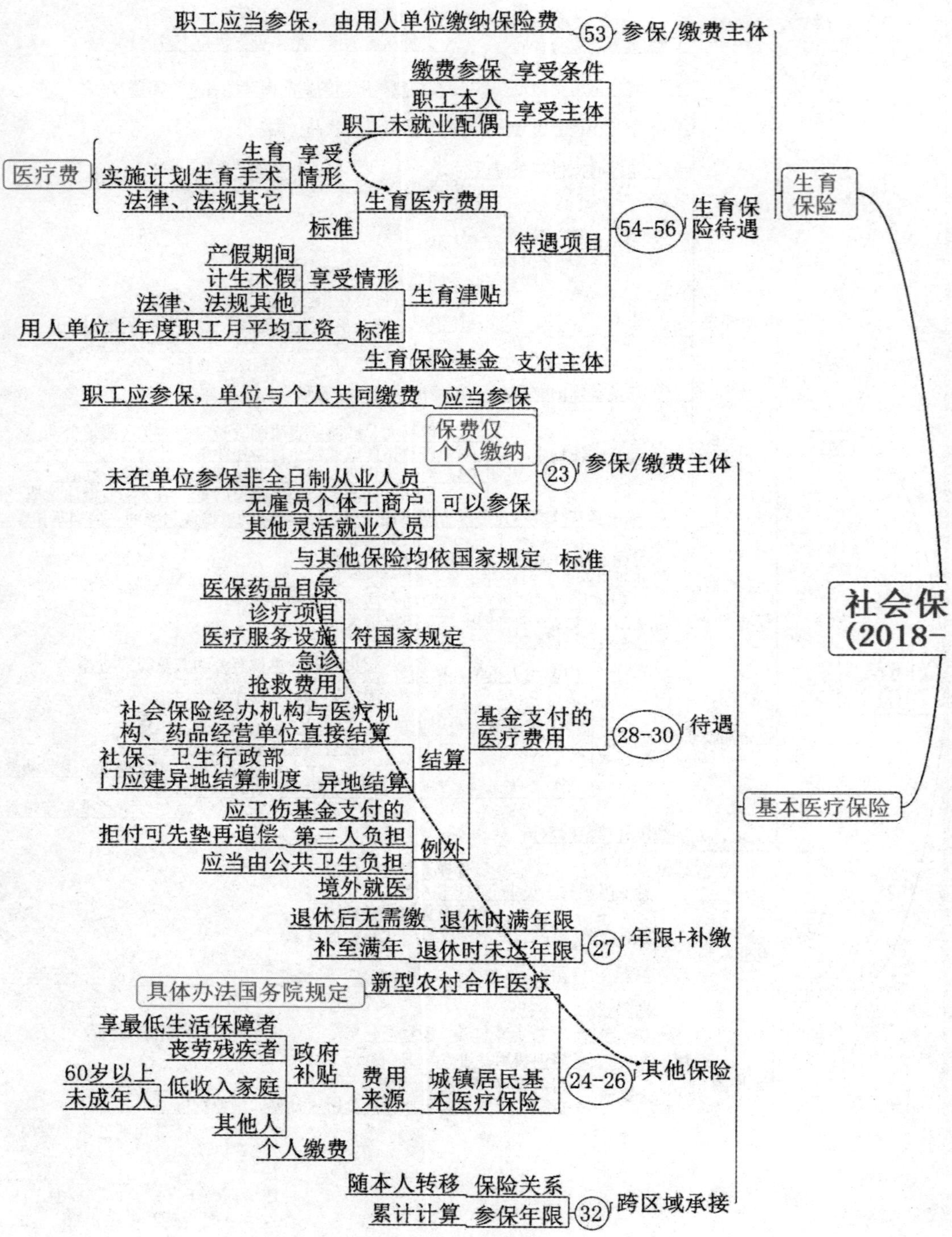
社会保
(2018-
生育保险
53
参保/缴费主体
职工应当参保，由用人单位缴纳保险费
54-56
生育保险待遇
缴费参保
享受条件
职工本人
职工未就业配偶
享受主体
待遇项目
生育医疗费用
生育
实施计划生育手术
法律、法规其它
享受情形
医疗费
标准
生育津贴
产假期间
计生术假
法律、法规其他
享受情形
用人单位上年度职工月平均工资
标准
生育保险基金
支付主体
基本医疗保险
23
参保/缴费主体
职工应参保，单位与个人共同缴费
应当参保
保费仅个人缴纳
未在单位参保非全日制从业人员
无雇员个体工商户
其他灵活就业人员
可以参保
28-30
待遇
与其他保险均依国家规定
标准
基金支付的医疗费用
医保药品目录
诊疗项目
医疗服务设施
急诊
抢救费用
符国家规定
社会保险经办机构与医疗机构、药品经营单位直接结算
社保、卫生行政部门应建异地结算制度
异地结算
结算
应工伤基金支付的
拒付可先垫再追偿
第三人负担
应当由公共卫生负担
境外就医
例外
27
年限+补缴
退休后无需缴
退休时满年限
补至满年
退休时未达年限
24-26
其他保险
具体办法国务院规定
新型农村合作医疗
城镇居民基本医疗保险
费用来源
政府补贴
享最低生活保障者
丧劳残疾者
低收入家庭
60岁以上
未成年人
其他人
个人缴费
32
跨区域承接
随本人转移
保险关系
累计计算
参保年限

险法
12-29)

- 基本养老保险
  - 参保主体（10-14）
    - 应当参保：职工应参保，单位个人共同缴费
    - 可以参保（仅个人缴纳）
      - 未在单位参保非全日制从业人员
      - 无雇员个体工商户
      - 其他灵活就业人员
    - 例外：公务员和参照公务员法管理的工作人员（参保前，视同缴费年限期间应缴保费国家承担）
  - 保险构成（11）
    - 社会统筹
      - 单位缴费部分
      - “可以”参保主体所缴一定比例
    - 个人账户（计息、息免税、不得提前支取、余额可继承）
      - “可以”参保主体所缴一定比例
      - 职工缴费部分
    - 养老险基金来源
      - 单位及个人缴费
      - 政府补贴：基金支付不足时
  - 养老金（15、16、18）
    - 组成
      - 统筹养老金
      - 个人账户养老金
    - 决定因素
      - 缴费年限
      - 缴费工资
      - 当地职工均工资
      - 个人账户金额
      - 城镇均预期寿命
      - 其它因素
    - 年限/领取
      - 退休前满15年：按月领取
      - 退休前不满15年
        - 缴满15年：按月领取
        - 转新型农村社会养老险：待遇按国家规定
        - 转城镇居民社会养老险：待遇按国家规定
    - 调整机制：依职工均工资、物价之涨而适时增额
- 基本养老保险
  - 特殊待遇（17）
    - 遗属待遇：因病、非因公亡
      - 丧葬补助金
      - 抚恤金
    - 退休年龄前因病、非因公残：完全丧劳：病残津贴
  - 跨区域就业承接（19）
    - 养老保险关系：随本人转移
    - 保险年限：累计
    - 基本养老金
      - 分段计算
      - 统一支付
    - 具体办法：依国务院规定
  - 其他养老险（20-22）
    - 新型农村社会养老险
      - 基金来源
        - 个人缴费
        - 集体补助
        - 政府补贴
      - 养老待遇
        - 基础养老金
        - 个人账户养老金
        - 符条件者按月领取
    - 城镇居民社会养老保险

社会保
（2018-

- 工伤保险
  - ㉝ 参保主体
    - 职工 应当参保
  - ㉝ 缴费主体
    - 用人单位
  - ㉞ 费率
    - 分行业
      - 社保行政部门制定国务院批准
        - 行业差别费率
        - 行业内费率档次
          - 保险基金使用
          - 工伤发生率
          - 其它
    - 用人单位
      - 社保经办机构确定缴费率
        - 使用工伤保险基金
        - 工伤发生率
        - 所属行业
        - 其它
      - 缴费
        - 工伤保险费=工资总额×费率
- 工伤保险待遇（36-43）
  - 领取条件
    - 经工伤认定
      - 工作原因事故伤害
      - 工作原因职业病
      - 工伤限制
        - 故意犯罪
        - 醉酒或者吸毒
        - 自残或自杀
        - 法定其它情形
    - 劳动能力鉴定
  - 待遇种类
    - 工伤医疗待遇
    - 鉴定确认伤残、丧劳 伤残待遇
  - 基金支付

编号	项目
1	治疗工伤的医疗费用和康复费用
2	住院伙食补助费
3	到统筹地区以外就医的交通食宿费
4	安装配置伤残辅助器具所需费用
5	生活不能自理的，经劳动能力鉴定委员会确认的生活护理费；
6	一次性伤残补助金和一至四级伤残职工按月领取的伤残津贴；
7	终止或者解除劳动合同时，应当享受的一次性医疗补助金；
8	工亡遗属领取的丧葬补助金、供养亲属抚恤金和因工死亡补助金；
9	劳动能力鉴定费。

  - 单位支付
    - 承担全部 未缴保费

编号	项目
1	治疗工伤期间的工资福利
2	五级、六级伤残职工伤残津贴
3	停工留薪期内的护理费
4	终止/解除合同时的一次性伤残就业补助金

  - 第三人支付
    - 第三人造成工伤
  - 保险基金垫付
    - 垫付一
      - 单位拒付
      - 单位未缴保费
    - 垫付二
      - 第三人原因工伤
      - 第三人拒付
      - 无法确认第三人
    - 可追偿
  - 停享待遇情形
    - 丧失享受待遇条件
    - 拒不接受劳动能力鉴定
    - 拒绝治疗

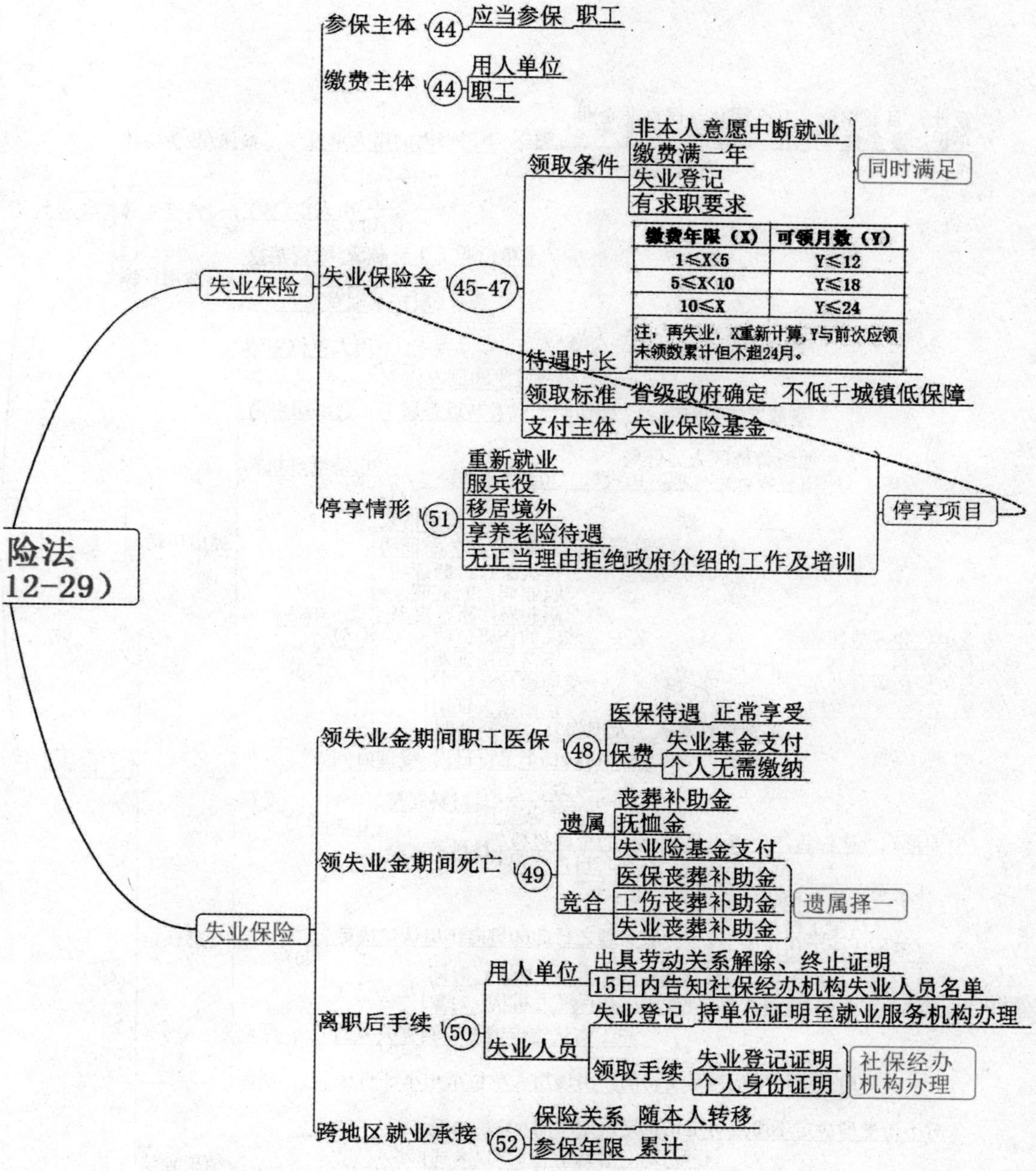

缴费年限（X）	可领月数（Y）
1≤X<5	Y≤12
5≤X<10	Y≤18
10≤X	Y≤24

工伤保险条例

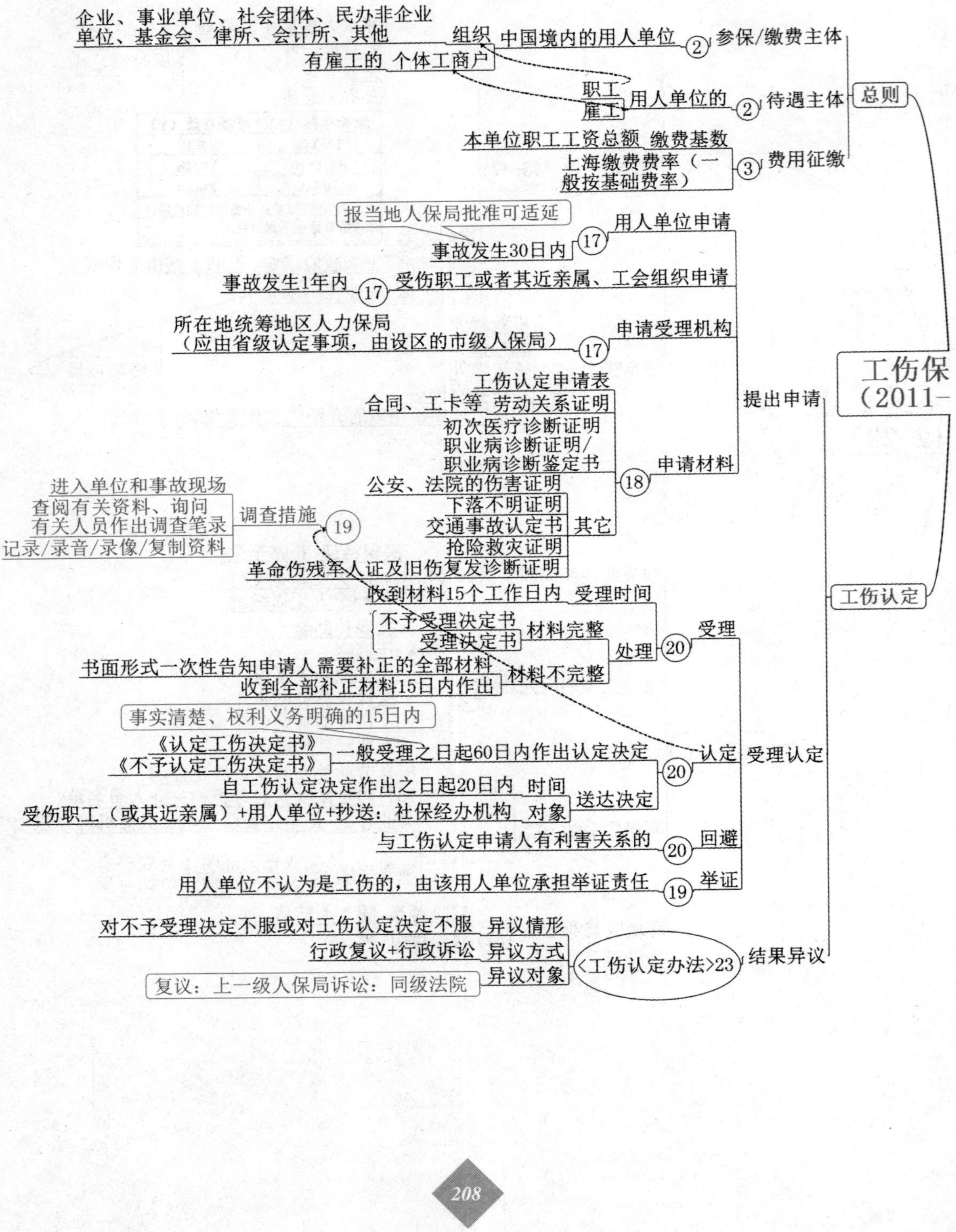
工伤保
(2011-
总则
参保/缴费主体
2
中国境内的用人单位
组织
企业、事业单位、社会团体、民办非企业
单位、基金会、律所、会计所、其他
有雇工的 个体工商户
待遇主体
2
用人单位的
职工
雇工
费用征缴
3
本单位职工工资总额 缴费基数
上海缴费费率（一
般按基础费率）
工伤认定
提出申请
用人单位申请
17
事故发生30日内
报当地人保局批准可适延
受伤职工或者其近亲属、工会组织申请
17
事故发生1年内
申请受理机构
17
所在地统筹地区人力保局
（应由省级认定事项，由设区的市级人保局）
申请材料
18
工伤认定申请表
合同、工卡等 劳动关系证明
初次医疗诊断证明
职业病诊断证明/
职业病诊断鉴定书
公安、法院的伤害证明
其它
下落不明证明
交通事故认定书
抢险救灾证明
革命伤残军人证及旧伤复发诊断证明
19
调查措施
进入单位和事故现场
查阅有关资料、询问
有关人员作出调查笔录
记录/录音/录像/复制资料
受理认定
受理
20
收到材料15个工作日内 受理时间
处理
材料完整
不予受理决定书
受理决定书
材料不完整
书面形式一次性告知申请人需要补正的全部材料
收到全部补正材料15日内作出
认定
20
一般受理之日起60日内作出认定决定
事实清楚、权利义务明确的15日内
《认定工伤决定书》
《不予认定工伤决定书》
送达决定
自工伤认定决定作出之日起20日内 时间
受伤职工（或其近亲属）+用人单位+抄送：社保经办机构 对象
回避
20
与工伤认定申请人有利害关系的
举证
19
用人单位不认为是工伤的，由该用人单位承担举证责任
结果异议
<工伤认定办法>23
对不予受理决定不服或对工伤认定决定不服 异议情形
行政复议+行政诉讼 异议方式
异议对象
复议：上一级人保局诉讼：同级法院

险条例 01-01）

- 工伤保险基金
  - 基金组成 ⑦ 单位保费+基金利息+其它纳入资金
  - 浮动费率 ⑧ 行业差别费率+行业内分档次+各单位费率差异
  - 统筹 ⑪ 逐步实现省级统筹
  - 储备金 ⑬
    - 用途 统筹地区重大事故的工伤保险待遇支付
    - 垫付 不足支付时政府垫付
- 工伤情形
  - 应当认定 ⑭
    - （1）在工作时间和工作场所内，因工作原因受到事故伤害的
    - （2）工作时间前后在工作场所内，从事与工作有关的预备性或者收尾性工作受到事故伤害的
    - （3）在工作时间和工作场所内，因履行工作职责受到暴力等意外伤害的
    - （4）患职业病的
    - （5）因工外出期间，由于工作原因受到伤害或者发生事故下落不明的
    - （6）在上下班途中，受到非本人主要责任的交通事故或者城市轨道交通、客运轮渡、火车事故伤害的
    - （7）法定其他情形
  - 视同工伤 ⑮
    - （1）在工作时间和工作岗位，突发疾病死亡或者在48小时之内经抢救无效死亡的
    - （2）在抢险救灾等维护国家利益、公共利益活动中受到伤害的
    - （3）职工原在军队服役，因战、因公负伤致残，已取得革命伤残军人证，到用人单位后旧伤复发的
  - 不得认定 ⑯
    - （1）故意犯罪的
    - （2）醉酒或者吸毒的
    - （3）自残或者自杀的
- 劳动能力鉴定
  - 提出申请
    - 申请人 ㉓ 用人单位+工伤职工或近亲属
    - 主管人 ㉓ 设区的市级劳动能力鉴定委员会
    - 申请条件 ㉑
      - 已经认定为工伤
      - 经治疗病情相对稳定后存在残疾并影响劳动能力
    - 申请材料 ㉓
      - 《工伤认定书》
      - 《因工负伤、职业病劳动能力鉴定申请表》
      - 医疗保险契约定点医疗机构诊治工伤的有关资料
      - 《职业病病史摘要》
  - 受理鉴定
    - 期限 ㉕
      - 自收到鉴定申请书之日起60日内作出鉴定结论
      - 必要时鉴定期限可以延长30日
    - 鉴定标准 《劳动能力鉴定职工工伤与职业病致残等级》(GB/T 16180－2006)
    - 结论送达 ㉕
      - 期限 及时
      - 对象 用人单位+个人
  - 结果异议及复查 ㉖
    - 再次鉴定
      - 申请期限 收到该鉴定结论之日起15日内
      - 申请对象 向省级劳动能力鉴定委员会提出再次鉴定申请。（为最终结论）
    - 复查鉴定
      - 申请期限 自劳动能力鉴定结论作出之日起1年后
      - 申请人 工伤职工及近亲属+所在单位+经办机构
      - 条件 认为伤残情况发生变化
  - 分类 ㉒
    - 劳动功能障碍程度鉴定 分十级，最重的为一级
    - 生活自理障碍登记鉴定 完全不能自理+大部分不能自理+部分不能自理
  - 劳动能力鉴定委员会 ㉕ 医疗卫生专家库，随抽3名或5名专家，组成专家组

工伤保
(2011-

- **工伤保险待遇**
  - 支付主体
    - 用人单位

编号	项目
1	治疗工伤期间的工资福利
2	五级、六级伤残职工伤残津贴
3	停工留薪期内的护理费
4	终止/解除合同时的一次性伤残就业补助金

    - 工伤保险基金：除用人单位支付的其余工伤保险待遇
  - 停止享受工伤保险待遇情形 (42)
    - 丧失享受待遇条件的
    - 拒不接受劳动能力鉴定的
    - 拒绝治疗的
  - 待遇调整：伤残津贴+生活护理费+供养亲属抚恤金 —— 调整办法由省级政府规定
  - 特殊情形工伤待遇承担 (43)
    - 用人单位分立、合并、转让：承继单位承担；办理变更登记
    - 承包经营单位：由职工劳动关系所在单位承担
    - 职工借调：由原用人单位承担工伤保险责任，但原用人单位与借调单位可以约定补偿办法。
    - 企业破产：在破产清算时依法拨付单位承担部分
- **伤残待遇** (34-38)
  - 生活护理费
    - 标准及计算

编号	等级	比例
1	完全不能自理	50%；
2	大部分不能自理	40%；
3	部分不能自理	30%。

备注：(1) 基数:统筹地区上年度职工月平均工资；(2) 生活护理费=基数×比

    - 支付条件：劳动能力鉴定委员会确认
  - 伤残津贴
    - 计算公式：伤残津贴=本人工资×比例（再次发生工伤的，依据新的伤残等级确定）
    - 月数

级数	一级	二级	三级	四级	五级	六级
月数	90%	85%	80%	75%	70%	60%

    - 支付方式：按月支付
    - 支付条件
      - 1-4级：保留劳动关系，退出工作岗位
        - （1）单位、个人以伤残津贴为基数缴纳医疗保险
        - （2）（最低工资标准-伤残津贴）差额由保险基金补
        - （3）退休后（养老保险待遇-伤残津贴）差额保险基金补
      - 5-6级：先安排适当工作，难以安排的
        - （1）单位以伤残津贴为基数缴纳医疗保险，个人不缴
        - （2）（最低工资标准-伤残津贴）差额部分由用人单位补足
    - 本人工资：本人工资，是指工伤前12个月平均月缴费工资。上限统筹地区职工平均工资的300%计算；下限统筹地区职工平均工资的60%计算。
  - 一次性伤残补助金
    - 计算公式：一次性伤残补助金=月数×本人工资
    - 月数

级数	一级	二级	三级	四级	五级	六级	七级	八级	九级	十级
月数	27	25	23	21	18	16	13	11	9	7

  - 一次性伤残就业补助金
    - 计算公式：月数×统筹地区上年度职工月平均工资（具体标准由省、自治区、直辖市人民政府规定）
    - 上海标准

级数	五级	六级	七级	八级	九级	十级
月数	18	15	12	9	6	3

    - 支付条件
      - 5-6级：经工伤职工提出，解除或者终止劳动关系的
      - 7-10级：合同期满终止或职工提出而解除合同的
  - 一次性工伤医疗补助金
    - 计算公式：月数×统筹地区上年度职工月平均工资（具体标准由省、自治区、直辖市人民政府规定）
    - 上海标准

级数	五级	六级	七级	八级	九级	十级
月数	18	15	12	9	6	3

    - 支付条件：同一次性工伤医疗补助金条件

险条例
01-01）

- 工伤医疗待遇 （30-33）
  - 行政复议及行政诉讼期间不停止支付工伤医疗费用
  - 医疗费 规定诊疗项目、药品、住院服务标准范围内实报实销
  - 住院伙食补助费
  - 统筹区外就医交通、食宿费 支付条件
    - 医疗机构出具证明
    - 报经办机构同意
  - （具体标准由统筹地区人民政府规定）
  - 康复治疗费 实际发生，规定范围
  - 辅助器具费（如安装假肢、矫形器、假眼、假牙和配置轮椅等的费用）
    - 标准 费用按照国家规定的标准
    - 支付条件
      - 经劳动能力鉴定委员会确认
      - 因日常生活或者就业需要
  - 停工留薪期待遇
    - 标准 原工资福利待遇
    - 期限
      - 按医院建议，一般不超过12个月
      - 伤情严重或者情况特殊，经设区的市级劳动能力鉴定委员会确认，可延长不超过12个月
    - 停止界点 伤残等级确定
  - 停工留薪期内的护理费 标准 实际发生合理范围
- 工亡待遇 （39-41）
  - 丧葬补助金 标准 6个月的统筹地区上年度职工月平均工资
  - 供养亲属抚恤金
    - 计算公式
      - 核定总额不高于生前工资
      - 供养亲属抚恤金=本人工资×比例
    - 比例

编号	主体	比例
1	配偶	40%
2	其他	30%
备注	孤寡老人/孤儿外加10%	

    - 供养亲属范围 工亡职工的配偶、子女、父母、祖父母、外祖父母、孙子女、外孙子女、兄弟姐妹
    - 享受条件
      - 必备条件 依靠工亡职工生前提供主要生活来源
      - 择一条件

编号	主体	条件
1	父母	男满60岁、女满55周岁
2	配偶	男满60岁、女满55周岁
3	子女	未满18岁
4	外/祖父母	职工父母均亡，男满60女满55
5	外/孙子女	职工子女已亡/完全丧劳未满18
6	兄弟姐妹	职工子女已亡/完全丧劳未满18
7	全部	完全丧失劳动能力

    - 停止享受情形

编号	情形
1	满18岁且未完全丧劳
2	就业/参军
3	工亡职工配偶再婚
4	被收养
5	死亡
6	刑罚收监执行期间

  - 一次性工亡补助金 计算公式 一次性工亡补助金=20×上年度全国城镇居民人均可支配收入
  - 特殊情形
    - 停工留薪+死亡（只享丧葬补助金、供养亲属抚恤金）
      - 1级至4级伤残职工在停工留薪期满后死亡
      - 停工留薪期内死亡
    - 下落不明，宣告死亡 从事故发生当月起3个月内照发工资，从第4个月起用人单位停发工资，由工伤保险基金向其供养亲属按月支付供养亲属抚恤金；生活有困难的，可以预支一次性工亡补助金的50%。
  - 享受主体 工亡职工近亲属
- 附则
  - 公务员及参照公务员管理人员的处理 （65） 因工作遭受事故伤害或者患职业病的，由所在单位支付费用
  - 非法用工单位的处理 （66）
    - 职工受到事故伤害或者患职业病的
      - 赔偿主体 非法用工单位
      - 赔偿标准 不低于本法规定的工伤保险待遇
    - 使用的童工伤残、死亡的
      - 赔偿主体 非法用工单位
      - 赔偿标准 不低于本法规定的工伤保险待遇

劳动争议调解仲裁法

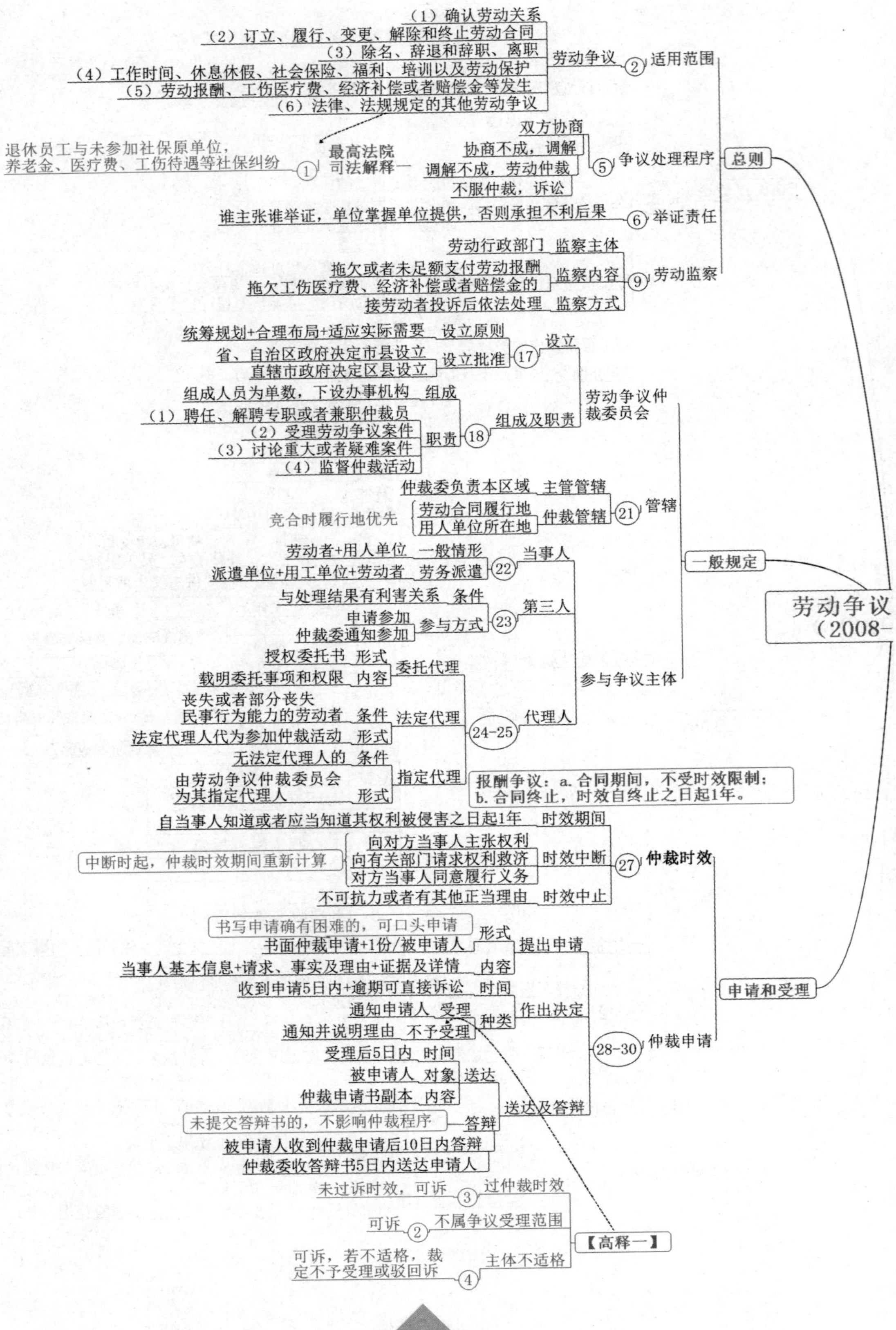
劳动争议
(2008-
总则
适用范围
②
劳动争议
(1)确认劳动关系
(2)订立、履行、变更、解除和终止劳动合同
(3)除名、辞退和辞职、离职
(4)工作时间、休息休假、社会保险、福利、培训以及劳动保护
(5)劳动报酬、工伤医疗费、经济补偿或者赔偿金等发生
(6)法律、法规规定的其他劳动争议
最高法院
司法解释一
①
退休员工与未参加社保原单位,
养老金、医疗费、工伤待遇等社保纠纷
争议处理程序
⑤
双方协商
协商不成,调解
调解不成,劳动仲裁
不服仲裁,诉讼
举证责任
⑥
谁主张谁举证,单位掌握单位提供,否则承担不利后果
劳动监察
⑨
监察主体
劳动行政部门
监察内容
拖欠或者未足额支付劳动报酬
拖欠工伤医疗费、经济补偿或者赔偿金的
监察方式
接劳动者投诉后依法处理
一般规定
劳动争议仲裁委员会
设立
⑰
设立原则
统筹规划+合理布局+适应实际需要
设立批准
省、自治区政府决定市县设立
直辖市政府决定区县设立
组成及职责
⑱
组成
组成人员为单数,下设办事机构
职责
(1)聘任、解聘专职或者兼职仲裁员
(2)受理劳动争议案件
(3)讨论重大或者疑难案件
(4)监督仲裁活动
管辖
㉑
主管管辖
仲裁委负责本区域
仲裁管辖
劳动合同履行地
用人单位所在地
竞合时履行地优先
参与争议主体
当事人
㉒
一般情形
劳动者+用人单位
劳务派遣
派遣单位+用工单位+劳动者
第三人
㉓
条件
与处理结果有利害关系
参与方式
申请参加
仲裁委通知参加
代理人
24-25
委托代理
形式
授权委托书
内容
载明委托事项和权限
法定代理
条件
丧失或者部分丧失
民事行为能力的劳动者
形式
法定代理人代为参加仲裁活动
指定代理
条件
无法定代理人的
形式
由劳动争议仲裁委员会
为其指定代理人
申请和受理
仲裁时效
㉗
时效期间
自当事人知道或者应当知道其权利被侵害之日起1年
报酬争议:a.合同期间,不受时效限制;
b.合同终止,时效自终止之日起1年。
时效中断
向对方当事人主张权利
向有关部门请求权利救济
对方当事人同意履行义务
中断时起,仲裁时效期间重新计算
时效中止
不可抗力或者有其他正当理由
仲裁申请
28-30
提出申请
形式
书面仲裁申请+1份/被申请人
书写申请确有困难的,可口头申请
内容
当事人基本信息+请求、事实及理由+证据及详情
作出决定
时间
收到申请5日内+逾期可直接诉讼
种类
受理
通知申请人
不予受理
通知并说明理由
送达及答辩
时间
受理后5日内
送达
对象
被申请人
内容
仲裁申请书副本
答辩
未提交答辩书的,不影响仲裁程序
被申请人收到仲裁申请后10日内答辩
仲裁委收答辩书5日内送达申请人
【高释一】
过仲裁时效
③
未过诉时效,可诉
不属争议受理范围
②
可诉
主体不适格
④
可诉,若不适格,裁
定不予受理或驳回诉

调解仲裁法（05-01）

- **开庭和裁决**
  - 仲裁庭（31-32）
    - 组成：三名仲裁员组成，设首席仲裁员；简单案件可独任仲裁
    - 通知：受理之日起5日内，书面告知当事人仲裁庭组成
  - 仲裁员回避（33）
    - 回避情形（应当回避情形）
      - （1）是本案当事人或者当事人、代理人的近亲属
      - （2）与本案有利害关系
      - （3）与本案当事人、代理人有其他关系，可能影响公正裁决
      - （4）私自会见当事人、代理人，或接受当事人、代理人的请客送礼的
  - 开庭通知与延期开庭（35）
    - 开庭通知：开庭5日前通知双方当事人，开庭时间及地点
    - 延期开庭：有正当理由，可在开庭前3日向仲裁委申请
  - 视为撤回申请或缺席裁决（36）
    - 无正当理由收到开庭通知不到庭/中途退庭
    - 后果：可被视为撤回仲裁/被缺席裁决
  - 鉴定（37）
    - 仲裁庭认为需要，可对专门性问题委托鉴定
    - 鉴定机构
      - 机构选择：当事人约定；未约定则由仲裁庭指定
      - 当事人请求或仲裁庭要求的，鉴定人到庭接受提问
  - 庭审（38、40）
    - 流程：质证+辩论+最后陈述
    - 庭审笔录
      - 应当庭记录，遗漏差错可补正
      - 拒补，则应记录补正申请
      - 需参与人签字盖章
  - 处理（41-42）
    - 自行和解：申请仲裁后进行，若成则签和解协议
    - 调解
      - 时间：裁决前应由仲裁委主持调解
      - 结果：达成，则制作调解书；不成，则及时裁决
  - 审理时限先行裁决（43）
    - 时限：受理后45日+复杂的，可延期，仲裁委主任批准，延期不超15日+逾期裁决，可直接诉讼
    - 先行裁决：条件：事实清楚部分
  - 先予执行（44）
    - 适用范围：劳动报酬+工伤医疗+经济补偿+赔偿金
    - 适用条件
      - 权利义务关系明确
      - 不予执行将严重影响申请人生活
    - 执行程序：当事人申请，移送法院执行
    - 担保：劳动者申请的可不提供担保
  - 裁决（45-47）
    - 作出裁决：裁决原则：多数决，无多数意见，依首席仲裁员
    - 裁决书
      - 内容：仲裁请求、争议事实、裁决理由、裁决结果和裁决日期
      - 签盖：仲裁员签字，不同意可不签，应有仲裁委盖章
    - 终局裁决
      - 适用对象
        - 可先予执行事项，且少于12个月最低工资额
        - 工伤医疗费执行国家的劳动标准在工作时间、休息休假、社会保险等方面发生的争议
      - 效力：自作出之日起发生法律效力
  - 异议（48-50）
    - 对终局裁决
      - 向同级法院诉讼异议：期限：收到裁决书15日内
      - 向中级法院申请撤销
        - 期限：收到裁决书30日内
        - 适用条件
          - 适法错误
          - 无管辖权
          - 违反法定程序
          - 裁决依据伪造
          - 隐瞒影响公证的证据
          - 受贿、徇私、枉法
        - 处理方式
          - 法院组成合议庭审核
            - 属实
              - 撤销裁决
        - 结果：收到撤销裁决15日，可就争议事项提起诉讼
    - 对非终局裁决：期限
      - 收到裁决书之日起15日内向法院提起诉讼
      - 逾期起诉，裁决书生效
  - 生效调解书、裁决书的执行：一方逾期不履行，可申请强制执行
- **附则**
  - 事业单位劳动争议
    - 适用范围：实行聘用制的工作人员
    - 使用方式
      - 参照本法
      - 依据法律、行政法规、国务院的特别规定
  - 费用：劳动仲裁不收费，经费由财政保障

九、程 序 法

总　　则

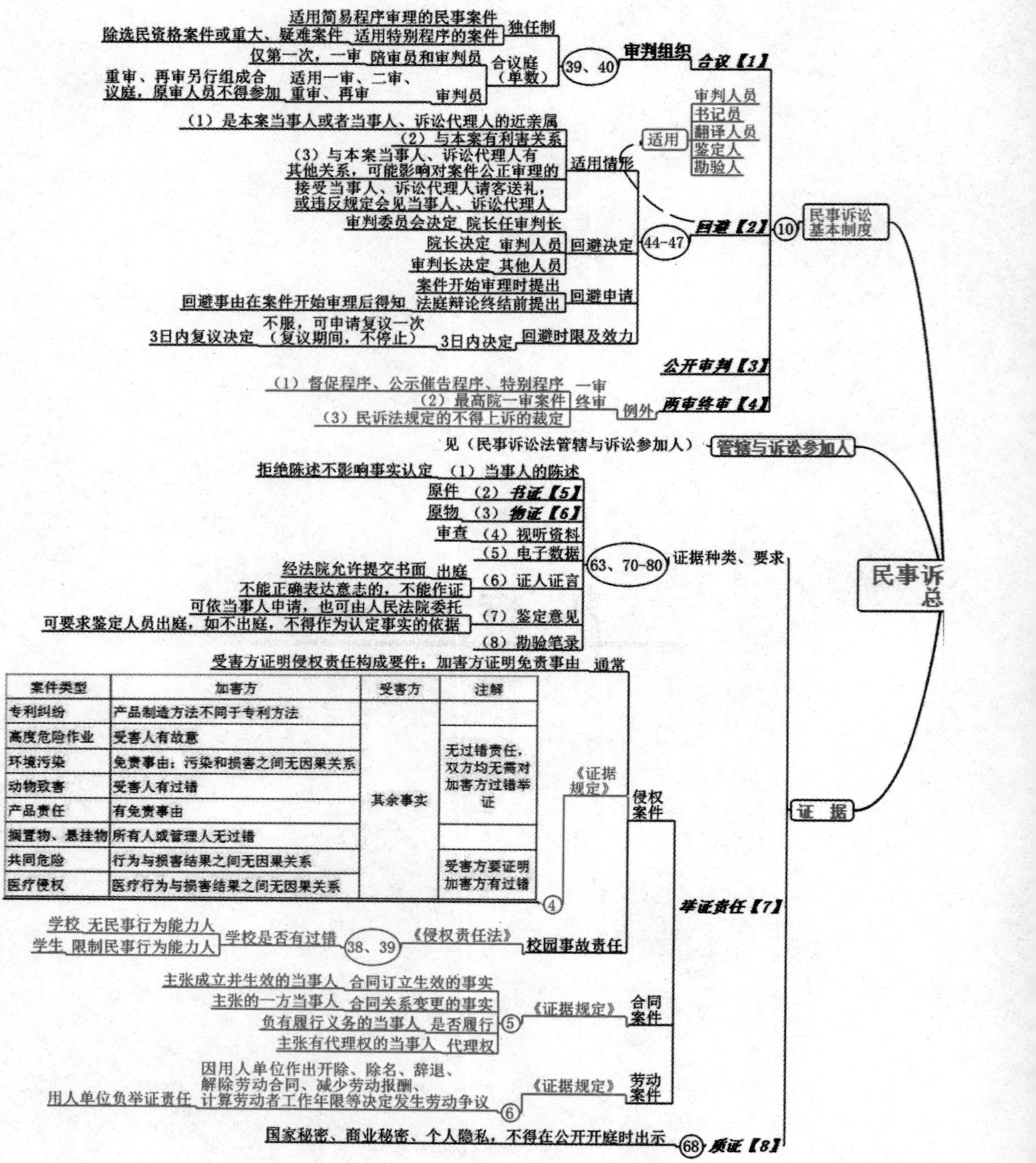

案件类型	加害方	受害方	注解
专利纠纷	产品制造方法不同于专利方法	其余事实	
高度危险作业	受害人有故意		无过错责任，双方均无需对加害方过错举证
环境污染	免责事由：污染和损害之间无因果关系		
动物致害	受害人有过错		
产品责任	有免责事由		
搁置物、悬挂物	所有人或管理人无过错		
共同危险	行为与损害结果之间无因果关系		受害方要证明加害方有过错
医疗侵权	医疗行为与损害结果之间无因果关系		

讼法之则

- **期间送达**
  - 期间 (82)
    - 计算
      - 期间届满最后一日为节假日，以节假日后一日为期间届满的日期
      - 投邮原则 期满前交邮的，不算过期
    - 期间耽误和顺延 (83) 障碍消除后10日内申请 人民法院决定
  - 送达
    - 送达回证 (84) 签收日期为送达日期
    - 公告送达 (92) 受送达人下落不明，或用其他方式无法送达的 公告期：60日
- **调解**
  - 人民调解 《人民调解法》
    - 人民调解委员会的性质 (7) 群众性组织
    - 结案方式 (28)
      - 调解协议书
      - 口头协议 应当记录
    - 协议效力 (32、33) 民事合同的性质
      - 有争议，可以就协议起诉
      - 可以申请司法确认 生效之日起30日内
    - 法院处理 (33)
      - 确认有效 可执行
      - 确认无效 可变更，可重新达成，可对原权利义务起诉
  - 法院调解
    - 调解原则 (93) 当事人自愿 《民诉解释》 (034) 离婚案件 应当调解
    - 调解书 (97) 经双方当事人签收后，即具有法律效力
    - 不需制作调解书的案件 (98)
      - （1）调解和好的离婚案件
      - （2）调解维持收养关系的案件
      - （3）能够及时履行的案件
      - （4）其他
      - → 记入笔录 签名盖章生效
    - 调解失败的处理 (99) 法院及时判决
- **保全【9】**
  - 财产保全
    - 诉中 (100)
      - 当事人申请
      - 法院依职权
      - → 可以责令提供担保 不提供，驳回申请 → 情况紧急的 48小时内作出 裁定后立即执行
    - 诉前 利害关系人申请 (101)
      - 应当提供担保，不提供，驳回申请
      - 48小时作出裁定，裁定后立即执行
      - 30日内不起诉，解除保全
      - 《民诉解释》
        - (046) 对抵押物、留置物亦可保全，但抵押权人、留置权人可优先受偿
        - (048) 财产不能满足，但对他人有到期债权 可裁定该他人不得对本案债务人清偿
  - 证据保全 (81) 可诉讼参加人申请；可法院主动采取
  - 保全解除 (104)
    - 被申请人提供担保的
    - 保全错误 (105) 申请人赔偿
- **先予执行【10】**
  - 范围 (106)
    - （1）追索赡养费、扶养费、抚育费、抚恤金、医疗费用的
    - （2）追索劳动报酬的
    - （3）因情况紧急需要先予执行的 — 《民诉解释》 (06/)
      - 需要立即停止侵害、排除妨碍的
      - 需要立即制止某项行为的
      - 追索恢复生产、经营急需的保险理赔费的
      - 需要立即返还社会保险金、社会救助资金的
      - 不立即返还款项，将严重影响权利人生活和生产经营的
  - 条件 (107)
    - （1）当事人之间权利义务关系明确，不先予执行将严重影响申请人的生活或者生产经营的
    - （2）被申请人有履行能力
    - （3）必须依当事人申请 可以责令担保 不提供担保的，驳回申请
    - （4）在受理案件后终审判决作出前采取 《民诉解释》 (058)
- **对妨害民事诉讼的强制措施**
  - 拘传 (109) 被告 经两次传票传唤 无正当理由拒不到庭的
  - 罚款、拘留 (115)
    - 罚款
      - 个人 ≤10万
      - 单位 5万-100万
    - 拘留 15日以下 民诉意见 (117)
      - 认错悔改的，可具结悔过，提前解除拘留
      - 法院院长批准，公安机关执行
  - 强制措施适用程序 (116)
    - 拘传、罚款、拘留必须经院长批准
    - 拘传应当发拘传票
    - 罚款、拘留应当用决定书 不服可复议一次 复议期间不停止执行

管辖及诉讼参加人

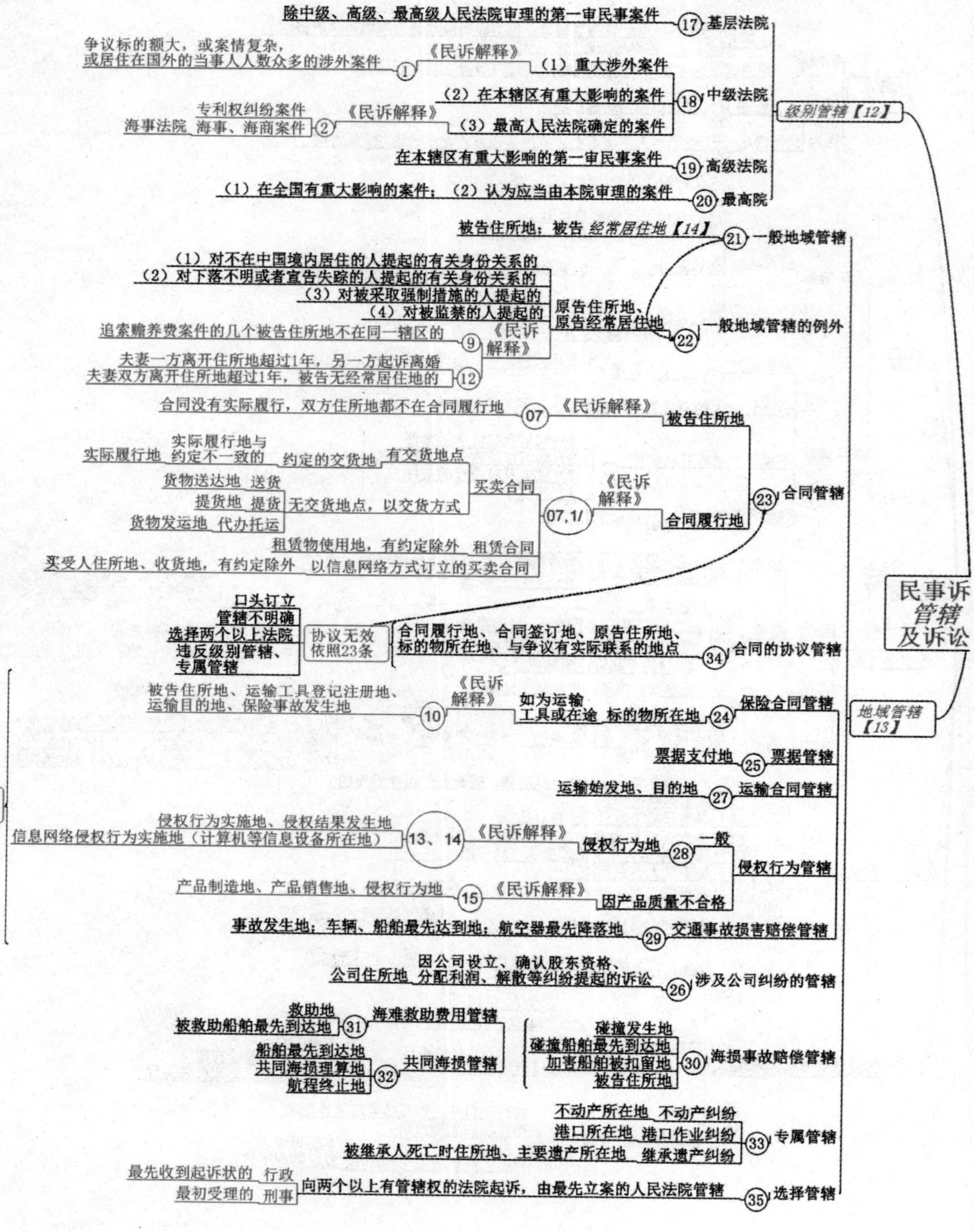
民事诉管辖及诉讼
级别管辖【12】
17 基层法院
除中级、高级、最高级人民法院审理的第一审民事案件
18 中级法院
（1）重大涉外案件
《民诉解释》
1 争议标的额大，或案情复杂，或居住在国外的当事人人数众多的涉外案件
（2）在本辖区有重大影响的案件
（3）最高人民法院确定的案件
《民诉解释》
2 专利权纠纷案件
海事法院 海事、海商案件
19 高级法院
在本辖区有重大影响的第一审民事案件
20 最高院
（1）在全国有重大影响的案件；（2）认为应当由本院审理的案件
地域管辖【13】
21 一般地域管辖
被告住所地：被告经常居住地【14】
22 一般地域管辖的例外
原告住所地、原告经常居住地
（1）对不在中国境内居住的人提起的有关身份关系的
（2）对下落不明或者宣告失踪的人提起的有关身份关系的
（3）对被采取强制措施的人提起的
（4）对被监禁的人提起的
《民诉解释》
9 追索赡养费案件的几个被告住所地不在同一辖区的
12 夫妻一方离开住所地超过1年，另一方起诉离婚
夫妻双方离开住所地超过1年，被告无经常居住地的
23 合同管辖
被告住所地
《民诉解释》
07 合同没有实际履行，双方住所地都不在合同履行地
合同履行地
《民诉解释》
07,1/
买卖合同
有交货地点 约定的交货地
实际履行地与约定不一致的 实际履行地
无交货地点，以交货方式
送货 货物送达地
提货 提货地
代办托运 货物发运地
租赁合同 租赁物使用地，有约定除外
以信息网络方式订立的买卖合同 买受人住所地、收货地，有约定除外
34 合同的协议管辖
合同履行地、合同签订地、原告住所地、标的物所在地、与争议有实际联系的地点
协议无效依照23条
口头订立
管辖不明确
选择两个以上法院
违反级别管辖、专属管辖
均可被告住所地
24 保险合同管辖
标的物所在地
如为运输工具或在途
《民诉解释》
10 被告住所地、运输工具登记注册地、运输目的地、保险事故发生地
25 票据管辖
票据支付地
27 运输合同管辖
运输始发地、目的地
侵权行为管辖
28 一般
侵权行为地
《民诉解释》
13、14
侵权行为实施地、侵权结果发生地
信息网络侵权行为实施地（计算机等信息设备所在地）
因产品质量不合格
《民诉解释》
15 产品制造地、产品销售地、侵权行为地
29 交通事故损害赔偿管辖
事故发生地；车辆、船舶最先达到地；航空器最先降落地
26 涉及公司纠纷的管辖
公司住所地 因公司设立、确认股东资格、分配利润、解散等纠纷提起的诉讼
30 海损事故赔偿管辖
碰撞发生地
碰撞船舶最先到达地
加害船舶被扣留地
被告住所地
31 海难救助费用管辖
救助地
被救助船舶最先到达地
32 共同海损管辖
船舶最先到达地
共同海损理算地
航程终止地
33 专属管辖
不动产纠纷 不动产所在地
港口作业纠纷 港口所在地
继承遗产纠纷 被继承人死亡时住所地、主要遗产所在地
35 选择管辖
向两个以上有管辖权的法院起诉，由最先立案的人民法院管辖
行政 最先收到起诉状的
刑事 最初受理的

诉法之【11】参加人

- 当事人【15】
  - 当事人范围 (48) 公民、法人、其他组织
    - 《民诉解释》(41) 其他组织：合法成立、有一定的组织机构和财产，但又不具备法人资格的组织
  - 当事人的确定
    - 《民诉解释》(42,53)

情　形	主　体
没有领取营业执照的分支机构	设立该分支机构的法人
工作人员的职务行为或授权行为	该法人或组织
个体工商户、个人合伙或私营企业挂靠集体企	共同诉讼人
诉讼中，一方当事人死亡	继承人
雇佣的人员在生产经营中的行为	雇主
个体工商户	营业执照上登记的业主；注明字号
个人合伙	全体合伙人，有字号的注明
不服仲裁或调解	对方当事人
应登记未登记、冒用或终止的	直接责任人
合并、分立	合并：企业；分立：共同
未经清算即撤销的	清算组织；如无，为作出撤销决定的机构

    - 《最高院名誉权解答》
      - 五 原告 死者名誉受损害的 近亲属【16】
      - 六 被告 因新闻报道或其他作品引起的名誉权纠纷
        - 根据起诉确定被告
          - 只诉作者的 作者为被告
          - 只诉新闻出版单位的 新闻出版单位为被告
          - 起诉两者
            - 一般 两者为共同被告
            - 隶属关系，职务作品 单位为被告
  - 共同诉讼 (52)
    - *普通共同诉讼【17】*
    - *必要共同诉讼【18】*
      - 《民诉解释》(47,63)
        - 挂靠关系中的挂靠者与被挂靠者
        - 实际经营者与营业执照业主
        - 分立后的企业
        - 个人合伙的全体合伙人
        - 借用业务介绍信的借用人与出借单位
        - 保证合同中，保证人与被保证人
          - 仅起诉保证人 除连带责任外，应当通知被保证人参加
          - 仅起诉被保证人的 只列被保证人
        - 继承中，全体继承人
          - 明确表示放弃的，不列
          - 不参加又未明确表示放弃的，应列
          - 遗漏的，主张遗嘱继承的，为有独立请求权的第三人
        - 代理关系中的代理人和被代理人
        - 共同财产涉诉中的财产共有权人
        - 无民事行为能力人、限制民事行为能力人和其监护人
        - 村民委员会或者有独立财产的村民小组
        - 用工单位与劳务派遣单位（当事人主张派遣单位承担责任的）
  - 代表人诉讼
    - 当事人人数确定的 (53) 对其代表的当事人发生效力
    - 当事人人数不确定的 (54)
      - 对参加登记的全体权利人发生效力
      - 未参加登记的，在诉讼时效期间内提出，适用该判决、裁定
  - 公益诉讼 (55)
    - 法律规定的机关和有关组织
    - 对污染环境、侵害众多消费者合法权益等损害社会公共利益的行为
    - 检察院发现污染环境、侵犯社会公益情况时，在没有前款规定机关或组织诉讼的情况下，可以向人民法院提起诉讼。有前款规定的机关或者组织提起诉讼的，人民检察院可以支持起诉。
  - 第三人 (56)
    - *有独立请求权的第三人【19】*
      - 因不能归责于本人的事由未参加的
      - 知道之日起6个月内
      - 向作出的人民法院提起诉讼
      - 成立的，应当改变或者撤销；不成立的，驳回诉讼请求
    - *无独立请求权的第三人【20】*
      - 《民诉解释》(71)
        - 在一审中无权提出管辖权异议；放弃、变更诉讼请求；申请撤诉
        - 法院判决承担民事责任的，有权上诉
- 诉讼代理人
  - *法定代理人【21】* (57)
    - 无民事行为能力人、限制民事行为能力人的监护人
    - 没有确定监护人的
      - 《民诉解释》(72)
        - 有监护资格的人协商
        - 法院在其中指定
  - *委托代理人【22】* (58)
    - （1）律师、基层法律服务工作者
    - （2）当事人的近亲属或者工作人员
    - （3）当事人所在社区、单位以及有关社会团体推荐的公民
    - 不能作委托代理人的 无民事行为能力人、限制民事行为能力人、可能损害被代理人利益的人、法院认为不宜的人
  - 授权委托书 (59)
    - 须特别授权 承认、放弃、变更诉讼请求，和解、反诉、上诉、调解
    - 华侨委托须经使馆证明
    - 开庭审理前提交
  - 离婚诉讼代理的特别规定 (62)
    - 本人仍应出庭（除本人不能表达意志） 确有困难，提交书面意见

审判程序

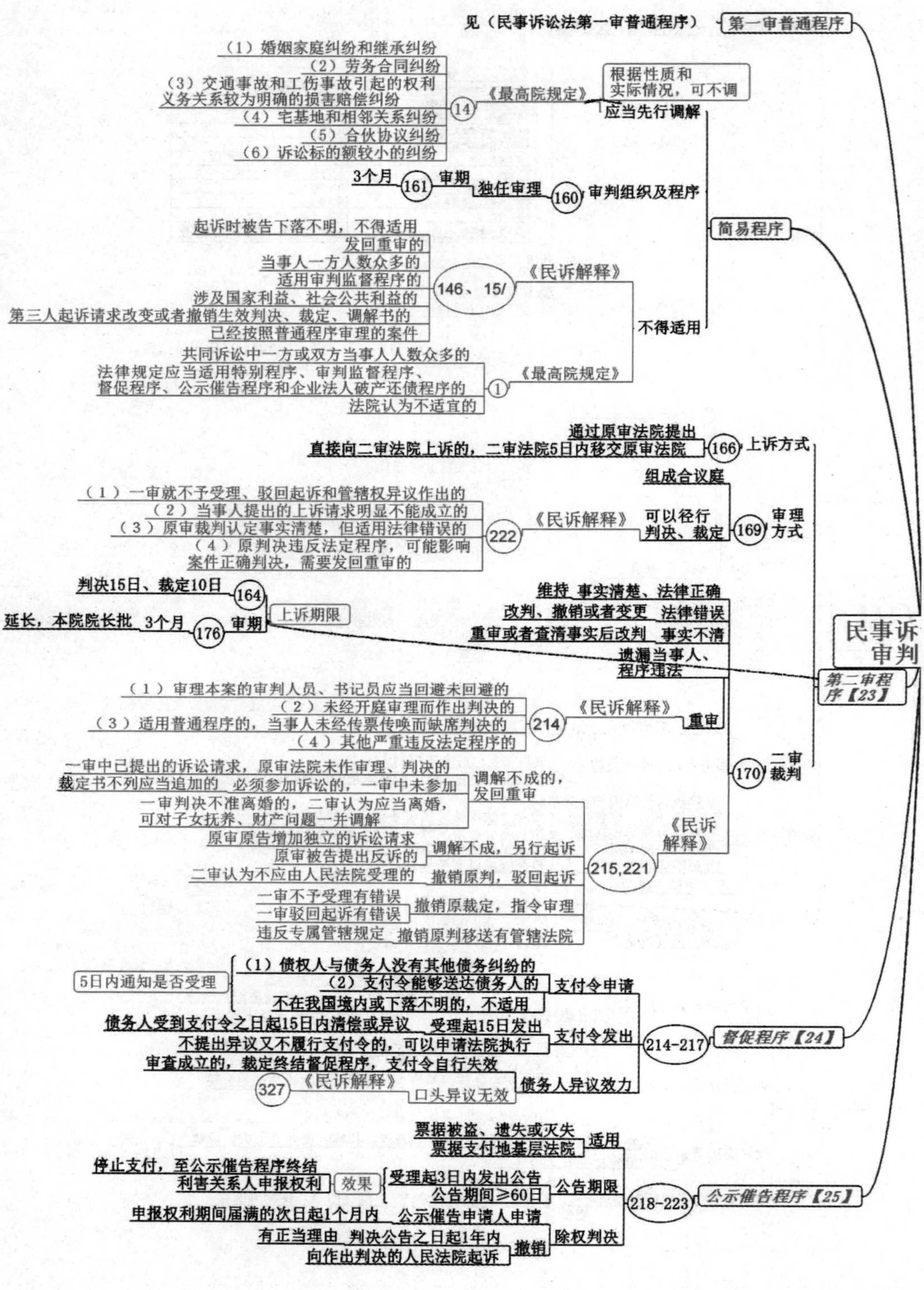
民事诉讼审判
第一审普通程序
见《民事诉讼法第一审普通程序》
简易程序
应当先行调解
根据性质和实际情况，可不调
《最高院规定》
14
（1）婚姻家庭纠纷和继承纠纷
（2）劳务合同纠纷
（3）交通事故和工伤事故引起的权利义务关系较为明确的损害赔偿纠纷
（4）宅基地和相邻关系纠纷
（5）合伙协议纠纷
（6）诉讼标的额较小的纠纷
审判组织及程序
160
独任审理
审期
161
3个月
不得适用
《民诉解释》
146、15/
起诉时被告下落不明，不得适用
发回重审的
当事人一方人数众多的
适用审判监督程序的
涉及国家利益、社会公共利益的
第三人起诉请求改变或者撤销生效判决、裁定、调解书的
已经按照普通程序审理的案件
《最高院规定》
1
共同诉讼中一方或双方当事人人数众多的
法律规定应当适用特别程序、审判监督程序、督促程序、公示催告程序和企业法人破产还债程序的
法院认为不适宜的
第二审程序【23】
上诉方式
166
通过原审法院提出
直接向二审法院上诉的，二审法院5日内移交原审法院
审理方式
169
组成合议庭
可以径行判决、裁定
《民诉解释》
222
（1）一审就不予受理、驳回起诉和管辖权异议作出的
（2）当事人提出的上诉请求明显不能成立的
（3）原审裁判认定事实清楚，但适用法律错误的
（4）原判决违反法定程序，可能影响案件正确判决，需要发回重审的
上诉期限
164
判决15日、裁定10日
审期
176
3个月
延长，本院院长批
二审裁判
170
维持 事实清楚、法律正确
改判、撤销或者变更 法律错误
重审或者查清事实后改判 事实不清
遗漏当事人、程序违法
重审
《民诉解释》
214
（1）审理本案的审判人员、书记员应当回避未回避的
（2）未经开庭审理而作出判决的
（3）适用普通程序的，当事人未经传票传唤而缺席判决的
（4）其他严重违反法定程序的
《民诉解释》
215,221
调解不成的，发回重审
一审中已提出的诉讼请求，原审法院未作审理、判决的
裁定书不列应当追加的 必须参加诉讼的，一审中未参加
一审判决不准离婚的，二审认为应当离婚，可对子女抚养、财产问题一并调解
调解不成，另行起诉
原审原告增加独立的诉讼请求
原审被告提出反诉的
撤销原判，驳回起诉
二审认为不应由人民法院受理的
撤销原裁定，指令审理
一审不予受理有错误
一审驳回起诉有错误
撤销原判移送有管辖法院
违反专属管辖规定
督促程序【24】
214-217
支付令申请
（1）债权人与债务人没有其他债务纠纷的
（2）支付令能够送达债务人的
不在我国境内或下落不明的，不适用
5日内通知是否受理
支付令发出
受理起15日发出
债务人受到支付令之日起15日内清偿或异议
不提出异议又不履行支付令的，可以申请法院执行
债务人异议效力
审查成立的，裁定终结督促程序，支付令自行失效
口头异议无效
《民诉解释》
327
公示催告程序【25】
218-223
适用
票据被盗、遗失或灭失
票据支付地基层法院
公告期限
受理起3日内发出公告
公告期间≥60日
效果
停止支付，至公示催告程序终结
利害关系人申报权利
除权判决
公示催告申请人申请
申报权利期间届满的次日起1个月内
撤销
有正当理由 判决公告之日起1年内
向作出判决的人民法院起诉

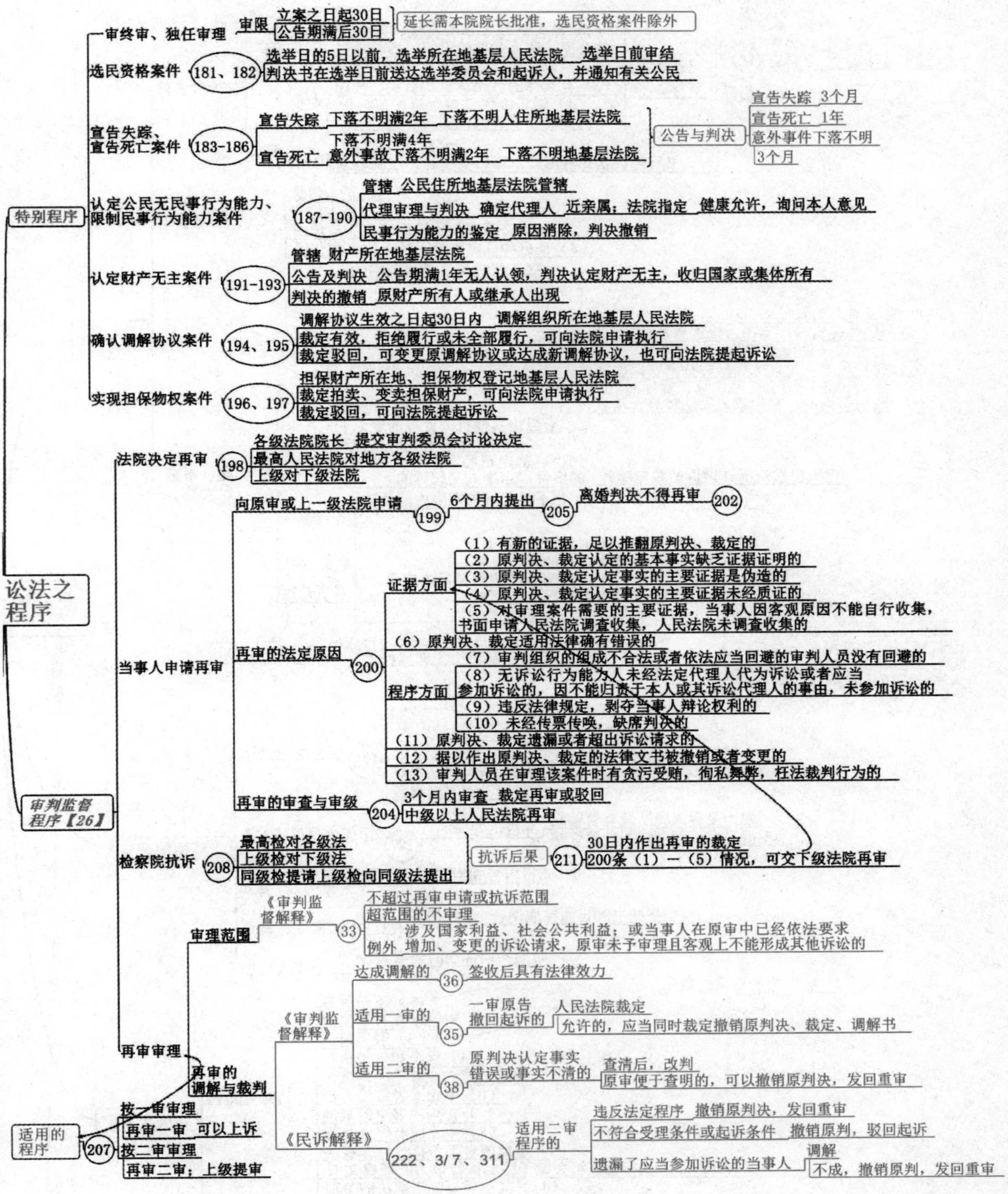
诉法之程序
特别程序
一审终审、独任审理
审限
立案之日起30日
公告期满后30日
延长需本院院长批准，选民资格案件除外
选民资格案件
181、182
选举日的5日以前，选举所在地基层人民法院 选举日前审结
判决书在选举日前送达选举委员会和起诉人，并通知有关公民
宣告失踪、宣告死亡案件
183-186
宣告失踪 下落不明满2年 下落不明人住所地基层法院
宣告死亡 下落不明满4年 意外事故下落不明满2年 下落不明地基层法院
公告与判决
宣告失踪 3个月
宣告死亡 1年
意外事件下落不明 3个月
认定公民无民事行为能力、限制民事行为能力案件
187-190
管辖 公民住所地基层法院管辖
代理审理与判决 确定代理人 近亲属；法院指定 健康允许，询问本人意见
民事行为能力的鉴定 原因消除，判决撤销
认定财产无主案件
191-193
管辖 财产所在地基层法院
公告及判决 公告期满1年无人认领，判决认定财产无主，收归国家或集体所有
判决的撤销 原财产所有人或继承人出现
确认调解协议案件
194、195
调解协议生效之日起30日内 调解组织所在地基层人民法院
裁定有效，拒绝履行或未全部履行，可向法院申请执行
裁定驳回，可变更原调解协议或达成新调解协议，也可向法院提起诉讼
实现担保物权案件
196、197
担保财产所在地、担保物权登记地基层人民法院
裁定拍卖、变卖担保财产，可向法院申请执行
裁定驳回，可向法院提起诉讼
审判监督程序【26】
法院决定再审
198
各级法院院长 提交审判委员会讨论决定
最高人民法院对地方各级法院
上级对下级法院
当事人申请再审
向原审或上一级法院申请
199
6个月内提出
205
离婚判决不得再审
202
再审的法定原因
200
证据方面
（1）有新的证据，足以推翻原判决、裁定的
（2）原判决、裁定认定的基本事实缺乏证据证明的
（3）原判决、裁定认定事实的主要证据是伪造的
（4）原判决、裁定认定事实的主要证据未经质证的
（5）对审理案件需要的主要证据，当事人因客观原因不能自行收集，书面申请人民法院调查收集，人民法院未调查收集的
（6）原判决、裁定适用法律确有错误的
程序方面
（7）审判组织的组成不合法或者依法应当回避的审判人员没有回避的
（8）无诉讼行为能力人未经法定代理人代为诉讼或者应当参加诉讼的，因不能归责于本人或其诉讼代理人的事由，未参加诉讼的
（9）违反法律规定，剥夺当事人辩论权利的
（10）未经传票传唤，缺席判决的
（11）原判决、裁定遗漏或者超出诉讼请求的
（12）据以作出原判决、裁定的法律文书被撤销或者变更的
（13）审判人员在审理该案件时有贪污受贿，徇私舞弊，枉法裁判行为的
再审的审查与审级
204
3个月内审查 裁定再审或驳回
中级以上人民法院再审
检察院抗诉
208
最高检对各级法
上级检对下级法
同级检提请上级检向同级法提出
抗诉后果
211
30日内作出再审的裁定
200条（1）—（5）情况，可交下级法院再审
再审审理
审理范围
《审判监督解释》
33
不超过再审申请或抗诉范围
超范围的不审理
例外 涉及国家利益、社会公共利益；或当事人在原审中已经依法要求增加、变更的诉讼请求，原审未予审理且客观上不能形成其他诉讼的
再审的调解与裁判
《审判监督解释》
达成调解的
36
签收后具有法律效力
适用一审的
35
一审原告撤回起诉的
人民法院裁定
允许的，应当同时裁定撤销原判决、裁定、调解书
适用二审的
38
原判决认定事实错误或事实不清的
查清后，改判
原审便于查明的，可以撤销原判决，发回重审
《民诉解释》
222、3/7、311
适用二审程序的
违反法定程序 撤销原判决，发回重审
不符合受理条件或起诉条件 撤销原判，驳回起诉
遗漏了应当参加诉讼的当事人
调解
不成，撤销原判，发回重审
适用的程序
207
按一审审理
再审一审 可以上诉
按二审审理
再审二审；上级提审

一审程序

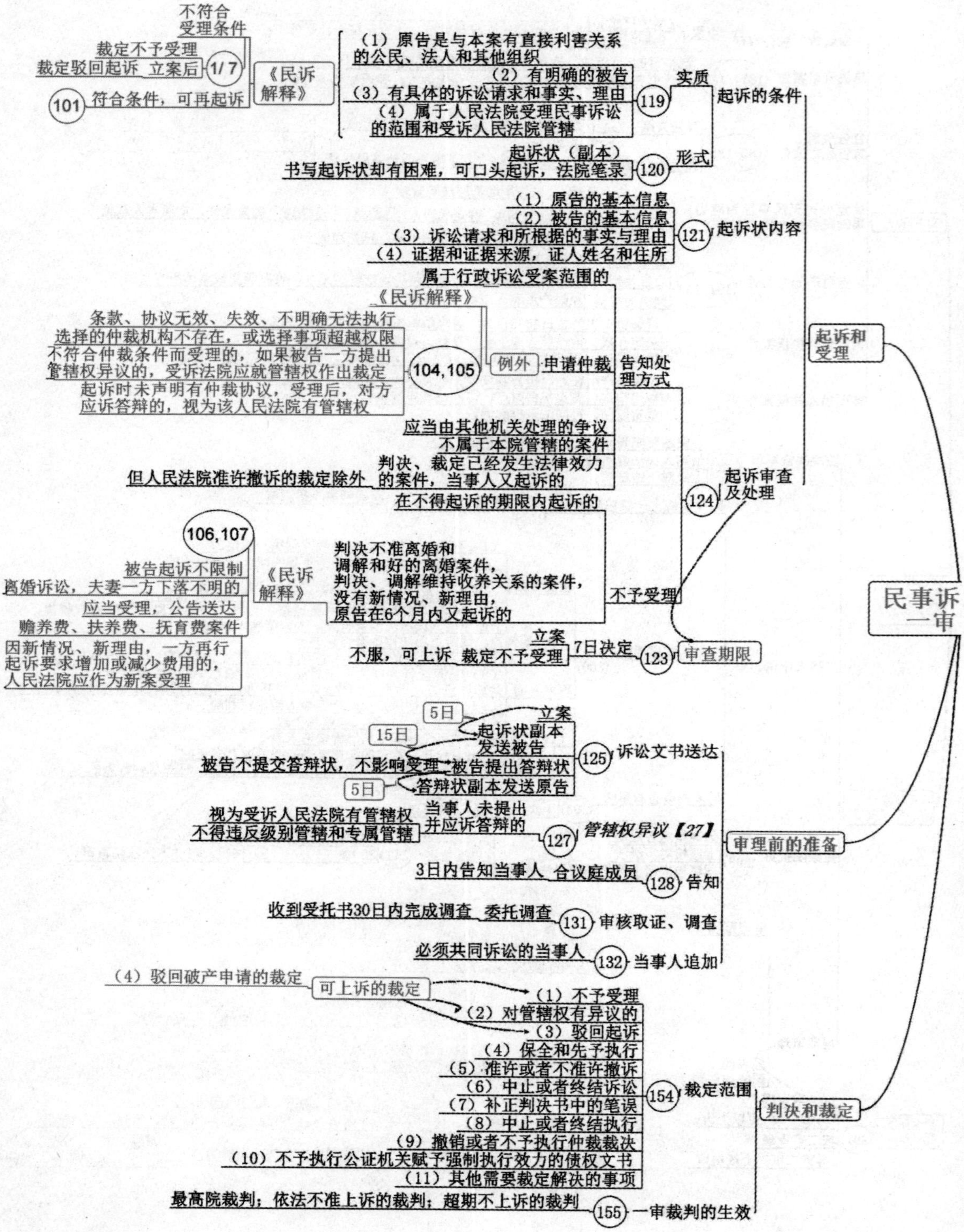
民事诉讼一审
起诉和受理
起诉的条件
实质
119
（1）原告是与本案有直接利害关系的公民、法人和其他组织
（2）有明确的被告
（3）有具体的诉讼请求和事实、理由
（4）属于人民法院受理民事诉讼的范围和受诉人民法院管辖
《民诉解释》
1/7
不符合受理条件
裁定不予受理
裁定驳回起诉 立案后
101
符合条件，可再起诉
形式
120
起诉状（副本）
书写起诉状却有困难，可口头起诉，法院笔录
起诉状内容
121
（1）原告的基本信息
（2）被告的基本信息
（3）诉讼请求和所根据的事实与理由
（4）证据和证据来源，证人姓名和住所
起诉审查及处理
124
告知处理方式
属于行政诉讼受案范围的
申请仲裁
例外
《民诉解释》
104,105
条款、协议无效、失效、不明确无法执行
选择的仲裁机构不存在，或选择事项超越权限
不符合仲裁条件而受理的，如果被告一方提出管辖权异议的，受诉法院应就管辖权作出裁定
起诉时未声明有仲裁协议，受理后，对方应诉答辩的，视为该人民法院有管辖权
应当由其他机关处理的争议
不属于本院管辖的案件
判决、裁定已经发生法律效力的案件，当事人又起诉的
但人民法院准许撤诉的裁定除外
在不得起诉的期限内起诉的
不予受理
判决不准离婚和调解和好的离婚案件，判决、调解维持收养关系的案件，没有新情况、新理由，原告在6个月内又起诉的
《民诉解释》
106,107
被告起诉不限制
离婚诉讼，夫妻一方下落不明的
应当受理，公告送达
赡养费、扶养费、抚育费案件
因新情况、新理由，一方再行起诉要求增加或减少费用的，人民法院应作为新案受理
审查期限
123
7日决定
立案
裁定不予受理
不服，可上诉
审理前的准备
诉讼文书送达
125
立案
5日
起诉状副本发送被告
15日
被告提出答辩状
被告不提交答辩状，不影响受理
5日
答辩状副本发送原告
127
管辖权异议【27】
当事人未提出并应诉答辩的
视为受诉人民法院有管辖权
不得违反级别管辖和专属管辖
告知
128
合议庭成员
3日内告知当事人
审核取证、调查
131
委托调查
收到受托书30日内完成调查
当事人追加
132
必须共同诉讼的当事人
判决和裁定
裁定范围
154
（1）不予受理
（2）对管辖权有异议的
（3）驳回起诉
（4）保全和先予执行
（5）准许或者不准许撤诉
（6）中止或者终结诉讼
（7）补正判决书中的笔误
（8）中止或者终结执行
（9）撤销或者不予执行仲裁裁决
（10）不予执行公证机关赋予强制执行效力的债权文书
（11）其他需要裁定解决的事项
可上诉的裁定
（4）驳回破产申请的裁定
一审裁判的生效
155
最高院裁判；依法不准上诉的裁判；超期不上诉的裁判

诉法之程序

- **开庭审理**
  - 审理方式 —（134）应当公开
    - 例外：
      - 涉及国家秘密、个人隐私或其他规定
      - 离婚案件、涉及商业秘密案件，当事人申请不公开审理的，可不公开审理
  - 程序
    - 开庭通知及公告
    - 庭前准备
    - 法庭调查 — 按顺序（138）
      - （1）当事人陈述
      - （2）告知证人的权利义务，证人作证，宣读未到庭的证人证言
      - （3）出示书证、物证和视听资料和电子数据
      - （4）宣读鉴定结论
      - （5）宣读勘验笔录
      - 当事人庭审权利（139）
        - 提出新证据
        - 向证人、鉴定人、勘验人发问
        - 要求重新审查、鉴定或勘验
    - 法庭辩论 — 按顺序（141）
      - （1）原告及其诉讼代理人发言
      - （2）被告及其诉讼代理人答辩
      - （3）第三人及其诉讼代理人发言或者答辩
      - （4）互相辩论
      - 法庭辩论终结，由审判长按照原告、被告、第三人的先后顺序征询各方最后意见
    - 法庭调解 — 不成，及时判决（142）
    - 判决宣告 — 处理（148）
      - 公开宣告
        - 当庭宣判的，10日内发给判决书
        - 定期宣判的，宣判后立即发给判决书
      - 宣告时告知上诉权、上诉期限和上诉法院
      - 离婚判决，须告知判决生效前不得结婚
  - 合并审理（140）— 法庭辩论结束前；《民诉解释》（121）
    - 原告增加诉求
    - 被告反诉
    - 第三人提出诉求
    - *反诉【28】*
      - 构成要件
        - 本诉的被告对本诉的原告提出
        - 反诉与本诉有牵连关系
        - 在本诉进行中提出
        - 举证期限届满前提出才合并
        - 向受理本诉的法院提出 — 牵连管辖
        - 与本诉适用同一诉讼程序
      - 法院处理
        - 一审：只能在举证期限届满前提出；可以合并
        - 二审：调解 — 不成，告知另行起诉
        - 再审：适用二审时 — 按二审方式处理
  - *撤诉【29】*
    - 视为撤诉（143）
      - 原告经传票传唤，无正当理由不到庭，或未经许可中途退庭
      - 被告反诉的，可缺席判决
      - 《民诉解释》（124）
        - 无民事行为能力被告的法定代理人，必须到庭的
        - 被告，缺席判决
    - 原告申请撤诉（145）
      - 法院裁定 — 法院裁定不许撤诉，原告经传票传唤无正当理由拒不到庭的，可缺席审判
      - 判决宣告前
    - 缺席判决的情形（144）
      - 被告经传票传唤，无正当理由不到庭或未经许可中途退庭
  - 延期审理（146）
    - （1）必须到庭的有正当理由没有到庭的
    - （2）当事人临时提出回避申请的
    - （3）需要通知新的证人到庭，调取新的证据，重新鉴定、勘验，或者需要补充调查的
    - （4）其他
  - 一审审限（149）
    - 6个月
    - 本院院长批准，可延长6个月
    - 还需延长，报请上级法院
- **诉讼中止和终结**
  - *诉讼中止【30】*（150）
    - （1）一方当事人死亡，需要等待继承人
    - （2）一方当事人丧失诉讼行为能力，尚未确定法定代理人
    - （3）一方当事人的法人或者其他组织终止，尚未确定权利义务承受人
    - （4）一方当事人因不可抗拒的事由，不能参加诉讼
    - （5）本案必须以另一案的审理结果为依据，而另一案尚未审结
    - （6）其他应当中止诉讼的情形
  - *诉讼终结【31】*（151）
    - （1）原告死亡，没有继承人，或者继承人放弃诉讼权利的
    - （2）被告死亡，没有遗产，也没有应当承担义务的人的
    - （3）离婚案件一方当事人死亡的
    - （4）追索赡养费、扶养费、抚育费以及解除收养关系案件的一方当事人死亡的

执行程序

- 民事诉执行
  - 一般规定
    - 执行依据及管辖
      - 依据
        - 法院制作的民事判决书、裁定书、调解书、民事支付令和决定书
        - 刑事附带民事判决、裁定、调解书
        - 法院制作的承认和执行外国法院判决、裁定或仲裁机构裁决的裁决书和执行令
        - 法院制作的行政判决书、裁定书、调解书
        - 仲裁裁决书和调解书
        - 公证债权文书
      - 管辖（224）
        - 民事、刑事中的财产部分
          - 一审法院
          - 与一审法院同级的被执行财产所在地法院
        - 其他
          - 被执行人住所地
          - 被执行财产所在地
        - 支付令
          - 制作支付令的法院
    - 对执行行为的异议（225）
      - 书面异议 — 15日内审查 — 不服，10日内向上一级法院申请复议
    - 向上级法院申请执行（226）
      - 6个月未执行完结的
      - 《执行程序解释》（11）
        - （1）债权人申请执行时被执行人有可供执行的财产的
        - （2）执行过程中发现被执行人可供执行的财产
        - （3）对法律文书确定的行为义务的执行，未采取相应执行措施的
        - （4）其他有条件执行的
    - 执行异议（227）
      - 案外人对执行的异议
        - 书面形式
        - 确有困难，允许口头 — 15日内审查 — 实质性审查
      - 处理
        - 理由成立 — 裁定中止执行
          - 院长批准
          - 限于异议财产
        - 不成立 — 裁定驳回
        - 不服裁定
          - 认为原判决、裁定错误 — 依审判监督程序
          - 与原判决、裁定无关 — 15日内起诉
    - 委托执行（229）
      - 15日内开始执行，不得拒绝 — 不执行，可申请上级指令
      - 30日内未执行完毕，也当将情况函告委托法院
    - *执行和解【32】*（230）
      - 记入笔录，签字盖章
      - 一方不履行，申请恢复执行 — 《民诉解释》（356、357）
        - 和解协议已经履行完毕的，不予恢复执行
        - 期限自和解协议所定履行期限的最后1日起连续计算
      - 效力
        - 不具有强制执行力；不具有撤销原执行文书的效力
        - 具有中止或终结执行的效力
    - *执行担保【33】*（231）
      - 被执行人担保，执行人同意，法院暂缓执行 — 《民诉解释》
        - （469）暂缓执行的期限应与担保期限一致，不得超过1年
        - （471）届满后仍不履行义务的，直接执行担保财产，以履行义务部分为限
    - *执行回转【34】*（233）
      - 已经执行完毕的执行根据被撤销
      - 根据新的生效法律文书 — 可依当事人申请，亦可依法院职权启动
  - 执行的申请和移送
    - 执行申请的条件
      - 依据的法律文书已经生效
      - 申请执行人是确定的权利人或其继承人、权利承受人
      - 在法定期限内 — 2年（239） — 适用法律有关诉讼时效中止、中断的规定
      - 有给付内容，且执行标的和被执行人明确
      - 义务人在期限内为履行
      - 属于受执行的法院管辖
    - 执行开始的方式（236）
      - 依申请
      - 依职权 — 移送执行
        - 发生法律效力的具有给付赡养费、抚养费、抚育费内容的法律文书
        - 民事制裁决定书
        - 刑事附带民事判决、裁定、调解书
        - 审判人员认为的其他法律文书
    - 不予执行的仲裁裁定（237）
      - （1）没有仲裁条款或事后没有达成书面仲裁协议的
      - （2）不属于仲裁协议的范围或仲裁机构无权仲裁的
      - （3）仲裁庭的组成或者程序违反法定程序的
      - （4）裁决所根据的证据是伪造的
      - （5）对方当事人向仲裁机构隐瞒了足以影响公正裁决的证据的
      - （6）仲裁员在仲裁该案时有贪污受贿，徇私舞弊，枉法裁决行为的
      - 人民法院认定执行该裁决违背社会公共利益的
      - 可重新申请仲裁，也可向法院起诉

- 诉法之程序
  - 管辖权异议
    - 《执行程序解释》③
      - 10内提出
      - 审查
        - 成立，应当撤销，并告知
        - 不成立，裁定驳回
      - 可以复议 上一级人民法院
      - 审查复议期间，不停止执行
  - 执行措施
    - 被执行人财产申报制度 (241)
      - 未按通知履行
      - 报告当前及收到通知之日前1年的财产情况
      - 文书 报告财产令 《执行程序解释》(31)
      - 拒绝报告或虚假报告，可罚款、拘留
    - 查询、划拨、冻结存款 (242)
      - 不得超出履行义务的范围
    - 查扣、冻结、拍卖、变卖 (244)
      - 保留生活必需品
    - 查扣程序 (245)
      - 通知到场 拒不到场，不影响执行 必须制作清单
    - 搜查令 (248)
      - 人民法院 院长签发
      - 强制迁出 (250) 院长签发公告
    - 对行为的执行 (252)
      - 可由有关单位或其他人完成，费用由被执行人承担
    - 迟延履行 (253)
      - 迟延履行利息 履行给付金钱义务的 加倍支付
        - 银行同期贷款最高利率加一倍
      - 迟延履行金 《民诉解释》(371) 已造成损失的，加倍补偿
    - 继续执行 (254)
      - 发现其他财产，可随时请求执行
    - 限制出境 (255)
  - 执行中止和终结
    - 执行中止 (256)
      - （1）申请人表示可以延期执行的
      - （2）案外人对执行标的提出确有理由的异议的
      - （3）作为一方当事人的公民死亡，需要等待继承人的
      - （4）法人或者其他组织终止，尚未确定权利义务承受人的
      - （5）人民法院认为应当中止执行的其他情形
      - 《执行规定》(102)
        - 法院受理破产申请
        - 被执行人确无财产可供执行
        - 执行的标的物在涉诉争议尚未解决
        - 一方申请执行仲裁裁决，另一方申请撤销的
        - 仲裁裁决被提出不予执行请求，并提供担保的
      - 消失后恢复
    - 执行终结 (257)
      - （1）申请人撤销申请的
      - （2）据以执行的法律文书被撤销的
      - （3）作为被执行人的公民死亡，无遗产可供执行，又无义务承担人的
      - （4）追索赡养费、扶养费、抚育费案件的权利人死亡的
      - （5）被执行人是公民，因生活困难无力偿还，无收入来源，又丧失劳动能力的
      - （6）人民法院认为应当终结执行的其他情形
      - 法院裁定宣告破产的 《执行规定》(105)
    - (258) 送达当事人后立即生效
  - 代位申请执行
    - 适用条件 《民诉解释》(4/0)
      - 可以作出冻结债权的裁定，并通知该他人向申请执行人履行
      - 该他人对到期债权有异议，申请执行人请求对异议部分强制执行的，人民法院不予支持
    - 程序 申请 法院通知
      - 第三人15日内履行或提出异议
      - 无异议，强制执行
    - 第三人擅自向被执行人履行 不得再代位执行
      - 与被执行人在财产范围内承担连带责任
      - 可以追究其妨害执行的责任

涉外民事诉讼特别规定

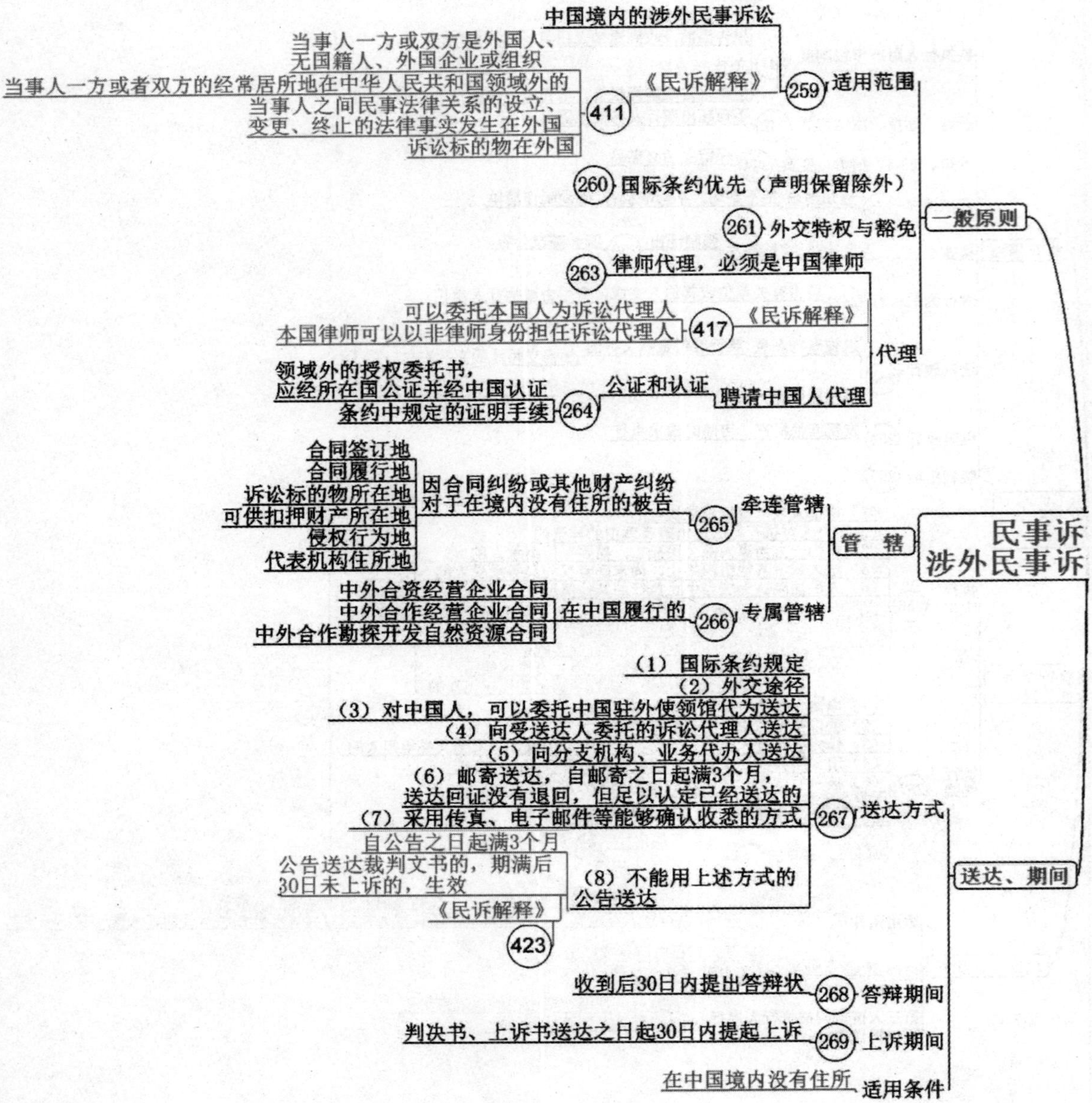
民事诉
涉外民事诉
一般原则
259
适用范围
中国境内的涉外民事诉讼
《民诉解释》
411
当事人一方或双方是外国人、
无国籍人、外国企业或组织
当事人一方或者双方的经常居所地在中华人民共和国领域外的
当事人之间民事法律关系的设立、
变更、终止的法律事实发生在外国
诉讼标的物在外国
260
国际条约优先（声明保留除外）
261
外交特权与豁免
代理
263
律师代理，必须是中国律师
417
《民诉解释》
可以委托本国人为诉讼代理人
本国律师可以以非律师身份担任诉讼代理人
聘请中国人代理
公证和认证
264
领域外的授权委托书，
应经所在国公证并经中国认证
条约中规定的证明手续
管辖
牵连管辖
265
因合同纠纷或其他财产纠纷
对于在境内没有住所的被告
合同签订地
合同履行地
诉讼标的物所在地
可供扣押财产所在地
侵权行为地
代表机构住所地
专属管辖
266
在中国履行的
中外合资经营企业合同
中外合作经营企业合同
中外合作勘探开发自然资源合同
送达、期间
送达方式
267
（1）国际条约规定
（2）外交途径
（3）对中国人，可以委托中国驻外使领馆代为送达
（4）向受送达人委托的诉讼代理人送达
（5）向分支机构、业务代办人送达
（6）邮寄送达，自邮寄之日起满3个月，
送达回证没有退回，但足以认定已经送达的
（7）采用传真、电子邮件等能够确认收悉的方式
（8）不能用上述方式的
公告送达
自公告之日起满3个月
公告送达裁判文书的，期满后
30日未上诉的，生效
《民诉解释》
423
268
答辩期间
收到后30日内提出答辩状
269
上诉期间
判决书、上诉书送达之日起30日内提起上诉
适用条件
在中国境内没有住所

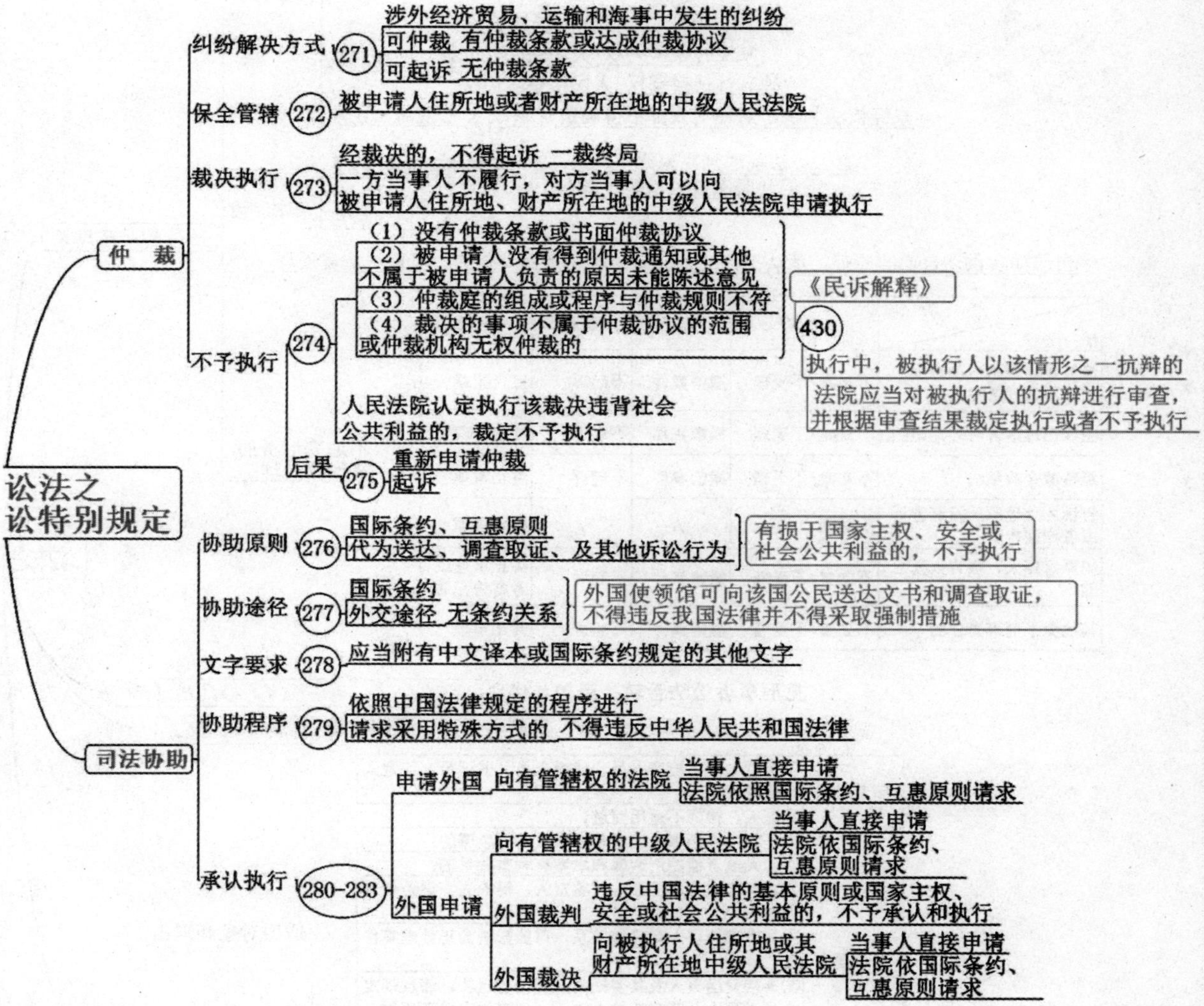
诉法之
讼特别规定
仲　裁
纠纷解决方式
271
涉外经济贸易、运输和海事中发生的纠纷
可仲裁 有仲裁条款或达成仲裁协议
可起诉 无仲裁条款
保全管辖
272
被申请人住所地或者财产所在地的中级人民法院
裁决执行
273
经裁决的，不得起诉 一裁终局
一方当事人不履行，对方当事人可以向
被申请人住所地、财产所在地的中级人民法院申请执行
不予执行
274
（1）没有仲裁条款或书面仲裁协议
（2）被申请人没有得到仲裁通知或其他
不属于被申请人负责的原因未能陈述意见
（3）仲裁庭的组成或程序与仲裁规则不符
（4）裁决的事项不属于仲裁协议的范围
或仲裁机构无权仲裁的
《民诉解释》
430
执行中，被执行人以该情形之一抗辩的
法院应当对被执行人的抗辩进行审查，
并根据审查结果裁定执行或者不予执行
人民法院认定执行该裁决违背社会
公共利益的，裁定不予执行
后果
275
重新申请仲裁
起诉
司法协助
协助原则
276
国际条约、互惠原则
代为送达、调查取证、及其他诉讼行为
有损于国家主权、安全或
社会公共利益的，不予执行
协助途径
277
国际条约
外交途径 无条约关系
外国使领馆可向该国公民送达文书和调查取证，
不得违反我国法律并不得采取强制措施
文字要求
278
应当附有中文译本或国际条约规定的其他文字
协助程序
279
依照中国法律规定的程序进行
请求采用特殊方式的 不得违反中华人民共和国法律
承认执行
280-283
申请外国
向有管辖权的法院
当事人直接申请
法院依照国际条约、互惠原则请求
外国申请
向有管辖权的中级人民法院
当事人直接申请
法院依国际条约、
互惠原则请求
外国裁判
违反中国法律的基本原则或国家主权、
安全或社会公共利益的，不予承认和执行
外国裁决
向被执行人住所地或其
财产所在地中级人民法院
当事人直接申请
法院依国际条约、
互惠原则请求

总　　则

刑事
法之

- 任务和基本原则
  - 基本原则
    - 专门机关行使权力 (3-4)
      - 公安机关
        - *侦查【1】*
        - 拘留
        - 执行逮捕
        - 预审
        - 检察院、国安、监狱、军队保卫部门、海关走私犯罪侦查部门在其办理职权范围内案件时具有此职权
      - 人民检察院
        - 直接受理的案件的侦查
        - 检察
        - 批准逮捕
        - 提起公诉
      - 人民法院
        - 审判
    - 独立行使职权 (5)
      - 人民法院 独立行使审判权
      - 人民检察院 独立行使检察权
    - 法院统一定罪 (12)
      - 未经依法判决，对任何人都不得确定有罪
  - 基本制度
    - *两审终审制度【2】* (10)
      - 第二级法院的判决为终审判决
      - 但开庭次数可以超过2次
    - 人民陪审制度 (13)
  - (15) 自愿如实供述自己的罪行，承认指控的犯罪事实愿意接受处罚的，可依法从宽处理
  - 不追究刑责的情形及处理 (16)

情形＼阶段	立案	侦查	审查起诉	审判
情节显著轻微，危害不大，不认为是犯罪	不立案/不受理	撤销案件	不起诉	宣告无罪
犯罪已过追诉时效期限的	不立案/不受理	撤销案件	不起诉	终止审理
经特赦令赦免的	不立案/不受理	撤销案件	不起诉	终止审理
告诉才处理的，没有告诉或者撤回告诉	不受理	/	/	终止审理
犯罪嫌疑人、被告人死亡的	不立案/不受理	撤销案件	不起诉	终止审理或者宣告无罪
其他免予刑事责任的	不立案/不受理	撤销案件	不起诉	终止审理

- *管辖【3】、辩护【4】与代理【5】*：见刑事诉讼法管辖、辩护与代理
- *强制措施【6】*：见刑事诉讼法强制措施
- 回避
  - 适用对象和理由 (29)

回避对象	①审判人员、检察人员、侦查人员、书记员、鉴定人和翻译人员；	
	②证人、律师不适用回避。	
回避理由	①是本案的当事人或者是当事人的近亲属的；	
	②本人或者他的近亲属和本案有利害关系的；	
	③★担任过本案的证人、鉴定人、辩护人、诉讼代理人的；	
	④与本案当事人有其他关系，可能影响公正处理案件的；	
	⑤★接受当事人及其委托的人的请客送礼，违反规定会见当事人及其委托的人的；（应提供有关证明材料）（《高法解释》第27条）	
	⑥★凡在本诉讼阶段以前参与办理本案的人员不得再参与该案的办理。（《高法解释》第31条）	

  - 回避决定主体 (31)
    - 审判人员、检察人员、侦查人员　决定对象　院长、检察长、公安机关
      - 侦查人员回避作出决定前，不停止对案件的侦查
    - 院长　决定对象　本院审判委员会
    - 检察长、公安机关负责人　决定对象　同级人民检察院委员会

诉讼总则

- **证据【7】**
  - 种类（50）
    - 物证
    - 书证
    - 证人证言（61-62）
      - 效力程序　必须经过质证并且查实以后，才能作为定案的根据
      - 作证义务
        - 案件知情人，均有作证义务
        - 例外
          - 生理上、精神上有缺陷或者年幼，不能辨别是非、不能正确表达的人
    - 被害人陈述
    - 犯罪嫌疑人、被告人供述和辩解（55）
      - 只有被告人供述，没有其他证据的
        - 不能认定有罪和处以刑罚
      - 没有被告人供述，证据确实、充分的
        - 可以认定有罪和处以刑罚
      - 证据确实、充分
        - 都有证据证明
        - 经法定程序查证属实
        - 已排除合理怀疑
      - 刑讯逼供（56）
        - 证据对象
          - 证人证言、被害人陈述
          - 犯罪嫌疑人、被告人供述
        - 证据效力　应当予以排除
    - 鉴定意见
    - 勘验、检查、辨认、侦查实验等笔录
    - 视听资料、电子数据
  - 特殊案件证人保护（64）
    - 案件范围　危害国家安全犯罪、恐怖活动犯罪、黑社会性质的组织犯罪、毒品犯罪等案件
    - 保护对象　证人、鉴定人、被害人
    - 保护措施
      - （1）不公开真实姓名、住址和工作单位等个人信息
      - （2）采取不暴露外貌、真实声音等出庭作证措施
      - （3）禁止特定的人员接触证人、鉴定人、被害人及其近亲属
      - （4）对人身和住宅采取专门性保护措施
      - （5）其他必要的保护措施
- **附带民事诉讼【8】**
  - 条件（101）
    - 请求权人
      - 被害人
      - 已死亡的被害人的近亲属
      - 无行为能力或者限制行为能力的被害人的法定代理人
      - 人民检察院（国家、集体财产遭受损失且受损失的单位未提起附带民事诉讼时）
    - 被告人
      - 刑事被告人（公民、法人和其他组织）及没有被追究刑事责任的其他共同致害人
      - 未成年刑事被告人的监护人
      - 已被执行死刑的罪犯的遗产继承人
      - 共同犯罪案件中，案件审结前已死亡的被告人的遗产继承人
      - 取保候审的保证人
      - 其他对刑事被告人的犯罪行为依法应当承担民事赔偿责任的单位和个人
    - 被害人的损失是由被告人的犯罪行为造成的
      - 赔偿范围
        - 因人身权利受到犯罪侵犯而遭受物质损失
        - 因财物被犯罪分子毁坏而遭受物质损失的
      - 不予赔偿
        - 精神损失不赔偿
        - 今后可能得到的或通过努力才能争得的物质利益
        - 引起犯罪行为的民事纠纷，不能在刑事诉讼过程中解决
        - 属依法予以追缴或者责令退赔的
    - 提起时间　立案之日起至一审判决宣告之日
- **期间送达**（105-107）
  - 期间
    - 起算不包括开始的时和日
    - 最后一日为节假日的，以节假日后的第一日为期满日期
      - 但在押期间，应至期满之日为止，不得因节假日而延长
    - 法定期间不包括路途上的时间
      - 已交邮的，不算过期
    - 补救
      - 当事人申请
      - 有正当理由，如不可抗力
      - 障碍消除后5天之内
      - 法院审查，作出裁定
  - 期间的重新计算
    - 侦查期间，发现另有重要罪行的，自发现之日起依法重新计算侦查羁押期限
    - 补充侦查完毕移送检察院后，检察院重新计算审查起诉期限
    - 法院改变管辖的案件，从改变后的法院收到案件之日起计算审理期限
    - 检察院补充侦查完毕移送人民法院后，法院重新计算审理期限
    - 二审法院发回重审案件，原审法院从收到发回的案件之日起，重新计算审理期限
    - 简易程序转为普通程序审理的案件，审理期限应当从决定转为普通程序之日起计算
  - 期间的不计入
    - 当事人和辩护人申请调查新证据，审判人员若同意该申请，需要延期审理的时间
    - 精神病鉴定的期间不计入办案期限
    - 被告人拒绝辩护后，另行委托、指定辩护人或者辩护律师的，自案件宣布延期审理之日起至第十日止的准备辩护时间
    - 中止审理的期间不计入审理期限
    - 犯罪嫌疑人不讲真实姓名、住址，身份不明的，侦查羁押期限自查清其身份之日起计算

管辖、辩护与代理

刑事诉 管 辩护

- **立案管辖【9】**（19）
  - 法院直接受理（自诉案件）
    - 不诉不理 —《最高法解释》①
      - 侮辱、诽谤案（除危害社会秩序和国家利益）
      - 暴力干涉婚姻自由案（除致人死亡）
      - 虐待案（除致人重伤或死亡）
      - 侵占案
    - 可公诉可自诉
      - 被害人有证据证明的轻微刑事案件
        - （1）故意伤害案（轻伤）
        - （2）重婚案
        - （3）遗弃案
        - （4）妨害通信自由案
        - （5）非法侵入他人住宅案
        - （6）生产、销售伪劣商品案件（严重危害的除外）
        - （7）侵犯知识产权案件（严重危害的除外）
        - （8）可以判处三年有期徒刑以下刑罚的其他轻微刑事案件
    - 公诉转自诉
      - 被害人有证据证明对被告人侵犯自己人身、财产权利的行为应当依法追究刑事责任，而公安机关或者人民检察院不予追究被告人刑事责任的案件。
      - 不得调解、反诉和适用简易程序，但可以和解
  - 检察院直接受理 —《最高检规则》
    - 司法机关工作人员利用职权实施的侵犯公民人身/民主权利的犯罪
      - 非法拘禁罪；刑讯逼供罪；报复陷害罪；非法搜查罪；暴力取证罪；破坏选举罪；虐待被监管人罪
    - 国家机关工作人员利用职权实施的其他重大犯罪
      - 由省级以上人民检察院（检察委员会）决定
  - 公安直接受理
    - 除法律另有规定外，所有刑事案件的侦查，均由公安进行
    - 特殊管辖
      - 军队内部发生的刑事案件 — 军队保卫部门
      - 罪犯在监狱内犯罪 — 监狱（体罚虐待被监管人员由检察院侦查）
      - 危害国家安全的案件 — 国家安全机关
- **级别管辖【10】**（20-24）
  - 基层法院：除规定由上级法院管辖外
  - 中级法院：危害国家安全、恐怖活动案件；可能判处无期徒刑、死刑的案件
  - 高级法院：全省（自治区、直辖市）性重大刑事案件
  - 最高法院：全国性的重大刑事案件
  - 变通
    - 上级法院在必要时可审判下级法院管辖的第一审刑事案件
    - 下级法院认为案情重大、复杂可请求移送上一级法院审判
- **地区管辖【11】**（25-26）
  - 一般地域管辖

原则	注意事项
以犯罪地人民法院管辖为主，被告人居住地人民法院管辖为辅。	犯罪地指犯罪行为发生地；非法占有为目的财产犯罪，包括行为发生地和实际取得财产的结果发生地。
以最初受理的人民法院审判为主，主要犯罪地人民法院审判为辅。	①民事诉讼（最先立案）
	②行政诉讼（最先收到起诉状）

  - 特殊地域管辖 —《最高法解释》（7—14）

情　形	管辖的法院
①国际公约规定的罪行	抓获地
②外国人的中国领域外针对中国、中国人犯罪	入境地
③领域外的中国船舶内的犯罪	最初停靠地
④领域外的中国航空器内的犯罪	最初降落地
⑤国际列车上的犯罪	按协议；最初停靠站或目的地铁路运输法院
⑥中国公民在驻外的中国使领馆内的犯罪	主管单位所在地或原户籍所在地
⑦中国公民在中华人民共和国领域外的犯罪	离境前的居住地或原户籍所在地
⑧漏罪：原则上为原审法院；如果服刑地或新发现罪的主要犯罪地管辖更为适宜的，由该地法院管辖； 新罪：服刑期间又犯罪的，由服刑地的法院管辖。正在服刑的罪犯在脱逃期间的犯罪，若犯罪地捕获并发现的由犯罪地的法院管辖；若被缉捕押解回监狱后发现的，由罪犯服刑地的法院管辖。	

- **专门管辖【12】**（28）
  - 军事法院管辖 —《最高法解释》（20、21）
    - 分别管辖
      - 现役军人（含军内在编职工）和非军人共同犯罪，分别由军事法院和地方人民法院或者其他专门法院管辖（目前为铁路法院）
      - 涉及国家军事秘密的，全案由军事法院管辖
    - 地方法院或其他专门法院管辖
      - 非军人、随军家属在部队营区内犯罪的
      - 军人在办理退役手续后犯罪的
      - 现役军人入伍前犯罪的（需与服役期内犯罪一并审判的除外）
      - 退役军人在服役期内犯罪的（犯军人违反职责罪的除外）

诉法之辖、与代理

- **辩护**
  - 辩护人范围 (33)
    - 可以担任
      - 律师
      - 人民团体或者犯罪嫌疑人、被告人所在单位推荐的人
      - 监护人、亲友
    - 禁止担任
      - 绝对禁止
        - 被宣告缓刑和刑罚尚未执行完毕的人
        - 依法被剥夺、限制人身自由的人
        - 无行为能力或者限制行为能力的人
      - 相对禁止（如果是被告人的近亲属或者监护人，由被告人委托担任辩护人的，人民法院可以准许）
        - 法院、检察院、公安、国家安全机关、监狱的现职人员
        - 本院的人民陪审员
        - 与本案审理结果有利害关系的人
        - 外国人或者无国籍人
        - 被开除公职和被吊销律师、公证员执业证书的人
  - 委托辩护 (34)
    - 适用情形
      - 人民检察院自收到移送审查起诉的案件材料之日起三日以内
      - 自被侦查机关第一次讯问或者采取强制措施之日起——侦查阶段，只能委托律师
      - 人民法院自受理案件之日起三日以内
    - 委托人 犯罪嫌疑人 被告人在押的 监护人、*近亲属*【13】亦可
  - 指定辩护和法律援助 (35)
    - 前提 犯罪嫌疑人、被告人未委托辩护人
    - 适用阶段 侦查阶段；审查起诉阶段；审判阶段
    - 申请主体 犯罪嫌疑人、被告人及其近亲属
    - 指定方式 法院、检察院和公安机关通知法律援助机构指派律师
    - “应当”指定
      - 盲、聋、哑人；未成年人
      - 尚未完全丧失辨认或者控制自己行为能力的精神病人
      - 无期徒刑、死刑
  - 值班律师 (36)
    - 适用情形 犯罪嫌疑人、被告人没有委托辩护人，法律援助机构没有指派律师为其提供辩护的
    - 由值班律师为犯罪嫌疑人、被告人提供法律咨询、程序选择建议、申请变更强制措施、对案件处理提出意见等
  - 辩护律师的权利 (39-43)
    - 阅卷权 自人民检察院对案件审查起诉之日起，可以查阅、摘抄、复制本案的案卷材料
    - 会见、通信权
      - 提供的材料 律师执业证书；律师事务所证明；委托书或者法律援助公函
      - 安排时限
        - 在押的，看守所48小时内安排会见
        - 危害国家安全、恐怖活动 5天 经侦查机关许可
      - 权利保护 在押的，不被监听 审查起诉、审判阶段，不派员在场
    - 调查取证权
      - 亲自收集
        - 向控方证人（被害人及其近亲属以及被害人提供的证人）取证
        - 向辩方证人取证
      - 申请检察院、法院收集
    - 提出意见权
      - 在案件侦查终结前 (159) 侦查机关应当听取辩护律师的意见，并记录在案
      - 检察院审查批捕 (86)
        - 可以听取辩护律师的意见
        - 辩护律师提出要求的，应当听取辩护律师的意见
      - 审查起诉阶段 (170) 检察院应当听取辩护人的意见
      - 最高院死刑核准 (240) 辩护律师提出要求的，应当听取辩护律师的意见
    - 申请变更、解除强制措施的权利 (95、97)
    - 申诉、控告权 (47) 向同级或者上一级人民检察院申诉或者控告
    - 拒绝辩护权 《律师法》(32) 条件
      - 委托事项违法
      - 利用委托从事违法活动
      - 隐瞒事实真相
    - 庭审言论豁免权 《律师法》(37)
      - 范围 庭上发表的代理、辩护意见
      - 例外
        - 危害国家安全的言论
        - 恶意诽谤他人的言论
        - 严重扰乱法庭秩序的言论
    - 人身保障权 《律师法》(37) 条件 参与诉讼中涉嫌犯罪被依法拘留、逮捕的
  - 辩护人禁止的行为 (44)
    - 不得帮助犯罪嫌疑人、被告人隐匿、毁灭、伪造证据或者串供
    - 不得威胁、引诱证人作伪证
    - 不得进行其他干扰司法机关诉讼活动的行为
  - 辩护人的保密及告知义务 (48)
    - 保密 知悉的委托人有关情况和信息
    - 告知 准备或正在实施危害国家安全、公共安全以及严重危害他人人身安全的犯罪
- **诉讼代理人**
  - 委托主体 (46)
    - 公诉案件的被害人及其法定代理人或者近亲属
    - 自诉案件的自诉人及其法定代理人
    - 附带民事诉讼的当事人及其法定代理人

强制措施

刑事之强制

- 强制措施的种类
  - 拘传【14】；取保候审【15】；监视居住【16】；拘留【17】；逮捕【18】
- 取保候审（67-73）
  - 使用条件
    - （1）可能判处管制、拘役或者独立适用附加刑的
    - （2）可能判处有期徒刑以上刑罚，采取取保候审不致发生社会危险性的
    - （3）患有严重疾病、生活不能自理，怀孕或者正在哺乳自己婴儿的妇女，采取取保候审不致发生社会危险性的
    - （4）羁押期限届满，案件尚未办结，需要采取取保候审的
  - 不能适用的情形
    - 累犯
    - 以自伤自残等办法逃避的
    - 取保候审期间故意犯新罪的
    - 暴力犯罪
    - 集团犯罪的主犯
    - 危害国家安全犯罪
  - 决定机关
    - 公安机关；检察院；法院
      - 执行机关：公安机关和国家安全机关
  - 取保候审的方式
    - 保证金保证
      - 金额：1000元以上人民币
      - 退还
        - 条件：未违反被取保候审人应当遵守的规定（第69条）
        - 方式：凭解除取保候审的通知或者有关法律文书到银行领取
    - 保证人保证
      - 保证人的条件
        - （1）与本案无牵连
        - （2）有能力履行保证义务
        - （3）享有政治权利，人身自由未受到限制
        - （4）有固定的住处和收入
  - 应遵守的规定
    - 一般义务
      - 未经执行机关批准不得离开所居住的市、县
      - 住址、工作和联系方式发生变动，24小时以内向执行机关报告
      - 在传讯的时候及时到案
      - 不得以任何形式干扰证人作证
      - 不得毁灭、伪造证据或者串供
    - 可选择义务
      - 不得进入特定的场所
      - 不得与特定的人员会见或者通信
      - 不得从事特定的活动
      - 将护照等出入境证件、驾驶证件交执行机关保存
    - 违反规定的后果
      - 没收部分或者全部保证金
      - 具结悔过，重新交纳保证金、提出保证人，或监视居住、予以逮捕
      - 需要予以逮捕的，可以对犯罪嫌疑人、被告人先行拘留
    - 重新犯罪的
      - 暂扣保证金
      - 故意犯罪：没收保证金
      - 过失犯罪：退还保证金
  - 取保候审期限
    - 12个月（同一阶段，连续计算；不同阶段，重新计算）
- 监视居住（74-79）
  - 适用条件
    - （1）患有严重疾病、生活不能自理的
    - （2）怀孕或者正在哺乳自己婴儿的妇女
    - （3）系生活不能自理的人的唯一扶养人
    - （4）因为案件的特殊情况或者办理案件的需要
    - （5）羁押期限届满，案件未办结，需要采取的
    - 对于符合取保候审条件，但不提供保证人，也不交纳保证金的，也可以监视居住
  - 决定机关
    - 公安机关；检察院；法院
    - 执行机关：公安机关和国家安全机关
  - 指定居所监视居住
    - 适用范围
      - 无固定住处的，可以在指定的居所执行
      - 对于涉嫌危害国家安全犯罪、恐怖活动犯罪，在住处执行可能有碍侦查的，经上一级人民检察院或者公安机关批准，也可以在指定的居所执行。但是，不得指定在羁押场所、专门的办案场所执行。
    - 通知
      - 除无法通知的以外，应当在执行监视居住后24小时以内，通知被监视居住人的家属
  - 刑期折抵（76）
    - 被判处管制的：1日折抵刑期1日
    - 被判处拘役、有期徒刑的：2日折抵刑期1日
  - 被监视居住人遵守的规定
    - 未经执行机关批准不得离开执行监视居住的处所
    - 未经执行机关批准不得会见他人或者通信
    - 在传讯的时候及时到案
    - 不得以任何形式干扰证人作证
    - 不得毁灭、伪造证据或者串供
    - 将护照等出入境证件、身份证件、驾驶证件交执行机关保存
  - 违反规定的后果
    - 情节严重的，可以予以逮捕
    - 需要予以逮捕的，可以对犯罪嫌疑人、被告人先行拘留
  - 期限
    - 6个月（同一阶段，连续计算；不同阶段，重新计算）

诉讼法措施

- 拘留
  - 适用对象（82）
    - （1）正在预备犯罪、实行犯罪或者在犯罪后即时被发觉的
    - （2）被害人或者在场亲眼看见的人指认他犯罪的
    - （3）在身边或者住处发现有犯罪证据的
    - （4）犯罪后企图自杀、逃跑或者在逃的
    - （5）有毁灭、伪造证据或者串供可能的
    - （6）不讲真实姓名、住址，身份不明的
    - （7）有流窜作案、多次作案、结伙作案重大嫌疑的
    - （8）违反取保候审、监视居住期间的规定，需要予以逮捕的
  - 主体
    - 决定 公安机关；检察院
    - 执行 公安机关
  - 讯问、通知（86）
    - 立即将被拘留人送看守所羁押，至迟不得超过24小时
    - 应在拘留后24小时以内，通知家属 除无法通知或涉嫌危害国家安全、恐怖活动犯罪
    - 在拘留后的24小时以内进行讯问 不应当拘留的，必须立即释放，发给释放证明
  - 对特殊人的适用
    - 县级以上人大代表 现行犯 先拘留后报告 重大嫌疑分子 先批准后拘留
  - 异地拘留（83）
    - 应当通知被拘留人所在地的公安机关，被拘留人所在地的公安机关应当予以配合 —— 逮捕同
  - 拘留期限
    - （3+7）天至（30+7）天
- 逮捕
  - 逮捕条件（81）
    - 一般逮捕
      - 有证据证明有犯罪事实
      - 可能判处徒刑以上刑罚
      - 取保候审尚不足以防止发生下列社会危险性的
        - 可能实施新的犯罪的
        - 有危害国家安全、公共安全或者社会秩序的现实危险的
        - 可能毁灭、伪造证据，干扰证人作证或者串供的
        - 可能对被害人、举报人、控告人实施打击报复的
        - 企图自杀或者逃跑的
    - 绝对逮捕
      - 对有证据证明有犯罪事实，可能判处十年有期徒刑以上刑罚的
      - 有证据证明有犯罪事实，可能判处徒刑以上刑罚，曾经故意犯罪或者身份不明的
    - 变更型逮捕
      - 被取保候审、监视居住的犯罪嫌疑人、被告人违反取保候审、监视居住规定，情节严重的，可以予以逮捕
    - 批准或者决定逮捕，应当将犯罪嫌疑人、被告人涉嫌犯罪的性质、情节，认罪认罚等情况，作为是否可能发生社会危险性的考虑因素
  - 主体
    - 批准 检察院
    - 执行 公安机关
    - 决定 人民检察院；人民法院
  - 询问、通知
    - 立即送看守所，除无法通知外，应24小时内通知家属
  - 对特殊人的适用
    - 《高检规则》（93） 县级以上人大代表 先批准后逮捕
    - 外国人
      - 涉及国家安全、政治外交的案件 市级检察院层报最高检，征求外交部的意见
      - 其他的案件 市级检察院报省检，征求省政府外事部门的意见，并报最高检备案
  - 异地逮捕
    - 应当通知被逮捕人所在地的公安机关，被逮捕人所在地的公安机关应当予以配合
  - 审查批捕的程序
    - 讯问犯罪嫌疑人
      - 应当讯问情形（88）
        - 对是否符合逮捕条件有疑问的
        - 犯罪嫌疑人要求向检察人员当面陈述的
        - 侦查活动可能有重大违法行为的
        - 未成年犯罪嫌疑人
    - 听取诉讼参与人的意见
      - 可以询问证人等诉讼参与人，听取辩护律师的意见
      - 辩护律师提出要求的，应当听取辩护律师的意见
  - 期限（91）
    - 提请批捕 拘留后，3日内申请 可延长1-4日 流窜、团伙、多次作案的，可延长至30日
    - 批准
      - 已经被拘留的 7日
      - 没有被拘留的 15日，最长不得超过20日
- 扭送（84）
  - 扭送情形 （1）正在实行犯罪或者在犯罪后即时被发觉的；（2）通缉在案的；（3）越狱逃跑的；（4）正在被追捕的
  - 扭送主体 任何公民
- 强制措施的变更和解除（97）
  - 申请主体
    - 犯罪嫌疑人
    - 被告人及其法定代理人、近亲属或者辩护人
  - 处理程序 收到申请后3日以内作出决定 不同意变更的，应告知申请人并说明理由
  - 可变更或解除逮捕的情形
    - 患有严重疾病的
    - 案件不能在法律规定的期限内审结的
    - 正在怀孕、哺乳自己婴儿的妇女
  - 应变更、解除或撤销逮捕的情形
    - 一审判管制、缓刑、单独适用附加刑，尚未生效
    - 二审期间，羁押时间满一审判决刑期
    - 因司法鉴定尚未审结的案件，规定期限届满
    - 一审法院判无罪、免除刑事处罚的，被告人在押

立案、侦查、提起公诉

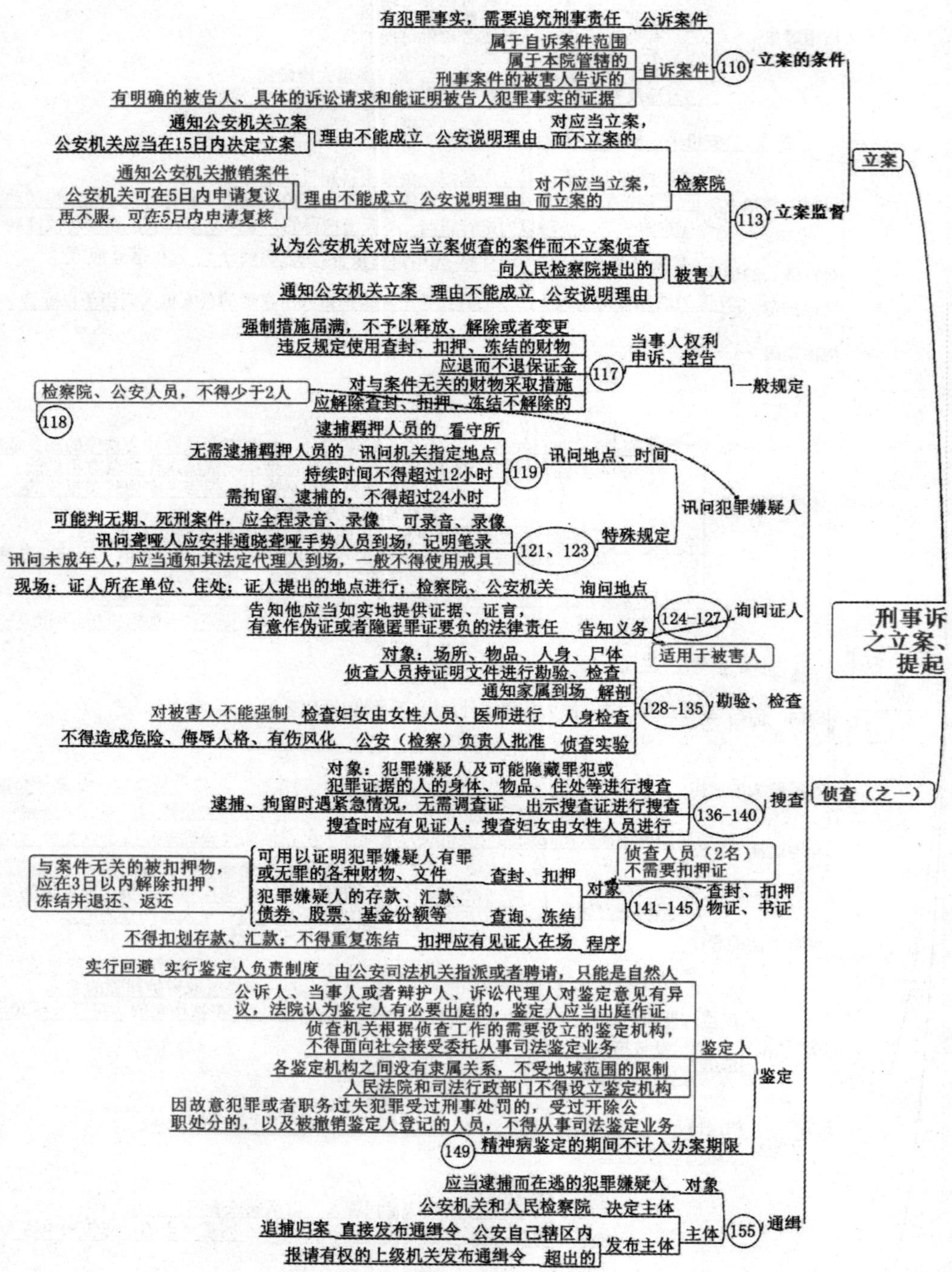

刑事诉
之立案、
提起
立案
立案的条件
110
公诉案件
有犯罪事实，需要追究刑事责任
自诉案件
属于自诉案件范围
属于本院管辖的
刑事案件的被害人告诉的
有明确的被告人、具体的诉讼请求和能证明被告人犯罪事实的证据
立案监督
113
检察院
对应当立案，而不立案的
公安说明理由
理由不能成立
通知公安机关立案
公安机关应当在15日内决定立案
对不应当立案，而立案的
公安说明理由
理由不能成立
通知公安机关撤销案件
公安机关可在5日内申请复议
再不服，可在5日内申请复核
被害人
认为公安机关对应当立案侦查的案件而不立案侦查
向人民检察院提出的
公安说明理由
理由不能成立
通知公安机关立案
侦查（之一）
一般规定
当事人权利申诉、控告
117
强制措施届满，不予以释放、解除或者变更
违反规定使用查封、扣押、冻结的财物
应退而不退保证金
对与案件无关的财物采取措施
应解除查封、扣押、冻结不解除的
讯问犯罪嫌疑人
118
检察院、公安人员，不得少于2人
讯问地点、时间
119
逮捕羁押人员的 看守所
无需逮捕羁押人员的 讯问机关指定地点
持续时间不得超过12小时
需拘留、逮捕的，不得超过24小时
特殊规定
121、123
可能判无期、死刑案件，应全程录音、录像 可录音、录像
讯问聋哑人应安排通晓聋哑手势人员到场，记明笔录
讯问未成年人，应当通知其法定代理人到场，一般不得使用戒具
询问证人
124-127
询问地点
现场；证人所在单位、住处；证人提出的地点进行；检察院、公安机关
告知义务
告知他应当如实地提供证据、证言，有意作伪证或者隐匿罪证要负的法律责任
适用于被害人
勘验、检查
128-135
对象：场所、物品、人身、尸体
侦查人员持证明文件进行勘验、检查
解剖
通知家属到场
人身检查
检查妇女由女性人员、医师进行
对被害人不能强制
侦查实验
公安（检察）负责人批准
不得造成危险、侮辱人格、有伤风化
搜查
136-140
对象：犯罪嫌疑人及可能隐藏罪犯或犯罪证据的人的身体、物品、住处等进行搜查
出示搜查证进行搜查
逮捕、拘留时遇紧急情况，无需调查证
搜查时应有见证人；搜查妇女由女性人员进行
查封、扣押物证、书证
141-145
侦查人员（2名）
不需要扣押证
对象
查封、扣押
可用以证明犯罪嫌疑人有罪或无罪的各种财物、文件
查询、冻结
犯罪嫌疑人的存款、汇款、债券、股票、基金份额等
与案件无关的被扣押物，应在3日以内解除扣押、冻结并退还、返还
程序
扣押应有见证人在场
不得扣划存款、汇款；不得重复冻结
鉴定
鉴定人
由公安司法机关指派或者聘请，只能是自然人
实行鉴定人负责制度
实行回避
公诉人、当事人或者辩护人、诉讼代理人对鉴定意见有异议，法院认为鉴定人有必要出庭的，鉴定人应当出庭作证
侦查机关根据侦查工作的需要设立的鉴定机构，不得面向社会接受委托从事司法鉴定业务
各鉴定机构之间没有隶属关系，不受地域范围的限制
人民法院和司法行政部门不得设立鉴定机构
因故意犯罪或者职务过失犯罪受过刑事处罚的，受过开除公职处分的，以及被撤销鉴定人登记的人员，不得从事司法鉴定业务
149
精神病鉴定的期间不计入办案期限
通缉
155
对象
应当逮捕而在逃的犯罪嫌疑人
主体
决定主体
公安机关和人民检察院
发布主体
公安自己辖区内
直接发布通缉令
追捕归案
超出的
报请有权的上级机关发布通缉令

诉法 侦查、公诉

侦查（之二）

- 技术侦查措施（150-154）
  - 适用范围（150）
    - 公安立案
      - 危害国家安全犯罪
      - 恐怖活动犯罪
      - 黑社会性质组织犯罪
      - 重大毒品犯罪
      - 其他严重危害社会犯罪
    - 检察院立案 利用职权侵犯公民人身权利
    - 被通缉、在逃情形
    - 经批准决定签发之日起3个月内采取技术侦察措施
      - 期满仍需继续侦查 经批准可延长，每次不超过3个月
      - 期满无需继续侦查 及时解除
  - 期限（151）
    - 自签发之日起3个月内有效
    - 复杂、疑难案件，经过批准，有效期可以延长，每次不得超过3个月
  - 要求（152-154）
    - 保密 涉及国家秘密、商业秘密、个人隐私 相关单位应当配合，予以保密
    - 隐匿身份侦查
      - 但不得诱使他人犯罪，不得使用危害公共安全、人身安全的方法
      - 须经公安机关负责人决定
    - 对涉及给付毒品等违禁品或者财物的犯罪活动，公安机关根据侦查犯罪的需要可以依照规定实施控制下交付
- 侦查终结（156-163）
  - 侦查羁押期限 逮捕后，2个月
    - 经上一级检察院批准延长1个月
    - 经省级检察院批准延长2个月 仅限
      - 交通不便边远地区重大复杂案件
      - 重大犯罪集团案件
      - 流窜作案重大复杂案件
      - 犯罪涉及面广，取证困难案件
    - 经省级检察院批准延长2个月 仅限可能判处10年有期徒刑以下刑罚
    - 特殊原因 由最高检报全国人大常委会批准
  - 期限计算
    - 查清身份之日起计算 无法查明身份，可按其自报的姓名起诉、审判
    - 发现新罪，自发现之日起重新计算
  - 侦查结果
    - 犯罪事实清楚，证据确实充分
      - 移送检察院
      - 告知疑犯、辩护人
    - 发现不应追究刑事责任 撤销案件 通知检察院 已被逮捕的，应立即释放
    - 自愿认罪应记录在案，随案移送
- 检察院对直接受理案件的侦查（164-168）
  - 需要逮捕、拘留
    - 检察院决定 公安执行
    - 拘留 24小时内讯问 认为需要逮捕 24小时内决定（决定时间可延长1-3日）
  - 侦查终结 提起公诉；不起诉；撤销案件

提起公诉（检察院）

- 审查决定（171） 审查内容
  - （1）犯罪事实、情节是否清楚，证据是否确实、充分，性质和罪名的认定是否正确
  - （2）有无遗漏罪行和其他应当追究刑事责任的人
  - （3）是否属于不应追究刑事责任的
  - （4）有无附带民事诉讼
  - （5）侦查活动是否合法
- 审查起诉期限（172）
  - 一个月内作出决定 重大、复杂的案件，延长15日
  - 改变管辖的，从改变后的检察院收到材料之日起算
  - 认罪认罚，符合速裁程序适用条件的，十日内作出决定，对可能判处的有期徒刑超过一年的，延长15日
- 补充侦查（175）
  - 原因 犯罪事实不清、证据不足或者遗漏罪行、遗漏同案犯罪嫌疑人
  - 主体及方式
    - 公安侦查的 可以退回公安机关，也可以由检察院自行侦查
    - 检察院自侦的 检察院审查起诉部门应退回本院侦查部门补充侦查
  - 次数与期限 1个月内补充侦查完毕 重新计算审限 2次为限
- 认罪认罚
  - 犯罪嫌疑人自愿认罪，同意量刑建议和程序适用的，应当在辩护人或者值班律师在场的情况下签署认罪认罚具结书。
  - 下列情形除外：犯罪嫌疑人是盲、聋、哑人，或者是尚未完全丧失辨认或者控制自己行为能力的精神病人的；未成年犯罪嫌疑人的法定代理人、辩护人对未成年人认罪认罚有异议的；其他不需要签署认罪认罚具结书的情形。
- 不起诉决定（177-180）
  - 不起诉的，公开宣布，被不起诉人在押，立即释放

三类不起诉的区别

区别 \ 种类	法定不起诉	酌定不起诉	证据不足不起诉
适用对象	没有犯罪事实，或者刑诉法第15条规定的情形	犯罪情节轻微，依照刑法规定不需要判处刑罚或者免除刑罚的	经过补充侦查，仍然证据不足，不符合起诉条件
有无裁量权	无	有	有
决定主体	检察长	检察委员会	检察委员会
能否再起诉	不能	不能	能
被害人可否申诉	可以	可以	可以
被不起诉人可否申诉	不可以	可以	不可以

  - 应同时对侦查中查封、扣押、冻结的财物解除查封、扣押、冻结。
  - 对被不起诉人需要给予行政处罚、处分或者需要没收其违法所得的，人民检察院应当提出检察意见，移送有关主管机关处理。

审　判

- 刑事诉讼法之（审判）
  - 第一审程序 公诉【19】
    - 一审流程
      - 庭前审查
        - 审查后的处理
          - 不属于本院管辖或被告人不在案的，应当决定退回检察院
          - 不符合条件，需要补送材料的，应当通知检察院3日内补送
          - 证据不足的无罪判决后，有新事实、证据重新起诉的，应当受理
          - 裁定撤诉的案件，没有新的事实、证据重新起诉的，不予受理
          - 符合本法第15条2-6项规定的，应当裁定终止审理或决定不予受理
          - 被告人身份不明，但符合受理条件的，应当受理
      - 开庭前的准备 (187)
        - 开庭10日前：将起诉书副本送达被告人及其辩护人
        - 开庭5日前：通知被告人、辩护人提供证据的相关情形
        - 开庭3日前
          - 通知检察院开庭的时间、地点
          - 传唤当事人，通知辩护人、诉讼代理人、证人、鉴定人和翻译人员
          - 公开审判的案件，应当先期公布案由、被告人姓名、开庭时间和地点
        - (188) 涉及国家秘密、个人隐私除外；涉及商业秘密，经当事人申请，可不公开
      - 法庭审判 (190-198)
        - 宣布开庭
        - 法庭调查
        - 法庭辩论
          - 先控方、后辩方
          - 发现新事实的处理：有必要时，可以恢复法庭调查
        - 被告人最后陈述
          - 被告人最后陈述权是不可剥夺的权利、不可由他人代替行使
          - 未成年被告人最后陈述后，其法定代理人可以进行补充陈述；
          - 多次重复自己意见的可以制止，蔑视法庭、公诉人的应当制止
          - 提出了新的事实、证据，应当恢复法庭调查
          - 提出新的辩解理由，合议庭认为确有必要的，可以恢复法庭辩论
        - 评议宣判 (195-197)
          - 评议：一律不公开
          - 宣判：一律公开，分当庭宣判、定期宣判
          - 判决种类
            - 有罪判决
            - 无罪判决：查清确实无罪、证据不足的无罪判决
            - 被告人不负刑事责任的判决：不满16周岁；精神病人；其他不予处罚的
        - 书记员做笔录，审判长审阅后，审判长、书记员签名；证人、当事人确认后签名
        - 被告人认罪认罚的，审判长应当告知被告人享有的诉讼权利和认罪认罚的法律规定，审查认罪认罚的自愿性和认罪认罚具结书内容的真实性、合法性。
        - 认罪认罚案件一般应当采纳人民检察院指控的罪名和量刑建议，下列情形除外：
          (一)被告人的行为不构成犯罪或者不应当追究其刑事责任的；
          (二)被告人违背意愿认罪认罚的；
          (三)被告人否认指控的犯罪事实的；
          (四)起诉指控的罪名与审理认定的罪名不一致的；
          (五)其他可能影响公正审判的情形。
        - (199) 违反法庭秩序：警告制止、带出法庭（情节严重），经院长批准，处1000元以下罚款或15日以下拘留
    - 延期审理 (198)
      - 需通知新证人；调取新物证；重新鉴定或勘验
      - 申请回避而不能进行审判
      - 检察人员提出补充侦查建议：1个月内补充侦查完毕
    - 中止审理 (206)
      - 被告人患严重疾病，无法出庭
      - 被告人逃脱
      - 自诉人患严重疾病，无法出庭，且无代理人出庭
      - 不能抗拒的原因
    - 审理期限 (208)
      - 受理后2个月内宣判，至迟不超过3个月
        - 可能判死刑；附带民事诉讼；本法第156条案件：经上级法院批准，延长3个月
        - 特殊情况需延长，报最高院批准
      - 改变管辖：收到案件之日起计算审限
      - 补充侦查：补充完成移送后，重新计算审限
  - 第一审程序 自诉【20】
    - 自诉案件范围 (210)（详见刑事诉讼管辖）
      - 告诉才处理的案件
      - 被害人有证据证明的轻微刑事案件
      - 公诉转自诉案件
    - 法院处理方式 (211)
      - 应当开庭审判：犯罪事实清楚，有足够证据
      - 裁定驳回：缺乏罪证，自诉人又无法补充证据
      - 撤诉处理：自诉人经两次传唤拒不到庭或未经许可中途退庭
      - 宣布休庭：审判人员对证据有疑问，需要调查核实
    - 特殊规定 (212、213)
      - 可进行调解、自行和解、撤诉；被告人可提起反诉
      - 审限：被羁押；未被羁押：受理后6个月以内宣判
  - 第一审程序 简易程序
    - 适用范围
      - 适用条件 (214)（检察院公诉时可建议法院适用）
        - 事实清楚、证据充分
        - 承认自己所犯罪行，对指控的犯罪事实没有异议的
        - 被告人对适用简易程序没有异议的
      - 不得适用的情形 (215)
        - 被告人是盲、聋、哑人，精神病人
        - 有重大社会影响
        - 共同犯罪案件中部分被告人不认罪或者对适用简易程序有异议
        - 其他
    - 人员组成 (216)：可能判处3年有期徒刑以下的：独任审判员
    - 特殊规定 (217-221)
      - 审判人员应询问被告人意见，告知适用简易程序的规定，确认是否同意
      - 受理后20日内审结：对可能判处的有期徒刑超过3年的，可以延长至一个半月
      - 发现不宜适用简易程序，应按本章第一节或者第二节的规定重新审理
      - 不受本章普通程序规定的限制，但宣判前应当听取被告人最后陈述
  - 速裁程序 (222-226)
    - 基层人民法院管辖的可能判处三年有期徒刑以下刑罚的案件，案件事实清楚，证据确实、充分，被告人认罪认罚并同意适用速裁程序的，可以适用速裁程序，由审判员一人独任审判。
    - 下列情形之不适用：
      盲、聋、哑人，或者是尚未完全丧失辨认或者控制自己行为能力的精神病人；
      未成年人；
      案件有重大社会影响的；
      共同犯罪案件中部分被告人对指控的犯罪事实、罪名、量刑建议或者适用速裁程序有异议的；
      被告人与被害人或者其法定代理人没有就附带民事诉讼赔偿等事项达成调解或者和解协议的；
      其他不宜适用速裁程序审理的。
    - 不受送达期限限制，一般不进行法庭调查、法庭辩论，判决宣告前应当听取辩护人的意见和被告人的最后陈述意见
    - 受理后十日以内审结；对可能判处的有期徒刑超过一年的，可以延长至十五日。

诉讼审判

- 审判组织（178-180）
  - 独任庭：只适用于基层法院、简易程序　只能由审判员独任审判
  - 合议庭
    - 基层法院、中院的一审案件　应当审判员3人；审判员和人民陪审员共3人
    - 高院、最高院的一审案件　审判员3-7人；审判员和人民陪审员共3-7人
    - 人民法院的上诉、抗诉案件　审判员3-5人
    - 最高院、高院的复核死刑和死刑缓期执行的案件　审判员3人组成
  - 评议
    - 按多数人意见决定，少数人意见也应写入笔录，合议庭全员签名
    - 评议后，应作出判决　疑难、复杂、重大的案件，合议庭提请院长决定提交审判委员会决定
- 第二审程序
  - 上诉（227）
    - 主体
      - 独立的上诉主体　被告人；自诉人及其法定代理人；附带民事诉讼当事人及其法定代理人
      - 非独立的上诉主体　被告人的辩护人和近亲属
    - 形式　书面或者口头　无需理由
    - 途径
      - 通过原审人民法院　原审法院于3日内移送上级法院
      - 二审法院　上级法院于3日内将材料送达当事人及检察院
    - 期限　判决：10日；裁定：5日
    - 上诉不加刑　仅被告人方提出上诉，且无新犯罪事实的，二审不得加刑
  - 抗诉（228、229）
    - 收到判决后5日内，检察院认为有误，提出抗诉　向同级法院提出抗诉，抄送上级检察院，上级检察院认为不当，可撤回抗诉
      - 收到判决后5日内，被害人不服，向检察院抗诉，检察院收到请求后5日内答复
    - 抗诉主体　检察院
    - 申请抗诉的主体　公诉案件的被害人及其法定代理人有申请抗诉权（只能针对判决）
  - 审理方式（234）
    - 组成合议庭，开庭审理
      - 对事实、证据有异议，可能影响定罪量刑
      - 被判处死刑
      - 检察院抗诉
      - 其他应当开庭审理的案件
    - 不开庭审理　应询问被告人，提取当事人等意见
  - 处理形式（236）
    - 认定事实、适用法律正确、量刑适当　裁定驳回上诉、抗诉，维持原判
    - 认定事实无误，适用法律有误或量刑不当　依法改判
    - 认定事实不清或证据不足
      - 查清后改判
      - 可裁定撤销原判，发回重审（另行组成合议庭，重新计算审限）
    - 违反公开审判规定；违反回避制度；剥夺、限制诉讼权利；审判组织组成不合法；违法其他可能影响公正审判的诉讼程序　应裁定撤销原判，发回重审（另行组成合议庭，重新计算审限）
  - 审理期限（243）
    - 2个月内审结
    - 经高院批准，延长2个月（可能判死刑；附带民事诉讼；第156条案件）
    - 特殊情况需延长，报最高院批准
  - 二审终审（244）　第二审的判决、裁定和最高人民法院的判决、裁定，都是终审的判决、裁定
- 死刑复核程序（246-251）
  - 中院死刑案件　高院复核
    - 同意死刑　报最高院核准
    - 不同意死刑　提审或发回重审
  - 高院死刑案件　报最高院核准（询问被告人，检察院提出意见）
    - 核准死刑
    - 不核准死刑　发回重审或直接改判
  - 中院死刑缓刑案件　报高院核准
- 审判监督程序
  - 再审流程
    - 当事人向法院、检察院申诉（253）
      - 法院重新审判情形
        - 新证据证明原判认定事实错误，影响定罪量刑
        - 证据不确实、不充分、应予以排除；主要证据存在矛盾
        - 适用法律错误
        - 违反法定程序
        - 审判人员徇私舞弊；贪污受贿；枉法裁判
    - 法院、检察院提出（254、255）
      - 法院院长对本院　提交本院审判委员会
      - 最高院对各院；上级法院对下级法院　提审　指令下级法院再审
      - 最高检对各院；上级检察院对下级法院
        - 向同级法院抗诉
          - 法院组成合议庭重审
          - 事实不清、证据不足　指令下级法院再审
      - 指令下级法院再审：原审法院以外的下级法院，原审法院更适宜的除外；另行组成合议庭
  - 再审期限（258）
    - 法院提出　做出决定
    - 检察院抗诉
      - 需指令下级法院再审的
      - 法院接受抗诉之日起1个月内决定
    - 决定之日起3个月内审结　延长后不得超过6个月
  - 需要采取强制措施的（257）
    - 法院提出再审　法院决定
    - 检察院抗诉再审　检察院决定
    - 可中止原执行

执行、特别程序

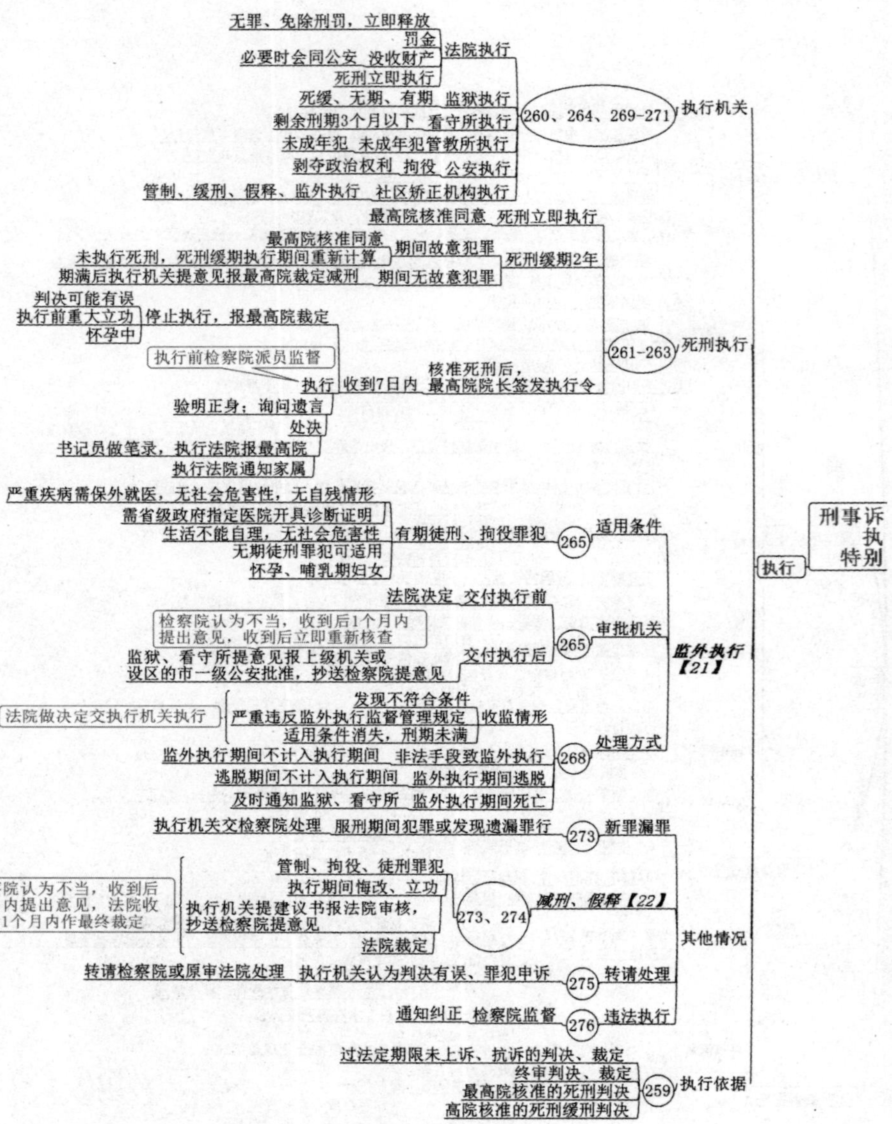
刑事诉
执
特别
执行
执行机关
260、264、269-271
法院执行
无罪、免除刑罚，立即释放
罚金
必要时会同公安 没收财产
死刑立即执行
死缓、无期、有期 监狱执行
剩余刑期3个月以下 看守所执行
未成年犯 未成年犯管教所执行
剥夺政治权利 拘役 公安执行
管制、缓刑、假释、监外执行 社区矫正机构执行
死刑执行
261-263
最高院核准同意 死刑立即执行
死刑缓期2年
期间故意犯罪
最高院核准同意
未执行死刑，死刑缓期执行期间重新计算
期间无故意犯罪
期满后执行机关提意见报最高院裁定减刑
停止执行，报最高院裁定
判决可能有误
执行前重大立功
怀孕中
核准死刑后，最高院院长签发执行令
收到7日内
执行
执行前检察院派员监督
验明正身；询问遗言
处决
书记员做笔录，执行法院报最高院
执行法院通知家属
监外执行【21】
适用条件
265
有期徒刑、拘役罪犯
严重疾病需保外就医，无社会危害性，无自残情形
需省级政府指定医院开具诊断证明
生活不能自理，无社会危害性
无期徒刑罪犯可适用
怀孕、哺乳期妇女
审批机关
265
法院决定 交付执行前
交付执行后
监狱、看守所提意见报上级机关或设区的市一级公安批准，抄送检察院提意见
检察院认为不当，收到后1个月内提出意见，收到后立即重新核查
处理方式
268
收监情形
发现不符合条件
严重违反监外执行监督管理规定
适用条件消失，刑期未满
法院做决定交执行机关执行
非法手段致监外执行 监外执行期间不计入执行期间
监外执行期间逃脱 逃脱期间不计入执行期间
监外执行期间死亡 及时通知监狱、看守所
其他情况
新罪漏罪
273
服刑期间犯罪或发现遗漏罪行 执行机关交检察院处理
减刑、假释【22】
273、274
管制、拘役、徒刑罪犯
执行期间悔改、立功
执行机关提建议书报法院审核，抄送检察院提意见
法院裁定
检察院认为不当，收到后20日内提出意见，法院收到后1个月内作最终裁定
转请处理
275
执行机关认为判决有误、罪犯申诉 转请检察院或原审法院处理
违法执行
276
检察院监督 通知纠正
执行依据
259
过法定期限未上诉、抗诉的判决、裁定
终审判决、裁定
最高院核准的死刑判决
高院核准的死刑缓刑判决

诉法之行、程序

- 未成年人刑案程序
  - 指定辩护（278）：无辩护人的，公检法通知法援指派律师
  - 少年庭适用范围
    - 被告人在实施被指控的犯罪时不满18周岁的案件
    - 被告人在实施被指控的犯罪时不满18周岁，并被指控为首要分子或者主犯的共同犯罪案件
  - 强制措施适用（拘留、逮捕）（280）
    - 实施原则 分别关押；分别管理；分别教育
    - 在法庭上，不得对未成年被告人使用戒具
    - 讯问未成年犯罪嫌疑人一般不得使用戒具。
  - 讯问审判（281）
    - 法定代理人、近亲属、学校等组织代表到场
      - 当事人最后陈述后可进行补充
      - 行使诉讼权利
    - 讯问女性未成年人，应有女工作人员在场
  - 附条件不起诉（282-284）
    - 涉嫌刑法分则第四、五、六章犯罪，可能判处1年有期徒刑以下刑罚，有悔改表现
    - 决定流程
      - 检察院听取公安、被害人意见
      - 做出附条件不起诉决定
        - 存在异议
          - 公安异议 复议、复核
          - 被害人异议 申诉
          - 犯罪嫌疑人异议 检察院做出起诉决定
        - 不存在异议 实施
    - 实施流程
      - 检察院监督；监护人管教（考验期6个月--1年）
        - 遵守规定（期满，检察院做出不起诉决定）
          - 守法、服从监督
          - 按规定报告活动情况
          - 离开居住地、迁居，应报检察机关批准
          - 接受矫治教育
        - 不遵守规定；新罪漏罪
          - 撤销附条件不起诉决定
          - 提起公诉
  - 不公开审理（285）：经被告人及法定代表人同意
  - 犯罪记录封存（286）
    - 犯罪时不满18岁，判处5年有期徒刑以下，应封存记录
    - 封存记录不得外泄 司法机关、有关单位依国家规定可查询 查询单位对记录保密
- 当事人和解程序（288-290）
  - 适用条件
    - 获得被害人谅解，双方愿意和解
      - 民间纠纷引起的刑法分则第四、五章规定可能判处3年有期徒刑以下刑罚的
      - 除渎职犯罪以外的可能判处7年有期徒刑以下刑罚的过失犯罪
      - 5年内无故意犯罪
  - 从宽处理 达成和解 公安向检察院建议
    - 检察院向法院提出建议 法院依法从宽处理
    - 犯罪情节轻微，不需判刑
      - 检察院作出不予起诉决定
- 缺席审判程序（291-297）
  - 适用情形
    - 贪污贿赂犯罪案件，以及需要及时进行审判，经最高人民检察院核准的严重危害国家安全犯罪、恐怖活动犯罪案件，犯罪嫌疑人、被告人在境外，监察机关公安机关移送起诉，人民检察院认为犯罪事实已经查清，证据确实、充分，依法应当追究刑事责任的。人民法院进行审查后，对于起诉书中有明确的指控犯罪事实，符合缺席审判程序适用条件的，应当决定开庭审判。
    - 传票和起诉书副本送达后，被告人未按要求到案的
    - 被告人患有严重疾病无法出庭，中止审理超过六个月，
    - 被告人仍无法出庭，被告人及其法定代理人、近亲属申请或者同意恢复审理的
    - 人民法院按照审判监督程序重新审判的案件，被告人死亡的
  - 重新审理
    - 审理过程中被告人自动投案或者被抓获的，人民法院应当重新审理
    - 罪犯在判决、裁定发生法律效力后到案的，人民法院应当将罪犯交付执行刑罚。
    - 交付执行刑罚前，人民法院应当告知罪犯有权对判决、裁定提出异议。罪犯对判决、裁定提出异议的，人民法院应当重新审理。
    - 依照生效判决、裁定对罪犯的财产进行的处理确有错误的，应当予以返还、赔偿。
- 犯罪嫌疑人、被告人逃匿、死亡案件违法所得的没收程序（298-301）
  - 适用条件（依法应追缴违法所得、涉案财产）
    - 重大案件逃匿，通缉1年后不能到案
    - 犯罪嫌疑人、被告人死亡
  - 实施流程
    - 提出申请（应提供相关证据、财产明细）
      - 检察院向法院提出
      - 公安认为需要，移送检察院提出
    - 由其居住地中级法院组成合议庭 公告6个月 近亲属、利害关系人申请参加
    - 公告期满，开庭审理
    - 处理形式
      - 属于违法所得 裁定返还受害人、予以没收
      - 不属于违法所得 裁定驳回申请，解封
      - 审理中到案 终止审理
- 依法不负刑事责任的精神病人的强制医疗程序（302-307）
  - 适用条件 依法不负刑事责任的精神病人，有继续危害社会可能性
  - 解除流程 当事人或近亲属申请 医疗机构定期评估 不需继续治疗的 提出解除意见
  - 执行流程
    - 公安发现的 出意见移送检察院 检察院向法院提出申请
    - 检察院阶段发现的 检察院向法院提出申请
    - 法院阶段发现的
    - 符合条件的，应在1个月内做出（决定前，公安采取临时保护性约束措施）
  - 监督 检察院对强制医疗的决定和执行实行监督

行政复议法

行政（2018-

- 总则
  - 适用范围
    - ②公民、法人或者其他组织认为具体行政行为侵犯其合法权益，向行政机关提出行政复议申请，行政机关受理行政复议申请、作出 *行政复议【1】*决定
- 行政复议范围
  - *具体行政行为【2】*的复议范围 ⑥
    - （1）行政机关作出的警告、罚款、没收违法所得、没收非法财物、责令停产停业、暂扣或者吊销许可证、暂扣或者吊销执照、行政拘留等行政处罚
    - （2）行政机关作出的限制人身自由或者查封、扣押、冻结财产等行政强制措施
    - （3）作出有关许可证、执照、资质证、资格证等证书变更、中止、撤销决定
    - （4）行政机关作出的关于确认土地、矿藏、水流、森林、山岭、草原、荒地、滩涂、海域等自然资源的所有权或者使用权的决定
    - （5）认为行政机关侵犯合法的经营自主权的
    - （6）认为行政机关变更或者废止农业承包合同，侵犯其合法权益的
    - （7）认为行政机关违法集资、征收财物、摊派费用或者违法要求履行其他义务的
    - （8）认为符合法定条件，申请行政机关颁发许可证、执照、资质证、资格证等证书，或者申请行政机关审批、登记有关事项，行政机关没有依法办理的
    - （9）申请行政机关履行保护人身权利、财产权利等权利的法定职责，不作为的
    - （10）申请依法发放抚恤金、社会保险金或者最低生活保障费，不作为的
  - *抽象行政行为【3】*的复议范围 ⑦
    - （1）国务院部门的规定
    - （2）县级以上地方各级政府及其部门的规定
    - （3）乡、镇人民政府的规定
      - 前款所列规定不含国务院部、委员会规章和地方人民政府规章
      - 审查规章依法律、行政法规办理
  - 排除复议的范围
    - ⑧行政处分和其他人事处理、调解或其他处理
- 行政复议申请
  - 申请期限
    - ⑨自知道之日起60日，法律另有规定除外
    - 因不可抗力或者其他正当理由耽误的，自障碍消除之日起继续计算
  - 复议参与人
    - *申请人【4】*
      - ⑩依照本法申请行政复议的公民、法人或者其他组织
        - 死亡：其近亲属可以申请复议
        - 法人或其他组织终止：承受其权力的法人或组织
        - 不完全民事行为能力人：法定代理人可代为申请
      - 实施条例 6、7
        - 合伙企业，为核准登记的企业
        - 不具备法人资格的其他组织，该组织的主要负责人代表：无则共同推选
        - 股份制企业的股东大会、股东代表大会、董事会：以企业的名义
    - 第三人
      - ⑩同申请行政复议的具体行政行为有利害关系的其他公民、法人或者其他组织
    - *被申请人【5】*
      - 作出具体行政行为的行政机关
      - 实施条例 12-14
        - 行政机关与授权的组织以共同的名义作出的，为共同被申请人
        - 行政机关与其他组织以共同名义作出的，行政机关为被申请人
        - 下级行政机关经上级行政机关批准作出的，批准机关为被申请人
        - 派出机构、内设机构或者其他组织，未经法律、法规授权，对外以自己名义作出的，该行政机关为被申请人
  - 管辖（12-15）

类型	被申请人	复议管辖机关	情形
双重管辖	县级以上政府部门	同级政府或上一级主管部门	限于地方政府工作部门，国务院部门除外
	省以下垂直领导机关	同级政府或上一级主管部门 省政府人大有特别规定除外	国土、工商、质检、地税
单向管辖	省级以下政府	上一级人民政府	如上级无地级市政府，则地区行署复议
	中央垂直领导机关	上一级主管部门	国安、海关、国税、金融、外汇管理
自我管辖	省部级单位	原机关自己	对复议决定不服起诉或申请国务院裁决
特殊情形	政府派出机关	设立的政府	包括行政公署、区公所、街道办
	部门派出机构	所属主管部门或该部门同级政府	如是垂直领导部门的派出机构，则复议机关仅为其主管部门
	被授权组织	直接管理的机关	被授权的国务院直属事业单位以部委论
	多个行政机关	共同上一级机关	（1）同级政府或同上级部门；（2）多个省部级向任何一个申请后共同复议
	被撤销的机关	继承机关的上一级机关	被申请人为继续行使职权机关

  - 申请的提出
    - 实施条例
      - 应提供的材料 ㉑
        - 不作为的，提供曾经要求履行而未履行的证明材料
        - 一并提出行政赔偿请求的，提供造成损害的证明材料

复议法 01-01）

- 行政复议受理
  - 复议的受理 ⑰
    - 5日内审查 受理或不受理，书面告知
    - 应当受理 — 实施条例 ㉘
      - （1）有明确的申请人和符合规定的被申请人
      - （2）申请人与具体行政行为有利害关系
      - （3）有具体的行政复议请求和理由
      - （4）在法定申请期限内提出
      - （5）属于行政复议法规定的行政复议范围
      - （6）属于收到行政复议申请的行政复议机构的职责范围
      - （7）其他行政复议机关或法院尚未受理的
  - ***复议前置【6】***案件的行政诉讼 ⑲
    - 期限 收到不受理决定书之日起或行政复议期满之日起15日内
  - 复议期间停止执行的情形 ㉑
    - （1）被申请人认为需要停止执行的
    - （2）***行政复议机关【7】***认为需要停止执行的
    - （3）申请人申请，行政复议机关认为其要求合理，决定停止执行
    - （4）法律规定停止执行的
- 行政复议决定
  - 复议程序事项 ㉓
    - 申请书副本7日内发送被申请人
    - 被申请人10日内提交作出具体行政行为的证据材料
  - 抽象行政行为
    - 申请审查处理 ㉖
      - 有权处理 30日内依法处理
      - 无权处理 7日内转送 60日内处理
      - 终止对具体行政行为的审查
    - 主动审查处理 ㉗
      - 有权处理 30日内依法处理
      - 无权处理 7日内转送
  - 复议决定的作出 ㉘
    - 维持
    - 定期履行
    - 重新作出
      - (1)主要事实不清、证据不足的
      - (2)适用依据错误的
      - (3)违反法定程序的
      - (4)超越或者滥用职权的
      - (5)具体行政行为明显不当的
      - 重作具体行政行为的限制
    - 撤销
    - 变更 — 实施条例 ㊼
      - （1）认定事实清楚，证据确凿，程序合法，但明显不当或适用依据错误
      - （2）认定事实不清，证据不足，经复议机关审理查明
    - 驳回 — 实施条例 ㊽
      - （1）不作为的，在受理前已经履行
      - （2）受理后，发现不符合受理条件
    - 调解 — 实施条例 ㊿
      - （1）对行使自由裁量权作出的具体行政行为不服申请复议
      - （2）当事人之间的行政赔偿或者行政补偿纠纷
  - 复议前置
    - 纳税争议
    - 侵犯已经取得的自然资源权利
      - 省级政府在特定条件下做出的自然资源权属复议决定，为复议前置终局
    - 反垄断限制集中决定
  - 复议期间 ㉛
    - 60日，另有规定除外 批准可延长，延长最多不超过30日
  - 被申请人 ㉜
    - 复议机关或上级机关责令限期履行
  - 申请人 ㉝
    - 维持的 作出具体行政行为的行政机关或人民法院强制执行
    - 变更的 复议机关或人民法院强制执行
  - 复议中止 — 实施条例 ㊶
    - （1）自然人死亡，其近亲属尚未确定是否参加
    - （2）自然人丧失参加行政复议的能力，尚未确定法定代理人
    - （3）法人或者其他组织终止，尚未确定权利义务承受人
    - （4）自然人下落不明或者被宣告失踪的
    - （5）申请人、被申请人因不可抗力，不能参加行政复议的
    - （6）涉及法律适用问题，需要有权机关作出解释或者确认的
    - （7）需要以其他案件的审理结果为依据，而其他案件尚未审结的
    - （8）其他
  - 复议终止 — 实施条例 ㊷
    - （1）申请人要求撤回，准予撤回的
    - （2）自然人死亡，没有近亲属或者其近亲属放弃行政复议权利的
    - （3）法人或者其他组织终止，其权利义务的承受人放弃行政复议权利的
    - （4）申请人与被申请人依照本条例第40条的规定，经准许达成和解的
    - （5）对限制人身的行政行为提起复议的，因申请人同一违法行为涉嫌犯罪，变更为刑事拘留的

行政诉讼法

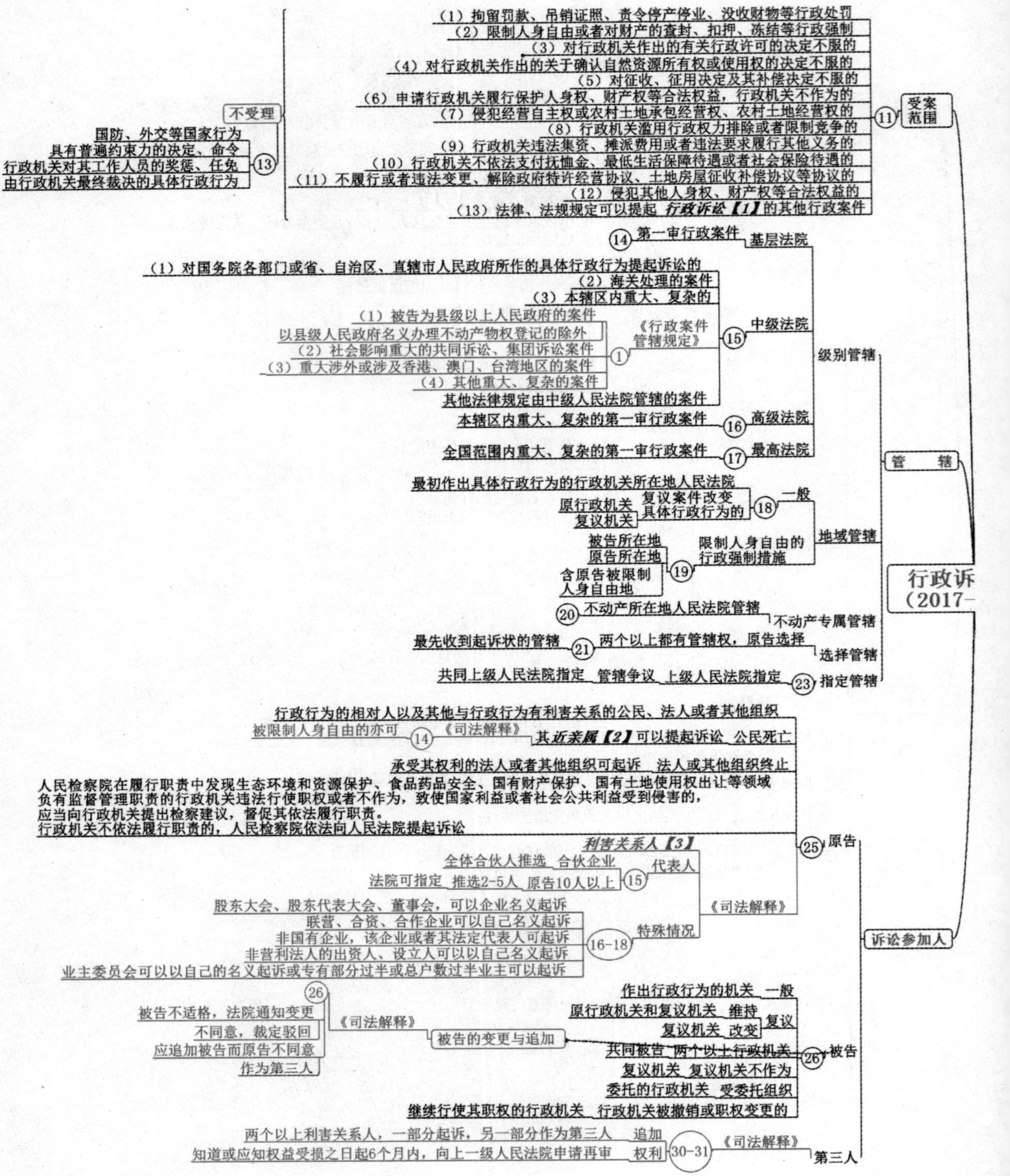

行政诉
(2017-
受案范围
11
(1)拘留罚款、吊销证照、责令停产停业、没收财物等行政处罚
(2)限制人身自由或者对财产的查封、扣押、冻结等行政强制
(3)对行政机关作出的有关行政许可的决定不服的
(4)对行政机关作出的关于确认自然资源所有权或使用权的决定不服的
(5)对征收、征用决定及其补偿决定不服的
(6)申请行政机关履行保护人身权、财产权等合法权益,行政机关不作为的
(7)侵犯经营自主权或农村土地承包经营权、农村土地经营权的
(8)行政机关滥用行政权力排除或者限制竞争的
(9)行政机关违法集资、摊派费用或者违法要求履行其他义务的
(10)行政机关不依法支付抚恤金、最低生活保障待遇或者社会保险待遇的
(11)不履行或者违法变更、解除政府特许经营协议、土地房屋征收补偿协议等协议的
(12)侵犯其他人身权、财产权等合法权益的
(13)法律、法规规定可以提起行政诉讼【1】的其他行政案件
不受理
13
国防、外交等国家行为
具有普遍约束力的决定、命令
行政机关对其工作人员的奖惩、任免
由行政机关最终裁决的具体行政行为
管辖
级别管辖
基层法院
14
第一审行政案件
中级法院
15
(1)对国务院各部门或省、自治区、直辖市人民政府所作的具体行政行为提起诉讼的
(2)海关处理的案件
(3)本辖区内重大、复杂的
《行政案件管辖规定》
1
(1)被告为县级以上人民政府的案件
以县级人民政府名义办理不动产物权登记的除外
(2)社会影响重大的共同诉讼、集团诉讼案件
(3)重大涉外或涉及香港、澳门、台湾地区的案件
(4)其他重大、复杂的案件
其他法律规定由中级人民法院管辖的案件
高级法院
16
本辖区内重大、复杂的第一审行政案件
最高法院
17
全国范围内重大、复杂的第一审行政案件
地域管辖
一般
18
最初作出具体行政行为的行政机关所在地人民法院
原行政机关
复议机关
复议案件改变具体行政行为的
限制人身自由的行政强制措施
19
被告所在地
原告所在地
含原告被限制人身自由地
不动产专属管辖
20
不动产所在地人民法院管辖
选择管辖
21
两个以上都有管辖权,原告选择
最先收到起诉状的管辖
指定管辖
23
上级人民法院指定 管辖争议 共同上级人民法院指定
诉讼参加人
原告
25
行政行为的相对人以及其他与行政行为有利害关系的公民、法人或者其他组织
公民死亡 其近亲属【2】可以提起诉讼
14 《司法解释》
被限制人身自由的亦可
法人或其他组织终止 承受其权利的法人或者其他组织可起诉
人民检察院在履行职责中发现生态环境和资源保护、食品药品安全、国有财产保护、国有土地使用权出让等领域负有监督管理职责的行政机关违法行使职权或者不作为,致使国家利益或者社会公共利益受到侵害的,应当向行政机关提出检察建议,督促其依法履行职责。行政机关不依法履行职责的,人民检察院依法向人民法院提起诉讼
利害关系人【3】
《司法解释》
代表人
15
合伙企业 全体合伙人推选
原告10人以上 推选2-5人 法院可指定
特殊情况
16-18
股东大会、股东代表大会、董事会,可以企业名义起诉
联营、合资、合作企业可以自己名义起诉
非国有企业,该企业或者其法定代表人可起诉
非营利法人的出资人、设立人可以自己名义起诉
业主委员会可以以自己的名义起诉或专有部分过半或总户数过半业主可以起诉
被告
26
一般 作出行政行为的机关
复议
维持 原行政机关和复议机关
改变 复议机关
两个以上行政机关 共同被告
复议机关不作为 复议机关
受委托组织 委托的行政机关
行政机关被撤销或职权变更的 继续行使其职权的行政机关
被告的变更与追加
《司法解释》
26
被告不适格,法院通知变更
不同意,裁定驳回
应追加被告而原告不同意
作为第三人
第三人
《司法解释》
30-31
追加 两个以上利害关系人,一部分起诉,另一部分作为第三人
权利 知道或应知权益受损之日起6个月内,向上一级人民法院申请再审

讼法（07-01）

- **证据**
  - 证据的种类（33）：书证；物证；视听资料；电子证据；证人证言；当事人的陈述；鉴定意见；勘验笔录、现场笔录
  - 被告取证限制·
  - 人民法院取证权（40）：法院有权向有关行政机关以及其他组织、公民调取证据，但不得为证明行政行为的合法性调取被告作出行政行为时未收集的证据。
- **起诉受理**
  - 复议与诉讼（44）
    - 直接起诉（46）：知道或应当知道作出行政行为之日起6个月内提出
    - 复议前置：复议2个月（38）
      - 收到复议决定书之日起，15日内起诉
      - 逾期不作出决定的，复议期满之日起15日
    - 《司法解释》
      - 同时复议与起诉的处理（57）：先立案机关管辖　同时立案　原告选择
      - 未知诉权的起诉期限（64）：1年，（知道或应当知道内容起）
      - 未知行政行为内容的起诉期限（65）：不动产　20年　其他　5年
    - 期间的延长（消除后10日内申请）（48）
  - 诉讼费用（102）：败诉方承担
  - 起诉条件（49）
    - （1）原告是与行政行为有利害关系的公民、法人或者其他组织
    - （2）有明确的被告
    - （3）有具体的诉讼请求和事实根据
    - （4）属于人民法院受案范围和受诉人民法院管辖
- **审理和判决**
  - 停止执行（56）
    - （1）被告认为需要停止执行的
    - （2）原告或利害关系人申请停止执行，人民法院同意且不损害社会公共利益，裁定停止执行的
    - （3）该行政行为的执行会给国家利益、社会公共利益造成重大损害
    - （4）法律、法规规定停止执行的
  - 妨碍行政诉讼的责任（59）
    - （1）有义务协助执行的人，对法院的协助执行通知书，无故推拖、拒绝或者妨碍执行
    - （2）伪造、隐藏、毁灭证据
    - （3）指使、贿买、胁迫他人作伪证或者威胁、阻止证人作证
    - （4）隐藏、转移、变卖、毁损已被查封、扣押、冻结的财产
    - （5）以欺骗、胁迫等非法手段使原告撤诉的
    - （6）以暴力、威胁或者其他方法阻碍法院工作人员执行职务或扰乱人民法院工作秩序
    - （7）对法院工作人员、诉讼参与人、协助执行人侮辱、诽谤、诬陷、殴打或打击报复
    - 罚款、拘留须经人民法院院长批准。当事人对决定不服的，可以申请复议
  - 判决类型（69-78）
    - 维持
    - 驳回　合法但可能有瑕疵
    - 撤销或部分撤销，重新作出：主要证据不足；适用法律、法规错误；违反法定程序；超越职权的；滥用职权的
    - 定期履行
    - 变更（显失公正）
    - 确认行为不成立或无效
  - 审案依据（63）
    - 法律；行政法规；本地方性法规；本民族自治地方自治条例和单行条例
    - 参照适用　国务院部委规章
  - 审期
    - 一审（81）6个月
    - 二审（88）3个月
  - 上诉案件的裁判（89）：维持原判；依法改判、撤销或变更；发回重审　逾期不申诉，一审裁判生效
- **执　行**
  - 期限：公民，1年；单位，180天
  - 生效裁判的执行
    - 公民拒绝履行（95）：行政机关或第三人可以申请人民法院强制执行
    - 行政机关拒绝履行，第一审人民法院可以采取以下措施（96）
      - （1）直接划拨款项
      - （2）按日处50-100元的罚款
      - （3）向该行政机关的上一级行政机关或者监察、人事机关提出司法建议
      - （4）严重构成犯罪的，追究主管人员和直接责任人员的刑事责任
      - （5）将行政机关拒绝履行的情况予以公告

仲 裁 法

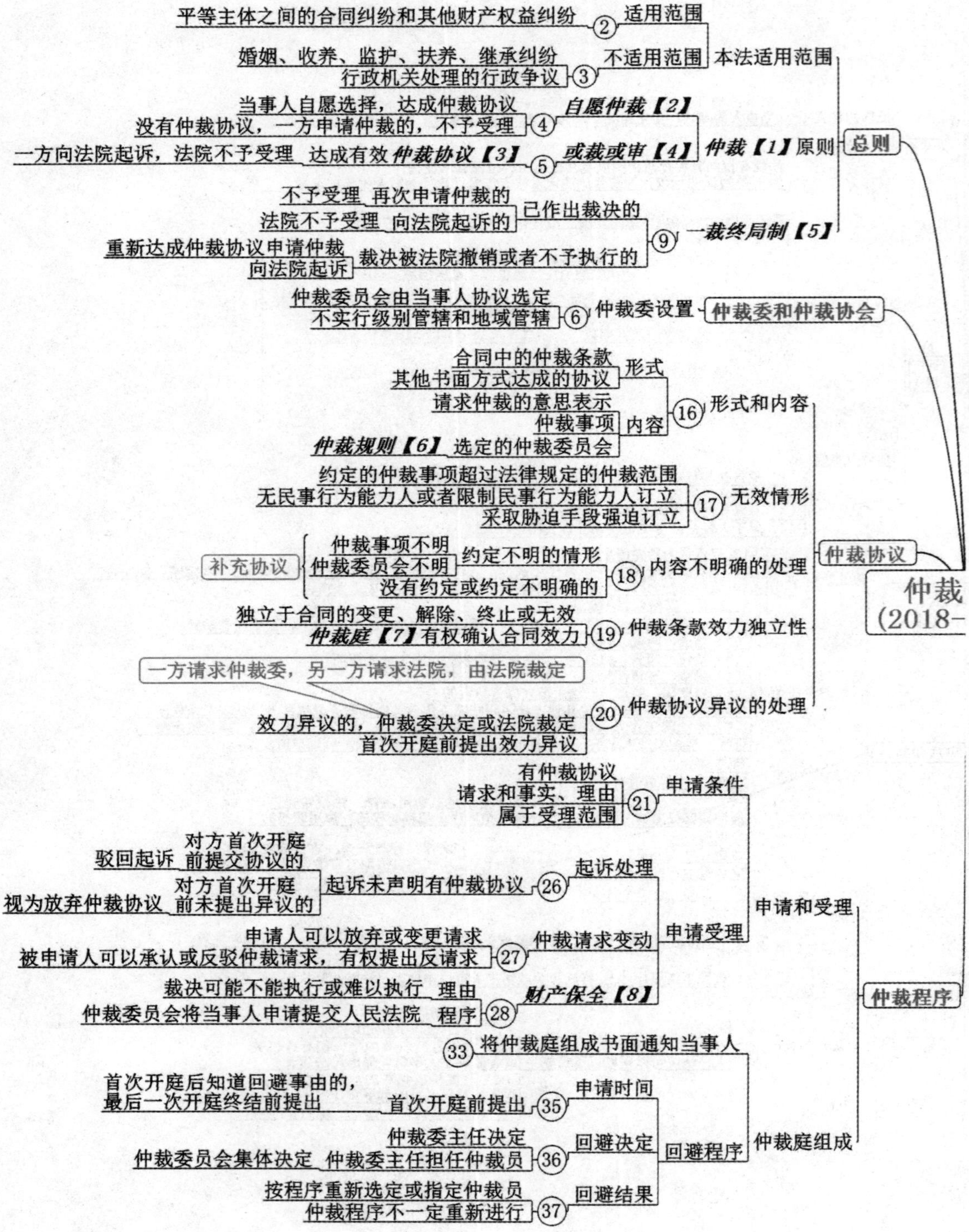
仲裁
(2018-
总则
本法适用范围
适用范围
平等主体之间的合同纠纷和其他财产权益纠纷
②
不适用范围
婚姻、收养、监护、扶养、继承纠纷
行政机关处理的行政争议
③
仲裁【1】原则
自愿仲裁【2】
当事人自愿选择，达成仲裁协议
没有仲裁协议，一方申请仲裁的，不予受理
④
或裁或审【4】
一方向法院起诉，法院不予受理
达成有效仲裁协议【3】
⑤
一裁终局制【5】
⑨
已作出裁决的
不予受理
再次申请仲裁的
法院不予受理
向法院起诉的
裁决被法院撤销或者不予执行的
重新达成仲裁协议申请仲裁
向法院起诉
仲裁委和仲裁协会
仲裁委设置
⑥
仲裁委员会由当事人协议选定
不实行级别管辖和地域管辖
仲裁协议
形式和内容
⑯
形式
合同中的仲裁条款
其他书面方式达成的协议
内容
请求仲裁的意思表示
仲裁事项
仲裁规则【6】
选定的仲裁委员会
无效情形
⑰
约定的仲裁事项超过法律规定的仲裁范围
无民事行为能力人或者限制民事行为能力人订立
采取胁迫手段强迫订立
内容不明确的处理
⑱
约定不明的情形
仲裁事项不明
仲裁委员会不明
没有约定或约定不明确的
补充协议
仲裁条款效力独立性
⑲
独立于合同的变更、解除、终止或无效
仲裁庭【7】有权确认合同效力
仲裁协议异议的处理
⑳
效力异议的，仲裁委决定或法院裁定
一方请求仲裁委，另一方请求法院，由法院裁定
首次开庭前提出效力异议
仲裁程序
申请和受理
申请条件
㉑
有仲裁协议
请求和事实、理由
属于受理范围
申请受理
起诉处理
㉖
起诉未声明有仲裁协议
驳回起诉
对方首次开庭前提交协议的
视为放弃仲裁协议
对方首次开庭前未提出异议的
仲裁请求变动
㉗
申请人可以放弃或变更请求
被申请人可以承认或反驳仲裁请求，有权提出反请求
财产保全【8】
㉘
理由
裁决可能不能执行或难以执行
程序
仲裁委员会将当事人申请提交人民法院
仲裁庭组成
㉝
将仲裁庭组成书面通知当事人
回避程序
申请时间
㉟
首次开庭前提出
首次开庭后知道回避事由的，最后一次开庭终结前提出
回避决定
㊱
仲裁委主任决定
仲裁委主任担任仲裁员
仲裁委员会集体决定
回避结果
㊲
按程序重新选定或指定仲裁员
仲裁程序不一定重新进行

法
01-01)

- 仲裁程序
  - 开庭
    - 审理方式
      - (39) 开庭审理 — 当事人协议不开庭的 — 不开庭作出裁决
      - (40) 不公开进行 — 当事人协议公开的 — 一般公开进行，涉及国家秘密的除外
    - 撤回申请和缺席判决
      - 视为撤回申请 — (42) 申请人
        - 经书面通知
        - 无正当理由不到庭
        - 未经仲裁庭许可中途退庭
      - 缺席判决 — (43) 被申请人
        - 经书面通知
        - 无正当理由不到庭
        - 未经仲裁庭许可中途退庭
    - 证据规则
      - 举证责任 (43)
        - 当事人提供证据
        - 仲裁庭认为有必要的 — 自行收集
      - 鉴定 (44)
        - 当事人约定的鉴定部门鉴定
        - 仲裁庭指定的鉴定部门鉴定
        - （当事人请求或仲裁庭要求）
      - 证据出示与鉴定 (45)
        - 当庭出示
        - 组织质证
      - *证据保全【9】* (46)
        - 适用情形
          - 证据可能灭失
          - 证据以后难以取得
        - 当事人申请 — 仲裁庭提交证据所在地的基本人民法院
    - 辩论 (47)
      - 仲裁过程中当事人有权辩论
      - 辩论终结后 — 征询当事人最后意见
    - 笔录 (48) — 仲裁庭将开庭情况记入笔录，并由相关人员签名或盖章
  - 和解、调解和裁决 (49-57)
- 申请撤销裁决【10】
  - 程序 (58)
    - 当事人提供证据
    - 向仲裁委所在地中级法院申请
  - 条件 (58)
    - 无仲裁协议
    - 不属于仲裁范围或仲裁委无权仲裁
    - 仲裁庭组成或仲裁程序违反法定程序
    - 证据伪造
    - 隐瞒足以影响公正裁决的证据
    - 仲裁员索贿受贿，徇私舞弊，枉法裁决
    - 裁决违背社会公共利益
  - 期限 (59-60)
    - 收到裁决书之日起6个月内提出
    - 法院在2个月内作出撤销裁决或驳回裁定
  - 后果 (61) — 法院受认为可由仲裁庭重新仲裁的
    - 通知仲裁庭重新仲裁（仲裁庭拒绝重新仲裁的，法院裁定恢复撤销程序）
    - 裁定中止撤销程序
- 执行【12】
  - 执行 (62) — 对方不履行仲裁裁决 — 向法院申请执行
  - *不予执行【11】* (63)
    - （1）合同中没有订有仲裁条款或者事后没有达成书面仲裁协议
    - （2）裁决的事项不属于仲裁协议的范围或者仲裁机构无权仲裁
    - （3）仲裁庭的组成或者仲裁的程序违反法定程序
    - （4）认定事实的主要证据不足
    - （5）适用法律确有错误
    - （6）仲裁员有贪污受贿，徇私舞弊，枉法裁决行为
    - （7）人民法院认定执行该裁决违背社会公共利益
  - 裁决中止、终结与恢复执行 (64)
    - 一方申请执行，另一方申请撤销 — 中止执行
    - 法院裁定撤销裁决 — 终结执行
    - 撤销裁决的申请被裁定驳回 — 恢复执行

十、名 词 解 释

目　录

一、宪法

宪法，是一种专门调整政府与公民关系的法律，它以规定政府的组织、结构、职权、行政职权的方式和公民的基本权利为主要内容，以规范和限制政府的权力和保障公民的基本权利为目的。

【1】**选举权**：公民依法享有选举和罢免代表机关代表和国家公职人员的权利。

【2】**被选举权**：公民依法享有被选举为代表机关代表和国家公职人员的权利。

【3】**劳动权**：有劳动能力的公民享有平等就业和选择职业的权利，有获得参与社会劳动和领取相应的报酬的权利。

【4】**休息权**：劳动者在劳动中经过一定的体力和脑力的消耗以后，根据国家法律和制度的规定所享有的休息、休假和休养的权利。

【5】**社会保障权**：公民因特定原因不能通过其他正当途径获得必要的物资生活手段时从国家和社会获得生活保障、享受社会福利的一种权利。

【6】**宪法修改**：是指国家的宪法在实施后，因为政治经济形式发生重大变化或自身条款的某种缺陷致使继续执行遇到困难时，由有权机关依照法定程序对其内容与条款作出书面变更和修正。

【7】**人大代表司法豁免权**：全国人民代表大会代表，非经全国人民代表大会会议主席团许可，在全国人民代表大会闭会期间非经全国人民代表大会常务委员会许可，不受逮捕或者刑事审判。

【8】**解释宪法**：对于宪法规范的内涵和外延以及词语用意、界限和精神，依据立法精神原则及意图加以准确地诠释或说明。

【9】**特赦**：是指针对某些犯罪或者特定的犯罪人，在法院判决确定之后免除刑罚的执行，只能消灭其刑，不能消灭其罪。

【10】**自治机关**：实行民族区域自治的民族行使自治权的国家机关，是我国后级地方国家机关，包括自治区、自治州、自治县的人民代表大会和人民政府。

【11】**自治条例**：是指由民族自治地方的人民代表大会依据宪法和民族区域自治法制定的，有关本地区实行民族区域自治的基本制度以及其他各种有关重大问题的规范性文件。

【12】**单行条例**：民族自治地方的人民代表大会和它的常务委员会在自治权的范围内，根据当地民族的政治、经济、文化等方面的特点制定的关于某一方面具体事项的规范性文件。

二、立法法

立法法，是指规范立法机关的立法程序的法律。

【1】**法律保留**：是指某些事项只能由法律规定，法律没有规定时，行政法规不能自行作出规定。法律保留又分为绝对保留和相对保留。绝对保留是指某些事项必须由法律规定，不得授权行政机关作出规定；相对保留是指全国人民代表大会及其常务委员会可以授权国务院先制定行政法规。

【2】**授权立法**：又称委任立法或委托立法，从狭义上讲，它是指有权立法的国家机关通过一定形式，将属于自己立法权限范围的立法事项授予其他有关国家机关进行立法，被授权机关在授权范围内进行的立法活动。

【3】**立法解释**：又称法律解释，是立法机关根据立法原意，对法律规范具体条文的含义以及所使用的概念、术语、定义所作的说明。作出法律解释的目的是更准确地理解和适用法律。

【4】**法的位阶**：即法的效力位阶，是指由立法体制决定的，不同国家机关制定的规范性文件在法律渊源体系中所处的效力位置和等级。

【5】立法监督:是指特定的监督主体在法定的权限内,依照法定程序,对立法过程及结果所进行的审查和监控。

三、行政强制法

【1】行政强制措施:行政机关在行政管理过程中,为制止违法行为、防止证据损毁、避免危害发生、控制危险扩大等情形,依法对公民的人身自由实施暂时性限制,或者对公民、法人或者其他组织的财物实施暂时性控制的行为。

【2】行政强制执行:行政机关或者行政机关申请人民法院,对不履行行政决定的公民、法人或者其他组织,依法强制履行义务的行为。

【3】代履行:是指义务人不履行行政法规定的义务,由他人代为履行可以达到相同目的的,行政机关可以自己代为履行或者委托第三人代为履行,向义务人行征收代履行费用的强制执行制度。

四、行政许可法

【1】法律位阶:就法的效力位阶而言,法可分为三类,即上位法、下位法和同位法。

具体位阶如下:

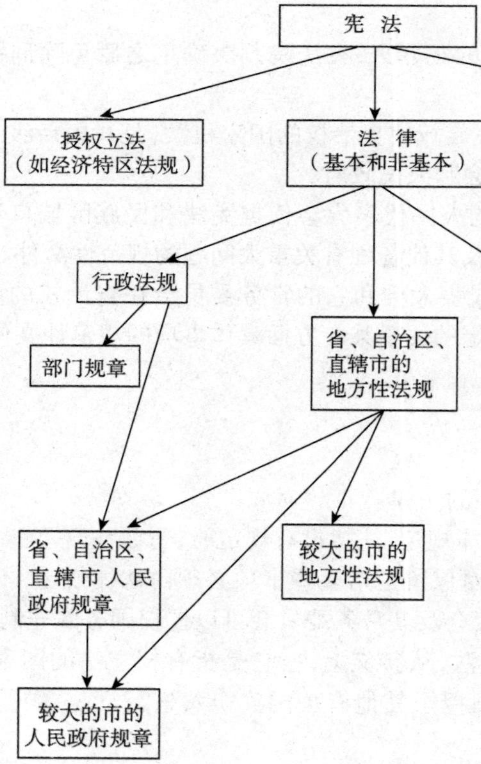

五、治安管理处罚法

治安管理处罚法，是调整治安行政管理关系的法律规范的总称，或者说是调整公安机关在行使治安管理职能的过程中发生的各种社会关系的法律规范的总称。

【1】警告：是对违反治安管理法律法规的行为人指出危害、予以谴责和告诫的处罚方法，是治安管理处罚中一种比较轻的处罚方法。

【2】罚款：是公安机关依法责令违反治安管理行为人在一定期限内向国家缴纳一定数量金钱的治安管理处罚。

【3】拘留：实际指的就是治安拘留，又称行政拘留，是公安机关对违反治安管理法律法规的人，依法在一定时间内剥夺其人身自由的一种治安管理处罚，是治安管理处罚中最重、最严厉的一种。

六、国家赔偿法

国家赔偿法，是指专门规定国家赔偿内容的法典，也就是1994年5月12日第八届全国人民代表大会常务委员会第七次会议通过的《中华人民共和国国家赔偿法》。

国家赔偿责任，简称国家赔偿，是指国家机关及其工作人员行使职权侵犯公民、法人或其他组织的合法权益造成损失的，国家对受害人所应承担的赔偿责任。

【1】行政赔偿侵犯人身权范围：

(1)违法拘留或者违法采取限制公民人身自由的行政强制措施的；

(2)非法拘禁或者以其他方法非法剥夺公民人身自由的；

(3)以殴打、虐待等行为或者唆使、放纵他人以殴打、虐待等行为造成公民身体伤害或者死亡的；

(4)违法使用武器、警械造成公民身体伤害或者死亡的；

(5)造成公民身体伤害或者死亡的其他违法行为。

【2】行政赔偿侵犯财产权范围：

(1)违法实施罚款、吊销许可证和执照、责令停产停业、没收财物等行政处罚的；

(2)违法对财产采取查封、扣押、冻结等行政强制措施的；

(3)违法征收、征用财产的；

(4)造成财产损害的其他违法行为。

【3】行政赔偿不承担赔偿的范围：

(1)行政机关工作人员行使与职权无关的个人行为；

(2)因公民、法人和其他组织自己的行为致使损害发生的；

(3)法律规定的其他情形。

【4】行政赔偿举证责任：人民法院审理行政赔偿案件，赔偿请求人和赔偿义务机关对自己提出的主张，应当提供证据。赔偿义务机关采取行政拘留或者限制人身自由的强制措施期间，被限制人身自由的人死亡或者丧失行为能力的，赔偿义务机关的行为与被限制人身自由的人的死亡或者丧失行为能力是否存在因果关系，赔偿义务机关应当提供证据。

【5】刑事赔偿侵犯人身权赔偿范围：

(1)违反刑事诉讼法的规定对公民采取拘留措施的，或者依照刑事诉讼法规定的条件和程序对公民采取拘留措施，但是拘留时间超过刑事诉讼法规定的时限，其后决定撤销案件、不起诉或者判决宣告无罪终止追究刑事责任的；

(2)对公民采取逮捕措施后，决定撤销案件、不起诉或者判决宣告无罪终止追究刑事责任的；

(3)依照审判监督程序再审改判无罪，原判刑罚已经执行的；

(4)刑讯逼供或者以殴打、虐待等行为或者唆使、放纵他人以殴打、虐待等行为造成公民身体伤害或者死亡的；

(5)违法使用武器、警械造成公民身体伤害或者死亡的。

【6】刑事赔偿侵犯财产权赔偿范围：

(1)违法对财产采取查封、扣押、冻结、追缴等措施的；

(2)依照审判监督程序再审改判无罪，原判罚金、没收财产已经执行的。

【7】刑事赔偿国家不承担责任情形：

(1)因公民自己故意作虚伪供述，或者伪造其他有罪证据被羁押或者被判处刑罚的；

(2)依照《刑法》第17条、第18条规定不负刑事责任的人被羁押的；

(3)依照《刑事诉讼法》第15条、第173条第2款、第273条第2款、第279条规定不追究刑事责任的人被羁押的；

(4)行使侦查、检察、审判职权的机关以及看守所、监狱管理机关的工作人员与行使职权无关的个人行为；

(5)因公民自伤、自残等故意行为致使损害发生的；

(6)法律规定的其他情形。

【8】刑事赔偿赔偿义务机关：

(1)行使侦查、检察、审判职权的机关以及看守所、监狱管理机关及其工作人员在行使职权时侵犯公民、法人和其他组织的合法权益造成损害的，该机关为赔偿义务机关。

(2)对公民采取拘留措施，依照本法的规定应当给予国家赔偿的，作出拘留决定的机关为赔偿义务机关。

(3)对公民采取逮捕措施后决定撤销案件、不起诉或者判决宣告无罪的，作出逮捕决定的机关为赔偿义务机关。

(4)再审改判无罪的，作出原生效判决的人民法院为赔偿义务机关。二审改判无罪，以及二审发回重审后作无罪处理的，作出一审有罪判决的人民法院为赔偿义务机关。

【9】赔偿委员会应当决定中止审理：

(1)赔偿请求人死亡，需要等待其继承人和其他有扶养关系的亲属表明是否参加赔偿案件处理的；

(2)赔偿请求人丧失行为能力，尚未确定法定代理人的；

(3)作为赔偿请求人的法人或者其他组织终止，尚未确定权利义务承受人的；

(4)赔偿请求人因不可抗拒的事由，在法定审限内不能参加赔偿案件处理的；

(5)宣告无罪的案件，人民法院决定再审或者人民检察院按照审判监督程序提出抗诉的；

(6)应当中止审理的其他情形。

中止审理的原因消除后，赔偿委员会应当及时恢复审理，并通知赔偿请求人、赔偿义务机关和复议机关。

【10】赔偿委员会应当决定终结审理：

(1)赔偿请求人死亡，没有继承人和其他有扶养关系的亲属或者赔偿请求人的继承人和其他有扶养关系的亲属放弃要求赔偿权利的；

(2)作为赔偿请求人的法人或者其他组织终止后，其权利义务承受人放弃要求赔偿权利的；

(3)赔偿请求人据以申请赔偿的撤销案件决定、不起诉决定或者无罪判决被撤销的;

(4)应当终结审理的其他情形。

【11】赔偿委员会审理赔偿案件应当按照下列情形,分别作出决定:

(1)赔偿义务机关的决定或者复议机关的复议决定认定事实清楚,适用法律正确的,依法予以维持;

(2)赔偿义务机关的决定、复议机关的复议决定认定事实清楚,但适用法律错误的,依法重新决定;

(3)赔偿义务机关的决定、复议机关的复议决定认定事实不清、证据不足的,查清事实后依法重新决定;

(4)赔偿义务机关、复议机关逾期未作决定的,查清事实后依法作出决定。

七、刑法

刑法,是规定犯罪及其法律后果的法律规范。

【1】罪刑法定:法律明文规定为犯罪行为的,依照法律定罪处刑;法律没有明文规定为犯罪行为的,不得定罪处刑。

【2】罪刑相适应:刑罚的轻重,应当与犯罪分子所犯罪行和承担的刑事责任相适应。

【3】属地管辖:即一个国家对其领域内的人,不问其国籍,都有进行规制以维护本国秩序的管辖权。刑法规定如下:

凡在中华人民共和国领域内犯罪的,除法律有特别规定的以外,都适用本法。

凡在中华人民共和国船舶或者航空器内犯罪的,也适用本法。

犯罪的行为或者结果有一项发生在中华人民共和国领域内的,就认为是在中华人民共和国领域内犯罪。

【4】属人管辖:即本国公民在国外犯罪的,也适用本国刑法。刑法规定如下:

中华人民共和国公民在中华人民共和国领域外犯本法规定之罪的,适用本法,但是按本法规定的最高刑为3年以下有期徒刑的,可以不予追究。

中华人民共和国国家工作人员和军人在中华人民共和国领域外犯本法规定之罪的,适用本法。

【5】保护管辖:不论本国人还是外国人,其在国外的犯罪行为,只要侵犯了本国利益或本国公民的法益,就适用本国刑法。刑法规定如下:

外国人在中华人民共和国领域外对中华人民共和国国家或者公民犯罪,而按本法规定的最低刑为3年以上有期徒刑的,可以适用本法,但是按照犯罪地的法律不受处罚的除外。

【6】普遍管辖:认为凡是国际条约所规定的侵犯各国共同利益的犯罪,不管犯罪人的国籍与犯罪地的属性,缔约国或参加国发现罪犯在其领域之内时便行使刑事管辖权。刑法规定如下:

对于中华人民共和国缔结或者参加的国际条约所规定的罪行,中华人民共和国在所承担条约义务的范围内行使刑事管辖权的,适用本法。

【7】溯及力:是指刑法生效后,对它生效前未经审判或判决未确定的行为是否具有追溯适用效力,如果具有适用效力,则是有溯及力;否则就是没有溯及力。刑法规定如下:

中华人民共和国成立以后本法施行以前的行为,如果当时的法律不认为是犯罪的,适用当时的法律;如果当时的法律认为是犯罪的,依照本法总则第四章第八节的规定应当追诉的,按照当时的法律追究刑事责任,但是如果本法不认为是犯罪或者处刑较轻的,适用本法。

本法施行以前,依照当时的法律已经作出的生效判决,继续有效。

【8】**共同犯罪**:共同犯罪是指二人以上共同故意犯罪。二人以上共同过失犯罪,不以共同犯罪论处;应当负刑事责任的,按照他们所犯的罪分别处罚。

【9】**主犯**:组织、领导犯罪集团进行犯罪活动的或者在共同犯罪中起主要作用的,是主犯。三人以上为共同实施犯罪而组成的较为固定的犯罪组织,是犯罪集团。对组织、领导犯罪集团的首要分子,按照集团所犯的全部罪行处罚。对于第3款规定以外的主犯,应当按照其所参与的或者组织、指挥的全部犯罪处罚。

【10】**从犯**:在共同犯罪中起次要或者辅助作用的,是从犯。对于从犯,应当从轻、减轻处罚或者免除处罚。

【11】**胁从犯**:是指在共同犯罪中被胁迫参加犯罪的人。对于被胁迫参加犯罪的,应当按照他的犯罪情节减轻处罚或者免除处罚。

【12】**教唆犯**:是指以劝说、利诱、授意、怂恿、收买、威胁等方法,将自己的犯罪意图灌输给本来没有犯罪意图的人,致使其按教唆人的犯罪意图实施犯罪,教唆人,即构成教唆犯。

教唆他人犯罪的,应当按照他在共同犯罪中所起的作用处罚。教唆不满18周岁的人犯罪的,应当从重处罚。如果被教唆的人没有犯被教唆的罪,对于教唆犯,可以从轻或者减轻处罚。

【13】**犯罪预备**:为了犯罪,准备工具、制造条件的,是犯罪预备。对于预备犯,可以比照既遂犯从轻、减轻处罚或者免除处罚。

【14】**犯罪未遂**:已经着手实行犯罪,由于犯罪分子意志以外的原因而未得逞的,是犯罪未遂。对于未遂犯,可以比照既遂犯从轻或者减轻处罚。

【15】**犯罪中止**:在犯罪过程中,自动放弃犯罪或者自动有效地防止犯罪结果发生的,是犯罪中止。对于中止犯,没有造成损害的,应当免除处罚;造成损害的,应当减轻处罚。

【16】**故意**:明知自己的行为会发生危害社会的结果,并且希望或者放任这种结果发生,因而构成犯罪的,是故意犯罪。故意犯罪,应当负刑事责任。

【17】**过失**:应当预见自己的行为可能发生危害社会的结果,因为疏忽大意而没有预见,或者已经预见而轻信能够避免,以致发生这种结果的,是过失犯罪。过失犯罪,法律有规定的才负刑事责任。

【18】**正当防卫**:为了使国家、公共利益、本人或者他人的人身、财产和其他权利免受正在进行的不法侵害,而采取的制止不法侵害的行为,对不法侵害人造成损害的,属于正当防卫,不负刑事责任。

正当防卫明显超过必要限度造成重大损害的,应当负刑事责任,但是应当减轻或者免除处罚。

对正在进行行凶、杀人、抢劫、强奸、绑架以及其他严重危及人身安全的暴力犯罪,采取防卫行为,造成不法侵害人伤亡的,不属于防卫过当,不负刑事责任。

【19】**紧急避险**:为了使国家、公共利益、本人或者他人的人身、财产和其他权利免受正在发生的危险,不得已采取的紧急避险行为,造成损害的,不负刑事责任。

紧急避险超过必要限度造成不应有的损害的,应当负刑事责任,但是应当减轻或者免除处罚。

避免本人危险的规定,不适用于职务上、业务上负有特定责任的人。

【20】**不可抗力和意外事件**:行为在客观上虽然造成了损害结果,但是不是出于故意或者过失,而是由于不能抗拒或者不能预见的原因所引起的,不是犯罪。

【21】**一般累犯**:被判处有期徒刑以上刑罚的犯罪分子,刑罚执行完毕或者赦免以后,在5年以内再犯应当判处有期徒刑以上刑罚之罪的,是累犯,应当从重处罚,但是过失犯罪除外。

前款规定的期限,对于被假释的犯罪分子,从假释期满之日起计算。

【22】特别累犯:危害国家安全的犯罪分子在刑罚执行完毕或者赦免以后,在任何时候再犯危害国家安全罪的,都以累犯论处。

【23】自首:犯罪以后自动投案,如实供述自己的罪行的,是自首。对于自首的犯罪分子,可以从轻或者减轻处罚。其中,犯罪较轻的,可以免除处罚。

被采取强制措施的犯罪嫌疑人、被告人和正在服刑的罪犯,如实供述司法机关还未掌握的本人其他罪行的,以自首论。

【24】立功:犯罪分子有揭发他人犯罪行为,查证属实的,或者提供重要线索,从而得以侦破其他案件等立功表现的,可以从轻或者减轻处罚;有重大立功表现的,可以减轻或者免除处罚。犯罪后自首又有重大立功表现的,应当减轻或者免除处罚。

八、民法总则

民法总则,是民法典的总则编,规定了民事活动的基本原则和一般规定,在民法典中起统领性作用。

【1】民事权利能力:是指民事法律赋予民事主体从事民事活动,享受民事权利和承担民事义务的资格。

民事主体:是指参加民事法律关系,享受民事权利并承担民事义务的人。在我国,民事主体包括自然人、法人、其他组织和特殊场合下的国家等。

民事权利:是指法律赋予民事主体所享有的、为实现某种利益而为一定行为或不为一定行为的可能性。

民事义务:是指义务人为满足权利人的利益而为一定行为或不为一定行为的必要性。

【2】民事行为能力:是指法律确认的公民通过自己的行为从事民事活动,参加民事法律关系,取得民事权利和承担民事义务的能力。

民事法律关系:是由民事法律规范所调整的社会关系,也就是由民事法律规范所确认和保护的社会关系。

【3】完全民事行为能力:是指法律赋予达到一定年龄和智力状态正常的公民通过自己的独立行为进行民事活动的能力。

【4】限制民事行为能力:又称为不完全民事行为能力,是指法律赋予那些已经达到一定年龄但尚未成年和虽已成年但精神不健全,不能完全辨认自己行为后果的公民所享有的可以从事与自己的年龄、智力和精神健康状况相适应的民事活动能力。

【5】无民事行为能力:是指完全不具有以自己的行为从事民事活动以取得民事权利和承担民事义务的资格。

【6】监护:是为了监督和保护无民事行为能力人和限制行为能力人的合法权益而设置的一项民事法律制度。

【7】宣告失踪:是指经利害关系人的申请,由法院依照法定条件和程序,宣告下落不明满一定期限的公民为失踪人的民事法律制度。

【8】宣告死亡:是指经利害关系人的申请,由法院依照法律规定的条件和程序,判决宣告下落不明满一定期限的公民为死亡人的民事法律制度。

【9】民事法律行为:是公民或者法人设立、变更、终止民事权利和民事义务的合法行为。

【10】附条件的民事法律行为:是指双方当事人在民事法律行为中设立一定的事由作为条件,以该条件的成就与否(是否发生)作为决定该民事法律行为效力产生或解除根据的民事法律行为。

【11】附期限的民事法律行为:是指双方当事人在民事法律行为中约定一定的期限,以期限的到来决定其效力产生或者终止的民事法律行为。

【12】无效民事行为:是指因欠缺民事法律行为的有效条件而不能产生法律效力的民事行为。

【13】可变更、可撤销民事行为:是指当事人依照法律规定针对欠缺有效条件而请求人民法院或者仲裁机关予以变更或者撤销的民事行为。

【14】代理:是指代理人以被代理人(又称本人)的名义,在代理权限内与第三人(又称相对人)为法律行为,其法律后果直接由被代理人承受的民事法律制度。

【15】委托代理:又称意定代理,即代理人依照被代理人委托授权而产生的代理关系。

【16】法定代理:根据法律的规定而直接产生的代理关系。

【17】有权代理:是指代理人享有代理权而进行的代理。

【18】无权代理:是指在没有代理权的情况下以他人名义实施的民事行为。

【19】表见代理:是指没有代理权、超越代理权或者代理权终止后的无权代理人,以被代理人的名义进行的民事行为在客观上使第三人相信其有代理权而实施的代理行为。

【20】法人的变更:是指法人在存续期间内所发生的法律人格、组织、宗旨等重大事项的变化。

【21】法人的终止:也称法人的消灭,是指法人资格的消灭,即法人丧失民事主体资格,不再具有民事权利能力和民事行为能力的状态。

【22】法人的清算:是指法人在在终止过程中,为终结法人现存的各种经济关系,对法人的财产进行清查、估价、变现、清理债权、债务、分配剩余财产的行为。

【23】债:是特定人之间请求为特定行为的民事法律关系。

【24】合同之债:基于当事人之间订立的合同而发生的债。

【25】非合同之债:根据法律的规定,因某乙法律事实的发生,在特定当事人之间产生的债权债务关系。

【26】简单之债:债的给付只有一种,当事人无可选择的债。

【27】选择之债:在数种给付中,当事人可以从中选择一种的债。

【28】单一之债:是指债权人、债务人各一人的债。

【29】多数人之债:债权人、债务人一方或双方是多数人的债。

【30】主债:是指能够独立存在的债。

【31】从债:是指从属于主债,其效力受主债影响的债。

【32】不当得利:是指无法律上或合同上的原因而取得的利益,致他人受损害的事实。

【33】无因管理:是指没有约定又无法律上的义务,而管理他人事务的行为。

【34】诉讼时效:是指民事权利受到侵害的权利人在法定的时效期间内不行使权利,当时效期间届满时,人民法院对权利人的权利不再进行保护的制度。

【35】一般诉讼时效:是指在一般情况下普遍适用的时效,这类时效不是针对某一特殊情况规定的,而是普遍适用的。

【36】特别诉讼时效:是指针对某些特定的民事法律关系而制定的诉讼时效。

【37】最长诉讼时效:是指对于各类民事权利予以保护的最长时效期间。

【38】诉讼时效中止:是指在诉讼时效进行期间,因发生法定事由阻碍权利人行使请求权,诉讼时效依法暂时停止进行,并在法定事由消失之日起继续进行的情况。

【39】诉讼时效中断:是指在诉讼时效期间进行间,因发生一定的法定事由,致使已经经过的时效期间统归无效,待时效中断的事由消除后,诉讼时效期间重新起算。

【40】民事责任:是指民事主体违反民事义务而依法承担的民事法律后果。

【41】民事责任归责原则:是指在确认民事责任归属时所依据的法律原则。

【42】过错归责原则:是指民事主体只有在主观上有过错的情况下,才对因自己的行为造成的损害承担民事责任。

【43】无过错归责原则:是指在某些领域或行业内,对造成损害的行为不再强调行为人主观上的过错,而仅以损害后果是由行为人造成的作为确定民事责任归属的法律原则。

【44】公平责任归责原则:是指在不具备无过错归责原则的情况下,当事人对造成损害都没有过错的,由当事人负担民事责任。

【45】请求权:是指权利人得请求他人为特定行为(作为、不作为)的权利。

【46】形成权:是指当事人一方可以以自己的行为使法关系发生变化的权利。

九、合同法

合同法,是调整平等主体之间财产流转关系的法律,它主要规范合同的订立、合同的有效和无效及合同的履行、担保、解除、终止、违反合同的民事责任等问题,是我国民法的重要组成部分。

【1】附条件合同:是指当事人在合同中特别规定一定的条件,以条件是否成就来决定合同效力的发生或消灭的合同。

【2】附期限合同:是指当事人在合同中以将来客观确定到来之事实设定一定的期限,作为决定合同效力的附款。

【3】同时履行抗辩权:是指当事人互负债务,没有先后履行顺序的,应当同时履行,一方在对方履行前有权拒绝其履行要求。一方在对方履行债务不符合约定时,有权拒绝其相应的履行要求。

【4】先履行抗辩权:是指当事人互负债务,有先后履行顺序的,先履行一方未履行之前,后履行一方有权拒绝其履行请求,先履行一方履行债务不符合债的本旨,后履行一方有权拒绝其相应的履行请求。

【5】不安抗辩权:是指当事人互负债务,有先后履行顺序的,先履行的一方有确切证据表明另一方丧失履行债务能力时,在对方没有履行或者没有提供担保之前,有权中止合同履行。

十、物权法

物权法,是调整人对物的支配关系的法律,更准确地说是调整因人对物的支配而产生的人与人之间关系的法律。物权法有广义和狭义之分。广义的物权法,是指所有规范和调整人对物的支配关系的法律规范的总和,它不仅包括民法中关于物权的规定,而且包括其他法律、法规中关于物权的规定,诸如《担保法》《海商法》《土地管理法》《农村土地承包法》《城市房地产管理法》等。狭义的物权法,专指由中华人民共和国第十届全国人民代表大会第五次会议于 2007 年 3 月 16 日通过的《物权法》。本书所说的物权法,是指狭义的物权法。

【1】物:包括不动产和动产。法律规定权利作为物权客体的,依照其规定。

【2】物权:是指权利人依法对特定的物享有直接支配和排他的权利,包括所有权、用益物权和担保物权。

【3】物权法定:是指物权种类和内容法定化,亦即物权的种类及各种物权的内容均有法律加以规定,当事人不得任意创设物权类型或自定物权内容。

【4】公示原则:物权应当公示。记载于不动产登记簿的人是该不动产的权利人,动产的占有人是该动产的权利人,但有相反证据证明的除外。法律规定不经登记即可取得物权的,依照其规定。

【5】简易交付:又称无形交付,是指受让人在动产物权变动前已先行占有该动产的,让与人如设立和转让其动产物权,无需现在为现实交付,让与合同生效时即发生物权变动的效力。

【6】占有改定:是指在动产交易中,出让标的物时,出让人基于生产、生活的需要仍需继续占有动产,此时双方可以通过协议,使受让人取得动产之间接占有,以取得现实交付而取得所有权。

【7】建筑物区分所有权:是指业主对建筑物内的住宅、经营性用房等专有部分享有所有权,对专有部分以外的共有部分享有共有和共同管理的权利。

【8】相邻关系:是指相邻不动产的所有人及使用人,在行使对不动产的权利时,相互之间应当给与必要的便利或接受必要的限制而产生的权利义务关系。

【9】善意取得:无处分权人擅自处分财产权于第三人,受让人有合理的依据认为其拥有处分权而有偿取得该物,法律保护受让人取得的权利,可以合法地占有该物。该物须为动产。

【10】孳息:是指从原物所出的额外收益,包括天然孳息和法定孳息。天然孳息,如母畜生的幼畜、果树结的果实。法定孳息,如按照借款合同取得的利息。

【11】用益物权:是指权利人依法对他人的不动产或者动产享有占有、使用和收益的权利,比如土地承包经营权、建设用地使用权、宅基地使用权。

【12】土地承包经营权:又称农业土地承包经营权,是指农业生产经营者以种植、养殖、畜牧等农业生产为目的,对集体所有或国家所有由农民集体使用的土地进行占有、使用、收益的权利。

【13】建设用地使用权:是指以开发利用、生产经营、社会公益事业为目的,在国家所有或集体所有的土地上营造建筑物、构筑物及其附属设施并进行占有、使用和收益的民事权利。

【14】宅基地使用权:是指农村居民及少数城镇居民在集体所有的土地上建造住宅及其附属设施,以供居住的权利。

【15】地役权:是指在相邻关系以外,权利人按照合同约定处理不动产相邻的两个或者两个以上权利人之间在通行、通风、采光等方面产生的各种关系,利用他人的不动产以提高自己的生产或者生活水平。

【16】担保物权:在借贷、买卖等民事活动中为了确保债务履行而设立的物权,包括抵押权、质权和留置权;当债务人不履行债务时,债权人就担保财产依法享有优先受偿的权利。

【17】浮动抵押:是指抵押人将其现在和将来所有的全部财产或者部分财产上设定的担保,在行使抵押权之前,抵押人对抵押财产保留在正常经营过程中的处分权。

【18】最高额抵押权:对一定期间内将要连续发生的债权提供担保。

【19】动产质权:是指债务人或者第三人将其动产交由债权人占有,当债务人不履行债务时,债权人就该动产依法享有优先受偿的权利。

【20】权利质权:为了担保债权清偿,就债务人或第三人所享有的权利设定的质权。

【21】留置权:是指在债务人未履行债务时,债权人扣留已经合法占有的债务人的动产,并依照法律规定的程序就该动产优先受偿的权利。

【22】占有:是指对不动产或者动产的实际控制。

【23】有权占有:基于合同关系或法律规定等正当理由而产生的占有。

【24】善意占有:是属于无权占有中的一种,指占有人不知道或者不应当知道自己无占有的权利而为的占有。

十一、担保法

【1】担保:在借贷、买卖、货物运输、加工承揽等经济活动中,债权人需要以担保的方式保障其

债权实现而设定的担保。

【2】保证:是指保证人和债权人约定,当债务人不履行债务时,保证人按照约定履行债务或者承担责任的行为。

【3】抵押:是指债务人或者第三人不转移对财产的占有,将该财产作为债权的担保。

【4】质押:是指债务人或者第三人将其动产(权利)移交债权人占有,将该动产(权利)作为债权的担保。

【5】留置:是指债权人按照合同约定占有债务人的动产,债务人不按照合同约定的期限履行债务的,债权人有权依照本法规定留置该财产,以该财产折价或者以拍卖、变卖该财产的价款优先受偿。

【6】定金:是指当事人可以约定一方向对方给付一定金钱作为债权的担保。

【7】最高额保证:是指保证人和债权人签订一个总的保证合同,为一定期限内连续发生的借款合同和某项商品交易行为提供保证,只要债权人和债务人在保证合同约定的债权额限度内进行交易,保证人则依法承担保证责任。

【8】一般保证:当事人在合同中约定,当债务人不能履行债务时,由保证人承当保证责任,为一般保证。

【9】连带保证:是指债权人与债务人约定由保证人与债务人对债务承担连带责任的一种保证方式。

【10】先诉抗辩权:是指一般保证人在债权人未就主债务人的财产强制执行而无效果之前,可以拒绝债权人要求其履行保证债务的权利。

【11】保证期间:是指保证合同当事人的约定或依法律推定在主债务履行期届满后,保证人能够容许债权人主张权利的最长期限。

【12】地随房走:以建筑物及其附属设施作抵押的,相应范围的土地使用权同时作抵押。

【13】登记设立:自到有关部门办理登记手续之日起抵押权设立。

【14】签约设立:自签订抵押合同之日起抵押权设立。

【15】债权人的撤销权:是指当债务人所为的减少其财产的行为危害债权实现时,债权人为保全债权得请求法院予以撤销该行为的权利。

【16】保证人追偿权:是指保证人在履行保证债务后,有请求主债务人偿还的权利。

【17】最高额抵押权:为担保债务的履行,债务人或者第三人对一定期间内将要连续发生的债权提供担保财产的,债务人不履行到期债务或者发生当事人约定的实现抵押权的情形,抵押权人有权在最高债权额限度内就该担保财产优先受偿。

十二、婚姻法

【1】婚姻自由:是指男女双方有权依法决定自己的婚姻,既不受对方的强迫,也不受第三人的干涉,包括结婚自由和离婚自由。

【2】一夫一妻:指的是一男一女结合为配偶的婚姻形式。

【3】男女平等:专指婚姻家庭主体的法律地位、权利的享有和义务的承担均不受性别不同的影响。

【4】重婚:是指有配偶的人又与他人登记结婚的违法行为。

【5】无效婚姻:亦称违法婚姻,不具有法律效力的婚姻,是指男女两性的结合因违反了法定的结婚要件而不具有法律效力的一种婚姻形式。

【6】可撤销婚姻:是指因欠缺合意而已成立的婚姻关系中,受胁迫的一方当事人得以向婚姻登记机关或人民法院申请撤销的婚姻。

【7】胁迫:行为人一方给另一方当事人或者近亲属的生命、身体健康、名誉、财产等方面造成损害为要挟,迫使一方当事人违背其真实意愿结婚的情况。

【8】约定夫妻财产制:夫妻以书面形式约定婚前财产及婚姻关系存续期间的财产归共同生活所有或各自所有,或部分共同所有、部分各自所有的法律制度。

【9】家庭暴力:行为人以殴打、捆绑、残害、强行限制人身自由或者其他手段,给其家庭成员的身体、精神等方面造成一定伤害后果的行为。

【10】婚姻家庭中的房产:

(1)由一方婚前承租、婚后共同财产购买的房屋,房屋权属证书登记在一方名下的,认定为夫妻共同财产。

(2)当事人婚前,父母双方购置房屋出资的,该出资应当认定为对自己子女的个人赠与,但父母明确表示赠与双方的除外当事人婚后,父母双方购置房屋出资的,该出资应当认定为对夫妻双方的赠与,但父母明确表示赠与一方的除外。

(3)婚前或者婚姻关系存续期间,当事人约定将一方所有的房产赠与另一方,赠与方在赠与房产变更登记之前撤销赠与,另一方请求判令继续履行的,按《合同法》第186条处理。

(4)婚后一方父母出资为子女购买的不动产,产权登记在出资人子女名下的,可按照《婚姻法》第18条,视为对子女一方的赠与,认定为夫妻一方财产

(5)婚后双方父母出资购买的不动产,产权登记在一方子女名下的,该不动产可认定为双方按照各自父母的出资份额按份共有,当事人另有约定除外。

(6)夫妻一方婚前购买,以个人财产支付首付款并在银行贷款,婚后用夫妻共同财产还贷,登记于首付款支付方名下的,离婚时双方协议处理。不成,可判决归产权登记一方,尚未归还的贷款为产权登记一方的个人债务。双方婚后共同还贷支付的款项及其相对应财产增值部分,离婚时应根据《婚姻法》第39条,由产权登记一方对另一方进行补偿。

(7)婚姻关系存续期间,双方用夫妻共同财产出资购买以一方父母名义参加房改的房屋,产权登记在一方父母名下,离婚时另一方主张按照夫妻共同财产对该房屋进行分割的,不予支持。购买出资,可以作为债权处理。

十三、继承法

【1】继承:是指将死者生前所有的、于死亡时遗留的个人合法财产,依法转移给他人所有的法律制度。

【2】法定继承:是指继承人依照法律的直接规定(含继承人范围、继承顺序、遗产分配原则等)继承被继承人的遗产的继承方式。

【3】遗嘱继承:是指继承开始后,继承人依照被继承人生前所里的合法有效的遗嘱继承被继承人的遗产的法律制度。

【4】遗赠:就是遗赠人用遗嘱的方式,将财产无偿赠与国家、集体或法定继承人以外的人,并于立遗嘱人死亡后发生法律效力的民事法律行为。

【5】遗赠扶养协议:是遗赠人与扶养人签订的,由扶养人承担遗赠人的生养死葬的义务,遗赠人将自己的合法财产的一部分或全部于其死后转移给扶养人所有的协议。

【6】继承权:是指继承人依法享有的取得被继承人遗产的权利。

【7】继承权的丧失:又称继承权的剥夺,是指在法律规定的情形发生时,依法取消继承人继承被继承人遗产的资格。

【8】继承顺序:是指继承开始后,各个法定继承人继承被继承人遗产的先后次序。

【9】代位继承:是指在被继承人的子女先于被继承人死亡的情况下,由被继承人子女的晚辈直系血亲代替该死亡的子女继承被继承人的遗产的法律制度。

【10】转继承:被继承人死亡后、遗产分割前,未放弃继承权的继承人也死亡的,其应得的遗产份额转由他的继承人继承的,为转继承。

【11】继承权的放弃:是继承人在继承开始后作出的放弃继承被继承人遗产的意思表示。

【12】公证遗嘱:由公证机关公证的遗嘱。

【13】自书遗嘱:是指立遗嘱人生前自己书写的遗嘱。

【14】代书遗嘱:是指由他人代为书写的遗嘱。

【15】口头遗嘱:是指遗嘱人在危急情况下口头表述的而不以任何方式记载的遗嘱。

【16】录音遗嘱:是指遗嘱人通过录音设备设立的遗嘱。

十四、侵权责任法

侵权责任法,是指有关侵权行为及其民事救济的民事法律规范的总称。

【1】过错:是指行为人通过违反义务的行为所表现出来的一种应受非难的心理状态。民法上过错的形式主要有故意和过失两种。

【2】过错责任:以行为人主观上有过错作为承担民事责任的要件和确定责任范围的依据的责任。即行为人仅在有过错的情况下,才承担民事责任;没有过错,就不承担民事责任。

【3】过错推定:过错责任的一种。如果加害人不能证明损害的发生自己无过错,那么就从损害事实的本身推定被告在致人损害的行为中有过错,并为此承担赔偿责任。

【4】无过错责任:不以当事人的主观过错为构成侵权行为的必备要件的归责原则,即不论当事人在主观上有没有过错,都应当承担民事责任。

【5】公平责任:受害人和行为人对损害的发生都没有过错的,可以根据实际情况,由双方分担损失。

【6】行为:这里的行为仅指违法行为,是指民事主体所实施的违反法定义务的行为。

十五、公司法

公司法,是指调整公司组织和行为关系的法律规范的总称。

【1】注册资本:注册资本也叫法定资本,是公司制企业章程规定的全体股东或发起人认缴的出资额或认购的股本总额,并在公司登记机关依法登记。

【2】实收资本:是指投资者按照企业章程或合同、协议的约定,实际投入企业的资本。

【3】实际控制人:是指虽不是公司的股东,但通过投资关系、协议或者其他安排,能够实际支配公司行为的人。

【4】关联关系:是指公司控股股东、实际控制人、董事、监事、高管与其直接或间接控制的企业之间的关系以及可能导致公司利益转移的其他关系。

【5】认股书:是指认股人对依法采取募集设立的股份有限公司,积极参股的书面认购方式。

【6】发起设立:由发起人认购公司应发行的全部股份而设立公司。

【7】募集设立:由发起人认购公司应发行股份的一部分,其余股份向社会公开募集或者向特定对象募集而设立公司。

【8】发起人:为设立公司而签署公司章程、向公司认购出资或股份并履行公司设立职责的人。

【9】上市公司:其股票在证券交易所上市交易的股份有限公司。

【10】累积投票制:是指股东大会选举董事或者监事时,每一股份拥有与应选董事或者监事人数相同的表决权,股东拥有的表决权可以集中使用。

【11】公司债券:公司依法定程序发行、约定在一定期限内还本付息的有价证券。

【12】资本公积金:公司超过股票票面金额发行股份所得的溢价款及国务院财政部门规定列入资本公积金的其他收入。

十六、企业破产法

破产法是关于债务人出现破产原因时,宣告其破产并对债务人的全部财产进行清算或者为避免债务人进入破产清算程序所建立起来的破产预防法律制度的总称。本书所称企业破产法,专指2006年8月27日,第十届全国人大常委会第二十三次会议通过的现行《中华人民共和国企业破产法》。破产法作为市场经济法律体系的重要组成部分,兼具实体法和解序法的双重用性,既有破产原因、破产财产的范围、管理人的职权、债权人会议和债权人委员会的职权、破产财产的分配等实体法的规范,又有破产申请的提出和受理、破产宣告、债权申报、破产程序的中止和终结等程序性规范。

【1】管理人:又称破产管理人,是指依照破产法的规定,在破产重整、破产和解和破产清算程序中负责债务人财产管理和其他事项的机构或个人。

【2】撤销权:是指破产管理人对债务人在破产案件受理前的法定期间内进行的欺诈逃债或损害公平清偿的行为,有申请法院撤销的权利。

【3】取回权:是指权利人取回不属于债务人的财产的请求权,是对特定物的返还请求权。

【4】破产费用:是指在破产过程中,为保障破产程序(包括破产清算、重整、和解)的顺利进行而支付的费用。

【5】公益债务:是指为维护破产利害关系人的共同利益,以债务人财产为基础所形成的债务。

【6】债权人会议:是指在破产程序进行中,为便于全体债权人参与破产程序以实现其破产程序参与权,维护全体债权人的共同利益而由全体登记在册的债权人组成的表达债权人意志和统一债权人行动的议事机构。

【7】重整:是指对无偿付能力的债务人的财产不立即进行清算,而是在法院的主持下由债务人与债权人达成协议,制定重整计划,规定在一定的期限内,债务人按一定的方式全部或部分地清偿债务,同时债务人可以继续经营其业务的制度。

【8】和解:是达到破产界限的债务人,为避免破产清算,与债权人会议达成通过让步来了结债务的协议,且经法院认可后该协议生效的法律程序。

【9】破产宣告:是法院对债务人具备破产原因的事实作出的有法律效力的认定。

十七、保险法

保险法,是调整保险人与投保人、被保险人以及受益人之间形成的商事法律关系和国家对保险企业、保险市场实施监督管理的法律关系的法律。

【1】人身保险:以人的寿命和身体为保险标的的保险。

【2】财产保险:以财产及其有关利益为保险标的的保险。

【3】被保险人:是指财产或者人身受保险合同保障,享有保险金请求权的人。投保人可以为被保险人。

【4】保险利益:是指投保人或者被保险人对保险标的具有的法律上承认的利益。

【5】保险费:是指被保险人参加保险时,根据其投保时所订的保险费率,向保险人交付的费用。

【6】保险价值:是指投保人与保险人订立保险合同时,作为确定保险金额基础的保险标的的价值,也即投保人对保险标的所享有的保险利益在经济上用货币估计的价值额。

【7】保险金额:是指一个保险合同项下保险公司承担赔偿或给付保险金责任的最高限额,即投保人对保险标的的实际投保金额,同时又是保险公司收取保险费的计算基础。

【8】代位求偿权:是指保险人可以用被保险人的名义向第三者提出索赔诉讼,也可以获得对该项损失的共同赔损补偿,保险人的这种行为,就叫做代位求偿权。

【9】代为求偿规则:

(1)赔偿保险金可以扣减第三者已赔偿金额;

(2)不影响就未取得赔偿部分向第三者请求赔偿;

(3)被保险人放弃第三人赔偿,保险人不承担赔偿责任;

(4)保险人赔偿后,被保险人未经同意放弃第三者赔偿,行为无效;

(5)故意或重大过失不能行使代位权,保险人可扣减或要求返还相应的保险金;

(6)除故意外,保险人不得对被保险人的家庭成员或其组成人员行使代为求偿权;

(7)被保险人应当提供必要文件和有关情况。

十八、票据法

本书所称票据法,是指专门规范票据关系的法律规范,在我国即指1995年5月10日第八届全国人民代表大会常务委员会第十三次会议通过,1996年1月1日实施,并经第十届全国人民代表大会常务委员会第十一次会议于2004年8月修订的《票据法》。

【1】票据:票据法所称票据,是指汇票、本票和支票。

【2】抗辩:是指票据债务人根据本法规定,对票据债权人拒绝履行义务的行为。

【3】票据签章:在票据上的签名,应当为该当事人的本名。法人签章 = 该法人盖章 + 其法定代表人或其授权的代理人的签章。

【4】出票:出票人签发票据并将其交付给收款人的票据行为。

【5】背书:是指在票据背面或者粘单上记载有关事项并签章的票据行为。

【6】背书连续:在票据转让中,转让汇票的背书人与受让汇票的,被背书人在汇票上的签章依次前后衔接。

【7】前手:在票据签章人或者持票人之前签章的其他票据债务人。

【8】后手:是指在票据签章人之后签章的其他票据债务人。

【9】汇票:出票人签发的,委托付款人在见票时或者在指定日期,无条件支付确定的金额给收款人或者持票人的票据。

【10】承兑:汇票付款人承诺在汇票到期日支付汇票金额的票据行为。

【11】提示承兑:持票人向付款人出示汇票,并要求付款人承诺付款的行为。

【12】汇票的保证:是指汇票债务人以外的第三人为担保特定汇票债务人履行债务,以负担同

一内容的汇票债务为目的而为的附属票据行为。

【13】追索权:持票人在提示承兑或者提示付款,而未获承兑或未获付款时,依法向其前手请求偿还票据金额及其他金额的权利。

【14】本票:出票人签发的,承诺自己在见票时无条件支付确定的金额,给收款人或者持票人的票据。

【15】支票:是出票人签发的,委托办理支票存款业务的银行或者其他金融机构,在见票时无条件支付确定的金额给收款人或者持票人的票据。

【16】空头支票:出票人签发的支票金额超过其付款时,在付款人处实有的存款金额的,为空头支票。

十九、证券法

证券法,是指调整证券发行关系、证券交易关系以及证券监管关系的法律规范的总称。

【1】证券:是在专用纸单或其他载体上,借助文字或图形,表彰特定民事权利的书证。

【2】证券发行:广义的证券发行是指经批准符合发行条件的证券发行人以筹集资金为目的,按照一定程序将证券销售给投资者的行为,即证券投资者的认购行为、缴纳投资款项行为以及获得证券的行为均属于证券发行范畴,其中证券募集行为仅是证券发行过程中的一部分。狭义的证券发行是指发行人以集资或调整股权结构为目的作成证券并交付相对人的单独法律行为。即认为证券发行与证券募集不是同一概念。

【3】证券承销协议:是证券发行人与证券公司之间签署的、旨在规范和调整证券承销关系及证券承销行为的合同。

证券保荐业务是指证券公司对发行人的发行、上市文件进行实质性核查,保证其真实、准确、先整,推荐发行人证券发行、上市的业务活动。

【4】证券交易:是指证券持有人依照交易规则,将证券转让给其他投资者的行为。

【5】证券上市:是指某种证券获准成为证券交易所交易对象的过程。证券上市是已发行的证券进入证券交易所进行交易的前提,是确立证券交易所与发行公司间自律监管关系的基础。

【6】内部交易:是指证券交易内幕信息的知情人员和非法获取内幕信息的人员,在内幕信息公开前,利用所掌握的内部证券信息进行证券交易,或将所掌握的内部信息提供给他人进行证券交易的行为。

【7】证券交易所:亦称场内交易场所,是为证券集中交易提供场所和设施,组织和监督证券交易,实行自律管理的法人。在证券市场中,证券交易所担任的角色是多重的:(1)它是证券市场集中交易的组织者,为投资者、证券公司、上市公司提供场地、设施和服务,为市场参与者提供交易平台和服务;(2)它是重要的自律监管考,通过契约、法律规定或者监管部门的授权,对证券公司、上市公司、证券市场进行第一线的监管,以维护证券市场交易秩序的稳定;(3)它是被监管者,须接受政府监管部门的依法监管,证券交易所的自律管理必须置于证监会的监管之下。

【8】证券公司:是指依照公司法和证券法规定的设立条件,经证券监督管理机构批准设立并从事证券经营业务的有限责任公司和股份有限公司。

二十、著作权法

【1】著作权:是指作者对其作品依法享有的专有权利,或者说,是作者及其他著作权人对文学、

艺术、科学作品所享有的人身权和财产权利的总称。

【2】发表权：是指作者对其尚未发表的作品享有决定是否公之于众的权利。

【3】署名权：是指作者为表明其作者身份，在作品上注明其姓名或名称的权利。它包括作者在自己的作品上署名和不署名两个方面的权利。

【4】修改权：是指作者依法所享有的自己或授权他人修改其创作的作品的权利。

【5】保护作品完整权：是指保护作品不被歪曲、篡改的权利。作者有权保护其作品的完整性，有权保护其作品不被他人丑化；未经作者许可，他人不得擅自删除、变更作品的内容，或者对作品进行破坏其内容、表现形式和艺术效果的变动，以保护作者的名誉声望，维护作品的纯洁性。

【6】复制权：是指以印刷、复印、录音、录像、翻录、翻拍等方式将作品制作成一份或多份的权利。

【7】发行权：是指向公众提供作品或其复制品的权利。一般认为，作品复制后如果不向社会发行，就限制了向社会传播作品，不能很好地满足公众的合理需求，也无法实现复制作品所追求的经济利益。因此，发行权是一项重要的财产权利。

【8】摄制权：亦称影视片摄制权，是指著作权人享有的将其作品摄制成电影、电视、录像等影视作品的权利。著作权人可以自行摄制，也可以授权他人进行摄制。

【9】播放权：亦称广播权，是指通过无线电波、有线电视系统传播作品的权利。这一权利直接体现了著作权人对作品的传播所进行的控制，即著作权人有权禁止或许可他人将其作品通过播放形式进行传播。

【10】出租权：是指著作权人有偿许可他人临时使用电影作品和以类似摄制电影的方法创作的作品、计算机软件的权利的权利，计算机软件不是出租的主要标的的除外。

【11】展览权：也称"公开展览权"，是指著作权人享有公开陈列展出美术作品、摄影作品的原件或复制件的权利。

【12】表演权：亦称公演权、上演权，是指以声音、表情、动作等创造性地公开再现作品的权利。

【13】网络信息传播权：是指以有线或者无线方式向公众提供作品、表演或者录音录像制品，使公众可以在其个人选定的时间和地点获得作品、表演或者录音录像制品的权利。

【14】改编权：是指改编作品的权利：即改变原作品，创作出具有独创性的新作品的权利。

【15】翻译权：即将作品从一种语言文字转换成另一种语言文字的权利。翻译不能改变原作品的内容，而且只限于文字作品。

【16】汇编权：是指将作品或者作品的片断进行选择或者编排，汇集成新作品的权利。包括注释权、整理权和编辑权。

【17】作品：是指文学和科学领域内，具有独创性并能以某种有形形式复制的智力创作成果。

【17－1】摄影作品：是指借助器械，在感光材料上记录客观物体形象的艺术作品。

【17－2】电影作品：是指为了便于放映而连续摄制在感光胶片上，或配有声音的连续图片影像作品。

【17－3】地图：是指运用制图原理来表示地面自然现象和社会现象的图形，如地理图、地形图、政区图等。

【17－4】线路图：是指运用线条来反映一定自然与社会现象的图形，如电路图、航线图、铁路图等。

【17－5】解剖图：是指全面或局部反映人和各种动物身体内部结构的图形。

【17－6】音乐作品：是指以乐谱形式或未以乐谱形式表现的能够演唱或演奏的带词的或不带词的作品。

【17-7】**戏剧作品**:是将人的连续动作同人的说唱表白有机地编排在一起,在舞台上进行表演,并通过表演来反映某一事物变化过程的作品。

【17-8】**曲艺作品**:是指以相声、快书、大鼓、评书、弹词、评话等的说唱为主要形式表演的作品。

【17-9】**工程设计、产品设计图纸及其说明**:是指为施工和生产绘制的图样及其文字说明。

【17-10】**工程设计图纸作品**:是指利用各种线条绘制的,用以说明将要制作的工程实物的基本结构和造型的平面图案。

【17-11】**电视作品**:是指利用无线传送和接收装置的图像和音响的组合制品。

【17-12】**录像作品**:是指利用电子摄像技术记录各种社会活动,或对戏剧、曲艺、舞蹈、电影和电视等表演艺术作品进行复制,并通过电视播放装置使之真实再现的图像表现形式。

【17-13】**舞蹈作品**:是指通过人体连续的动作,姿势、表情表现的作品。舞蹈作品的创作可以是书面的,也可以是口头的,还可以是其他形式固定下来的。

【17-14】**美术作品**:是指绘画、书法、雕刻、建筑等以线条、色彩或其他方式构成的有审美意义的书面或者立体的造型艺术作品。

【17-15】**民间文学艺术作品**:是指由某社会群体在长期的历史过程中创作出来并世代相传、集体使用的歌谣、音乐、戏剧、故事、舞蹈、建筑、主体艺术、装饰艺术等作品、素材或风格。

【18】**职务作品**:是指公民为完成法人或非法人单位工作任务所创作的作品。职务作品与公民所担任的职务紧紧地连在一起,它是法人或非法人单位安排其雇员或工作人员履行职责和任务而创造的成果。职务作品即非公民个人的作品,也非法人或者非法人单位委托的作品。

【19】**原始主体**:是指在作品创作完成后,直接根据法律的规定或合同的约定,在不存在其他基础性权利的前提下对作品享有著作权的人。一般情况下,著作权的原始主体为作者。但在特殊情况下,作者以外的自然人或组织也可能成为著作权的原始主体,如职务作品、委托作品中的雇主、出资人等。

【20】**继受主体**:是指通过受让、继承、受赠或法律规定的其他方式取得全部或一部分著作权的人。

【21】**著作人身权**:又称精神权利,是指作者对其作品所享有的各种与人身相联系而又无直接财产内容的权利。

【22】**著作财产权**:又称经济权利,是著作人身权的对称,指作者及其他著作权人通过某种形式使用作品,从而依法获得经济报酬的权利。

【23】**著作权合理使用范围**:

(1)为个人学习、研究或者欣赏,使用他人已经发表的作品;

(2)为介绍、评论某一作品或者说明某一问题,在作品中适当引用他人已经发表的作品;

(3)为报道时事新闻,在报纸、期刊、广播电台、电视台等媒体中不可避免地再现或者引用已经发表的作品;

(4)报纸、期刊、广播电台、电视台等媒体刊登或者播放其他报纸、期刊、广播电台、电视台等媒体已经发表的关于政治、经济、宗教问题的时事性文章,但作者声明不许刊登、播放的除外;

(5)报纸、期刊、广播电台、电视台等媒体刊登或者播放在公众集会上发表的讲话,但作者声明不许刊登、播放的除外;

(6)为学校课堂教学或者科学研究,翻译或者少量复制已经发表的作品,供教学或者科研人员使用,但不得出版发行;

(7)国家机关为执行公务在合理范围内使用已经发表的作品;

(8)图书馆、档案馆、纪念馆、博物馆、美术馆等为陈列或者保存版本的需要,复制本馆收藏的作品;

(9)免费表演已经发表的作品,该表演未向公众收取费用,也未向表演者支付报酬;

(10)对设置或者陈列在室外公共场所的艺术作品进行临摹、绘画、摄影、录像;

(11)将中国公民、法人或者其他组织已经发表的以汉语言文字创作的作品翻译成少数民族语言文字作品在国内出版发行;

(12)将已经发表的作品改成盲文出版。

【24】强制许可使用:是指在一定条件下,作品的使用者基于某种正当理由需要使用他人已经发表的作品时,经申请由著作权行政管理部门授权,即可使用该作品,无需征得著作权人同意,但应向其支付报酬的制度。

【25】法定许可使用:是指依著作权法的规定,使用者在利用他人已经发表的作品时,可以不经著作权人的许可,但应向其支付报酬,并尊重著作权人其他权利的制度。

【26】专有出版权:是指图书出版者对著作权人交付的作品,在合同有效期内和在合同约定的地区,享有以同种文字的原版、修订版和缩编本的方式出版图书的独占权利。

【27】邻接权:亦称作品传播者权,是指作品的传播者所享有的专有权利。虽非著作权,却是与著作权相邻、相近或类似的权利。

【28】表演者权:是指表演者依法对其表演所享有的权利。表演者权产生的前提在于著作权人将其作品的表演权许可给表演者行使,但表演者权设定却有利于维护表演者利益,因为表演者权由表演者享有,而表演权却属于著作权人。表演者权主要包括以下权利:(1)表明表演者身份;(2)保护表演形象不受歪曲;(3)许可他人从现场直播和公开传送其现场表演,并获得报酬;(4)许可他人录音录像,并获得报酬;(5)许可他人复制、发行录有其表演的录音录像制品,并获得报酬;(6)许可他人通过信息网络向公众传播其表演,并获得报酬。

二十一、商标法

【1】防御商标:防御商标是同一商标所有人在不同类别的商品上注册使用同一个著名商标。

【2】服务商标:是服务性行业所使用的区别标志,即提供服务的人在其向社会公众提供的服务项目上所使用的标志。

【3】集体商标:是由某一集体组织所有,其成员共同使用,以表明使用者在该组织中的成员资格的商标。

【4】证明商标:证明商标是用以证明商品的来源、原料、制造方法、质量、精密度或其他特征的商标。

【5】商品装潢:商品装潢是商品包装上或其他附着物上的装饰设计,具有美化商品、刺激消费者需求欲望、提高商品品位的作用。

【6】商标标识:是指附着于商品之上的由商标图案组成的物质实体,如自行车上的商标铭牌、服装上的商标织带、日用品上的商标纸等。

【7】驰名商标:是指在中国为相关公众广为知晓并享有较高声誉的商标。驰名商标认定因素:(1)相关公众对该商标的知晓程度;(2)该商标使用的持续时间;(3)该商标的任何宣传工作的持续时间、程度和地理范围;(4)该商标作为驰名商标受保护的记录;(5)该商标驰名的其他因素。

【8】商标侵权行为:是指侵犯他人注册商标专用权的行为。

【9】商标相同或近似:是指被控侵权的商标与原告的注册商标相比较,二者在视觉上基本无

差别。

商标近似,是指被控侵权的商标与原告的注册商标相比较,其文字的字形、读音、含义或者图形的构图及颜色,或者其各要素组合后的整体结构相似,或者其立体形状、颜色组合近似,易使相关公众对商品的来源产生误认或者认为其来源与原告注册商标的商品有特定的联系。

【10】认定相同或近似的原则:

(1)以相关公众的一般注意力为标准;

(2)既要进行对商标的整体比对,又要进行对商标主要部分的比对,比对应当在比对对象隔离的状态下分别进行;

(3)判断商标是否近似,应当考虑请求保护注册商标的显著性和知名度。

【11】类似商品或类似服务的界定:类似商品,是指在功能、用途、生产部门、销售渠道、消费对象等方面相同,或者相关公众一般认为其存在特定联系、容易造成混淆的商品。类似服务,是指在服务的目的、内容、方式、对象等方面相同,或者相关公众一般认为存在特定联系、容易造成混淆的服务。人民法院认定商品或者服务是否类似,应当以相关公众对商品或者服务的一般认识综合判断;《商标注册用商品和服务国际分类表》《类似商品和服务区分表》可以作为判断类似商品或者服务的参考。

【12】擅自制造他人注册商标标识:是指未经注册商标所有人的同意而制造其注册商标标识,用于自己生产的同种或者类似商品以达到欺骗消费者的目的。

二十二、专利法

【1】方法发明:是人们为制造产品或者解决某个技术课题而研究开发出来的操作方法、制造方法以及工艺流程等技术方案。

【2】产品发明:是人们通过研究开发出来的关于各种新产品、新材料、新物质等技术方案。

【3】外观设计:是指对产品的形状、图案、色彩或者它们的结合所作出的富有美感的并适于工业应用的新设计。

【4】实用新型:是指对产品的形状、构造或者其组合提出的新的技术方案。

【5】单独对比原则:是指在判断申请专利的发明或实用新型是否具有新颖性时,专利审查人员只能将每一份对比文件作为一个整体单独与被审查对象进行比较,而不允许将几份对比文件组合起来作为判断该申请是否具有新颖性的标准。

【6】新颖性:是指申请专利的发明或者实用新型不属于现有技术。

【7】创造性:是指同申请日以前已有的技术相比,该发明有突出的实质性特点和显著的进步,该实用新型有实质性特点和进步。

【8】实用性:是指该发明或者实用新型能够制造或者使用,并且能够产生积极的效果。

【9】专利申请日:也称关键日,它是专利局或者专利局指定的专利申请受理代办处收到完整专利申请文件的日期。

【10】申请在先原则:是指两个或两个以上的人分别就同样的发明创造申请专利的,专利权授给最先申请人。

【11】单一性原则:是指一份专利申请文件只能就一项发明创造提出专利申请,即:"一申请一发明"原则。

【12】国际优先权:是指申请人就其发明创造第一次在某国提出专利申请后,在优先权期间内,就相同主题的发明创造向另一国提出专利申请的,依照有关国家法律的规定而享有的优先权。

【13】优先权：专利申请人就其发明创造自第一次提出申请后，在法定期限内，又就相同主题的发明创造提出专利申请的，根据有关法律规定，其在后申请以第一次申请的日期作为其申请日。专利申请人依法享有的这种权利就是优先权。

【14】强制许可：也称非自愿许可，是国家专利主管机关，根据具体情况，不经专利权人许可，授权他人实施发明或者实用新型专利的一种法律制度。

二十三、招标投标法

【1】招标：是指招标人（买方）发出招标通知，说明采购的商品名称、规格、数量及其他条件，邀请投标人（卖方）在规定的时间、地点按照一定的程序进行投标的行为。

【1－1】公开招标：是指招标人以招标公告的方式邀请不特定的法人或者其他组织投标。

【1－2】邀请招标：是指招标人以投标邀请的方式邀请特定的法人或其他组织投标。

【2】投标：是指投标人应招标人的邀请或投标人满足招标人最低资质要求而主动申请，按照招标的要求和条件，在规定的时间内向招标人递交，争取中标的行为。

【3】开标：是指招标单位在规定的时间、地点内，在有投标人出席的情况下，当众公开拆开投标资料（包括投标函件），宣布投标人（或单位）的名称、投标价格以及投标价格的修改的过程。

【4】评标：是指按照规定的评标标准和方法，对各投标人的投标文件进行评价比较和分析，从中选出最佳投标人的过程。

【5】资格预审：是指对于大型或复杂的土建工程或成套设备，在正式组织招标以前，对供应商的资格和能力进行的预先审查。

【6】串标：是指投标单位之间或投标单位与招标单位相互串通骗取中标的行为。

二十四、消费者权益保护法

消费者权益保护法，是调整在保护消费者权益的过程中发生的社会关系的法律规范。在我国，是指 1993 年 10 月 31 日，第八届全国人大常委会第四次会议通过的《消费者权益保护法》。

【1】消费者：是为生活消费需要而购买、使用商品或者接受服务的，其合法权益由国家法律予以确认并维护的个体社会成员。

【2】消费者权利：是指消费者在消费过程中享有的作出或不作出一定行为，以及能够要求生产经营者或其他主体作出或不作出一定行为的一种资格。其一般为一个国家的消费者权益基本法所确认，是消费者利益在法律上的体现，也是我国《消费者权益保护法》的核心。

【3】安全保障权利：是指消费者在购买、使用商品和接受服务时享有的保障其人身、财产不受损害的权利。

【4】知情权：是指消费者在消费活动中，享有知悉其购买、使用商品或者接受服务的真实情况的权利。

【5】自主选择权：是指消费者在消费活动中，享有根据自己的意思自主地选择购买商品或者接受服务的权利。

【6】公平交易权：是指消费者在购买商品或者接受服务时享有的获得公平交易条件的权利。

【7】获得赔偿权：是指消费者在购买、使用商品或者接受服务的过程中非因自己的故意或者过失而遭受人身、财产损害时，获得赔偿的权利。

【8】结社权：是指消费者享有依照法律规定的条件和程序组织维护自身合法权益的社会团体

的权利。

【9】获得知识权:是指消费者享有的获得有关消费和消费者权益保护方面的知识的权利。

【10】受尊重权:是指消费者在购买、使用商品和接受服务时,享有人格尊严、民族风俗习惯得到尊重的权利。

【11】监督批评权:是指消费者享有的对商品或者服务以及保护消费者权益工作进行监督的权利。

【12】经营者的义务:是指在消费过程中,生产经营者必须依据法律的规定或消费者与其的约定对消费者为一定行为或不为一定行为的约束。

二十五、产品质量法

产品质量法,是指调整因产品生产和销售而产生的产品质量责任关系及对产品质量进行监督管理过程中所产牛的产品质量监督管理关系的法律规范。

【1】产品:是指人们运用劳动手段对劳动对象进行加工而成的,用于满足人们生产和生活需要的物品。

【2】产品质量责任:是指产品的生产者、销售者以及对产品质量负有直接责任的人员违反产品质量义务所应承担的各种形式的法律后果。

二十六、消费税暂行条例

【1】课税对象:是税法中规定的征税的目的物,是国家据以征税的依据。

【2】税目:是税法中规定的应当征税的具体物品、行业或项目,是征税对象的具体化。

【3】税率:是税额与课税对象之间的数量关系或比例关系,是指课税的尺度。我国现行税率可分三种:比例税率、定额税率和累进税率。

【4】比例税率:即对同一课税对象,不论其数额大小,统一按一个比例征税,同一课税对象的不同纳税人税负相同。

【5】定额税率:即按征税对象的一定计量单位直接规定应纳税额,而不是规定征收比例。按征税对象的计量单位直接规定应纳税额的税率形式。

二十七、企业所得税法

【1】居民企业:是指依法在中国境内成立,或者依照外国(地区)法律成立但实际管理机构在中国境内的企业。

【2】非居民企业一:是指依照外国(地区)法律成立且实际管理机构不在中国境内,但在中国境内设立机构、场所的企业。

【3】非居民企业二:在中国境内未设立机构、场所,但有来源于中国境内所得的企业。

【4】不征税收入:(1)财政拨款;(2)依法收取并纳入财政管理的行政事业性收费、政府性基金;(3)国务院规定的其他不征税收入。

【5】固定资产折旧:固定资产折旧指一定时期内为弥补固定资产损耗按照规定的固定资产折旧率提取的固定资产折旧,或按国民经济核算统一规定的折旧率虚拟计算的固定资产折旧。

【6】不得扣除的部分:

(1)房屋、建筑物以外未投入使用的固定资产;

(2)以经营租赁方式租入的固定资产;

(3)以融资租赁方式租出的固定资产;

(4)已足额提取折旧仍继续使用的固定资产;

(5)与经营活动无关的固定资产;

(6)单独估价作为固定资产入账的土地;

(7)其他不得计算折旧扣除的固定资产。

【7】无形资产摊销:无形资产的应摊销金额为其成本扣除预计残值后的金额。已计提减值准备的无形资产,还应扣除已计提的无形资产减值准备累计金额。

【8】不得扣除的部分:

(1)自行开发的支出已在计算应纳税所得额时扣除的无形资产;

(2)自创商誉;

(3)与经营活动无关的无形资产;

(4)其他不得计算摊销费用扣除的无形资产。

【9】长期待摊费用:企业已经支出,但摊销期限在1年以上(不含1年)的各项费用,包括开办费、租入固定资产的改良支出以及摊销期在1年以上的固定资产大修理支出、股票发行费用等。

(1)已足额提取折旧的固定资产的改建支出;

(2)租入固定资产的改建支出;

(3)固定资产的大修理支出;

(4)其他应当作为长期待摊费用的支出。

【10】应税所得的范围:

(1)销售货物收入;

(2)提供劳务收入;

(3)转让财产收入;

(4)股息、红利等权益性投资收益;

(5)利息收入;

(6)租金收入;

(7)特许权使用费收入;

(8)接受捐赠收入;

(9)其他收入。

【11】非居民企业二应税所得范围:

(1)股息、红利等权益性投资收益和利息、租金、特许权使用费所得,以收入全额为应纳税所得额;

(2)转让财产所得,以收入全额减除财产净值后的余额为应纳税所得额;

(3)其他所得,参照前两项规定的方法计算应纳税所得额。

【12】抵免:居民企业从其直接或者间接控制的外国企业分得的来源于中国境外的股息、红利等权益性投资收益,外国企业在境外实际缴纳的所得税税额中属于该项所得负担的部分。

【13】免税收入:

(1)国债利息收入;

(2)符合条件的居民企业之间的股息、红利等权益性投资收益;

(3)在中国境内设立机构、场所的非居民企业从居民企业取得与该机构、场所有实际联系的股

息、红利等权益性投资收益;

(4)符合条件的非营利组织的收入。

【14】可以免征减征:

(1)从事农、林、牧、渔业项目的所得;

(2)从事国家重点扶持的公共基础设施项目投资经营的所得;

(3)从事符合条件的环境保护、节能节水项目的所得;

(4)符合条件的技术转让所得;

(5)本法第3条第3款规定的所得。

【15】加计扣除:是指按照税法规定在实际发生数额的基础上,再加成一定比例,作为计算应纳税所得额时的扣除数额的一种税收优惠措施。

二十八、国际私法

【1】国际私法:是以涉外民事关系为调整对象,并以解决法律冲突为中心任务,以冲突规范为最基本规范,同时包括规定外国人民事法律地位的规范、避免或消除法律冲突的统一实体规范以及国际民事诉讼与仲裁程序规范在内的一个独立的法律部门。

【2】冲突规范:是由国内法或国际条约规定的,指明某一国际民商事关系应适用何种法律的规范。

【3】识别:是指依据一定的法律观点或法律概念,对有关事实情况的性质作出"定性"或"分类",把它归入特定的法律范畴,从而确定应援用哪一冲突规范的法律认识过程。识别是决定援用冲突规范的前提。

【4】反致:是指法院在审理某种涉外民事案件时,依内国冲突规范的规定,应适用某外国法律,而依该国的冲突规范的规定,又应适用内国法或他国法,法院则以内国法或他国法作为本案的准据法。

【5】转致:是指对某一涉外民商事案件,甲国法院根据本国的冲突规范指定应适用乙法,而依乙国的冲突规范却应当适用丙国法,最终甲国法院适用了丙国的实体法。

【6】外国法的查明:又称外国法内容的确定,是指一国法院在审理涉外民事案件时,根据本国的冲突规范指定应适用外国法,为了适用该外国法,通过某种方式查明该外国法的存在和内容的行为。

【7】公共秩序保留:是指依据一国的冲突规范的规定应当适用外国法时,因该外国法的适用或适用结果与法院国的重大利益、基本政策、道德的基本观念或法律的基本原则相抵触而限制或排除其适用的保留制度。

【8】法律规避:又称"法律诈欺规避"或"选法诈欺",是指涉外民事关系的当事人为了利用某一冲突规范,故意制造出一种连结点,以避开本应适用的准据法,并使得对自己有利的法律得以适用的一种逃法或脱法行为。

【9】准据法:是指经冲突规范指定援用来具体确定民商事法律关系当事人权利与义务的特定的实体法。

【10】区际法律冲突:是指一国内部不同地区的法律制度之间的冲突。

【11】系属公式:是指把一些解决法律冲突的规则固定化,使其成为国际上公认的或为大多数国家所采用的处理原则,以便解决同类性质的法律关系的法律适用问题。

【12】连结点:是指冲突规范所要调整的某一国际民商事关系与调整这种关系所应该适用的法

律之间的连结因素。

【13】**静态连接点**：即固定不变的连接点，常见的如不动产所在地等。

【14】**动态链接点**：是指可变的连接点，常见的如国籍、住所等。

【15】**单边冲突规范**：即直接规定适用某国法律的冲突规范。

【16】**双边冲突规范**：即指冲突规范的系属并不直接规定适用内国法还是外国法，而只是规定一个可推定的系属，需结合民商事关系的具体情况去确定应适用的实体法。

【17】**重叠适用冲突规范**：即其系属有两个或两个以上，并且同时适用于某种民商事法律关系的冲突规范。

【18】**选择适用的冲突规范**：即指其系属有两个或两个以上，规定了两种或两种以上可以适用的法律，但只选择其中之一来调整国际民商事法律关系的冲突规范。

【19】**国民待遇原则**：是指一国给予外国人以同本国人同等的待遇使其与本国人享受同等的民事权利和承担同等的民事义务

【20】**国际私法协助**：又简称为司法协助，一般是指一国法院或其他主管机关，根据另一国法院或其他主管机关或有关当事人的请求，代为或协助实行与诉讼有关的一定的司法行为。

【21】**船舶优先权**：是指海事请求人依照《海商法》第22条的规定，向船舶所有人、光船承租人、船舶经营人提出海事请求，对产生该海事请求的船舶具有优先受偿的权利。

二十九、国际经济法

【1】**国际经济法主体**：是指在国际经济法律关系中能行使权利、承担义务的主体，又称国际经济法律关系的参加者或当事人。

【2】**国际经济法渊源**：是指调整国际经济关系的国内法规范和国际法规范的总和。

【3】**国际贸易术语**：又叫“价格术语”“交货条件”，是在国际贸易实践中逐渐形成的用以确定买卖标的物的价格、买卖双方各自承担的费用、风险、责任范围的以英文缩写表示的专门术语。

【4】**平安险**：原意是指单独海损不负责赔偿，它是指保险标的物在海上运输途中遭受保险范围内的风险直接造成的船舶或货物的灭失或损害。

【5】**共同海损**：在同一海上航程中，船舶、货物和其他财产遭遇共同危险，为了共同安全，有意地、合理地采取措施所直接造成的特殊牺牲、支付的特殊费用。

【6】**单独海损**：是指保险标的物在海上遭受承保范围内的风险所造成的部分灭失或损害，即指除共同海损以外的部分损失。这种损失只能由标的物所有人单独负担。

【7】**保险人除外责任**：是指保险人依照法律规定或合同约定，不承担保险责任的范围，是对保险责任的限制。

【8】**诉讼时效**：在国际经济贸易中受到侵害的权利人在法定的时效期间内不行使权利，当时效期间届满时，人民法院对权利人的权利不再进行保护的制度。

【9】**汇付**：买方按照国际合同约定的金额和时间，将货款通过银行汇给卖方的付款方式。

【10】**托收**：由卖方向买方开出汇票，委托银行向买方收款的结算贷款的方式。

【11】**信用证**：银行依开证申请人的请求，开给受益人的一种保证银行在满足信用要求的条件下承担付款责任的书面凭证。

三十、劳动法

劳动法,是调整劳动关系以及与劳动关系密切联系的一些关系的法律。

【1】劳动合同:是劳动者和用人单位(企业、事业、机关、团体等)之间关于确立、变更和终止劳动权利和义务的协议。劳动合同又称劳动契约、劳动协议。

【2】劳动者:是指达到法定劳动年龄,具有劳动权利能力和劳动行为能力的自然人。法定劳动年龄,指男16~60岁,女16~55岁。

【3】工资:是指用人单位依据国家行关规定或劳动合同的约定,以货币形式直接支付给本单位劳动者的劳动报酬,一般包括计时工资、计件工资、奖金、津贴和补贴、延长厂作时间的工资报酬以及特殊情况下支付的工资等。

【4】同工同酬:是指在同一分配单位中,从事同种类工作、同样熟练程度的劳动者,不分性别、年龄、民族、种族,只要付出同等劳动,就应当领取同等报酬。

三十一、民事诉讼法

【1】合议制:是指由若干名审判人员组成合议庭对民事案件进行审理的制度。

【2】回避制度:是指为了保证案件的公正审判,而要求与案件有一定的利害关系的审判人员或其他有关人员,不得参与本案的审理活动或诉讼活动的审判制度。

【3】公开审判制度:是指人民法院审理民事案件,除法律规定的情况外,审判过程及结果应当向群众、社会公开。

【4】两审终审制度:是指一个民事案件经过两级人民法院审判后即告终结的制度。

【5】书证:是指以文字、符号、图形等形式所记载的内容或表达的思想来证明案件事实的证据。

【6】物证:是指能够以其外部特征,物质属性、所处位置以及状态证明案件真实情况的各种客观存在的物品、物质或痕迹。

【7】举证责任:又称证明责任,是指当作为裁判基础的法律要件事实在诉讼中处于真伪不明的状态时,一方当事人因此而承担的诉讼上不利的后果。

【8】质证:是指当事人、诉讼代理人及第三人在法庭的主持下,对当事人及第三人提出的证据就其真实性、合法性、关联性以及证明力的有无、大小予以说明的质辩的活动或过程。

【9】保全:是指遇到有关的财产、证据可能被转移、隐匿、毁灭等情形,从而可能造成对利害关系人权益的损害或可能影响法院的审判或执行,根据利害关系人或当事人的申请或人民法院的决定,而对有关财产、证据采取保护措施的制度。

【10】先予执行:是指人民法院在终局判决之前,为解决权利人生活或生产经营的急需,依法裁定义务人预先履行义务的制度。

【11】管辖:是指各级法院之间和同级法院之间受理第一审民事案件的分工和权限。

【12】级别管辖:是指按照一定的标准,划分上下级法院之间受理第一审民事案件的分工和权限。

【13】地域管辖:是指按照各法院的辖区和民事案件的隶属关系来划分诉讼管辖。

【14】经常居住地:公民离开住所地至起诉时已连续居住一年以上的地方。但公民住院就医的地方除外。

【15】当事人:是指因民事权利义务发生争议,以自己的名义进行诉讼,要求法院行使民事裁判

权的人。

【16】**近亲属**:包括配偶、父母、子女;兄弟姐妹;祖父母、外祖父母、孙子女、外孙子女。

【17】**普通共同诉讼**:是指当事人一方或者双方为两人以上,诉讼标的是同一种类,法院认为可以合并审理并且当事人也同意合并审理的共同诉讼。

【18】**必要共同诉讼**:是指当事人一方或者双方为两人以上,诉讼标的是同一的,法院必须合一审理并在裁判中对诉讼标的合一确定的共同诉讼。

【19】**有独立请求权的第三人**:是指对原告和被告争议的诉讼标的有独立的请求权,而参加诉讼的人。

【20】**无独立请求权的第三人**:是指虽然对原告和被告之间争议的诉讼标的没有独立的请求权,但与案件的处理结果有法律上的利害关系而参加诉讼的人。

【21】**法定诉讼代理人**:是指根据法律规定,代理无诉讼行为能力的当事人进行民事活动的人。

【22】**委托诉讼代理人**:是指根据当事人、法定代表人或法定代理人的委托,代为进行诉讼活动的人。

【23】**第二审程序**:是指由于民事诉讼的当事人不服地方各级人民法院生效的第一审裁判,在法定期间内向上一级人民法院提起上诉而引起的诉讼程序,是第二审级的人民法院审理上诉案件适用的程序。

【24】**督促程序**:又称债务催偿程序,是指人民法院根据债权人的申请,向债务人发出支付令,催促债务人在法定期限内向债权人清偿债务的法律程序。

【25】**公示催告程序**:是指在票据持有人之票据被盗、遗失或者灭失的情况下,人民法院根据当事人的申请,以公告的方式催告利害关系人在一定期间内申报权利,如果逾期无人申报,根据申请人的申请,依法作出除权判决的程序。

【26】**审判监督程序**:是指对已经发生法律效力的判决、裁定、调解书,人民法院认为确有错误,对案件再行审理的程序。

【27】**管辖权异议**:是指当事人向受诉法院提出的该院对案件无管辖权的主张。

【28】**反诉**:是指在诉讼程序进行中,本诉被告针对本诉原告向法院提出的独立的反请求。

【29】**撤诉**:是指在人民法院受理案件之后,判决宣告之前,原告要求撤回其起诉的行为。

【30】**诉讼中止**:是指在诉讼进行过程中,因发生某种法定中止诉讼的原因,诉讼无法继续进行或不宜进行,因而法院裁定暂时停止诉讼程序的制度。

【31】**诉讼终结**:是指在诉讼进行过程中,因发生某种法定的诉讼终结的原因,使诉讼程序继续进行已没有必要或不可能继续进行,从而法院裁定终结诉讼程序的制度。

【32】**执行和解**:是指在执行过程中,申请执行人和被执行人自愿协商,达成协议,并经人民法院审查批准后,结束执行程序的行为。

【33】**执行担保**:是指在执行过程中,经执行权利人的同意,执行义务人或第三人(即担保人)为实现法律文书所确定的权利而向人民法院提供保证,由人民法院决定暂缓执行的制度。

【34】**执行回转**:是指在执行完毕后,原据以执行的判决书、裁定书或其他法律文书因确有错误而被依法撤销,对已被执行的财产,人民法院重新采取措施,使其恢复执行程序开始前的状态。

三十二、刑事诉讼法

【1】**侦查**:是指公安机关、人民检察院在办理案件过程中,依照法律进行的专门调查工作和有关的强制性措施。

【2】**两审终审制**:一个案件最多经过两级法院的审判即告终结的制度。

【3】**管辖**:人民法院、人民检察院和公安机关,在直接受理刑事案件方面和人民法院组织系统内部在审判第一审判刑事案件方面的分工或权限范围划分。

【4】**辩护制度**:犯罪嫌疑人、被告人对指控他们的犯罪事实,自己或者委托他人依法进行辩护,证明自己无罪、罪轻,或者应当从轻或者减轻处罚的制度。

【5】代理

【5-1】**公诉案件中被害人的代理**:律师或其他公民接受公诉案件中被害人及其法定代理人或者近亲属的委托,担任被害人的代理人参加诉讼。

【5-2】**自诉案件的代理**:在刑事自诉案件中,律师或其他公民接受自诉人或其法定代理人的委托,作为代理人参加诉讼。

【6】**强制措施**:是指公安机关、人民检察院和人民法院在刑事诉讼过程中,为了保障侦查和审判的顺利进行,依法对犯罪嫌疑人、被告人的人身自由强行剥夺或加以一定限制的方法。

【7】**证据**:侦查、检查、审判等人员依法收集和核实的,同刑事案件有关并能证明案件真实情况的一切事实。

【7-1】**直接证据**:能够单独直接说明案件主要事实的证据。

【7-2】**间接证据**:不能单独直接说明案件主要事实,必须与其他证据联系起来才能说明案件主要事实的证据。

【8】**附带民事诉讼**:是指公安司法机关在刑事诉讼过程中,在解决被告人刑事责任的同时,附带解决因犯罪嫌疑人、被告人的犯罪行为所造成的物质损失的赔偿问题而进行的诉讼活动。

【9】**立案管辖**:人民法院、人民检察院和公安机关在直接受理刑事案件上的分工。

【10】**级别管辖**:是指上、下级法院之间及最高人民法院和地方各级人民法院在审判第一审刑事案件上的权限分工。

【11】**地区管辖**:是指同级人民法院之间,在审判第一审刑事案件上的权限划分。

【12】**专门管辖**:专门法院同普通法院之间及专门法院之间在审判第一审刑事案件上的权限分工。

【13】**近亲属**:是指夫、妻、父、母、子、女、同胞兄弟姊妹。

【13-1】**诉讼参与人**:是指当事人、法定代理人、诉讼代理人、辩护人、证人、鉴定人和翻译人员

【14】**拘传**:公安机关、人民检察院和人民法院对于未被羁押的犯罪嫌疑人、被告人,依法强制其到指定的地点接受讯问的一种强制措施。

【15】**取保候审**:公安机关、人民检察院和人民法院责令犯罪嫌疑人、被告人提供保证人或交纳保证金,保证犯罪嫌疑人、被告人不逃避或妨碍侦查、起诉、审判,并随传随到的一种强制措施。

【16】**监视居住**:公安机关、人民检察院和人民法院在刑事诉讼过程中责令犯罪嫌疑人、被告人在一定期限内,未经批准不得离开指定的区域,并对其行动加以监视和控制的一种强制措施。

【17】**拘留**:公安机关、人民检察院等侦查机关对直接受理的案件,在侦查过程中,遇有紧急情况下,依法临时剥夺某些现行犯或者重大嫌疑分子的人身自由的一种强制措施。

【18】**逮捕**:公安机关、人民检察院和人民法院,为防止犯罪嫌疑人或者被告人实施妨碍刑事诉讼的行为,逃避侦查、起诉、审判或者发生社会危害性,而依法剥夺其人身自由的一种强制措施。

【19】**公诉**:是指人民检察院对犯罪嫌疑人的犯罪行为向人民法院提出控告,要求法院通过审判确定犯罪事实、惩罚犯罪人的诉讼活动。

【20】**自诉**:刑事案件中被害人或其法定代理人、近亲属为追究被告人的刑事责任而向法院直接提起的刑事诉讼。

【21】监外执行:被判处有期徒刑或者拘役的罪犯,由于患有严重疾病需要保外就医,或者妇女怀孕或者正在哺乳自己的婴儿,不适宜在监狱或其他劳动改造场所执行刑罚,可暂由罪犯原居住地的公安派出所执行,并由罪犯原属的基层组织或者所在单位协助监督的一种特殊刑罚执行方法。

【22】假释:是对被判处有期徒刑、无期徒刑的犯罪分子,在执行一定刑期之后,因其遵守监规,接受教育和改造,确有悔改表现,不致再危害社会,而附条件地将其予以提前释放的制度。

三十三、行政复议法

【1】行政复议:是指公民、法人或者其他组织不服行政主体作出的具体行政行为,认为行政主体的具体行政行为侵犯了其合法权益,依法向法定的行政复议机关提出复议申请,行政复议机关依法对该具体行政行为进行合法性、适当性审查,并作出行政复议决定的行政行为。

【2】具体行政行为:是指国家行政机关和行政机关工作人员、法律法规授权的组织、行政机关委托的组织、或者个人在行政管理活动中行使行政职权,针对特定的公民、法人或者其他组织,就特定的具体事项,作出的有关该公民、法人或者其他组织权利义务的单方行为。简言之,即指行政机关行使行政权力,对特定的公民、法人和其他组织作出的有关其权利义务的单方行为。

【3】抽象行政行为:是指行政机关针对未来发生的不特定事项制定和发布普遍性行为规范的行为,其形式包括行政法规及规章以及行政机关依法作出的具有普遍约束力的决定和命令等。

【4】行政复议申请人:是指对行政机关作出的具体政行为不服,依据法律、法规的规定,以自己的名义向行政复议机关提起行政复议申请的公民、法人或者其他组织。

【5】行政复议被申请人:是指其具体行政行为被行政复议的申请人指控违法侵犯其合法权益,并由行政复议机关通知参加行政复议的行政机关。被申请人包括行政机关和法律、法规的授权组织。

【6】复议前置:是指行政相对人对法律、法规规定的特定具体行政行为不服,在寻求法律救济途径时,应当先选择向行政复议机关申请行政复议,而不能直接向人民法院提起行政诉讼;如果经过行政复议之后行政相对人对复议决定仍有不同意见的,才可以向人民法院提起行政诉讼。

【7】行政复议机关:是指依照法律的规定,有权受理行政复议的中清,依法对被申请的行政行为进行合法性、适当性审查并作出行政复议决定的行政机关。根据我国现行法律、法规的规定,行政复议机关的种类主要有:作出被申请行政行为的行政机关;作出被申请行政行为的行政机关的上一级行政机关;作出被申请行政行为的行政机关所属的人民政府。

三十四、行政诉讼法

我国的行政诉讼法包括《行政诉讼法》和其他有关行政诉讼的法律规范。《行政诉讼法》是规范和调整我国行政诉讼关系的一部重要和基本的成文法典。此外,全国人民代表大会及其常委会制定的其他法律中调整行政诉讼关系的法律规范,以及《民事诉讼法》中可适用于行政诉讼的有关规范,这些规范共同组成行政诉讼法。

【1】行政诉讼:行政诉讼是个人、法人或其他组织认为行政主体以及法律法规授权的组织作出的行政行为侵犯其合法权益而向法院提起的诉讼。

【2】近亲属:配偶、父母、子女、兄弟姐妹、祖父母、外祖父母、孙子女、外孙子女和其他具有扶养、赡养关系的亲属。

【3】利害关系人:

(1)被诉的具体行政行为涉及其相邻权或者公平竞争权的;

(2)与被诉的行政复议决定有法律上利害关系或在复议程序中被追加为第三人的;

(3)要求主管行政机关依法追究加害人法律责任的;

(4)与撤销或者变更具体行政行为有法律上利害关系的。

三十五、仲裁法

【1】仲裁:是指双方当事人在争议发生之前或者争议发生之后达成书面协议,将争议事项提交仲裁委员会进行审理,并由其依据法律或公平原则作出对双方当事人具有约束力的裁决,且双方当事人对此有义务执行的一种非诉讼争议解决制度。

【2】自愿仲裁:是指当事人达成仲裁协议申请仲裁,选择仲裁机构及仲裁员,达成仲裁调解或和解协议等都必须出自其真实意愿,任何机关、组织和个人都不得强迫当事人仲裁,任何一方不得将自己的意志强加于对方。

【3】仲裁协议:是指当事人自愿达成的将已发生的或将来可能发生的纠纷提交仲裁机构进行裁决的共同意思表示。

【4】或裁或审:是指当事人选择解决争议途径时,在仲裁与审判中只能二者取其一的制度。当事人选择了以仲裁途径解决争议,就不可以再选择诉讼;当事人若选择了诉讼就不可以同时选择仲裁。

【5】一裁终局制度:是指仲裁机构受理并经仲裁庭审理的纠纷,一经仲裁庭裁决,该裁决即发生法律效力,当事人不能就同一纠纷向人民法院起诉,也不能向其他仲裁机构再审请仲裁。

【6】仲裁规则:又称为仲裁程序规则,是适用于所属仲裁机构的,规定仲裁的具体程序,调整在仲裁程序中各主体之间权利义务关系的规范总和。

【7】仲裁庭:是指由当事人选定或者仲裁委员会主任指定的仲裁员组成的,对当事人提请仲裁的争议案件按照仲裁程序进行审理并作出仲裁裁决的仲裁组织。仲裁庭分为独任仲裁庭和合议仲裁庭两种形式。独任仲裁庭由一名仲裁员组成,独任审理;合议仲裁庭一般由两名仲裁员和一名首席仲裁员组成。

【8】仲裁中的财产保全:是指仲裁庭作出仲裁裁决前,因对方当事人的行为或者其他原因,可能是仲裁裁决不能执行或者难以执行时,经一方当事人申请,并由仲裁委员会提交,有关人民法院根据我国民事诉讼法的相关规定所采取的限制被申请人对特定财产进行处分的强制措施。

【9】仲裁中的证据保全:是指在仲裁程序开始后,仲裁庭收集证据之前,遇有法定情形的,当事人提出申请,并由仲裁委员会将该申请提交人民法院作出裁定,对证据及时采取保护性措施,以保全证据。

【10】申请撤销仲裁裁决:是指当仲裁裁决有违反法律规定的情形时,当事人向人民法院提出申请,要求人民法院撤销仲裁裁决的行为。

【11】不予执行仲裁裁决:是指人民法院在被执行人提出证据证明仲裁裁决具有法定不予执行的情形时,经过审查核实并裁定不予执行的行为。

【12】仲裁裁决的执行:是指经当事人申请,人民法院的执行组织运用国家强制力,强制依据生效仲裁裁决负有义务的一方当事人履行其实体义务,以实现权利人实体权利的行为。

如何把握律师业的下一个发展趋势

——《一张图读懂法律》第三版(后记)

2018年已走到第10周,一年总共52周,一周像一天一样快,也就是说:“还有42天,2018年就结束了”,想到这,就越发感到要好好计划一下,2018该如何度过?

不忘初心,方得始终;在规划2018年的工作计划前,沏一壶茶,回想申浩律师事务所成立12年的点点滴滴,历历在目。

2003年,我只身带了一个笔记本电脑和3000元来到上海休假(当时的主要目的就是学习、考察上海律师如何执业),开启了一段上海律师执业生涯。几经辗转,2005年7月,上海申浩律师事务所正式成立,转眼12年过去,申浩所让我成长,也让我收获良多。

开办申浩律师事务所12年,让我悟到一个道理:很难创造机遇,只能是抓住机遇,把握机遇,而我们只是幸运,恰好踏在中国发展、上海发展的步点上,非常感谢上海这座城市,充满活力,并且给了很多外地来的年轻人实现自我价值的机会。

说了这么多,其实就是想表达以下想法:

1. 人生很多时候,没有人从一开始就知道如何做,想法并不会在最初就成型,只有当你工作时才变得逐渐清晰,你只需要做的就是开始。

2. 一定要在不确定性中寻找确定性,不要在确定性中等待不确定性。

3. 目标决定行动方案,行动方案折射出内心真正的渴求。

4. 认清趋势,走在时代的趋势里,和时代合拍,得到的比你想要的还多。

2018年,我们将要怎么做?下一个12年,我们又应当怎么做?如何理解未来的律师行业发展趋势?因为任何人都不可能打败趋势,我们必须认真研究、思考律师行业的趋势。

申浩律师事务所之所以能走到今天,思考下来,主要是因为走在时代里,走在律师行业大发展的时代趋势里,并且契合了律师行业的基本属性。那么,律师行业的下一个趋势是什么?

我们对律师行业发展趋势的定义就是:数据、工具为基础应用的泛平台化(去中心化)一体化运营模式。

律师行业的本质属性是时间成本,做任何事情就有时间、精力、货币三大成本,而最重要的时间成本又可以分成机会成本、沉默成本、边际成本三大成本。如何提高律师的单位时间含金量,让律师的时间更有价值就是申浩律师事务所下一个12年的最大诉求。

让律师的时间更有价值的办法就是让律师的工作产生时间复利,同时减少时间的试错成本。说得白一点,就是让律师在业务端可以实现分工交换,彼此成就,让最专业的人干专业的事。

如何实现分工交换,让律师愿意而非同意分工交换?这就需要律所有一个强大的数据、工具应用平台,因为法律业务需求大部分是偶发、刚需、低频,我们努力让律师在从事低频(法律)业务中产生的知识能够共享,经验能够在律所内部交互、共享。在申浩体系下,所有全国各律师办公室间共享,联接比拥有重要;所有的资源如果不联接,都是孤岛。

愿意共享资源的前提就是如何实现律师间的分工明确,责任明确、利益归属明确;尤其是法律业务产生的二次新增业务的权利归属,利益归属,蛋糕分不好,蛋糕做不大。

律师天生追求自由和自我价值实现,所以律师事务所一定不是一家公司,不可能对律师进行员工式管理,而更多的是靠心灵契约在维系着,而非靠书面契约,人的主观能动性,主动纠错能力、律师的个人源生动力激发是律师业务高效优质的重要保障。

但同时律所作为一个组织,又要为整个平台的顺利运营承担相应的职责,制度是管事的,流程是管人的,包括律师之间的合作,必须在律所统一流程体系下进行,这样才能做到质量可追溯。

最低质量保障是律师事务所存在的意义,律所必须为所有本所的律师服务质量信用背书,质量就成为维持律师事务所生存的最重要因素,自然就可以理解:为什么律所越大,就越必须一体化经营,而非挂靠式发展。因为业务受理一体化处理、全国财务统一结算是未来规模化律师事务所发展的前提和基础,所以类公司化模式虽然比挂靠制模式进步了一点,但类公司化模式的问题在于这种模式要求在律所内部是有中心的,而律师业务模式未来的特质就是专业律师、专业律师团队之间直接连接,律师业务处理上,律所只是律师之间业务协作的交互平台和最低质量保障体系建设者,所有运行全部靠律所内部系统和大家共同约定的契约化规则自动运营、自动运维、自动完成积累。

律所最宝贵的财富就是人才,就是律师,所以必须研究律师的发展之路又是什么?

互联网时代,律师将被分成三类:(1)提供法律知识类型;(2)提供解决方案类型;(3)提供分析、判断类型的。

1. 提供法律知识类型的律师基本将全部被淘汰,因为在互联网时代,人们获取知识的路径越来越多,越来越便捷,同时客户鉴别优秀、平庸律师的能力会快速提升,这类律师将逐步淡出江湖。

2. 提供解决方案的专业律师将长期存在,但因为互联网时代,原本偶发、低频的法律服务在网上也可以完成业务集聚,我们可以将其中的部分业务标准化、产品化,或者将其中的某些环节标准化、模块化,从而大大节约律师的时间成本。

客户聘请律师的成本也将显著下降,律所必须在帮助律师为客户提供解决方案的过程中,在服务质量不下降的前提下,优化服务时间配置的解决方案,否则律师的竞争力将会相对下降,从而影响整个律所的对外竞争力。

3. 律师行业最高层次的律师,主要为客户提供分析、判断。比如,一个商事纠纷解决方案的路径选择(选择诉讼或和解);企业要不要上市,在哪上市(如何上市就是提供解决方案了);企业在商业模式、盈利模式上的选择(如何在风险和效率之间找到一个平衡点);等等,律所的价值是帮助这些有经验的律师(律师不仅仅在乎逻辑,更在乎经验),找到更多发挥自己经验价值的机会和应用场景(培训)等,才对得起这些专业律师为形成自己的专业判断花费的10年甚至更长的学习时间、工作时间成本。

律师的专业价值将更多地体现在行业属性上,现在一提到律师发展就在强调律师专业化,其实就中国的律师行业发展阶段和法律服务市场而言,个人认为,现阶段还是在着力发展行业律师为主的阶段,即一个律师对行业通常的组织架构、国家管控、交易习惯、交易模式、商业模式、利益诉求、博弈焦点、利益平衡均有清楚的认识和了解,可以帮助客户在每一个利益冲突时,作出有效的建设性意见,供客户决策选择参考。

律师能否实现时间价值最大化,其实就取决于两点:找到有支付能力的客户,并且能取得有支付能力的客户的信任,有一定的议价权。

其实律师收取的律师费用很多就是客户信任价值,律所品牌其实是律所本身品牌和律师个人品牌组合而成的,律所应当在律师个人品牌的基础上,在社会上建立律所整体的对外统一的形象,尤其是与同行相比有差异化、可识别的社会化标签。

所以，申浩律师事务所将2018年定位为申浩律师事务所品牌建设元年，以前申浩律师事务所的品牌是由每一位申浩律师通过认真敬业提供优质法律服务获得的，是自发形成的。

我们从2018年起，将从律所层面强力推动申浩法律服务品牌的建立，比如，我们在长三角高速公路上架设一些高炮广告，在虹桥火车站或虹桥机场树立一些品牌展示墙等，有人会问我们这些对直接吸引客户有用吗？我们认为，短期之内是没有直接作用的，更多的是品牌文化展示，展示我们将持之以恒，坚持不懈，展示我们会一直持续努力耕耘的决心，勇气和力量。

当然，我们更要加强我们所理念文化的宣传推广力度，申浩12年形成的发展理念和文化，恰恰是申浩律师最宝贵的财富。比如，我们的生活理念是“简单工作、快乐生活”，有律师同仁问我：“快乐生活好理解，简单工作不好理解，客户如果认为我们简单，还怎么交易?”其实我们想表达的是：

1. 简单与复杂永远是相对的，难者不会，会者不难。

2. 复杂的事情简单做，你就是专家；简单的事情重复做，你就是行家；重复的事情用心做，你就是赢家。

3. 美好是属于自信者的，对于法律业务而言，无论是诉讼业务还是非诉业务，敢说简单，就一定是吃透了案情，分析透彻了法律关系，理清了法律逻辑，算清了利益得失，估算了双方博弈胜率，背后一定有惊人的付出，机会是属于开拓者的，奇迹是属于执着者的！你若不想做，总会找到借口；你若想做，总会找到方法。

律所的发展道路首先必须是在服务质量有效保障的前提下，通过规模促发展；但当申浩律师事务所已经达到上海办公室200余名律师、全国十多家办公室时，单纯地提数字、提规模化发展已经没有意义，我们必须由外延扩张型发展转变为以提升人均创收、提升人均单位时间价值为目标的内生型发展，就要求我们必须建立“律师是律师最好的客户”的理念，让律师更专注、专业，建立专业分工上的差异化，更包括律师执业地域上的不同，这也是我们大力发展各地办公室，进行联合连接的价值所在，各地律所间有效联接，一体化经营一定是律师行业的发展趋势。

未来12年申浩律师事务所发展的大幕已经拉开。我们相信，要想走得快，一个人走；要想走得远，一群人走；路，只要走对了，就不怕路远，所有捷径都是最远的路。申浩律师事务所不仅仅希望成为大所，更期待成为强所。期待下一个12年后，我们可以一起见证：申浩律师事务所可以成为长三角的区域强所。

图书在版编目(CIP)数据

一张图读懂法律 / 田庭峰主编. --3版. --北京 :
法律出版社, 2019(2019.11重印)
ISBN 978-7-5197-3201-1

Ⅰ. ①一… Ⅱ. ①田… Ⅲ. ①法律-中国-图表
Ⅳ. ①D92-64

中国版本图书馆CIP数据核字(2019)第038152号

一张图读懂法律(第三版)
YIZHANGTU DUDONG FALÜ(DI-SAN BAN)

田庭峰 主编

责任编辑 慕雪丹
装帧设计 李 瞻

编辑统筹 法商出版分社
出版 法律出版社
总发行 中国法律图书有限公司
经销 新华书店
印刷 永清县金鑫印刷有限公司
责任印制 胡晓雅

开本 787毫米×1092毫米 1/16
印张 18.75
字数 485千
版本 2019年5月第3版
印次 2019年11月第2次印刷

法律出版社/北京市丰台区莲花池西里7号(100073)
网址/www.lawpress.com.cn
投稿邮箱/info@lawpress.com.cn
举报维权邮箱/jbwq@lawpress.com.cn
销售热线/400-660-8393
咨询电话/010-63939796

中国法律图书有限公司/北京市丰台区莲花池西里7号(100073)
全国各地中法图分、子公司销售电话:
统一销售客服/400-660-8393/6393
第一法律书店/010-83938432/8433
西安分公司/029-85330678
重庆分公司/023-67453036
上海分公司/021-62071639/1636
深圳分公司/0755-83072995

书号:ISBN 978-7-5197-3201-1
定价:69.00元